O Brasil e a França na mundialização neoliberal

O Brasil e a França na mundialização neoliberal

mudanças políticas e contestações sociais

Paul Bouffartigue • Armando Boito •
Sophie Béroud • Andréia Galvão
Organizadores

Alameda

Grafia atualizada segundo o Acordo Ortográfico da Língua Portuguesa de 1990, que entrou em vigor no Brasil em 2009.

Edição: Haroldo Ceravolo Sereza/ Joana Monteleone
Editora-assistente: Danielly de Jesus Teles
Projeto gráfico, diagramação e capa: Danielly de Jesus Teles
Revisão: Alexandra Colontini
Assistente acadêmica: Bruna Marques
Imagem da capa: Textura *pxhere.com*

Este livro foi publicado com apoio da Fapesp, nº do processo: 2018/02376-1

CIP-BRASIL. CATALOGAÇÃO NA PUBLICAÇÃO
SINDICATO NACIONAL DOS EDITORES DE LIVROS, RJ

B83

O Brasil e a França na mundialização neoliberal : mudanças políticas e contestações sociais / organizadores Paul Bouffartigue ... [et al.]. - 1. ed. - São Paulo : Alameda, 2019.
340 p. ; 23 cm.

Inclui bibliografia
978-85-7939-586-4

1. Neoliberalismo - Brasil. 2. Neoliberalismo - França. 3. Brasil - Política e governo. 4. França - Política e governo. I. Bouffartigue, Paul.

18-53874 CDD: 320.51
CDU: 329.12(44+81)

ALAMEDA CASA EDITORIAL
Rua Treze de Maio, 353 – Bela Vista
CEP 01327-000 – São Paulo – SP
Tel. (11) 3012-2403
www.alamedaeditorial.com.br

Sumário

Sumário

Introdução

Paul Bouffartigue, Armando Boito, Sophie Béroud e Andréia Galvão

Iniciado com a chegada ao poder dos governos Thatcher e Reagan no começo da década de 1980, o neoliberalismo imprimiu desde então sua marca na mundialização econômica. Porém, as diferentes regiões e países ingressaram nesse movimento segundo temporalidades e modalidades específicas. Essas defasagens e singularidades são manifestas quando procuramos aproximar os casos brasileiro e francês. O Brasil, inserido no contexto sul-americano, faz agora parte das economias que são chamadas "emergentes". A França, pilar da União Europeia, é uma potência de desenvolvimento já antigo. É nessa perspectiva comparativa que esse livro propõe uma série de esclarecimentos sobre alguns processos políticos e sociais que caracterizaram esses dois países, principalmente no transcorrer dos últimos quinze ou vinte anos.[1] Em que medida as orientações política do PT no Brasil e aquelas dos governos do PS na França afastaram-se do neoliberalismo? Quais são os interesses de classe, de frações de classe ou alianças de classe que esses governos representavam? Como a dinâmica dos principais conflitos de classe e grupos sociais os influenciaram? Quais as posições dos segmentos da burguesia frente a esses governos? Como identificar as "classes médias", avaliar sua participação nas mobilizações coletivas e sua presença nos discursos operantes na cena social? Qual papel desempenha o sindicalismo, envolvido numa dinâmica

1 Este livro é produto de uma cooperação entre sociólogos e cientistas políticos membros de uma equipe brasileira e de duas equipes francesas – o Centro de Estudos Marxistas (Cemarx) da Unicamp, o LEST, da Universidade Aix-Marseille e do CNRS e o TRIANGLE, da Universidade de Lyon II, CNRS). Intitulado "Trabalho, conflitos sociais e mudanças políticas: o Brasil e a França na mundialização neoliberal", o programa de troca científica foi financiado pelo Capes-Cofecub de 2012 a 2015.

de institucionalização e confrontado com a formação de instituições interestatais? Como se organizam e se mobilizam as frações precarizadas das classes populares, quer se trate da imensa e tradicional "massa marginal" (Nun, 1969) no Brasil, ou dos segmentos subalternos e fragilizados dos trabalhadores na França?

Dos anos 1990 a 2016: primeiras observações

No que diz respeito ao Brasil, o país conheceu certa continuidade governamental entre 2003 e 2016. A chegada do Partido dos Trabalhadores ao governo em 2003 pôs fim a treze anos de política neoliberal inspirada no chamado "Consenso de Washington".[2] Essa inflexão se inseria num novo ciclo político próprio da América Latina. Ao final de um período de aplicação de políticas neoliberais severas nas décadas de 1980 e 1990, que provocaram fortes mobilizações populares, não só o Brasil, mas boa parte dos países sul-americanos – Argentina, Bolívia, Venezuela, Equador, Paraguai – igualmente elegeram governos de esquerda ou de centro-esquerda que abandonaram as políticas de privatização e iniciaram uma política, ainda que tímida, de distribuição de renda. Esse ciclo foi, agora, interrompido e parece estar se encerrando. No Brasil, no Paraguai, no Equador e na Argentina, estão sendo retomadas as políticas neoliberais da década de 1990.[3]

No que diz respeito à França, entre 1997 e 2017, o país conheceu a alternância entre governos dirigidos pelo Partido Socialista e governos dirigidos pela direita, sem que se tenham observado, contudo, inflexões tão claras de políticas econômicas e sociais como aquelas verificadas no Brasil. Se a orientação geral do governo Leonel Jospin (1997-2002) parece difícil de caracterizar – uma medida "social" de forte impacto simbólico, a redução da jornada semanal de trabalho para 35 horas, coexistia com a continuidade das privatizações e a ade-

2 Corpo de medidas de inspiração neoliberal, aplicáveis a economias em dificuldades devido à sua dívida, propostas pelas instituições financeiras internacionais sediadas em Washington (Banco Mundial, Fundo Monetário Internacional) e sustentadas pelo Departamento do Tesouro estadunidense.

3 Com uma diferença importante: a mudança de governo no Brasil e no Paraguai se deu por intermédio do que podemos denominar um golpe de Estado de novo tipo – golpe parlamentar – enquanto na Argentina e no Equador a mudança não rompeu com a normalidade constitucional. Na Venezuela e na Bolívia, os governos de esquerda, a despeito das enormes dificuldades enfrentadas pelo governo venezuelano, continuam no poder.

são ao compromisso fiscal estabelecido pelo Tratado de Maastricht – esse não é o caso para o governo de François Hollande (2012-2017). Com efeito, esse último deu continuidade ao fundamental da política neoliberal dos dois governos de direita que o precederam – a presidência de Jacaques Chirac (2002-2007) e a de Nicolas Sarkozy (2007-2012).

Os principais acontecimentos políticos e os grandes episódios de mobilização social que esses dois países conheceram estão indicados no quadro cronológico da página seguinte.

A indicação desses primeiros pontos permite destacar quatro dados. Primeiramente, o papel central nos dois países da eleição presidencial com base no sufrágio universal direto marcando claramente a cronologia governamental. Em segundo lugar, a década de 1990 foi marcada no Brasil pela aplicação de políticas neoliberais conduzidas por governos dirigidos por personalidades saídas do campo da direita, enquanto as décadas de 1980 e 1990 se caracterizam na França por governos ambíguos dirigidos – afora um curto período de quatro anos – por presidentes socialistas. Em terceiro lugar, a década de 2000 caracteriza-se no Brasil por uma continuidade de governos do PT, que alteram claramente e duravelmente as políticas anteriores, imprimindo uma orientação neodesenvolvimentista à política econômica, enquanto na França, quer se trate de governos de direita ou do PS, as orientações neoliberais ou "social-liberais" aprofundaram-se de maneira progressiva. Ou seja, as bifurcações são mais afirmativas no primeiro caso. Em quarto lugar, nos dois países as grandes mobilizações coletivas animadas pela esquerda sindical ou pelos movimentos sociais se produziram mais frequentemente quando era um governo de direita que se encontrava no poder. Na França, a mobilização ocorrida em 2016 contra a "Lei do Trabalho" e o movimento dito "Noites em claro" (*Nuits debout*) representam uma exceção notável. Isso não significa que outros tipos de mobilização coletiva não ocorram contra os governos do PT ou do PS. O Brasil assistiu em 2013 a manifestações em defesa do transporte urbano gratuito, da saúde e da educação e, em 2015, mobilizações contra a corrupção ou para a deposição de Dilma Rousseff. Na França surgiram manifestações contra o "casamento para todos" ou a mobilização dita dos "gorros vermelhos".[4]

4 Os primeiros se opunham à lei autorizando o casamento de homossexuais. Os segundos, localizados na Bretanha, protestavam ao mesmo tempo contra a "ecotaxa" – medidas

PRINCIPAIS ACONTECIMENTOS POLITICOS E SOCIAIS (1980-2017)

BRASIL		FRANÇA	
Governos (Presidentes)	**Movimentos sociais**	**Governos** (Presidentes; Primeiros ministros nos períodos de "coabitação"	**Movimentos sociais**
1990: F. Color (PRN) 1992: I. Franco (PMDB) 1995: F.H. Cardoso (PSDB) 2003:L.I. Lula da Silva (PT) 2007: L.I. Lula da Silva (PT) 2011:D. Roussef (PT) 2015: D. Roussef (PT) 2016: M. Temer (PMDB)	1992: movimento pelo impeachment de Collor 1996: Greve geral contra a recessão e o desemprego 1997: Marcha a Brasília do MST. 1999: Marcha dos 100.000 contra a política de FHC 2002: greve geral contra a reforma da CLT 2004: Marcha pelo salário mínimo 2013: Manifestações pelo transporte, saúde, educação 2015: Mobilizações contra a terceirização 2015-2016: Mobilizações de classe média pelo impeachment de Dilma 2017: greve geral contra a supressão de direitos e pela deposição de Michel Temer.	1981: F. Mitterrand (PS) 1983: Virada de Mitterrand para o rigor fiscal 1986: 1ª coabitação. Primeiro Ministro da direita: J. Chirac 1988: F. Mitterrand 1995: J. Chirac (direita) 1997: 2ª coabitação. Primeiro Ministro L. Jospin (PS) 2002: J. Chirac (direita) 2007: N. Sarkozy (direita) 2012: F. Hollande (PS) 2017: E. Macron (direita)	1995: Mobilização contra reforma da previdência 2003: Idem 2005-2006: 1. Quebra-quebras nas periferias. 2. Movimento estudantil e sindical contra a lei que flexibilizaria o Contrato de Primeiro Emprego (CPE). 2009: Mobilizações contra os efeitos da crise econômica. 2010: Mobilização contra a reforma da aposentadoria. 2014: Manifestações de direita conta a lei do "casamento para todos". 2016: Mobilização intersindical contra a nova lei do trabalho.

fiscais contra a poluição provocada pelo transporte rodoviário de mercadorias e a crise da indústria agro-alimentar. Composto por trabalhadores independentes, pequeno patrões e assalariados se reivindicando de classe média, essas mobilização adotaram formas de ação direta (destruição de radares, bloqueio de rodovias etc.).

2016-2017: fim de um ciclo político nos dois países?

No Brasil, após o golpe de Estado parlamentar que depôs Dilma Rousseff, o governo encabeçado por Michel Temer adotou uma orientação política neoliberal radicalizada: emenda constitucional estabelecendo o congelamento dos gastos públicos para os próximos vinte anos; ampliação da abertura do pré-sal ao capital estrangeiro; retomada do processo de privatização das grandes empresas estatais; reforma regressiva do direito do trabalho; projeto dificultando o acesso à aposentadoria etc. Todas essas medidas acabaram por estimular o ressurgimento do protesto laboral, mas sem produzir resultados significativos até o momento. A oposição democrática e popular tem se revelado muito débil. Lula foi condenado pela Operação Lava-Jato e a reação foi muito fraca. O governo Temer livrou-se das duas denúncias da Procuradoria Geral da República e, após um período de muita instabilidade, logrou, no segundo semestre de 2017, firmar-se melhor e consolidar seus apoios.

Na França, a excepcional impopularidade do presidente Hollande impediu-o de tentar a reeleição e a eleição presidencial de 2017 representou uma grande mudança na paisagem política e eleitoral francesa. As duas grandes forças políticas que se alternavam no governo desde 1980, o Partido Socialista e o principal partido de direita, cuja denominação alterou-se ao longo desses anos, essas duas forças foram eliminadas do jogo já no primeiro turno. Foram para o segundo turno a candidata do partido neofascista *Front National*, Marine Le Pen, e um candidato, Emmanuel Macron, do recém organizado movimento *France en Marche*, que diz pretender ultrapassar a clivagem entre esquerda e direita. Emmanuel Macron venceu e o seu programa econômico neoliberal é igual ao da direita tradicional. Ele conquistou também a maioria absoluta de cadeiras nas eleições legislativas que seguiram a eleição presidencial.

Neodesenvolvimentismo e social-liberalismo: duas variantes do neoliberalismo?

O neoliberalismo pode ser definido como um conjunto de orientações econômicas, políticas e ideológicas que acompanharam a financeirização do capitalismo a partir da década de 1970. Essas orientações atentam contra os interesses dos trabalhadores e nos maiores países da América Latina atingem também as instituições do Estado desenvolvimentista. Mas, o neoliberalismo pode admitir medidas localizadas e tímidas de redução da pobreza visando a inclusão no mercado.

O Brasil e a França são dois países que têm em comum o fato de terem assumido tardiamente a orientação neoliberal. A França aderiu ao neoliberalismo após os países anglo-saxões, em meados dos anos 80, e o Brasil o fez na década de 1990, bem depois do Chile e da Argentina. Mas a virada foi mais progressiva e continuada no caso francês, mesmo se considerarmos que o período do governo Jospin (1997-2002) foi sem dúvida mais contraditório que outros. No Brasil, a chegada do PT ao poder em 2003, numa conjuntura marcada na América Latina pelo desgaste e por derrotas do programa neoliberal, marcou uma inflexão significativa em relação ao neoliberalismo por um período de treze anos. Nesse mesmo período, a França teve o retorno da direita ao poder entre 2002 e 2012 e esses governos se caracterizaram por uma acentuação "descomplexada" das orientações neoliberais que tiveram continuidade após 2012, sob a presidência de François Hollande do Partido Socialista.[5]

Mais que isso, é necessário reinscrever as orientações neoliberais, as resistências que elas suscitam e os seus efeitos, numa história mais longa da construção dessas duas formações sociais capitalistas e das relações de dependência ou de dominação nas quais elas estão inscritas. É indispensável tomar em consideração aqui a diferença principal que distingue os dois países no grau de extensão dos serviços públicos e dos direitos sociais – frequentemente resumidos pela expressão "Estado de bem-estar social" ou "Estado providência" – contra os quais se voltou a ofensiva neoliberal das décadas de 1980 e 1990. No Brasil, um objetivo importante das políticas neodesenvolvimentistas dos governos do PT foi o de ampliar a rede de proteção social e seus beneficiários, notadamente a massa de trabalhadores informais, converteram-se na principal base eleitoral desse partido. Quanto à França, não foi por acaso que a disputa em torno dos regimes de aposentadoria entre as forças neoliberais e os sindicatos resultaram nas maiores mobilizações do período – em 1995, 2003 e 2010.

5 Na França, o "complexo" da direita se devia ao fato de que ela foi durante muito tempo dominada pelo gaulismo, corrente política que organizou e legitimou o compromisso keynesiano com seus avanços sociais, que foram explicitados já na elaboração do programa de luta contra a ocupação alemã pelo Conselho Nacional da Resistência.

Outra diferença importante diz respeito aos modos de inserção dos dois países na economia mundial e as instituições supra nacionais atinentes a um e a outro (Mercosul e União Europeia).[6] Sob modalidades distintas, a economia dos dois países é muito dependente da conjuntura regional e mundial e/ou das políticas de instituições supra nacionais. No caso francês, a agenda de "reformas" de inspiração neoliberal é fortemente influenciada pelas instituições europeias, como se pode ver muito claramente após a crise econômica de 2008. No caso brasileiro, os limites políticos do neodesenvolvimentismo aparecem claramente nesses últimos anos, com uma recessão econômica tardia estreitamente ligada ao recuo da demanda e dos preços das matérias primas e dos produtos agrícolas de exportação.[7]

Na França nós não encontramos no decorrer dos últimos vinte anos essa aliança entre duas grandes forças sociais que dominou a vida política do Brasil quando dos "anos Lula": de uma parte, uma grande burguesia interna como força hegemônica e, de outra, um movimento sindical e popular bastante ativo. Essas forças formaram uma frente política neodesenvolvimentista que Armando Boito Jr. (capítulo 1) define como agente de uma "política moderada de crescimento e de redistribuição de renda, sustentada pela intervenção econômica do Estado, mas sem romper com os principais pilares do modelo capitalista neoliberal". Essa frente política será objeto a partir de 2014 de uma "ofensiva restauradora" por parte de uma outra frente, associando o capital internacional, a fração da burguesia local a ele associada e a fração superior da classe média. Na França, não parece existir uma grande burguesia interna muito significativa, com base nacional e ainda não integrada ao capital financeiro internacional. Contudo, o apoio ativo dos industriais do armamento a uma política externa favorável, no plano comercial e militar, aos seus interesses poderia talvez representar o equivalente francês dessa burguesia interna brasileira. E o movimento sindical e popular francês não soube capitalizar

6 Para A. Garcia Linera (2016), a destruição ou enfraquecimento da soberania nacional dos Estados-nação constitui uma segunda fase do neoliberalismo.

7 Na lista de seis diferenças apontadas por Boito Jr. entre o desenvolvimentismo clássico (1930-1980) o neodesenvolvimentismo (2003-2015), a segunda consiste na aceitação da divisão internacional do trabalho e revitalização da função primário-exportadora do capitalismo brasileiro.

seus breves momentos de contraofensiva (1995: mobilização e greve contra a reforma da previdência social; 2005: vitória do "não" no referendo sobre a Constituição Europeia).

Thibaut Riouffreyt (capítulo 2) mostra que entre o governo Jospin (1997-2002) e o governo Hollande (2012-2017) verifica-se uma continuidade do social-liberalismo, definido como "híbrido ideológico com dominante neoliberal à qual é acrescentada uma dimensão social-democrata" sendo que essa dominância neoliberal é muito mais dominante no segundo dos dois governos citados. E é esse híbrido assimétrico que permite realizar "mais eficazmente a hegemonia neoliberal do que poderiam fazê-lo os partidos de direita". Uma das questões aqui abertas é aquela sobre o sentido e o alcance dos confrontos políticos e ideológicos entre as grandes forças sociais e políticas nos dois países. No caso francês, a violência desses confrontos frequentemente parece não corresponder à realidade das divergências no plano das grandes opções de política econômica. Essa violência pode muito bem traduzir uma estratégia de distinção simbólica e ideológica com objetivo eleitoral num contexto real de aproximação das orientações fundamentais. Desse ponto de vista, nós podemos sustentar, para o período de 2002-2012, a hipótese de uma distância maior entre a política do PT e aquela da direita brasileira que entre a política do PS e aquela da direita francesa.

Na crise brasileira de 2015-2016, setores da classe média tiveram um papel muito ativo. Esse segmento social irrompeu de modo abrupto e massivo no processo político, alterando a correlação de forças e contribuindo de modo decisivo para o impeachment de Dilma Rousseff. Alguns estudos já disponíveis evidenciam que esse comportamento político de parte da classe média explica-se não apenas por razões econômicas, mas, também, por motivos ideológicos. Um ódio represado dirigido contra aqueles que, oriundos do meio popular, passaram a frequentar ambientes e instituições até então reservados à classe média, esse ódio encontrou as condições para converter-se em força política na conjuntura política de 2015. Sávio Cavalcante e Santiane Arias tratam desse tema no capítulo 4 deste livro.

Quais categorias para tratar realidades sociopolíticas tão distintas?

Todo enfoque comparativo deve se perguntar sobre as categorias de análise utilizadas. Trata-se de "evitar toda ilusão terminológica, já que uma mesma palavra pode designar de fato realidades diferentes em países que utilizam a mesma língua e, inversamente, termos diferentes podem designar fenômenos similares ou próximos."[8] Essas categorias são de fato construções históricas e sociais que circulam mais ou menos por diferentes domínios: experiência social ordinária, ação social e política, políticas públicas, categorias estatísticas, pensamento erudito etc. Mesmo categorias produzidas no nível internacional – neoliberalismo, flexibilidade, trabalho informal, trabalho decente etc. – são objeto de reapropriações no nível nacional estreitamente ligadas ao contexto de cada país.

As noções de neodesenvolvimentismo e de social-liberalismo adquirem sentido em relação à história política da América Latina para a primeira, do socialismo europeu para a segunda, mesmo se as duas indicam uma política de adaptação ao modelo capitalista neoliberal. Uma outra categoria própria do mundo latino-americano, como a de populismo, pode ter algum interesse para pensar as realidades, antigas ou novas, de um país europeu como a França? Da mesma maneira que essa noção é amplamente aceita para designar movimentos e governos bem-sucedidos no continente sul-americano, ela é discutível quando se trata de dar conta de fenômenos políticos associados à insatisfação crescente com a União Europeia ou mesmo quando se trata de explorar as possibilidades de um "populismo de esquerda" (Laclau, 2008; Mouffe, 2016; Fassin, 2017)

O sindicalismo e os movimentos sociais não escapam dessa desconstrução. Mesmo no interior de um só país as significações do termo sindicalismo são múltiplas – sindicalismo de luta de classes, de regulação do mercado de trabalho ou de integração dos trabalhadores (Gumbrell-Mc Cormick e Hyman, 2013). Essas orientações não são, além disso, excludentes; uma mesma central sindical pode conter práticas muito distintas de um setor a outro. As relações do sindicato com o Estado e com outros movimentos sociais não são independentes de sua orientação. Por exemplo, na França, não foram todos os sindicatos – longe disso – que

8 L. de Verdalle, C. Vigour, T. Le Bianic, "S'inscrire dans une démarche comparative. Enjeux et controverses", *Terrains et travaux*, n° 21, 2012, p. 15.

tomaram medidas para organizar ou para ajudar a organizar os desempregados. Quanto à amplitude e ao radicalismo desses movimentos, quando se trata de grupos privados de direitos – à terra, à habitação... – a comparação deverá ter em conta que pode ser induzida a engano pela denominação comum de movimentos cuja tradição e importância são muito maiores no Brasil.

No que concerne às classes sociais e seus conflitos, uma referência comum à tradição marxista não é suficiente para definir de modo preciso o conteúdo das categorias utilizadas. Nós tratamos aqui de duas situações nacionais muito distintas (Lebaron et L.Page Pereira, 2015, p.15). Não há dúvida que a palavra "classes médias" ou "classes populares" remete a contextos nacionais diferentes tanto no plano acadêmico, quanto no institucional, político e cultural, além de diferenças objetivas na estrutura de classe dos dois países. As contribuições de Cavalcante e Arias (capítulo 4) e de Paul Bouffartigue (capítulo 3) iluminam o forte contraste da problemática da classe média nos dois países. Essa última mostra que na França essa classe está muito mais presente no discurso político que na mobilização política efetiva e que essas mobilizações, quando ocorrem, são muito fragmentadas. Inversamente no caso brasileiro, Cavalcante e Arias mostram que a classe média mobilizou-se fortemente nas ruas, muito especialmente sua fração superior, que se levantou, em nome da crítica à corrupção, contra o governo Dilma Rousseff, animada igualmente pela referência a um ideal meritocrático e pelo medo do declínio social. No capítulo 5, Ludmila Abilio propõe uma crítica radical do discurso – proveniente tanto de círculos ligados aos governos do PT quanto de agências de publicidade – enaltecedor da suposta formação de uma "nova classe média" devido ao modesto crescimento do poder de compra das classes populares. Baseada em pesquisa sobre os motoboys da cidade de São Paulo, Abilio mostra que esse discurso propagandístico sobre a "nova classe média" dissimula a extensão das relações de trabalho precário e a exploração próprias do capitalismo neoliberal e invisibiliza a classe operária tal qual essa está constituída no Brasil.

Por último, Tatiana Berringer (capítulo 6) mostra que na América Latina o conteúdo da integração regional é uma disputa entre as forças sociais em presença. No caso brasileiro, a transição do regionalismo aberto dos anos 1990 para o regionalismo multidimensional dos anos 2000 foi possibilitada pela imbricação entre a base social da frente neodesenvolvimentista e os processos de integração regional. As forças sindicais e populares inscrevem-na numa perspectiva internacionalista e anti-imperialista; a burguesia interna procura preservar seus interesses nacionais; o capital financeiro busca a abertura. As principais instituições da integração (Mercosul, Unisul, Alba) ou a tentativa abortada de construção (ALCA: Área de Livre Comércio das Américas) traduzem essas diferentes perspectivas ou compromissos distintos entre elas.

As formas da contestação social

O sindicalismo e as formas de organização e de luta coletiva das classes populares precarizadas são o objeto, respectivamente, da segunda e da terceira parte deste livro. Todas essas formas de organização são colocadas à prova pelas lógicas impostas pelo neoliberalismo: processo de institucionalização e de relativização do quadro nacional em proveito de instituições supranacionais; processo de recomposição e de precarização do salariado e das outras formas de trabalho. Essas lógicas renovam questões antigas colocadas ao movimento operário, como aquela referente à capacidade de organização das camadas populares, modos de politização e especificidades do modo de fazer política das classes populares.

A contribuição de Sophie Béroud e de Andréia Galvão sobre as dinâmicas do sindicalismo nos dois países (capítulo 7) sublinha uma característica brasileira que não encontramos na França: o apoio e a participação ativa do sindicalismo majoritário no poder governamental, ainda que em posição subordinada naquilo que os pesquisadores brasileiros deste livro denominam frente política neodesenvolvimentista. Esse fato vincula-se à história muito distinta desses dois sindicalismos, notadamente na sua relação com o Estado: de um lado, uma estrutura sindical corporativa de Estado, implicando dependência e tutela estatal, e, de outro, uma tradição de independência relativa em relação ao Estado que marca o imaginário militante do sindicalismo francês, ainda que a realidade seja um pouco diferente desde 1945 – na França atual, o sindicalismo também usufrui de recursos financeiros garantidos pelo poder público. No Brasil, os laços mais estreitos com o poder político não eliminam necessariamente a capacidade de mobilização dos sindicatos para a luta econômica reivindicativa de sua categoria, como mostram Paula Marcelino e Baptiste Giraud analisando a luta grevista no Brasil e na França nas décadas de 2000 e de 2010 (capítulo 8). No Brasil, a conjuntura de crescimento econômico e de grande redução do desemprego favoreceu a reanimação da luta sindical, embora reivindicações mais amplas, como a redução das horas semanais de trabalho e a regulamentação restrita da terceirização, tenham sido postas de lado. De modo paralelo, na França, a fraqueza estrutural da taxa de sindicalização não constituiu obstáculo incontornável para a organização de mobilizações mais amplas, mesmo que tenha sido preciso esperar até 2016 para que elas chegassem a contestar também um governo do Partido Socialista. Alguns traços aproximam o sindicalismo dos dois países: o baixo envolvimento com a luta dos trabalhadores precários e informais e o papel importante do setor público – ainda que a atividade grevista seja bem mais forte no setor privado do que correntemente se imagina. A tensão entre a dinâmica de institucionalização e a dinâmica de mobilização é uma boa chave de leitura comparativa. Em vez do desaparecimento do sindicalismo, os dois países ilustram uma tendência à transformação do seu papel.

Um dos maiores desafios aos quais são confrontados o sindicalismo e os movimentos populares reside no aprofundamento dos processos de integração econômica e institucional regionais que multiplicam os problemas e as arenas que solicitam sua intervenção. O contraste entre os dois contextos é significativo. Os modos de engajamento das organizações sindicais e populares nas cenas institucionais internacionais é nitidamente maior no caso do Brasil que no caso estudado por Elise Roullaud (capítulo 9), aquele das relações estabelecidas por um sindicato dos trabalhadores agrícolas, a Confederação Camponesa, e as instituições comunitárias da União Europeia. A construção da União Europeia não pode mais ser percebida como abrindo a perspectiva de uma "Europa social", tanto se aprofundou sua orientação neoliberal desde o final da década de 1990. Nesse sentido, a mobilização da Confederação Camponesa a respeito da Política Agrícola Comum permanece dirigida principalmente para o Estado nacional, ainda que sua ação esteja voltada também para organizações internacionais, como a OMC.

O neoliberalismo provoca crises nas instituições democráticas construídas ao longo do século XX, das quais o enfraquecimento da soberania do Estado nação na Europa e na América Latina é um componente maior. Observa-se um afastamento entre a massa da população e os dirigentes políticos, que assume formas contrastantes. De um lado, um novo ciclo de mobilizações sociais – em boa parte, louvando a horizontalidade, alimentadas pelas redes sociais e conduzidas por jovens com elevada instrução formal – e, de outro, a ascensão de correntes xenófobas e autoritárias, frequentemente batizadas de "populistas" na Europa. Nós podemos falar em "conflitos dos conflitos" entre essas duas formas de expressão da recusa às políticas neoliberais (Tosel, 2014). Desse ponto de vista, nos últimos anos, a França está marcada pela ascensão das percepções identitárias, diferentemente do Brasil. Dito isso, o novo ciclo de mobilização social, claramente datado a partir da crise econômica de 2008, permitiria detectar novas alianças no seio das classes populares e entre essas classes e a classe média? Lograria combinar reivindicações imediatas (direito ao transporte, à moradia, ao emprego) com críticas mais profundas aos limites da democracia representativa?

O estudo dos movimentos sociais "de urgência" – desempregados, sem-teto – realizado nos dois países por Elaine Amorim e Nathalia Oliveira (capítulo 10) ajuda a refletir sobre essa questão. Novamente, o procedimento comparativo revela o peso dos contextos diferentes nos quais as políticas neoliberais – ou sua inflexão neodesenvolvimentista para o caso do Brasil – são aplicadas: de um lado, a ausência de um Estado de bem-estar social – o direito à moradia só é colocado na Constituição brasileira no ano 2000 – e, de outro, o enfraquecimento prático dos direitos sociais de um Estado de bem-estar desenvolvido. Daí o caráter mais massivo dos movimentos brasileiros voltados para a organização dos desempregados e dos sem-teto. Daí igualmente as reivindicações do Movimento dos Trabalhadores Desempregados (MTD) não apontarem prioritariamente para o seguro desemprego e para a criação de empregos pela via da redução da jornada de trabalho – pontos que, na França, são as principais demandas do Movimento Ação contra o Desemprego (AC, na sigla em francês) – mas para o estabelecimento de programas de utilidade social e de assentamentos: seja a construção de casas populares, seja no apoio a atividades econômicas auto-organizadas. E aqui onde o Movimento dos Trabalhadores Sem Teto (MTST) reivindica o direito a uma moradia digna sob a forma do acesso à propriedade, o movimento francês Direito à Moradia (DAL, na sigla em francês) demanda a ampliação da política de aluguel social subvencionado para a população pobre. Essas diferenças não impedem de observarmos similitudes no plano dos modos de mobilização, como a que se verifica entre a ação direta de "ocupação" no Brasil e a de "requisição" na França, ações que aproximam os movimentos de sem-teto dos dois países.

Muitas questões podem ser colocadas a propósito desses movimentos "dos sem" ou dos movimentos de trabalhadores precários que têm um alcance geral para as condições de aprofundamento da democracia. Sobre quais bases presentes nessas camadas e frações as mais dominadas podem se apoiar os processos de mobilização, de engajamento e de politização? Quais são as condições concretas para a promoção de sua capacidade de auto-organização e de ação? Em que medida a análise interseccionalista – cruzamento de relações sociais de classe, de sexo e de raça – que é frequentemente mobilizada no estudo desses movimentos não deveria ser ampliada para a análise das classes populares mais estabilizadas e da classe média, cujas características de sexo e raça são frequentemente ocultadas? As contribuições de Charles Berthonneau (capítulo 11) e de Cristina Nizzoli (capítulo 12) versam sobre as práticas sindicais na França no seio dos assalariados subalternos e precários, fortemente feminilizados e racializados. A primeira mostra quais são as fontes de sustentação e de cooperação que esses trabalhadores encontram nas Uniões Sindicais Locais da Confederação Geral do Trabalho (CGT). A segunda, que trata da atividade sindical no setor de limpeza, revela as raízes das dificuldades para o envolvimento de trabalhadoras que contam entre as mais oprimidas, com os sindicalistas tendendo a interiorizar as representações pejorativas dessas últimas e a alimentar um sentimento de impotência diante da multiplicidade de obstáculos à defesa de seus direitos.

Essas últimas questões convidam a estudar as modalidades correntes e mais visíveis de prática política nos meios populares, assim como as relações concretas mantidas entre os partidos políticos e sua base social e eleitoral popular.

Seguindo Merklen (2009), admite-se que a percepção da política é, ao mesmo tempo, constitutiva do social, historicamente variável, e diferenciada de um grupo social a outro. Hoje, em meio social precário, essa politicidade constrói-se numa relação conflitiva com as instituições sociais que condicionam a sobrevivência quotidiana, está orientada por uma demanda de integração social e também, dialeticamente, de reconhecimento da autonomia. Essas frações de classe são muito frequentemente vistas como instrumentalizadas pelos políticos que aí constituem uma "clientela" em troca de serviços e favores: clientelismo e paternalismo são categorias clássicas de análise das relações entre as populações pobres e os políticos. Essas relações são vistas como verticais, assimétricas e inibidoras da organização política, desencorajando a contestação popular, quando a "patronagem política rotineira e a ação política não rotineira deveriam ser consideradas não como fenômenos opostos e antagonistas, mas como processos dinâmicos" (Auyero, Lapegna e Page Roma, 2010, p. 71). É o que mostra, de certa maneira, a pesquisa de Mustaphá El Miri (capítulo 13), estudando como nos espaços populares da região de Marselha, os "gatekeepers", que são as lideranças nascidas no bairro, se apropriam das campanhas eleitorais para fazer valer reivindicações localizadas. Eles desempenham também um papel ativo e mesmo de instrumentalização do pessoal político. No Brasil, a interpretação tradicional do populismo, de inspiração weberiana, como uma relação entre uma massa ignorante e um líder carismático, foi criticada pelo fato de desprezar a capacidade de ação política das massas. A interpretação marxista, quanto a ela, coloca o acento nos aspectos políticos e ideológicos que conduzem à dependência dos trabalhadores frente ao Estado, dependência que, se não impede as mobilizações coletivas, enquadram-nas dentro de certos limites (Boito, 1991).

Mesmo se ressentimos ainda de conhecimentos sistemáticos e precisos do perfil social dos sindicalizados e dos aderentes dos partidos, nós sabemos que os quadros e os dirigentes dos partidos de esquerda na França afastaram-se das classes populares e esse fenômeno não é alheio ao recuo do discurso e das análises de classe por parte das forças políticas (Mischi, 2014). A perda de enraizamento popular dessas organizações políticas acompanhou o recuo das classes populares vis-à-vis à participação eleitoral e a derrapagem de uma parte delas em direção à extrema direita. A dinâmica do PT no curso do seu período governamental é diferente, pois sua base social deslocou-se das frações de classe média e da classe operária para as frações precarizadas das categorias populares. A audiência do PT nessas últimas representa o fenômeno do "lulismo" (Singer, 2012).

***

A dinâmica social e política dos dois países, inscritas nas dinâmicas de suas regiões específicas, a América Latina e a Europa, convidam a colocar uma última questão: o que é que resta como margem de manobra para uma orientação neodesenvolvimentista, de um lado, e socialdemocrata, de outro, frente à lógica do modelo capitalista neoliberal? Os acontecimentos recentes – a vitória de Macron na França, o *impeachment* de Dilma Rousseff e a prisão de Lula no âmbito da operação Lava Jato – podem estar indicando a impossibilidade de compromissos substanciais dentro desse modelo. O compromisso socialdemocrata do período anterior aparece como um compromisso situado e limitado historicamente a um momento e a um espaço preciso do desenvolvimento do capitalismo – o período de 1950 a 1970 nos países do centro – quando e onde o crescimento econômico forte, a limitação do poder dos EUA graças à presença da antiga URSS e a força do movimento operário convergiram para possibilitar certa redistribuição, sem contudo colocar em questão o poder do capital. As derrotas eleitorais e os golpes de Estado de novo tipo ocorridos recentemente na América Latina ensejam reflexão semelhante: o movimento popular obteve algumas contrapartidas ao seu apoio a uma política de crescimento dependente da exportação de matérias primas e produtos agrícolas, mas não colocou em questão sequer a inserção subalterna do país na divisão internacional do trabalho. Esse tipo de crescimento e esse tipo de compromisso revelaram-se frágeis, mormente quando abalado pela crise econômica em curso. Quanto ao recuo generalizado, político e eleitoral, dos partidos socialdemocratas na Europa, ele parece traduzir a incapacidade de sua orientação social-liberal para estancar a degradação das condições de vida das classes populares e médias que formam sua base social.

Para finalizar esta introdução, os autores gostariam de agradecer à professora Helena Hirata, que generosamente discutiu versões anteriores dos artigos aqui publicados no seminário de encerramento do projeto realizado na Universidade de Lyon II em janeiro de 2016, bem como à Capes e ao Cofecub, que financiaram a pesquisa ao longo dos quatro anos deste programa de cooperação.

Agradecemos, também, à Fapesp e ao Programa de Pós-Graduação em Sociologia da Unicamp pelo apoio à publicação deste livro.

Bibliografia

AUYERO J., Lapegna P., Page Poma F. (2010), "Contestation et patronage: intersections et interactions au microscope", *Revue internationale de politique comparée*, 2, vol. 17, p.71-102.

BOITO A. (1991), *O sindicalismo de Estado no Brasil: uma análise crítica da estrutura sindical*, São Paulo/Campinas: Hucitec/Unicamp.

FASSIN E. (2017), *Populisme: le grand ressentiment*, Paris, Textuel.

GARCIA-LINERA A. (2016), "Sept leçons pour la gauche", *Le Monde diplomatique*, janvier 2016, p. 17.

GUMBRELL- Mc Cormick, R.,, Hyman R. (2013), *Trade Unions in Western Europe, Hard Times, Hard Choices*, Oxford, Oxford University Press.

QUALALOU L. (2014), "Brésil: les 'nouveaux prolétaires' feront l'élection présidentielle", *Médiapart*, 3.10.

LACLAU E. (2008) *La raison populiste*, trad. Jean-Pierre Ricard, Paris, Le Seuil (ed. originale, 2005).

LEBARON F., PAGE Pereira L. (2015), "Outils statistiques, outils d'analyse: les nomenclatures socioprofessionnelles et les classes sociales en Europe et au Brésil", *Brésil(s)*, n° 8.

MERKLEN D. (2009), *Quartiers populaires, quartiers* politiques, Paris, La Dispute.

MISCHI J. (2014), *Le communisme désarmé. Le PCF et les classes populaires depuis les années* 1970, Marseille, Agone.

MOUFFE C. (2016), *L'illusion du consensus*, Paris, Albin Michel.

NUN J. (1969), "Sobrepoblacion relativa, ejercito industrial de reserva, y masa marginal", *Revista latinoamericana de sociologia*, 5, 2, pp. 178-236.

SINGER A. (2012), *Os sentidos do lulismo*. Reforma gradual e pacto conservador. São Paulo: Companhia das Letras.

TOSEL (2014), *Essais pour une culture du futur*, Paris, Éditions du Croquant/ Espaces Marx.

VELASCO e Cruz S., KAYSEL A., CODAS G. (dir.) (2015), *Direita, volver!* O retorno da direita e o ciclo político brasileiro, São Paulo, Editora Fundação Perseu Abramo.

BRASIL : CRONOLOGIA DOS ACONTECIMENTOS POLÍTICOS E SOCIAS (1990-2017)

Governos	Protestos e movimentos sociais
Fernando Collor de Mello (PRN) (1990-1992) Início da implantação do programa neoliberal no Brasil: ataques ao serviço público e ao funcionalismo. Plano Collor. Efêmera estabilização da espiral inflacionária. Abertura comercial e privatizações – venda das empresas estatais. Crescimento do desemprego. Presidência Collor não dispõe de apoio no Congresso Nacional.	1. Dias 22 e 23 de maio de 1991: greve geral, contra a política econômica do governo. 2. Manifestações sindicais contra a venda das empresas estatais. 3. Agosto e setembro de 1992: mobilizações contra o governo Collor, contra a corrupção e "pela a ética na política". Participação destacada do movimento estudantil e apoiada por associações de classe média, sindicatos e por algumas associações patronais. 4. Outubro de 1992: impeachment Fernando Collor de Mello.
Itamar Franco (PMDB) (1992-1994) Pequena moderação do programa neoliberal. Implantação do "Plano Real" que derruba a hiperinflação e aprofunda a abertura da economia brasileira para o capital internacional.	Manifestações sindicais contra a venda das empresas estatais.

Fernando H. Cardoso (PSDB) (1995-1998) Rápido aprofundamento do programa neoliberal: mais abertura, privatização e supressão de direitos. Crescimento do desemprego. Em 17 de abril de 1996 ocorre o massacre de camponeses em Eldorado dos Carajás no Pará. O governo dispõe de apoio do Congresso Nacional e de uma grande parte da sociedade. Política externa marcada por subordinação passiva aos Estados Unidos.	1. Mês de maio de 1995: greve dos petroleiros (32 dias) 2. Dias 14 a 18 de junho de 1995: "Marcha sobre Brasília" organizada pela burguesia agrária, que protesta principalmente contra a política fiscal de restringir a ajuda pública aos proprietários de terra. 3. Dia 22 de maio de 1996, "Marcha sobre Brasília", organizada pela burguesia industrial, contra a abertura comercial, a política de juros e por reformas neoliberais. 4. Dia 21 de junho de 1996: greve geral contra a política econômica do governo, com doze milhões de grevistas. A Federação das Indústrias do Estado de São Paulo (Fiesp) apoia publicamente a greve. 5. De 17 de fevereiro a 17 de abril de 1997: "Marcha Nacional pela Reforma Agrária, Emprego e Justiça" do MST, que termina em Brasília com 100 mil manifestantes. 6. Ano de 1998: crescimento do número de ocupações dos movimentos de trabalhadores sem-teto.
Fernando H. Cardoso (PSDB) (1999-2002) Novas reformas neoliberais. Mais privatizações. Forte crescimento do desemprego. Crise econômica de 1998-1999. Criação do tripé macroeconômico – meta de inflação, câmbio flutuante e superávit primário. Política externa de subordinação passiva aos Estados Unidos.	1. Declínio do número de greves e aumento das reivindicações defensivas – contra demissões, contra atraso de salários, contra desrespeito a acordos salariais. 2. Forte repressão ao Movimento dos Trabalhadores Rurais Sem-Terra (MST) e outros movimentos camponeses. 3. Ano de 1999: aumento do número de ocupações dos movimentos de sem-teto.

Luis Inácio Lula da Silva (PT) (2003-2006) Mudanças tímidas na política econômica, social e externa. Aprovação das quotas raciais e criminalização das agressões contra mulheres - aprovação da Lei Maria da Penha. Distanciamento da política externa dos EUA e lançamento da política externa Sul-Sul. Redução do desemprego.	1. Anos de 2003 e 2004: aumento do número de ocupações dos movimentos dos sem-teto. 2. Pequeno aumento do número de greves e aumento das reivindicações ofensivas do movimento grevista.
Luis Inácio Lula da Silva (PT) (2007-2010) Afirmação da política neodesenvolvimentista. Intervenção do Estado para o crescimento econômico e redução da pobreza: Programa de Aceleração do Crescimento (PAC); Política do BNDES voltada para as grandes empresas nacionais; Programa Minha Casa, Minha Vida; valorização do salário mínimo; fortalecimento da agricultura familiar. Crescimento econômico e forte redução do desemprego.	1. Recuperação da luta grevista por aumento de salário. 2. Declínio do número de ocupações de terra pelo MST e outros movimentos rurais. 3. Declínio do número de ocupações dos movimentos de sem-teto. 4-Anos de 2008 e 2009: dias de protesto contra os efeitos da crise internacional sobre o emprego.
Dilma Rousseff (PT) (2011-2014) Redução do crescimento econômico. Forte redução das taxas de juros. Medidas protecionistas e expansão da política de conteúdo local. Participação ativa do governo brasileiro na criação do Banco dos BRICS. Sucesso do petróleo do pré-sal. Ministério da Economia fala de uma nova matriz de política econômica. Manutenção do emprego e das políticas sociais. Descoberta da espionagem da presidente Dilma e da Petrobrás feita pelo governo Obama. Suspensão da visita que Dilma faria aos EUA.	1. Em 2012 e 2013: crescimento muito forte do número de greves. 2. Mês de Junho 2013: manifestações, em parte espontâneas e em grande parte incentivadas pelos meios de comunicação, em favor de demandas: transporte, educação, saúde, corrupção. Composição social heterogênea das manifestações.

Dilma Rousseff (PT) (2015-2016) Crise econômica. Abandonando o discurso da campanha eleitoral, Dilma Rousseff aplica uma política de austeridade fiscal. Crescimento moderado do desemprego. O PSDB, que não tinha aceito a derrota nas urnas de 2014 e tentara anular o resultado da eleição por meios judiciais, adere à proposta de impeachment da presidente. O PMDB abandona o governo, que fica minoritário no Congresso Nacional.	1. Anos de 2015 e 2016: grandes manifestações de rua da alta classe média agitando um discurso contra a corrupção. As manifestações lançam a proposta do impeachment de Dilma. 2. Anos de 2015e 2016: manifestações mais modestas convocadas pelos movimentos populares, partidos de esquerda, movimentos de mulheres e sindicatos em defesa do mandato de Dilma. 3. Dezembro de 2015: a Federação das Indústrias do Estado de São Paulo (Fiesp) junta-se ao movimento pela deposição da presidente. 4. Dia 31 de agosto de 2016: Dilma Rousseff é deposta no processo de impeachment.
Michel Temer (PMDB) (2016-2018) Recessão. Política de austeridade fiscal. Forte aumento do desemprego. Abertura ao capital estrangeiro e privatização. Entrega do petróleo do pré-sal ao capital internacional. Fim da política de valorização do salário mínimo. Aprovação da reforma neoliberal da Consolidação das Leis do Trabalho (CLT). Projeto de reforma neoliberal da previdência pública. Criminalização dos movimentos populares. Entendimentos para a cessão da base de lançamento de Alcântara aos EUA e para a fusão da Embraer com a estadunidense Boeing. Rompimento com os governos progressistas da América Latina. Retorno da política externa de subordinação passiva aos Estados Unidos. O governo conta com maioria no Congresso Nacional, que rejeita em 2017 as duas denúncias por corrupção apresentadas pela Procuradoria Geral da República contra Michel Temer.	1. Dia 28 de abril de 2017: greve geral contra a supressão de direitos e pela deposição do governo de Michel Temer, com a participação de 40 milhões de trabalhadores (maior greve geral da história do Brasil). 2. Movimento pela deposição de Michel Temer esvazia-se. 3. Agosto e setembro de 2017: caravana "Lula Pelo Brasil" visita os nove Estados da Região Nordeste. 4. Mobilização democrática e popular em julho de 2017 e em janeiro de 2018 nos julgamentos em primeira e em segunda instância do ex-presidente Luis Inácio Lula da Silva. 5. Atos de juristas, intelectuais e movimentos populares denunciam como perseguição as ações judiciais contra o ex-presidente Lula da Silva.

Parte I
Olhares cruzados sobre as categorias analíticas

1. O ciclo de governos do PT e sua crise

Armando Boito Jr.

A deposição da presidente Dilma Rousseff se insere no quadro político mais amplo da América do Sul. A situação política dessa região no ano de 2017 é muito diferente daquela da década de 2000. Governos progressistas, de esquerda e de centro esquerda, que procuravam romper com o neoliberalismo ou moderar os seus efeitos mais destrutivos sobre as classes trabalhadoras e sobre a economia nacional, foram depostos por meio de golpes de Estado de novo tipo, como ocorreu no Brasil e no Paraguai, ou derrotados nas urnas, como ocorreu na Argentina e no Chile. Na Venezuela, o governo Nicolas Maduro mantém-se no poder, mas o seu governo vive uma crise prolongada. Nesse cenário, a Bolívia de Evo Morales aparece como exceção. A América do Sul destoava da Europa e dos Estados Unidos; na presente década, ela acertou o passo com os centros imperialistas onde o neoliberalismo permanecera no poder governamental e onde, presentemente, a direita encontra-se na ofensiva.

Agora, como ocorre na Europa e nos Estados Unidos, a direita está na ofensiva na América Latina. Essa ofensiva faz uso de um discurso que, na sua dimensão negativa, destaca a corrupção – real ou suposta – dos governos de esquerda e de centro-esquerda, a suposta incapacidade de gestão desses governos e o que denomina "autoritarismo bolivariano". Na sua dimensão propositiva, esse discurso destaca a necessidade de retomar as reformas neoliberais das décadas de 1980 e 1990. O peso de cada um desses aspectos varia em função do país, da conjuntura, do emissor do discurso e do público ao qual ele se dirige. Se a direita na Venezuela, onde está mais avançado o conflito de classes, coloca o acento na luta contra o "autoritarismo bolivariano", no caso do Brasil, a suposta luta contra a corrupção é o elemento central.

O discurso sobre a competência e a corrupção é um discurso moralista e tecnocrático que dissimula interesses de classe. Não há dogmatismo nessa assertiva. É possível demonstrar que do que se trata na América Latina é de uma ofensiva restauradora dirigida pelo capital internacional, pela fração das burguesias locais a ele integradas e apoiada pela alta classe média, três forças sociais que se unificaram contra os governos que tentam ou tentavam reformar ou mesmo superar o modelo capitalista neoliberal. No caso do Brasil, os governos do Partido dos Trabalhadores aplicavam uma política que podemos denominar neodesenvolvimentista: a intervenção do Estado na economia para estimular o crescimento econômico e a redução da pobreza, mas sem romper com os principais pilares do modelo capitalista neoliberal. Podemos definir o neodesenvolvimentismo, programa muito menos ambicioso que o desenvolvimentismo clássico, como o desenvolvimentismo possível na era do capitalismo neoliberal.

Acrescentemos duas observações. Primeiramente, se é verdade que as três forças sociais citadas lutaram conjuntamente contra a política dos governos do PT, é também verdade que elas não o fizeram exatamente pelos mesmos objetivos. Em segundo lugar, é verdade que a crise econômica e a agitação em torno do tema da corrupção real ou suposta desses governos permitiram à direita neoliberal atrair ou neutralizar, além de setores da classe média, setores populares que eram beneficiados pelo neodesenvolvimentismo. Isso é um dos elementos que explicam a evolução da relação de forças favoravelmente ao golpe parlamentar de agosto de 2016.

Seria necessária uma análise teoricamente rigorosa apoiada em dados empíricos variados para evidenciar as relações complexas que ligam, de um lado, o discurso contra a corrupção e pela gestão competente e, de outro, os interesses de classe representados pela direita neoliberal. Uma análise fina seria necessária para desvelar os elementos de alusão e de ilusão que, ao mesmo tempo, ocultam e indicam os interesses de classe imbricados nos apelos morais e tecnocráticos desse discurso. Aqui, nós pretendemos apenas indicar alguns elementos que permitam vislumbrar tais relações.

Por que não devemos tomar ao pé da letra o discurso contra a corrupção? Correndo o risco de chover no molhado, precisamos dizer algo sobre essa questão. O essencial no tratamento dessa matéria é cotejar o discurso dos agentes políticos envolvidos no processo com a sua prática. É sabido que o governo Michel Temer é composto de denunciados, investigados e até condenados. Michel Temer ele próprio foi condenado pela justiça eleitoral e é inelegível até 2022. Apesar disso, ele assumiu a presidência da República sob o silêncio da mídia e graças à passividade do sistema de justiça. A alta classe média, como têm indicado todos os observadores, tampouco voltou às ruas. Vê-se que o contraste é gritante entre, de um lado, essa situação e, de outro, o carnaval midiático e as manifestações de rua contra a presidente Dilma Rousseff, contra a qual não havia qualquer denúncia de prática de corrupção.

Em compensação, o que é claro é que esse governo propiciou ao capital internacional e à fração da burguesia local a ele associada o fim da política neodesenvolvimentista e, para o júbilo de toda a burguesia, a retomada das reformas neoliberais contra os trabalhadores – nada a ver com as famigeradas pedaladas fiscais. Foi abandonada a política externa Sul-Sul dos governos do PT e o Estado brasileiro passou a se alinhar passivamente com a política externa dos EUA. A exploração do petróleo do Pré-Sal e a ampla participação na cadeia produtiva do petróleo e gás foram abertas ao capital estrangeiro. Os investimentos em saúde, educação e outros bens sociais foram congelados por intermédio de emenda constitucional. A reforma trabalhista que liquida grande parte das normas protetoras do trabalho foi aprovada e o governo articula a aprovação de uma reforma neoliberal da previdência. Programas sociais voltados para o grande contingente de trabalhadores da massa marginal foram enxugados ou suspensos. A política de valorização do salário mínimo foi abandonada. No que diz respeito à camada superior da classe média, que foi a base de massa das manifestações que se diziam contra a corrupção, ela se calou diante do governo corrupto de Temer porque esse, de algum modo, permitiu que ela atingisse seu principal objetivo: liquidar com a política social dos governos do PT que, ao ver desse segmento social, onerava a classe média, além de, também ao seu ver, reduzir ameaçadoramente a distância que separa a alta classe média dos trabalhadores de baixa renda. Essa fração da classe média não foi vítima passiva de uma mera manipulação. Tal fração – e não a classe média no seu conjunto – tinha interesses econômicos e razões ideológicas próprias para se voltar contra os governos do PT.[1]

---

1 Não é correta a tese – de motivação progressista, mas de consequências práticas conservadoras – de Jessé Souza segundo a qual a mídia e a "elite do dinheiro" teriam intoxi-

A agitação do discurso contra a corrupção por um movimento cujo objetivo, ou ao menos o objetivo principal, não é lutar contra a corrupção é um fenômeno político muito complexo e nós vamos tentar apresentar alguns elementos para esclarecê-lo ao longo deste texto. Por ora, antecipamos a ideia de que é importante evitar dois erros simétricos e opostos. O primeiro é aquele que já indicamos: tomar o discurso contra a corrupção ao pé da letra O segundo erro consistiria em conceber esse discurso como mero pretexto, uma mentira manipulada conscientemente para iludir os inimigos.

Para compreender a crise política que levou à deposição de Dilma Rousseff, nós iremos examinar o processo político brasileiro do período recente mobilizando a sociologia política marxista, isto é, procurando portanto vincular o processo político aos processos econômicos e sociais, particularmente aos conflitos de classe e de frações de classe presentes no período.

A grande burguesia interna e a frente neodesenvolvimentista

Vários pesquisadores e observadores da economia internacional afirmam ou supõem que a nova vaga de internacionalização capitalista, a dita "globalização", teria criado uma economia mundial mais ou menos homogênea e inclusive uma burguesia mundial.[2] A história econômica e política recente da América Latina contradiz essa tese. Em países como o Brasil, a Argentina e outros, existe uma fração da burguesia que nós podemos denominar, seguindo Nicos Poulantzas (1974 e 1975), "burguesia interna" ou "burguesia interior", fração que manteve uma base de acumulação própria e cujos interesses não coincidem exatamente com os interesses do capital imperialista. É verdade que se trata de uma fração distinta da antiga burguesia nacional. A burguesia interna é financeiramente e tecnologicamente dependente do imperialismo.

---

cado a classe média e feito dela um bando de "imbecis", "idiotas" e "tolos", de acordo com a ideia e a terminologia usada pelo autor. Ver *Radiografia do golpe* – entenda como e porque você foi enganado. São Paulo: Leya Editora. 2016, p. 87 e sgts.

2 A questão da burguesia mundial permanece na mesa de discussões. O número 60 da revista *Actuel Marx*, de setembro de 2016, é dedicado a esse tema. William Robinson e Kees Van Der Pijl, conhecidos defensores da tese da burguesia mundial, colaboram nesse dossiê (Robinson e Pijl, 2016). Para uma avaliação crítica dessa tese, ver o artigo de Martuscelli (2010).

No entanto, e apesar dessa dependência que impede ambições políticas maiores, persistem conflitos entre a burguesia interna e o capital internacional e foram esses conflitos que mais marcaram a política brasileira nas décadas de 2000 e 2010. É certo que nesse mesmo período as lutas dos trabalhadores urbanos e rurais também pesou na definição dos rumos da política brasileira, mas essas lutas mantiveram-se segmentadas e restritas ao nível econômico-corporativo. As lutas das classes populares acabaram, por isso, integrando-se, subordinadamente, seja ao campo da burguesia interna e do seu programa político neodesenvolvimentista, seja ao campo do capital internacional e da fração burguesa a ele associada com o seu programa político neoliberal estrito senso.

Quase todos os estudos sobre a política brasileira que utilizam o conceito de conflito de classes ignoram a existência da fração burguesa que denominamos burguesia interna e a existência das frações burguesas em geral, além de ignorarem a multiplicidade das classes trabalhadoras e de suas frações classe operária, pequena burguesia, classe média, campesinato e trabalhadores da massa marginal. Tudo tende a ficar resumido e simplificado na contradição capital/trabalho. Discorrem sobre a burguesia em geral, como se o interesse da classe burguesa fosse homogêneo, e subsumem a multiplicidade e a variedade de interesses das diferentes classes trabalhadoras no conceito vago de "classe trabalhadora". Não logram, em decorrência disso, explicar, de maneira teoricamente coerente, as razões dos conflitos que opõem as diferentes instituições do Estado nacional – judiciário, legislativo, ministério público, executivo –, conflitos que se aguçaram nos últimos anos, os conflitos entre os sucessivos governos e a oposição ou os conflitos do jogo partidário. Como não é possível explicá-los como resultado da contradição simples entre, de um lado, a classe burguesa no seu conjunto e, de outro, a "classe trabalhadora", esses analistas, por ignorarem os conflitos entre as frações burguesas e a multiplicidade das classes trabalhadoras, abandonam o campo teórico que trata a política vinculada ao conflito de classes e adotam teses teoricamente inconsistentes com o seu próprio ponto de partida. Recorrem, então, seja à teoria das elites, na qual os partidos e governos são concebidos como entidades desprovidas de laço de representação com a sociedade, seja à concepção liberal da política, na qual partidos e governos são concebidos como meros defensores de doutrinas ou correntes de opinião conflitantes. Ora, é o conflito entre a burguesia interna e o capital internacional, bem como as pressões oriundas de diferentes classes trabalhadoras, que podem explicar os conflitos acima citados entre instituições do Estado e entre partidos políticos. A grande burguesia interna brasileira foi força ativa no processo político recente, podendo contar com um partido que, embora não tenha sido criado por ela, defendia seus interesses e sua política, dispondo do controle de alguns ramos e instituições importantes do aparelho de Estado e, mais ainda, tendo obtido base popular para a política econômica, social, externa e de reconhecimento da cidadania do seu programa neodesenvolvimentista.

A política econômica dos governos do PT pode ser caracterizada como neodesenvolvimentista: como o desenvolvimentismo clássico, ela se caracterizou pela intervenção do Estado para estimular o crescimento econômico, mas, diferentemente desse último, essa intervenção se dá no interior dos limites impostos pelo modelo econômico capitalista neoliberal. A intervenção do Estado pode assim ser definida como uma maneira de moderar os efeitos negativos do modelo neoliberal sobre o crescimento econômico. De fato, os governos Lula e Dilma, ao mesmo tempo em que mantiveram a abertura econômica que reduz o acesso das empresas instaladas no Brasil ao mercado interno, estabeleceram nichos de protecionismo econômico para alguns setores da indústria local: a indústria naval, a construção pesada, a construção civil e algumas outras (Sabença, 2014; Gomes, s/d). Esses mesmos governos, embora não tenham rompido com a política de juros elevados que inibe o investimento produtivo, e que beneficia o capital bancário nacional e o capital financeiro internacional, fomentaram o crédito público a juros subsidiados para as grandes empresas nacionais. O orçamento e os desembolsos do BNDES cresceram quase dez vezes no período. Ademais, o BNDES criou fundos de participação acionária para fortificar as grandes empresas nacionais de diferentes setores da economia e abriu linhas de crédito específicas para o financiamento de empreendimentos dessas empresas na América do Sul, na África e no Oriente Médio. O objetivo declarado era o de criar os "campeões nacionais" em diferentes ramos da economia e de os converter em "global players" (Bugiato, 2014). Tanto Lula quanto Dilma mantiveram a rolagem altamente custosa da dívida pública, que inibe a capacidade de investimento do Estado, mas eles levaram ao limite as possibilidades de investimentos públicos e outros estímulos econômicos, o que, de resto, contribuiu para o déficit fiscal de 2014 e 2015. Os principais beneficiários dessa política de efetuar manobras de política desenvolvimentista dentro dos limites do modelo capitalista neoliberal foram acima de tudo as grandes empresas nacionais, inclusive o sistema bancário nacional. Essa orientação, situada a meio-caminho entre o antigo desenvolvimentismo e o neoliberalismo, permitiu conciliar, mesmo que de maneira precária, os interesses dos bancos e aqueles do setor produtivo da grande burguesia interna.

Num país de capitalismo dependente e ainda subdesenvolvido como o brasileiro, que ademais vinha de uma década neoliberal de baixo crescimento, a política neodesenvolvimentista obteve um forte impacto popular. A partir de 2003, o desemprego começou a cair, a luta sindical começou a obter ganhos e o nível de salário subiu: mais empregos, mais salários e melhores condições de luta sindical (Boito, Galvão e Marcelino, 2015). A política social do neodesenvolvimentismo, distinta da política social do neoliberalismo puro e duro da década de 1990, favoreceu também outras classes populares. Os governos do PT retomaram o investimento na construção de moradia popular e criaram condições para que os jovens pertencentes à baixa classe média pudessem ingressar nas universidades. Esses governos também criaram mercados institucionais reservados aos produtos da agricultura familiar, favoreceram o financiamento para as pequenas propriedades agrícolas e estabeleceram programas de transferência de rendas para os trabalhadores da massa marginal (Oliveira e Hirata, 2012; Silva, 2015). O fato é que esses governos elaboraram uma estratégia que consistia em defender os interesses da grande burguesia interna e, ao mesmo tempo, permitir alguns ganhos às classes populares (Boito, 2012b). Entretanto, essa política aumentou as despesas públicas sem aumentar em igual medida as receitas orçamentárias. A ideia era não tocar na estrutura tributária regressiva vigente no Brasil.

No plano da política exterior, assistiu-se ao mesmo fenômeno de acomodação dos interesses da grande burguesia interna com alguns interesses das classes populares. Os governos do PT substituíram a política exterior de subordinação passiva à política dos Estados Unidos por uma política mais independente, de subordinação, porém conflitiva, com a política imperialista estadunidense (Berringer, 2015). Foi estabelecida a política exterior denominada Sul-Sul, aproximando o Estado brasileiro de outros Estados dependentes. A grande burguesia interna ganhou muito com essa política. Ela obteve novos mercados para seus produtos e para seus investimentos, graças, também, aos financiamentos especiais colocados à disposição pelo BNDES (Bugiato, 2016). Parte considerável das grandes empresas brasileiras pôde se lançar no cenário internacional. No que diz respeito às classes populares, ou, mais exatamente, aos movimentos populares organizados, essa política agradou porque significou o apoio do Estado brasileiro aos governos de esquerda da América Latina, como os governos de Fidel e Raul Castro em Cuba, Chavez e Maduro na Venezuela, Evo Morales na Bolívia, Raphael Correa no Equador e Fernando Lugo no Paraguai (Boito e Berringer, 2016). Uma política semelhante, também neodesenvolvimentista, era igualmente implementada na Argentina, com Nestor e Cristina Kirchner. O Estado brasileiro, agindo como representante da grande burguesia interna e sustentado também por classes populares, era uma espécie de contrapeso ao poder estadunidense no continente Sul Americano. Mais exatamente, os governos do PT, ao mesmo tempo que sustentavam esses governos situados mais à esquerda que o próprio PT, procuravam também moderá-los.

Aquilo que denominei política de reconhecimento da cidadania concerne medidas dirigidas aos negros, mulheres e pessoas de orientação sexual minoritária. Longe de ser uma democracia racial, o Brasil é um país racista (Guimarães, 2001). Os governos do PT tomaram importantes medidas para a integração social da população negra. A principal foi a criação da política de quotas raciais para as universidades e para os concursos públicos. Para as mulheres, os governos do PT criaram a Conferência e o Conselho Nacional de Mulheres, tomaram medidas para combater e criminalizar a violência doméstica contra as mulheres. Sequer tentaram, contudo, estabelecer o direito ao aborto. Os movimentos LGBT receberam um apoio, ainda que discreto. Essas políticas, e principalmente a política favorável à população negra, obtiveram significativo impacto popular.

A burguesia associada e a frente política neoliberal

No período de 1990 a 2002, era o capital internacional e a fração da burguesia brasileira a ele integrada que tinham a hegemonia no seio do bloco no poder. Esses setores da classe dominante são compostos pelos fundos financeiros estrangeiros com investimentos no Brasil; pelas empresas estrangeiras que exportam produtos para o mercado brasileiro; pelas grandes empresas estrangeiras do setor produtivo ou financeiro, de seguros e outros que possuem filiais e plantas no Brasil e também pelas empresas brasileiras associadas aos capitais estrangeiros em condição minoritária ou diretamente dependentes desses capitais – como as empresas de importação de produtos variados e os fornecedores de autopeças para as grandes montadoras de veículos automotores. A década de 1990 corresponde a uma nova vaga de internacionalização da economia latino-americana e brasileira (Bielschowsky et Stumpo, 1995; Gorender, 1997). Essa internacionalização foi concebida pelos governos Fernando Collor de Mello (1990-1992), Itamar Franco (1992-1994) e Fernando Henrique Cardoso (1995-2002) e estabelecida por intermédio de medidas típicas de políticas econômicas neoliberais: desregulamentação financeira, abertura comercial, privatização de empresas públicas e outras medidas favoráveis ao capital estrangeiro e às empresas associadas a esse capital. O capital financeiro ocupava um lugar privilegiado nessa política. O dito tripé de política monetária e fiscal do neoliberalismo – taxa de lucro elevada, superávit primário e câmbio flutuante assegurava uma remuneração vantajosa e segura aos investimentos financeiros estrangeiros e nacionais. Um elemento importante, contudo, separava o capital financeiro nacional do capital financeiro internacional. Esse último pleiteava a abertura do setor bancário nacional, política implementada pelo governo FHC e que foi alvo de críticas da Febraban. Esse é um elemento fundamental para a inclusão do setor bancário nacional na fração que denominamos grande burguesia interna e para entender porque é correto afirmar que, sob FHC, a prioridade concedida ao capital financeiro foi principalmente prioridade ao capital financeiro internacional. Esse ponto merece uma explicação.

O governo FHC tinha um plano de desnacionalização do sistema bancário nacional. Aplicou esse plano de modo rápido e firme e foi isso que provocou reação dos bancos nacionais. Fernando Henrique Cardoso e Pedro Malan definiram a portas fechadas a política de internacionalização do sistema bancário brasileiro. A famosa Exposição de Motivos número 311, de 23 de agosto de 1995, proclama esse objetivo e apresenta como argumento a desculpa neoliberal de sempre: a desnacionalização aumentaria a concorrência o que faria cair a taxa de juros.[3] Os bancos nacionais são protegidos pela Constituição de

3 Ver José Carlos de Souza Braga e Daniela Magalhães Prates "Os bancos na era FHC". Sem data e sem indicação de local de publicação. Acessível em http://revistas.fee.tche.br/index.php/indicadores/article/viewFile/1695/2062

1988. Da boca pra fora, eles são arautos do livre jogo das forças de mercado, mas, para eles, querem a proteção do Estado. E a têm. A Constituição não permite a instalação de banco estrangeiro no Brasil sem autorização expressa da Presidência da República. FHC, uma vez ocupando a Presidência, tratou de usar esse preceito constitucional como instrumento para internacionalizar o setor bancário. Entre outubro de 1995 e julho de 1998, 25 instituições financeiras estrangeiras foram autorizadas a se instalar no Brasil. A participação estrangeira nos ativos totais do setor bancário brasileiro evoluiu de 10% para 24,8% entrre junho de 1995 e junho de 1998.[4] Em abril de 1998, a revista *Exame*, no seu V. 31, n. 13, trouxe uma grande reportagem, assinada por Claudia Vassalo, sobre o acelerado processo de penetração do capital financeiro internacional no setor bancário, tanto de varejo quanto de atacado. Referindo-se aos bancos nacionais, esse número da *Exame* estampou na capa a pergunta: "*Vai sobrar algum*?" Os grandes bancos brasileiros, que são um dos segmentos da grande burguesia interna, não apresentam, evidentemente, qualquer veleidade antiimperialista. Contudo, eles não são, tampouco, mera extensão dos interesses do capital financeiro internacional no capitalismo brasileiro. E é por isso que podemos afirmar que integram a burguesia interna. A Febraban se mobilizou contra a política de FHC. Seu presidente na época, Roberto Setúbal, defendeu a manutenção do sistema bancário sob o controle nacional, sugerindo que se estabelecesse um limite de 30% para o ingresso de capital estrangeiro no setor.[5]

Voltemos à relação do capital internacional e da burguesia associada com a política do Estado brasileiro. A partir de 2003, a burguesia integrada ao capital internacional perdeu, juntamente com esse último, a hegemonia no interior do bloco no poder. Isso não quer dizer que os seus interesses deixaram de ser contemplados pela política econômica, mas, sim, que eles deixaram de ser priorizados, em contraste com o que se passava na década de 1990. Diferentes aspectos da política econômica neodesenvolvimentista dos governos do PT passaram a ser criticados pela imprensa econômica internacional e pelos representantes internos do capital internacional e dos setores

4 Braga e Magalhães. *Op. cit.*

5 Carlos Eduardo Carvalho e Carlos Augusto Vidotto "Abertura do setor bancário ao capital estrangeiro nos anos 1990", *Nova Economia*, 17 (3)_395-425, 2007. Acessível em: http://www.scielo.br/scielo.php?script=sci_arttext&pid=S0103-63512007000300002.

burgueses a ele associados – em primeiro lugar, pelo PSDB, o partido político que exprime, no sistema partidário, os interesses dessas frações. É o que testemunham, para apresentar algo exemplar, as críticas formuladas assiduamente e detalhadamente na grande imprensa por Fernando Henrique Cardoso e José Serra, ambos altos dirigentes tucanos e ideólogos reconhecidos desse partido, à política econômica, à política social e à política externa dos governos petistas. Os artigos de Fernando Henrique Cardoso na grande imprensa entre 2010 e 2015 foram compilados num livro de ocasião do autor intitulado *A miséria da política*. Nele, pode-se ver que Cardoso critica, um a um, os instrumentos do neodesenvolvimentismo: a reserva do mercado de obras públicas para as empresas locais inibiriam a concorrência e a inovação; as ajudas do BNDES às empresas nacionais aumentariam desmesuradamente a dívida pública; a política social levaria a uma crise fiscal; a política externa Sul-Sul afastaria o Brasil das economias mais desenvolvidas etc. (Cardoso, 2015, p. 8-55) É possível argumentar, no geral, que esse tipo de crítica priorizava os interesses do capital internacional em detrimento do capital local.

A burguesia associada encontrou um apoio social preferencial na fração superior da classe média (Cavalcante, 2015). É certo que as divisões sociais não correspondem de maneira exata às divisões políticas. O neoliberalismo dispõe de uma base social mais ampla incorporando, inclusive, setores da classe operária, como mostram as reivindicações, o discurso e a ação política da Força Sindical (Tropia, 2009). É igualmente verdade que a posição política de um determinado setor social pode variar de uma conjuntura política a outra. Nós veremos que numa situação de crise política tal qual a conjuntura brasileira de 2015-2016 observam-se inesperadas reviravoltas nas posições dos diferentes segmentos sociais. Não obstante, há nas classes dominadas como na burguesia linhas de força características que permitem definir campos políticos distintos. Nesse sentido, podemos afirmar que a alta classe média é a base social a mais fiel e a mais ativa do PSDB, que é o partido da burguesia associada e do capital internacional e, como tal, a vanguarda do neoliberalismo no Brasil. A alta classe média sempre votou majoritariamente nos candidatos tucanos e na crise política ela saiu às ruas massivamente para demandar a deposição do governo Dilma Rouseff. A composição social dos manifestantes de fevereiro, março, abril, agosto e dezembro de 2015 e também a dos manifestantes de março de 2016 comprovam essa afirmação. Qual é a razão desse comportamento político?

A resposta não é evidente. A política econômica neodesenvolvimentista beneficia grande parte da alta classe media. O crescimento econômico, a expansão dos empregos no setor público – justiça, polícia, educação, saúde – e a política de reajuste salarial no setor público beneficiaram esse setor. É certo que na área privada os ganhos dos profissionais de classe média são menores devido ao fato de a criação de postos de trabalho ter se dado majoritariamente nas ocupações de baixo salário. De qualquer modo, o contraste foi grande em relação à década neoliberal. Na verdade, esse conflito da alta classe média com os governos neodesenvolvimentistas deve-se muito mais à política social de tais governos que à sua política econômica.

A política social dos governos do PT afeta a alta classe média no plano econômico e no plano ideológico. Ela entende que os programas de transferência de rendas para as classes populares são sustentados pelos impostos que recaem sobre ela. Ademais, as medidas de integração econômica, social e cultural dos trabalhadores de baixa renda foram percebidas por essa camada social como ameaça à posição privilegiada que ela ocupa na estratificação social. Já temos algumas pesquisas sobre esse ponto (Cavalcante e Arias, 2018). Foram também numerosas e contundentes as manifestações nas redes sociais evidenciando os preconceitos contra a população pobre, vista como invasora de espaços até então reservados à população branca e abastada. Três medidas em particular desencadearam o ódio na alta classe média: a) as quotas raciais e sociais para as universidades e para os concursos públicos; b) o programa de contratação de médicos estrangeiros, principalmente cubanos, para atender à população pobre; c) a extensão do direito do trabalho às trabalhadoras domésticas cuja condição social era até então próxima da servidão. Para cada uma dessas disposições, as motivações econômicas, sociais e ideológicas se misturavam e desenvolviam o ódio de classe contra os governos do PT.

A crise política do neodesenvolvimentismo e a deposição do governo Dilma

Dois tipos de contradição articularam-se para produzir a crise política que levou à deposição da presidente Dilma Rousseff: primeiramente, a contradição entre a frente neoliberal e a frente neodesenvolvimentista; e, em segundo lugar, as contradições no interior da própria frente neodesenvolvimentista. A primeira contradição foi a principal causa da crise. Assistiu-se a uma ofensiva restauradora do capital internacional e da burguesia associada contra o governo. A crise política agravou-se porque essa ofensiva logrou neutralizar e atrair setores sociais que anteriormente sustentavam o governo. A linha demarcatória que dividia o campo neodesenvolvimentista do campo neoliberal deslocou-se em proveito desse último, e esse deslocamento criou as condições para a deposição do governo. O PSDB não aceitou a derrota eleitoral de 2014, rompeu as regras do jogo democrático, patrocinando, juntamente com o PMDB, um impeachment sem crime de responsabilidade, para reconquistar, por essa via, o poder e retomar o programa neoliberal puro e duro da década de 1990.[6] Nem sempre os analistas esclarecem este ponto: o neoliberalismo no Brasil, um país dependente, possui dois inimigos – os mecanismos de proteção do capitalismo nacional e os direitos sociais. Isto é, ele não se volta apenas e tão somente contra os trabalhadores. Tendo isso em mente, podemos afirmar que a retomada do programa neoliberal puro e duro apresenta agora uma novidade: se na década de 1990 as reformas neoliberais deram ênfase ao desmonte do Estado desenvolvimentista, agora, a política de Michel Temer, sem poupar os instrumentos do desenvolvimentismo, recai, contudo, nas reformas visando ao desmonte dos direitos sociais. A base social "de massa" mobilizada para essa ofensiva restauradora foi a alta classe média. A mobilização nas ruas das forças de direita adquiriu amplitude inédita pelo menos desde o golpe militar de 1964. Naquela época, agitavam-se as palavras-de-ordem anticomunistas, contra a corrupção e o todo vinha empacotado num discurso religioso principalmente católico. Para o golpe parlamentar de 2016, o discurso da direita agitou contra o bolivarianismo, também contra a corrupção, mas o elemento religioso esteve quase ausente.

Essa ofensiva restauradora poderia ser considerada, na verdade, uma contra-ofensiva porque ela foi uma resposta à ofensiva neodesenvolvimentista que Dilma Rousseff desencadeou nos dois primeiros anos do seu primeiro mandato. De fato, em 2011 e 2012, o governo tomou uma série de medidas visando a

6 Renato Perissinotto argumentou, com muita propriedade, que a acusação de que Dilma havia praticado "pedaladas fiscais" rompeu com o instituto da universalidade da lei, posto que o recurso a tal procedimento por parte de ocupantes do poder executivo nos três níveis do Estado sempre fora aceito. Tal rompimento configura casuísmo que ofende o ordenamento jurídico e as regras do jogo democrático. (Perissinotto, 2016)

acelerar o crescimento econômico e a sustentar o setor produtivo da burguesia interna. Criou estímulos aos investimentos produtivos e implantou medidas para estimular o consumo: forte redução da taxa básica de juro, pressão sobre os bancos privados para redução do chamado *spread* bancário, novos planos de investimentos público e privados na infraestrutura, fortalecimento da política de conteúdo local, medidas alfandegárias protecionistas, depreciação cambial, isenção fiscal para a produção industrial local e outras medidas (Singer, 2014). O ministro da economia de então, Guido Mantega, criou a expressão "nova matriz de política econômica" para designar o aprofundamento da política neodesenvolvimentista. O setor produtivo da grande burguesia interna apoiou claramente tais medidas (Sabença, 2014). Esse não foi o caso, contudo, do PSDB e das reportagens e editoriais da grande mídia. De fato, a partir de janeiro de 2013, a reação política à nova matriz de política econômica cresceu. Essa reação foi favorecida pela redução da taxa de crescimento da economia brasileira e pela degradação da economia internacional, a começar pela desaceleração da economia chinesa. A imprensa internacional e as agências de avaliação de risco juntaram-se às forças internas que tinham designado a nova matriz econômica e o ministro que a criara como os inimigos a serem abatidos.

No decorrer de 2013, os dois tipos de contradição do processo político brasileiro acumularam-se, favorecendo a ofensiva restauradora da burguesia associada ao capital internacional. Estamos nos referindo às manifestações de junho de 2013 e ao seu impacto na luta política nacional. Terei de repetir algumas informações que todos conhecem. No primeiro semestre, e como ocorria desde 2004, manifestações contra o aumento do preço dos transportes urbanos ocorreram em muitas cidades, principalmente capitais de Estado. Como é sabido, eram organizadas e dirigidas pelo Movimento Passe Livre (MPL), movimento de orientação espontaneísta ou "horizontalista", como os dirigentes do movimento preferem dizer. O mais importante para nossa análise é considerar um ponto que divide os autores que se debruçaram sobre aquilo que alguns denominam "Jornadas de Junho". Entendemos que no decorrer do mês de junho as manifestações se afastaram, e muito, dos objetivos, das orientações políticas e da composição social do início do movimento. Numa primeira fase, que durou cerca de uma semana, as manifestações de junho estavam centradas na luta contra o aumento das tarifas de transportes, atraíam em torno de cinco a dez mil participantes em cada capital de Estado e não gozavam de apoio ou simpatia da grande mídia. Era aquilo que poderíamos denominar a "Revolta da Tarifa". De resto, as prefeituras recuaram e suspenderam o aumento das passagens, isto é, a "Revolta da Tarifa" foi vitoriosa. Apesar disso, no decorrer da segunda quinzena do mês de junho, o movimento ganhou novo impulso e apresentou novo perfil. Cidades como São Paulo e Rio de Janeiro tiveram manifestações contando mais de 100.000 participantes e os objetivos do movimento mudaram. A grande mídia passou a apoiá-lo de modo ativo e sistemático e a interferir, com reportagens e editoriais, na própria orientação política das manifestações. Surgiram reivindicações difusas e genéricas "pela educação", "pela saúde" e, acima de tudo, "contra a corrupção". Nesse último caso, a grande mídia destacava a luta contra a PEC 37 que iria cercear, segundo diziam, a capacidade de o Ministério Público investigar os casos de corrupção. Convém lembrar que tudo isso se passava oito meses antes de o juiz Sérgio Moro e o procurador Deltan Dallagnol desencadearem a Operação Lava-Jato. A grande mídia procurou também federalizar as manifestações, direcionando-as contra o governo Dilma.

O fenômeno é muito complexo. Os governos do PT e sua política neodesenvolvimentista estavam longe de entregar o que prometeram e a decepção popular daí resultante permitiu que as forças reacionárias desviassem um movimento de origem popular em benefício da reação. Como é sabido, alguns institutos de pesquisa fizeram levantamentos junto aos participantes das manifestações. Verificou-se que a grande maioria dos manifestantes era jovem, estudantes e/ou trabalhadores e com uma renda familiar de baixa classe média ou mesmo de camadas mais pobres. Esses jovens eram ao mesmo tempo beneficiados pelo neodesenvolvimentismo e frustrados com essa política. Explico. Entre 2003 e 2014, o número de estudantes universitários no Brasil saltou de 3,8 para 7,5 milhões e, em grande medida, graças às políticas dos governos do PT que visavam a facilitar o acesso ao ensino superior público e privado de estudantes oriundos de famílias de baixa renda. Foram importantes o Programa Universidade Para Todos (Prouni), o Programa de Reestruturação e Expansão das Universidades Federais (Reuni), a legislação estabelecendo quotas raciais e sociais nas universidades públicas e a enorme expansão do crédito educativo. Entretanto, uma vez obtido o diploma, esses estudantes não lograram obter os empregos qualificados e bem pagos que eles esperavam (Ridenti, 2013). O crescimento econômico do período neodesenvolvimentista concentrou-se em produtos agrícolas, minerais e na indústria de baixa sofisticação o que explica o fato de 95% dos postos de trabalho criados no período não exigirem mais que uma formação escolar fraca e propiciarem salários inferiores a dois salários mínimos (Pochman, 2012). Se a ofensiva restauradora do neoliberalismo pôde cooptar a insatisfação popular, isso se deveu não apenas às promessas não cumpridas da política neodesenvolvimentista, mas também à orientação espontaneísta do Movimento Passe Livre (MPL) que, com o seu culto à espontaneidade, abdicou de dirigir o movimento, deixando-o vulnerável à intervenção política da grande mídia.

No ano seguinte, no primeiro semestre de 2014, a ofensiva restauradora concentrou-se na agitação promovida pela grande mídia contra a realização no Brasil da Copa do Mundo de Futebol. Novamente, tal agitação procurou sustentação popular: alegava-se que as despesas com a Copa do Mundo eram desmesuradas e que desviariam verbas que poderiam ser aplicadas na saúde e na educação. Duas organizações socialistas, o PSTU e o PSOL, responderam a esse chamado e tentaram organizar manifestações contra a Copa do Mundo, as quais, apesar da grande ajuda da mídia, permaneceram sempre muito modestas. No segundo semestre de 2014, veio a eleição presidencial. O PSDB, com o seu candidato Aécio Neves, cresceu eleitoralmente, após todo um ano de manifestações populares sob forte influência da mídia burguesa. O resto é o que todos sabem: derrotado nas urnas, o PSDB rompeu com as regras do jogo democrático. Tudo se passou como na fábula do lobo e do cordeiro. Desde a semana seguinte à eleição de outubro de 2014, o PSDB tentou, uma após outra, medidas jurídicas para reverter na justiça a vitória de Dilma Rousseff. Revelados improcedentes seus argumentos e recusados seus pedidos, abandonou esse caminho. Surfando na onda das manifestações de rua da alta classe média, o PSDB acabou aderindo à tática do impeachment e pôs-se então a procurar um motivo *ad hoc* para lográ-lo. Em todo esse percurso ziguezagueante no que respeita aos argumentos e às iniciativas, apenas um objetivo permaneceu inalterado: anular o resultado da eleição de 2014.

Nessa nova fase da crise política, que se estende de outubro de 2014 a agosto de 2016, quando foi deposta a presidente Dilma, um novo personagem entrou em cena e o fez de maneira abrupta e massiva: a alta classe média, mobilizada em manifestações que na cidade de São Paulo chegaram a reunir centenas de milhares de pessoas.

Nós já indicamos que a alta classe média opunha-se aos governos petistas devido à política social desses governos. Pois bem, para cada setor social que interveio na crise política é possível notar que a passagem à ação foi provocada por um "gatilho" específico. Se para a burguesia associada, esse gatilho foi a "nova matriz de política econômica" e para a baixa classe média, a majoração das tarifas de transportes urbanos, para a camada superior da classe média foi o trabalho de agitação política realizado pela Operação Lava-Jato que desempenhou esse papel de detonador.

Aqui, voltamos para a complexa questão do uso político da corrupção. Temos imbricados nessa matéria interesses e iniciativas do imperialismo estadunidense e interesses e ideologia da classe média brasileira.

A prática da corrupção choca-se com a ideologia burguesa do Estado capitalista, que apresenta essa instituição como instituição pública e não de classe, e também com a ideologia meritocrática da classe média, que apesar de ser uma ideologia tributária da primeira, apresenta importantes particularidades. As normas formalmente universalistas do Estado capitalista e o caráter aparentemente público de suas instituições é condição para que a ideologia da ascensão social pelo mérito, que é a ideologia que legitima as posições econômicas e sociais vantajosas da classe média no seio das classes trabalhadoras, possa prevalecer. É por isso que a classe média tolera mal a corrupção dos agentes públicos, e isso, como indicamos, por razões bem particulares. A prática da corrupção pode revelar o caráter de classe do Estado e minar a crença em normas universalistas e em instituições do Estado abertas a todos. A classe média não apela, portanto, à denúncia de corrupção aleatoriamente e nem a concebe como uma mentira para enganar as massas. Tanto é assim que, ao longo da história republicana, tivemos vários movimentos de classe média denunciando a corrupção, embora isso nunca tenha sido o centro de qualquer movimento operário ou camponês na história do Brasil.

Contudo, no caso presente, deve-se observar que as grandes manifestações de rua da alta classe média ergueram-se contra a corrupção – real ou suposta – dos governos do PT, mas pouparam a prática corrupta dos governos do PSDB e não voltaram a acontecer quando o governo Temer, reconhecidamente um governo de corruptos, tomou posse. Logo, devemos concluir que as motivações ideológicas gerais da classe média, que portanto transcendem esta conjuntura, amalgamaram-se com o interesse conjuntural de depor Dilma Rousseff. Sabemos que a denúncia da corrupção tem impacto popular. Por razões que não são as mesmas da classe média, as classes populares são sensíveis a essas denúncias. O discurso contra a corrupção, embora não seja uma mentira inventada para ludibriar o povo, pode sim ter a função de ampliar a base social do agente que lança mão desse discurso. Tudo considerado, podemos afirmar que a motivação principal da luta contra corrupção levantada pela classe média representou uma operação política, não necessariamente consciente, que substituiu, no nível do discurso, a motivação principal da alta classe média, que era sua luta contra a política social do PT, por uma motivação secundária, seu incômodo com a corrupção. Ir às ruas para protestar contra a extensão do direito do trabalho às empregadas domésticas, contra a política de quotas raciais e sociais ou contra a política de transferência de renda isolaria as manifestações, diferentemente do discurso contra a corrupção que amplia audiência e apoio. Ocorreram em 2015 e 2106 ao menos cinco grandes manifestações nacionais contra a corrupção e contra o governo Dilma, mobilizando, como é sabido, centenas de milhares de pessoas. As pesquisas do Instituto Data-Folha mostraram que a base social das manifestações era de alta classe média (Cavalcante e Arias, 2018). As fotos das manifestações em Salvador da Bahia, a cidade mais negra do Brasil, chamavam atenção: só reunia mulheres e homens brancos.

A alta classe média lutou nas ruas e encontrou também um representante nas instituições do Estado. Os juízes, procuradores e delegados da Polícia Federal são altos funcionários que pertencem, eles próprios, à alta classe média. A Operação Lava-Jato apoiou-se na alta classe média, nas suas manifestações, e buscou de modo consciente e sistemático esse apoio. A alta classe média correspondeu. Identificou-se com os burocratas do sistema de justiça que agiam contra os governos do PT. A Operação Lava-Jato passou a funcionar como uma espécie de partido político, em sentido amplo, desse segmento social.

Há o segundo elemento a ser considerado. O golpe de Estado parlamentar de 2016 não foi um "golpe da classe média". A assim chamada luta contra a corrupção contava e conta com apoio ativo do imperialismo. Estudos recentes mostram que o imperialismo estadunidense tem instigado investigações e denúncias contra a corrupção como ama política para assediar as economias dos países dependentes (Bratsis, 2017). O pessoal da Operação Lava-Jato foi formado por cursos oferecidos pelo Departamento de Justiça dos EUA, nos quais aprenderam técnicas de investigação apropriadas para elucidar casos de corrupção, e a imprensa tem publicado matérias que indicam que a Lava-Jato contou também com informações passadas pelo Estado estadunidense. A história completa da participação dos EUA e do capital internacional do golpe de 2016 só será conhecida dentro de alguns anos. Porém, como é sabido, a organização Wikileaks publicou documentos que comprovam que o governo estadunidense espionava a Petrobrás e a presidente Dilma. Fato inédito e conhecido foi a suspensão da visita que Dilma faria como chefe de Estado aos EUA por ter sido espionada. A organização Wikileaks revelou também que as petroleiras estadunidenses ocuparam o segundo lugar entre as empresas mais recebidas na Casa Branca pelo presidente Obama. O resultado da ação dos agentes externos, aliados com a burguesia associada e apoiados na mobilização da alta classe média, correspondeu ao esperado: abertura do pré-sal às petroleiras estrangeiras, encolhimento da Petrobrás e perda de mercado e falência das empresas brasileiras que participavam da cadeia de óleo e gás. A alta classe média priorizou o combate à política social do PT; os EUA, que deram apoio a esse setor social e aos investigadores da Lava-Jato, priorizava o combate à política econômica favorável ao capital local – público e privado. É preciso acrescentar o seguinte. Se hoje a alta classe média não vai às ruas protestar contra o governo corrupto de Temer, isso se deve não só às razões que já indicamos, mas também ao fato de que lhe falta, agora, o apoio ativo do imperialismo e dos setores burgueses que dirigiram o golpe de Estado parlamentar de agosto de 2016.

Como indicamos, a ofensiva restauradora chegou num momento difícil para a frente neodesenvolvimentista. Aludimos à decepção dos jovens da baixa classe média com a escassez de postos de trabalho típicos de classe média universitária à disposição dos diplomados. Devemos também aludir à decepção dos movimentos operário e camponês. O primeiro, embora tenha obtido significativos aumentos salariais, não foi atendido em reivindicações históricas concernentes à redução da jornada de trabalho, à melhoria das condições de aposentadoria e à regulamentação restritiva da terceirização (Marcelino e Giraud, 2018). Essas reivindicações foram formalmente apresentadas em 2010 e reapresentadas em

2014 a Dilma Rousseff que não disse sim, nem não, simplesmente as ignorou. O apoio sindical ao governo Dilma ficou abalado e a grande frente sindical que a apoiava rachou com a saída da Força Sindical em 2014. Os camponeses médios, que dispõem de terra para plantar, obtiveram melhorias, como o financiamento para a agricultura familiar e a criação de mercados institucionais para a sua produção. Porém, os camponeses pobres, sem terra e acampados, foram abandonados pelos governos do PT que reduziram enormemente as desapropriações devido à sua relação política com o segmento do agronegócio da grande burguesia interna. As relações entre os movimentos pela reforma agrária e o neodesenvolvimentismo deterioraram-se. Também na cúpula da frente neodesenvolvimentista, o conflito entre o capital produtivo e o segmento bancário agravou-se com a nova matriz de política econômica implantada pelo ministro Guido Mantega. Em tais condições, a burguesia associada, contando também com a queda do crescimento econômico e com as denúncias de corrupção, pôde introduzir uma cunha no interior da frente neodesenvolvimentista que facilitou o prosseguimento da ofensiva restauradora.

A resposta do governo Dilma à ofensiva restauradora foi um recuo passivo. Já em 2014, anunciou que abandonaria a nova matriz de política econômica e que substituiria, se eleita, o ministro da Fazenda. Em 2015, passou a aplicar a política de austeridade preconizada pelo PSDB e que a própria Dilma havia criticado muito fortemente durante a campanha eleitoral. O resultado foi que o governo fragilizou-se ainda mais. Apesar do seu recuo, a direita não cessou seus ataques e, o que sim aconteceu, foi que a esquerda afastou-se do governo. O resultado geral dessa equação foi debilidade do movimento em defesa do mandato de Dilma e de resistência ao golpe de Estado.

A posição da grande burguesia interna

Por que a grande burguesia interna não tomou a defesa do governo Dilma Rousseff no momento da crise política e do processo de *impeachment*? A questão é importante na medida em que essa fração burguesa era a principal beneficiária da política econômica, ou seja, era a fração hegemônica no interior do bloco no poder durante os governos do PT. Em 2005, quando a frente neoliberal já procurara inviabilizar o governo Lula ou a sua reeleição utilizando a mesma estratégia de denúncia de corrupção, a grande burguesia interna saiu a campo em defesa do governo. O próprio Paulo Skaf, já então presidente da Fiesp, desdobrou-se em entrevistas e declarações defendendo que a agenda negativa do mero combate à corrupção deveria ser substituída por uma agenda positiva em defesa do desenvolvimento. Foi organizada uma caravana das grandes associações empresariais a Brasília e Lula a recebeu no Palácio do Planalto (Martuscelli, 2015). Representantes e representados demonstraram reconhecer-se mutuamente. Dez anos depois, já não falavam a mesma língua.

A análise da imprensa das associações patronais de diferentes setores econômicos permite afirmar que a burguesia interna dividiu-se na conjuntura do golpe de Estado parlamentar.[7] Uma parte foi colocada fora de combate desde o primeiro capítulo da crise política: o setor da construção pesada, que teve seus dirigentes denunciados e encarcerados pela Operação Lava-Jato devido ao esquema de corrupção por intermédio do qual mantinham, em detrimento do capital internacional, o controle do mercado brasileiro de obras pública. Tratou-se de verdadeira intimidação que utilizou recursos ilegais para prolongar prisões preventivas por meses e anos e inviabilizar, em benefício das construtoras europeias, estadunidenses e asiáticas, as maiores empresas brasileiras do setor.[8] Toda essa operação política, travestida de operação judicial, contou – como os observadores progressistas sempre destacaram – com o aplauso estridente da grande mídia e também – coisa sobre a qual se falou e se fala muito pouco – com o silêncio constrangido das correntes democratas e socialistas

7 Nós nos apoiamos em levantamentos nos documentos publicados pela imprensa de sindicatos e associações patronais no período de 2011 a 2016. Ver os sites da Confederação Nacional da Indústria (CNI), Federação das Indústrias do Estado de São Paulo (FIESP), Sindicato da Construção Naval (Sinaval), Associação Brasileira de Máquinas e Equipamentos (ABIMAQ), Associação Brasileira de Indústria de Base (ABDIB), Confederação Nacional da Agricultura e Pecuária (CNA) Associação Brasileira do Agronegócio (ABAG). O levantamento foi feito sob minha coordenação pelos auxiliares de pesquisa Rosylli Oliveira, Julia Nunes e André Barbosa aos quais agradeço.

8 Em reportagem publicada no jornal *O Estado de S. Paulo* no ano de 2014, a Comissária de Comércio da União Europeia, a alemão Cecilia Malmstrom, após criticar a corrupção no mercado brasileiro de obras públicas, afirmou que a União Europeia exigia, para fechar um acordo de comércio com o Mercosul, maior abertura para as empresas europeias no processo de contratação de obras públicas. Ela tinha em vista um bolo que havia crescido muito: em 2013, o mercado de obras públicas no Brasil movimentou mais do que movimentaram os mercados da Índia e da Argentina somados, (Boito, 2014).

que, apenas após a consumação do golpe, partiram para o ataque contra os objetivos antinacionais e os métodos ilegais da Operação Lava-Jato.

Outra parte da grande burguesia interna permaneceu neutra e uma terceira passou para a oposição ao governo. O caso mais importante foi o posicionamento militante e agressivo da Fiesp a favor do *impeachment* de Dilma Rousseff. Diferentemente da da indústria de construção pesada e de construção naval, a indústria de transformação que é a principal base da Fiesp perdia mercado devido à "invasão" de produtos manufaturados chineses, diante da qual os governos neodesenvolvimentistas mantiveram-se passivos devido aos compromissos estabelecidos na OMC e devido à dependência crescente da economia brasileira vis-à-vis a economia chinesa.

A burguesia e suas frações agem sob pressão das circunstâncias. Elas não dispõem, a despeito de formarem a classe dominante, da consciência, da unidade política e da liberdade de ação que lhes atribuem muitos analistas de esquerda. Fenômeno nem sempre lembrado é que a própria fração hegemônica no bloco no poder entretém relações conflituosas com a equipe governamental (Saes, 2001). Não é a fração hegemônica que organiza sua própria hegemonia, mas o Estado capitalista. O leitor poderia perguntar para que é, então, que serve o conceito de hegemonia se a fração hegemônica pode, do mesmo modo que as frações subordinadas, entrar em conflito com o (seu) governo. A resposta é que esses conflitos são de natureza e alcance distintos. No caso presente, a burguesia interna era representada pelo governo de um partido político que não foi construído pela própria burguesia interna, mas sim pelo movimento operário e popular. Esse partido, gozando de relativa autonomia frente à classe burguesa, pôde impor concessões ou sacrifícios à burguesia interna de modo a obter apoio popular para o neodesenvolvimentismo burguês. Foi o que possibilitou a formação da frente política neodesenvolvimentista; foi o que permitiu a hegemonia da burguesa interna frente ao capital internacional e à burguesia associada.

O que nos mostra a leitura e análise da imprensa das associações patronais é que durante os anos de crescimento econômico, que foram também os anos em que a burguesia interna tinha fresco na memória a estagnação e a abertura econômica radical ao capital estrangeiro no período dos governos FHC, durante esses anos, ela aceitou fazer concessões: valorização do salário mínimo, política de transferência de renda, reconhecimento do direito dos trabalhadores a reivindicar, expansão dos serviços públicos etc. Mas, a situação começou a mudar em 2013. Parece que a redução do crescimento em 2013 e 2014, a ofensiva ideológica do capital internacional contra a nova matriz de política econômica do ministro da Economia e, enfim, a política de austeridade do segundo governo Dilma convenceram uma parte da burguesia interna da necessidade de procurar um novo caminho. A partir desse momento, as concessões aos trabalhadores passaram a ser percebidas como um preço muito elevado.[9]

As associações da indústria e do agronegócio têm reivindicações que aparecem de maneira recorrente ao longo do primeiro e do segundo mandato de Dilma Rousseff. Elas são de dois tipos. O primeiro aponta contra os interesses do capital financeiro nacional e internacional, enquanto o segundo aponta contra os interesses dos trabalhadores. O primeiro tipo de reivindicação prevaleceu no primeiro biênio do primeiro mandato da presidente (2011 2012), enquanto o segundo ganhou importância a partir de 2013. No primeiro tipo de reivindicações encontramos a redução da taxa de juros, a depreciação da taxa de câmbio, o crédito público para o investimento privado, parcerias público-privada para a infraestrutura, política de conteúdo local etc. No segundo tipo de reivindicações, encontramos a reforma da previdência, a reforma trabalhista, redução dos reajustes salariais e o ajuste fiscal baseado na redução das despesas sociais e do salário do funcionalismo. Foi esse segundo grupo de reivindicações

9 O segmento da burguesia interna que aderiu ao movimento golpista o fez com objetivos distintos daqueles proclamados pela ofensiva restauradora do neoliberalismo. Sérgio Braga e Edilson Montrose mostraram, baseados em minucioso levantamento nos sites, facebook e outras redes sociais das associações empresariais e também de seus dirigentes, que o segmento produtivo da burguesia interna passou para a oposição ao governo Dilma com base em críticas localizadas à sua política econômica e social, enquanto que as organizações vinculadas ao capital internacional baseavam sua postura oposicionista numa recusa geral do conjunto da política do governo e na apresentação de uma proposta de uma proposta alternativa neoliberal estrito senso (Braga e Montrose, 2017). Consumado o golpe, o presidente e o vice-presidente da Fiesp, Paulo Skaf e Benjamin Steinbruch, passaram a criticar na imprensa o que eles denominaram "neoliberalismo extremado" do governo Temer: drástica redução dos desembolsos do BNDES, preocupação unilateral com o ajuste fiscal e o fim da política de conteúdo local (Boito, 2017). Publicaram e ainda publicam inúmeros artigos lamentando aquilo que foi, em grande medida, resultado da sua própria ação. Um balanço multifacetado e esclarecedor da posição da Fiesp na crise é feito por Pedro Paulo Bastos (Bastos, 2017).

que passou a ser destacado pelas associações da burguesia interna quando o crescimento econômico perdeu força e deu lugar à recessão.

A burguesia interna é uma força contraditória, instável e propensa a efetuar reviravoltas no seu posicionamento político. No fundo, o que ela aspira é a um governo que aplique a política econômica neodesenvolvimentista e a política social neoliberal. Ela quer a política econômica do PT juntamente com a política social do PSDB. Em 1964, a burguesia interna, diante da ascensão do movimento popular, abandonou o populismo, mas conseguiu manter, após o interregno do governo do general Castello Branco, a política econômica do desenvolvimentismo clássico. Em 2016, as coisas se passaram de modo diferente. O governo Temer mudou tudo, a política social, mas também a política econômica e externa, e o fez às custas dos interesses da burguesia interna.

Considerações finais

À época do primeiro governo Lula, a tese predominante na esquerda socialista era que o governo do PT era um governo que dava continuidade à política econômica e social do governo FHC. Um ou dois pequenos ensaios de Francisco de Oliveira serviram para divulgar muito essa tese no meio acadêmico (Oliveira, 2003). Mais tarde, embora tenha perdido aceitação, essa tese continuou sendo defendida por vários intelectuais de esquerda e militantes socialistas, como Valério Arcary (2015). Hoje, esse enfoque perdeu muito de sua influência. Não poderia ser diferente. O conflito político e social no Brasil se radicalizou. A ofensiva da frente neoliberal ortodoxa contra os governos do PT impede pensar que PT e PSDB pertençam ao mesmo campo político.

É importante observar que a burguesia associada ao capital internacional e seu partido, o PSDB, abandonaram os valores e as instituições democráticas para conquistar o poder governamental. A esse movimento integrou-se boa parte da grande burguesia interna. Esse desprezo da burguesia e da alta classe média pela democracia mostra que esse regime vive um momento de instabilidade no Brasil.

Bibliografia

ARCARY, Valério (2014), *Um reformismo quase sem reforma. Uma crítica marxista do governo Lula em defesa da revolução brasileira*. São Paulo: Editora Sundermann.

BASTOS, Pedro Paulo Zahluth (2017), Ascensão e crise do governo Dilma Rousseff e o golpe de 2016: poder estrutural, contradição e ideologia, *Revista de Economia Contemporânea*, REC, número especial. www.scielo.br/rec

BIELSCHOWSKY, Ricardo et Stumpo, Giovanni (1995), Empresas transnacionales y câmbios estructurales em la indústria de Argentina, Brasil, Chile y Mexico, *Revista de la Cepal*, n. 55.

BERRINGER, Tatiana (2015), *A burguesia brasileira e a política externa nos governos FHC e Lula*. Curitiba: Editora Appris.

BOITO Jr., Armando (2012), "Governos Lula: a Nova Burguesia Nacional no Poder", in Armando Boito and Andréa Galvão (eds.) *Política e Classes Sociais no Brasil dos Anos 2000*, São Paulo: Alameda Casa Editorial.

BOITO Jr., Armando (2012b), "As bases políticas do neodesenvolvimentismo". In http://eesp.fgv.br/sites/eesp.fgv.br/files/file/

BOITO Jr., Armando, GALVÃO, Andréia et MARCELINO, Paula (2015), La nouvelle phase du syndicalisme brésilien. *Cahiers des Amériques Latines*, n. 80, disponible: http://cal.revues.org/4184

BOITO, Armando e BERRINGER, Tatiana (2013), Brasil: classes sociais, neodesenvolvimentismo e política externa nos governos Lula e Dilma. *Revista de Socioogia e Política* [online]. vol.21, n.47

BOITO Jr., Armando (2014), Quem é contra a corrupção?, Portal da *Revista Fórum* http://www.revistaforum.com.br/rodrigovianna/

BOITO Jr., Armando (2017), As reclamações tardias da Fiesp, *Jornal Brasil de Fato* Os reclamos tardios da Fiesp, 18 de fevereiro de 2017, https://www.brasildefato.com.br/2017/02/18/as-reclamacoes-tardias-da-fiesp/.

BRAGA, Sérgio e MONTROSE, Edilson, (2017), Do questionamento da política econômica do governo Dilma à campanha pelo "Impeachment Já": a ação política das frações empresariais brasileiras nas mídias sociais na conjuntura recente. In: NAPOLITANO, Carlo; VICENTE, Maxiliano e SOARES, Murilo, *Comunicação e cidadania política*. São Paulo: Cultura Acadêmica Editora.

BRATSIS, Peter (2017), A corrupção política na era do capitalismo transnacional. *Crítica Marxista*, n. 44. https://www.ifch.unicamp.br/criticamarxista/

BUGIATO, Caio (2014), A Política de Financiamento do BNDES e a Burguesia Brasileira, *Cadernos do Desenvolvimento*, 9 (14), pp.83-103.

Cavalcante, Sávio (2015), Classe média e conservadorismo liberal. In: CRUZ, Kaysel et CODAS, *Direita, volver? O retorno da direita e o ciclo político brasileiro.* São Paulo: Fundação Perseu Abramo.

CAVALCANTE, Sávio e ARIAS, Santiane (2018), A divisão da classe média na crise política brasileira (2015-2016), capítulo deste volume.

GOMES, Julia, Conteúdo Local e Neoliberalismo Neodesenvolvimentista: A Indústria da Construção Naval e a Política de Compras da Petrobrás durante os Governos Lula. Inédito.

GORENDER, Jacob (1997), Globalização, tecnologia e mercado de trabalho, *Estudos Avançados*, n. 29.

GUIMARÃES, Antonio Sergio (2001), Democracia racial: o ideal, o pacto e o mito. *Novos Estudos Cebrap*, n.61, p. 147-162

MARCELINO, Paula e GIRAUD, Baptiste 2018, As greves no Brasil e na França, capítulo deste volume.

MARTUSCELLI, Danilo (2015), *Crises políticas e capitalismo neoliberal no Brasil.* Curitiba: Editora CRV.

MARTUSCELLI, Danilo (2010), A burguesia mundial em questão, *Crítica Marxista*, n. 30, pp. 29-48.

OLIVEIRA, Francisco (2003), O ornitorrinco. In: *Crítica à razão dualista.* São Paulo: Boitempo.

OLIVEIRA, Nathalia et HIRATA, Francini (2012), Os movimentos dos sem-teto de São Paulo no contexto neoliberal. In: BOITO, Armando e GALVÃO, Andréia, *Política e classes sociais no Brasil dos anos 2000*. São Paulo: Alameda Casa Editorial.

PERISSINOTTO, Renato (2017), Por que golpe? https://www.academia.edu/29221192/Por_que_golpe

POCHMANN, Marcio (2012), *Nova Classe Média?* São Paulo: Boitempo.

POULANTZAS, Nicos 1974 *Les Classes Sociales dans le Capitalisme d'Aujourd'hui.* Paris: Seuil.

POULANTZAS, Nicos (1975), *La Crise des Dictatures: Portugal, Grèce, Espagne.* Paris: Maspero.

SAAD-FILHO, Alfredo e BOITO, Armando (2016), Brazil: "The Failure of the PT and the Rise of the New Right". In: PANITCH, Leo e ALBO, Greg (eds.) *Socialist Register*. London: Merlin Press.

SABENÇA, Mariana (2014), As Grandes Construtoras e a Política Econômica nos Governos Lula e Dilma, 38º *Encontro Anual da Anpocs*, http://portal.anpocs.org/portal.

SAES, Décio (2001), *República do Capital*. São Paulo: Editora Boitempo.

SAES, Décio (2001), Estado capitalista e classe dominante, *Crítica Marxista*, n.12. https://www.ifch.unicamp.br/criticamarxista/

SILVA, Luciana Henrique (2015), Movimento dos Trabalhadores Rurais Sem Terra nos Anos 2000: posicionamentos políticos, formas de luta e base social. In: http://www.niepmarx.com.br/MM2015/anais2015/mc83/Tc832.pdf

SINGER, André (2012), *Os Sentidos do Lulismo*. São Paulo: Companhia das Letras.

TRÓPIA, Patrícia (2009), *Força Sindical: política e ideologia no sindicalismo brasileiro*. São Paulo: Editora Expressão Popular.

Fontes primárias

CARDOSO, Fernando Henrique (2015), A miséria da política - crônicas do lulopetismo e outros escritos. Rio de Janeiro: Editora Civilização Brasileira.

Confederação Nacional da Indústria (CNI) www.fiesp.com.br

Federação das Indústrias do Estado de São Paulo (FIESP) http://www.fiesp.com.br/

Sindicato da Construção Naval (Sinaval) http://sinaval.org.br/

Associação Brasileira de Máquinas e Equipamentos (ABIMAQ) http://www.abimaq.org.br/

Associação Brasileira de Indústria de Base (ABDIB) https://www.abdib.org.br

Confederação Nacional da Agricultura e Pecuária (CNA) http://www.cnabrasil.org.br/

Associação Brasileira do Agronegócio (ABAG). http://www.abag.com.br/

2. Rumo a um social-liberalismo em ação: as políticas públicas dos governos Jospin, Ayrault e Valls[1]

Thibaut Rioufreyt

Os socialistas franceses no poder são neoliberais na prática, demarcando-se da direita apenas no plano retórico ou societal? Ou eles esboçam os contornos de uma social-democracia adaptada ao mundo contemporâneo, talvez de um pós-socialismo? Há quase dez anos minhas pesquisas pretendem responder a essas indagações. Um certo número de trabalhos de sociologia da ação pública contribuíram para alimentar a reflexão, mostrando que se os socialistas refutam o *neoliberalismo doutrinário*, eles parecem ter adotado de fato, ao menos em parte, o *neoliberalismo gestionário*.[2] Se essa distinção categorial é bastante útil, ela nos obriga a não nos contentar com a análise de discursos públicos ou textos partidários e a estudar de perto as políticas públicas adotadas pelos governos socialistas. Abordar o assunto através das políticas é ainda mais fecundo porque os socialistas franceses, contrariamente por exemplo a seus homólogos trabalhistas sob Blair, frequentemente ratificaram suas mundaças ideológicas *a posteriori*, depois de assumir o poder. As políticas públicas revelam, portanto,

---

1 Tradução: Andréia Galvão.

2 O neoliberalismo doutrinário é uma adesão aos princípios neoliberais sob uma forma intelectualizada (trata-se da adesão às ideias) e doutrinal (constitutiva da identidade publicamente assumida pela organização que o adota). Quanto ao neoliberalismo gestionário, ele não implica uma conversão ideológica mas, antes, a crença nas "boas práticas", nas técnicas e nos procedimentos de ação pública sob uma forma tecnicizada. Sobre essa distinção, ver Jobert (1994).

uma orientação ideológica que não foi ainda assumida, não sendo visível nos textos doutrinários.

Antes de entrar no assunto, são necessárias duas observações preliminares. Em primeiro lugar, o estudo da ideologia contida nas políticas públicas contemporâneas se confronta com o problema inerente a toda história do tempo presente. No caso dos governos Ayrault e Valls, fazer o balanço das políticas públicas adotadas ao longo de um quinquenato ainda em curso no momento em que este artigo foi escrito obriga à prudência, tanto porque faltam os dados e o recuo necessário ao analista, quanto porque o número de medidas anunciadas são apenas parcialmente implementadas, de modo que não revelaram ainda plenamente seus efeitos. O Pacto de responsabilidade só começou a funcionar realmente em janeiro de 2015.[3] Em 2014, a queda do preço de petróleo beneficiou mais as empresas que o Crédito de Imposto para a Competitividade e o Emprego[4] (10,2 bilhões de euros efetivamente distribuídos), ainda que o dispositivo esteja ganhando força: o crédito das empresas com o Estado se elevaria para 17,3 bilhões em 2015, com o objetivo de reduzir mais nitidamente o custo do trabalho para um patamar inferior ao alemão.[5] Contudo, essa dificuldade pode ser facilmente contornada na medida em que meu objetivo não é o de medir os efeitos reais das políticas adotadas, mas sim o de apreender o que as escolhas em termos de ação pública nos dizem sobre a mudança ideológica dos socialistas.

Em segundo lugar, para estudar a circulação das ideias neoliberais no governo socialista, convém apontar rapidamente um erro de análise comum: aquele que consiste em crer que os neoliberais são hostis a qualquer política social. Tirando lições da crise de 1929, os neoliberais concluem a partir desse evento que se o mercado é deixado a si só, um número crescente de indivíduos é dele excluído, de modo que ele entra em colapso. Consequentemente, alguns entre eles defendem, contra os liberais clássicos, a necessidade de uma

3 O Pacto de Responsabilidade e de Solidariedade é um conjunto de medidas que reduz as contribuições patronais e a taxação sobre as empresas em 10 bilhões de euros e promove uma simplificação dos procedimentos administrativos.

4 O CICE é uma medida do governo Ayrault visando reduzir a taxação das empresas francesas a fim de restaurar sua competitividade em relação a suas concorrentes estrangeiras.

5 Os números provêm do relatório de France Stratégie, em Pisani-Ferry et al. (2015). Convém contudo ser prudente na medida em que se tratam de estimativas, uma vez que a avaliação definitiva para o ano 2014 não estava disponível.

política social. Certas variantes do neoliberalismo compreendem uma limitação do jogo da concorrência e das desigualdades. Convém cuidar para que aqueles que se encontram fora ou à margem do jogo econômico possam a ele retornar. Manter todo mundo no jogo incrementa sua dinâmica. Trata-se de uma dimensão constitutiva da "política de sociedade", segundo a fórmula apreciada pelos ordoliberais.[6] Mas o que significa essa fórmula? Qual o sentido de social que fundamenta a política social neoliberal? O social entre os neoliberais não tem o sentido de remédio contra a concorrência, de redutor das desigualdades, mas unicamente de manutenção de cada indivíduo no seio destas, de modo a reter o indivíduo no registro da "igual desigualdade" que faz com que haja concorrência precisamente porque não há exclusão.[7] Em resumo, a política social não é mais um meio de se opor ao econômico, mas de sustentar a lógica concorrencial. Essa preocupação de manter todos os atores no mercado implica uma articulação entre o econômico e o social. Nesse modelo, como mostra Jacques Donzelot, a conexão que se desenha entre o econômico e o social toma a forma de um duplo movimento (Donzelot, 2005). Há um primeiro movimento que vai do econômico ao social e que impõe a este último uma exigência de rentabilidade do investimento que ele realiza. Isso se traduz pela exigência de controle, de transparência e de avaliação dos resultados de uma política social ou das missões deste ou daquele serviço público. E um segundo movimento que vai do social ao econômico e que consiste em financiar, no âmbito do social, a competitividade dos assalariados por meio da educação, da formação ou das políticas ativas de combate ao desemprego. O neoliberalismo recusa toda política de redistribuição de riquezas, mas sustenta a necessidade de uma política de luta contra a pobreza e de uma política de educação, desde que estas não visem a redução das desigualdades, mas a inclusão no

6 A "política de sociedade" (Gesellschaftspolitik) é a fórmula utilizada por Alfred Müller-Armack para designar a política de Ludwig Erhard, ministro da Economia e posteriormente chanceler da República Federal Alemã (1963-1966), largamente inspirada em princípios ordoliberais. A expressão passa a designar mais amplamente a política social ordoliberal (Foucault, 2004, p. 148-155).

7 Foucault mostra por meio dessa fórmula que o ordoliberalismo estabelece a concorrência como princípio fundamental: é preciso que haja desigualdade para que os atores joguem o jogo econômico, mas não muita, a ponto de lhes impedir de jogar (Foucault, 2004, p. 146-150).

mercado. Esta variante do neoliberalismo conheceu um sucesso crescente no seio das instâncias internacionais, em particular europeias (OCDE, Comissão Europeia, etc.) a ponto de se tornar uma das fontes de inspiração principais das políticas de emprego e de políticas sociais na Europa (Donzelot, 2006).

Neste capítulo, abordarei as reformas efetuadas pelos governos Jospin (1997-2002), Ayrault (2012-2014) e Valls (2014-2016).[8] Longe de pretender efetuar um balanço exaustivo das políticas implementadas, concentrarei minha atenção em dois tipos de políticas públicas cuja filiação a essa variante de neoliberalismo são bem nítidas: as denominadas políticas "ativas" de emprego, de um lado, e a política da concorrência e da "flexi-segurança", de outro lado.

A adoção de políticas "ativas" de retorno ao emprego

A doutrina que fundamenta, desde os anos 1980, as recomendações das instâncias internacionais repousa sobre a ideia segundo a qual "é pela valorização mercantil de sua atividade que cada indivíduo deve encontrar os meios de sua autonomia, sendo o objetivo prioritário da política social o de facilitar o retorno ao emprego dos desempregados e dos trabalhadores desmotivados", o que o economista Bernard Perret chama de "trabalho providência" (Perret, 2001). Desenvolvido pelas teorias micro-econômicas do trabalho dos anos 1970, essa ideia foi traduzida na França pelos modelos de desemprego de equilíbrio utilizados principalmente por Jean Pisani-Ferry. Mais precisamente, as políticas sociais ditas de "ativação"[9] compreendem três pilares: 1) um sistema de incitação/desincitação para favorecer o retorno ao emprego; 2) uma redução do cus-

8 Mais que a "virada do rigor" de 1983, a virada monetarista e a desregulamentação dos mercados efetuada pelo governo de Laurent Fabius (1984-1986), em particular por Pierre Bérégovoy no Ministério da Economia, mostra que a recepção das receitas neoliberais na governamentalidade socialista é mais antiga e se efetuou de maneira sedimentada e gradual. O presente capítulo constitui, portanto, mais uma etapa de trabalho que uma conclusão.

9 A OCDE distingue as políticas de emprego "passivas", que contribuem para a manutenção da renda dos desempregados (seguro-desemprego e pré-aposentadorias) e as políticas "ativas", que visam promover o retorno ao emprego (incitação fiscal, formação, melhoria do funcionamento do mercado de trabalho, reforma do SPE). Ver: Barbier (2002).

to do trabalho para as empresas; 3) uma reforma do serviço público para o emprego (SPE) visando melhorar a formação e a orientação dos desempregados.[10]

As políticas de incitação ao retorno ao emprego

O primeiro componente das políticas de ativação consiste em reformar o sistema fiscal e social para lutar contra os "estímulos à inatividade" e favorecer a passagem da assistência ao emprego. Nessa perspectiva, certos dispositivos consistem na criação de empregos subsidiados – uma parte das rendas sendo garantidas pelo Estado e o resto completado pelo empregador – a fim de permitir uma reinserção progressiva de categorias de indivíduos menos dotados no mercado de trabalho. O programa "novos serviços, empregos jovens", que se dirige ao setor não-mercantil (coletividades locais, setor associativo, estabelecimentos públicos, educação pública e polícia) constitui uma das medidas fundamentais do mandato Jospin. Cerca de 350.000 jovens, frequentemente com o ensino médio concluído, foram beneficiados com contratos de cinco anos de duração. Um outro componente específico das políticas de emprego se volta para os públicos com mais dificuldade, que não se beneficiaram da retomada da criação de empregos (jovens em dificuldade, desempregados de longa duração, sêniors) por meio de contratos subsidiados para facilitar sua reinserção no mercado de trabalho[11] O fato de que uma parte dessas medidas se destina ao setor não mercantil as distancia da lógica neoliberal, sendo o objetivo dos neoliberais permitir uma reinserção *pelo* e *para* o mercado. Este é o indicativo de um fenômeno de hibridação interessante na ação pública, tais dispositivos decorrentes do casamento surpreendente entre a lógica, já antiga, de "tratamento

10 O componente formação e desenvolvimento de qualificações da política de emprego é, contudo, muito limitado (Fleuret & Zamora, 2005, p. 159), razão pela qual não me alongarei sobre ele.

11 Trata-se do programa TRACE (Trajeto de Acesso ao Emprego) para os jovens. Para os adultos, o contrato emprego consolidado (CEC) foi desenvolvido e reformado e um novo contrato de qualificação lhes foi reservado. No setor mercantil, a orientação é a mesma: o CIE (contrato iniciativa emprego) se destina a apoiar o emprego dos assalariados mais velhos ou dos desempregados de longa duração.

social do desemprego"[12] (as políticas ditas "passivas") e aquela, mais recente, de ativação através da focalização de certas populações específicas.

A criação do "prêmio ao emprego" em 2001 se inscreve, ao contrário, de maneira muito mais nítida na linhagem de políticas de ativação neoliberais. As subvenções para a contratação de desempregados, seja sob a forma de acordos por ocasião da redução da jornada para 35 horas semanais ou de contratos subsidiados, como os empregos-jovens, constituem sem dúvida a medida mais próxima do sistema de imposto negativo dos países anglo-saxãos, ainda que com menor amplitude que o *Earned Income Tax Credit estadunidense ou o Working Families Tax Credit* britânico. Não previsto em sua origem,[13] esse dispositivo fornece uma redução do imposto sobre a renda ou, para as pessoas com remuneração mais baixa, um crédito tributário para pessoas não tributáveis; ele é destinado aos domicílios fiscais em que ao menos um membro recebe uma renda. A incitação ao trabalho é também o objetivo buscado por dispositivos de recompensa que, como o Plano de Ajuda para o Retorno ao Emprego (PARE),[14] permitem acumular alocações sociais e rendas decorrentes de uma atividade. Esses mecanismos permitem aos beneficiários da Renda Mínima de Inserção (RMI) e de outros mínimos sociais combiná-los transitoriamente com a renda

12 Essa fórmula, muito utilizada no discurso político-midiático francês, designa as políticas que indenizam os desempregados durante o período de inatividade sem incitá-los à retomada do emprego.

13 Originalmente, Jospin pretendia restituir a Contribuição Social Generalizada (CSG) paga por contribuintes que recebiam baixos salários. A CSG é um imposto sobre a renda destinado a financiar a seguridade social de modo complementar às contribuições sociais devidas por patrões e empregados (estas financiam especificamente os benefícios decorrentes da interrupção do trabalho, como desemprego, aposentadoria, doenças). A ideia da restituição era incitar os desempregados a encontrar um emprego, mesmo mal pago, compensando a perda de poder de compra por uma redução de imposto. Mas a censura feita pelo Conselho de Estado a esse projeto levou Jospin a optar por uma forma de imposto negativo que ele não pretendia implementar.

14 Essa plano compreende a contratualização (ou seja, a assinatura de um termo de compromisso entre o desempregado e o Pólo Emprego no qual ambos se comprometem a envidar todos os esforços para que o primeiro encontre rapidamente um emprego), a instauração de um acompanhamento e de uma ajuda personalizada aos desempregados, bem como a manutenção de uma indenização de desemprego para os que se encontram sob contratos precários.

de atividade, antecipando a substituição do RMI pela Renda de Solidariedade Ativa (RSA) em 2009.[15]

Diante da deterioração do mercado de trabalho, os dispositivos do tipo contratos subsidiados foram novamente mobilizados pelos socialistas a partir de 2012 para conter o aumento do desemprego: 150.000 "contratos do futuro" foram assinados em 29 de setembro de 2014 e 8.000 contratos do futuro professor" em 1° de julho de 2015 (Floc'h, 2015). Semelhantes aos "empregos jovens" do governo Jospin, os "empregos do futuro" se diferenciam sobretudo por ter como alvo os jovens que deixam o sistema escolar sem obter diploma. Por outro lado, por ocasião da Conferência Nacional contra a pobreza e pela inclusão social em 10 e 11 de dezembro de 2012, Ayrault anunciou adaptações do Contrato de Inserção na Vida Social (CIVIS, dispositivo que sucedeu o TRACE)[16] para os jovens com menos de 25 anos há tempos afastados do emprego. Esse dispositivo pode ser associado a um acompanhamento reforçado durante um ano e a uma alocação equivalente ao teto da RSA, ou seja, 475 euros por mês, durante os períodos de inatividade.[17] Este "novo" CIVIS tem sido experimentado desde 2013 em certos territórios. O outro compromisso fundamental de François Hollande, instaurado em março de 2013, é o contrato entre gerações. Este contrato tem por objetivo agir conjuntamente sobre o desemprego dos jovens e sobre a baixa taxa de emprego dos sêniores, permitindo o contrato por tempo indeterminado para os menores de 26 anos e mantendo os maiores de 57 anos empregados (limites de idade que alcançam, respectivamente, 30 e 55 anos no caso de trabalhadores deficientes). Também nesse caso, os resultados foram muito aquém dos objetivos inicialmente estabelecidos (Dares, 2015).

15 A RMI era assegurada aos desempregados, sob certas condições de recursos familiares, quando as parcelas de seguro-desemprego terminavam ou quando não tinham direito a esse benefício. A substituição da RMI pela RSA em 2009 teve como principal inovação a possibilidade de o beneficiário continuar a receber uma parte do benefício se encontrasse um emprego de baixo salário.

16 O CIVIS foi criado em 2005 no quadro do plano de coesão social, em substituição ao programa TRACE. Trata-se de um disposivo de acompanhamento dos jovens para que possam encontrar um emprego durável no nível local.

17 A "RSA socle" corresponde ao montante mais elevado da RSA, recebido quando não se trabalha, enquanto que a "RSA atividade" é calculada em função do salário percebido.

Apesar da "virada de oferta" no mandato de Hollande, os socialistas não renunciaram aos contratos subsidiados; as condições de acesso aos empregos do futuro e aos contratos entre gerações foram mesmo afrouxadas em 2014. A esse respeito, não há portanto ruptura em relação ao mandato de Jospin. O que muda contudo e que mais aproxima os contratos subsidiados de Hollande a uma lógica de ativação neoliberal é o fato de que esses dispsitivos são muito mais voltados a certas populações consideradas como "excluídas" ou "vulneráveis", em favor das quais o poder público deve intervir a fim de lhes permitir uma reinserção posterior no mercado.

A política da oferta: reduzir o custo do trabalho

No que se refere ao segundo componente das políticas de emprego, o princípio das isenções generalizadas das contribuições pagas pelos empregadores, implementado desde 1993, não foi revogado sob Jospin. Ele se inscreve em uma perspectiva liberal segundo a qual as políticas de emprego devem trabalhar prioritariamente para reduzir o custo do trabalho. Essa abordagem é sustentada pelo relatório Malinvaud (1998) que preconiza a ampliação das reduções nas contribuições sociais patronais para os baixos salários e a readequação de sua taxa de contribuição em uma direção favorável ao emprego (Malinvaud, 1998). Se o princípio das 35 horas (criar empregos reduzindo o tempo de trabalho) não é, de modo algum, de inspiração neoliberal, suas modalidades de aplicação inscrevem, paradoxalmente, essa medida na lógica das reformas estruturais de inspiração neoliberal implementadas desde os anos 1990. A lei Aubry I autoriza assim significativas reduções nas contribuições patronais às empresas que voluntariamente reduzem o tempo de trabalho em 10%, comprometendo-se a manter ou gerar um nível de emprego de 6%. A lei Aubry II generaliza o princípio das 35 horas e instaura a redução das contribuições patronais para as empresas que o adotam. A partir de 2000, os auxílios às empresas não são mais condicionados a compromissos em termos de preservação ou geração de empregos. O método de cálculo da duração do trabalho foi igualmente redefinido, permitindo às empresas excluir as pausas e o tempo destinado à formação (Erhel Gavini e Lizé, 1993).

Diante dos resultados decepcionantes dos contratos do futuro e dos contratos entre gerações e da incapacidade de reverter a curva do desemprego, como havia prometido François Hollande, os socialistas progressivamente optaram por uma política de oferta, isto é, de redução das contribuições sociais patronais. A partir de 2014, o presidente da República não mais hesitou em assumir publicamente um "socialismo da oferta":

> Eu conheço bem o pensamento socialista, eu o estudei durante anos com lucidez e, ao mesmo tempo, esperança! [...] Sempre houve duas concepções, uma concepção produtiva – pôde-se inclusive falar de socialismo da oferta – e uma concepção mais tradicional onde se falava de socialismo da demanda (Hollande, 2014).

Elogiando as empresas, Hollande felicita-se durante seu pronunciamento à imprensa de janeiro de 2014 de ter melhorado suas margens de lucro via CICE: "é a redução do custo do trabalho, é disso que se trata, desculpem-me por chamar as coisas pelo seu verdadeiro nome" (Hollande, 2014). Nessa mesma ocasião, ele anunciou sua intenção de acabar, "até 2017", com as contribuições familiares de empresas e trabalhadores autônomos, perfazendo uma redução de 15 bilhões de euros. Em uma entrevista ao *L'Obs*, Élie Cohen uma economista próxima do PS, anuncia o raciocínio que sustenta a política de oferta:

"É impossível obrigar as empresas a criar empregos. É uma visão totalmente errada e de um absurdo total. Em contrapartida, o que podemos fazer é garantir que, em geral, a redução dos encargos patronais provoque realmente um aumento das contratações. E se, ano após ano, constata-se que os objetivos que foram fixados não são alcançados, pode-se eventualmente rever esses engajamentos de redução de encargos. Mas não creio que o faremos, pois isso agravaria a situação. Se devolvermos oxigênio às empresas e se o crescimento tornar-se novamente mais dinâmico, então necessariamente as empresas criarão emprego e investirão" (Cohen, 2014).

Esse excerto é interessante pois Élie Cohen anuncia explicitamente o ponto de discórdia entre a versão social-democrata e a versão social-liberal da política de oferta: a política de oferta poderia ser acompanhada por objetivos quantificados mas, mesmo se o patronato não os respeitasse, não era preciso aumentar novamente os encargos. A ausência de compromissos quantificados acerca dos objetivos que o patronato deveria atingir em termos de empregos ou de regras que impedissem a utilização da redução de encargos para aumentar os dividendos mais do que para investir ou contratar adquire aqui todo o sentido: não se trata de um acaso, mas sim do efeito de uma escolha ideológica precisa por parte do executivo. Este é, aliás, o motivo pelo qual a questão das "contrapartidas" cristalizou a oposição da ala esquerda do PS e da "esquerda da esquerda", para quem o CICE e o Pacto de responsabilidade constituiriam um verdadeiro desperdício de recursos públicos. A esse respeito, convém sublinhar que as divergências no seio do PS não se devem à escolha da política da oferta. Os "frondeurs"[18] não são hostis a ela, mas exigem que seja acompanhada de um mínimo de contrapartidas quantificadas e de objetivos fixados, como confirma a declaração de um deles:

> Eu reconheço o fundamento de uma política de oferta e a necessidade de tratar a questão do custo do trabalho num contexto de concorrência feroz. Contudo, o risco de uma nova redução de encargos não direcionada e não condicionada, como no caso do CICE, me inquieta [...]. O governo de esquerda deve visar a eficácia e não responder a uma reivindicação ideológica do Medef[19] e dos liberais (Baumel, 2014).

Observa-se aí uma mudança ideológica discreta cuja importância política não deve ser mascarada pelo barulho da controvérsia: os socialistas abandonaram amplamente a política da demanda. No final, o famosa "virada da oferta" ou "conversão social-liberal" de 2014 deve ser largamente nuançada. O que muda refere-se menos ao princípio (a redução das contribuições patronais) que ao montante, a ausência de objetivos definidos como contrapartida e, mais ainda, os discursos que os acompanham.

O aparecimento de novas políticas de inspiração neoliberal: política da concorrência e "flexi-segurança"

O mandato de Hollande se inscreve em uma orientação social-liberal muito mais clara que o de Jospin, menos no que se refere às políticas ditas de ativação e mais pela adoção de outras políticas de inspiração neoliberal: a política da concorrência e a "flexi-segurança".

18 N.T. Alcunha assumida por um grupo de deputados do PS insatisfeitos com a condução da política econômica sob o governo Hollande.

19 N.T. Movimento das Empresas da França, principal organização patronal do país.

A instauração de uma política da concorrência: o caso da lei Macron

A lei "crescimento e atividade", dita "lei Macron", nome do ministro da Economia que apresentou esse projeto, constitui sem dúvida a objetivação mais nítida da adoção da "política da concorrência" pelos socialistas. Apresentado ao Conselho de Ministros em 10 de dezembro de 2014, o projeto suscitou reações no mínimo polarizadas. De um lado, profissionais atingidos pela futura lei, apoiados pela UMP,[20] que retoma integralmente as proposições de emendas, se mobilizam para defender o *status quo*. De outro, a "esquerda da esquerda" como ala esquerda do partido critica o questionamento de certos direitos sociais por parte dessa lei, como a ampliação do trabalho aos domingos, considerada uma "regressão". Entre os dois, numerosos analistas apontam a insuficiente ambição de uma lei tão abrangente, que não conseguirá relançar o crescimento e o emprego. A lei Macron é emblemática na medida em que ela é muito pura de um ponto de vista ideológico. Com efeito, é uma lei que se baseia em um diagnóstico, soluções e modos de argumentação de inspiração claramente neoliberal. Mais precisamente, os argumentos e as teses mobilizadas pelos seus autores e promotores revelam um parentesco extremamente forte com a "política da concorrência" teorizada pelos ordoliberais alemães (Foucault, 2001). É o que explica, aliás, o mal-estar dos deputados da UMP, que não têm desacordo com a lei, a não ser para denunciar seu caráter insuficiente, e sofrem os efeitos da estratégia de triangulação.[21]

O objetivo anunciado pela lei Macron é o de desenvolver o poder de compra, o emprego e a inovação, "desobstruindo" a concorrência, segundo a fórmula adotada pela mídia. A análise das medidas da lei Macron não é fácil, de um lado porque o projeto de lei sofreu numerosas modificações, e de outro lado porque ela contém medidas que afetam setores de atividade bastante diferentes. Thierry Mandon, secretário da reforma do Estado e da simplificação,

20 N.T. União por um Movimento Popular, partido político de direita, criado em 2002, que se tornou Les Républicains em 2015.

21 Essa expressão designa a estratégia de comunicação inventada pelos *spin doctors* próximos de Bill Clinton que consiste em retomar os temas e as palavras do adversário político, a exemplo do que fez Nicolas Sarkozy referindo-se a Léon Blum ou Jean Jaurès em 2007, ou Tony Blair, retomando os temas securitários e pró-business da direita britânica.

resume perfeitamente duas das ideias-força pelas quais a política da concorrência aqui esboçada se operacionaliza:

> A lei Macron compreende dois aspectos. Em primeiro lugar, trata-se de quebrar algumas posições estabelecidas para dar lugar a novos ingressantes e permitir aos jovens de se instalar. É a questão das profissões regulamentadas. Em seguida, trata-se de assegurar que um certo número de pessoas instaladas não se beneficiem de uma renda garantida, impondo aos consumidores preços mais elevados do que eles devem pagar. Isso, é [ser] de esquerda. Além disso, o que o Sr. Hamon fez quando era ministro [da economia social e solidária e do consumo]? Ele jogou com a concorrência para abaixar os preços. Se isso era de esquerda quando ele o fez, hão há razão para que, quando o Sr. Macron o faz, isso não seja de esquerda (Mandon, 2014).

Em primeiro lugar, a lei Macron visa reformar as profissões regulamentadas, como os tabeliões, para permitir o acesso dos jovens a elas: "Quanto aos jovens qualificados, eles sofrem por não poder ter acesso a certas profissões – tabeliões, oficiais de justiça, etc. – que, no entanto, se encontram em situação de penúria, especialmente em certos territórios" (Bénassy-Quéré, 2014). O projeto de lei propôs mudar o método de fixação das tarifas levando em conta os "custos relevantes" e se baseando em análises regulares da Autoridade da Concorrência (ADLC). Sua intenção, na versão inicial do texto, era estabelecer um preço para cada serviço entre um mínimo e um máximo, daí a fórmula freqüentemente mencionada de "corredor tarifário". Os deputados reunidos a partir de 12 de janeiro em um Comitê Especial da Assembléia Nacional aprovaram uma emenda que modifica este sistema de "corredor tarifário": abaixo de um certo limiar, os preços permanecerão fixos para os atos notariais referentes à vida cotidiana (lei da família, etc.); além disso, eles podem oscilar em torno de um valor de referência (e dentro de um limite muito preciso). A quantidade de descontos também será corrigida para certas operações e os profissionais serão obrigados a publicar suas tarifas. Outra alteração foi aprovada para complementar os mecanismos de equalização na lei; um fundo é criado para compensar os atos com preços tabelados[22] e financiar a assistência judiciária. Enfim, a comissão especial adotou o princípio de um limite de idade para os tabeliões: 70 anos (Bissuel, 2015).

Em segundo lugar, a lei Macron prevê abolir as rendas garantidas e restabelecer assim uma concorrência não distorcida:

> Um componente menos mediatizado do projeto de lei diz respeito à concorrência na distribuição [...] O projeto consiste em confiar à Autoridade da concorrência um papel a montante nas decisões de planejamento comercial – e não apenas a jusante, quando uma falta de concorrência é constatada. A idéia aqui é proteger o poder de compra do consumidor e, portanto, sua capacidade de comprar mais, o que terá um impacto positivo sobre o crescimento e o emprego. Pretende-se também reequilibrar as relações entre as principais marcas e seus fornecedores, especialmente os produtores agrícolas (Bénassy-Quéré, 2014).

Em terceiro lugar, uma outra dimensão da lei consiste em relançar a atividade favorecendo de uma só vez a mobilidade dos assalariados e a flexibilidade dos horários de abertura do comércio. Trata-se, por exemplo, de desenvolver as linhas de ônibus para quebrar o monopólio da SNCF. Trata-se igualmente de ampliar as possibilidades de trabalho aos domingos. Apoiando-se sobre as conclusões do relatório Bailly, o projeto de lei prevê aumentar os dias de abertura do comércio de cinco para doze domingos ao ano, conforme a decisão do prefeito de cada cidade. Embora seja este último ponto o que provocou a maioria das oposições à esquerda, o fato de que a lei Macron seja tão visivelmente inspirada pela política de concorrência neoliberal tem sido, em contrapartida, pouco comentado.

Uma política de "flexi-segurança"?

Um último componente da política de emprego é a "flexi-segurança", cujo princípio é o de oferecer mais garantias aos assalariados acerca da securitização de seu percurso profissional e mais flexibilidade às empresas.[23] As 35

22 Alguns atos realizados pelos cartórios são regulamentados em lei e constituem um custo financeiro para os tabeliões, que compensam esse custo no preço de outros, mais lucrativos.

23 A "securitização do percurso profissional" é uma fórmula segundo a qual, devido ao aumento da precariedade e da mobilidade profissional, a proteção social deve proteger

horas já constituíram um passo adiante rumo a mais flexibilidade. Associando reduções de encargos sociais para os empregadores e possibilidades de modulação (anualização da jornada, reorganização da produção), a redução do tempo de trabalho introduziu uma importante dose de flexibilidade para as empresas. No entanto, ainda não se tratava de "flexi-segurança" na medida em que a flexibilidade era a contrapartida da redução da duração legal do tempo de trabalho e não da segurança do percurso profissional. Em 11 de janeiro de 2013, concluiu-se o Acordo Nacional Interprofissional (ANI) sobre a competitividade e a segurança no trabalho entre a CFDT, a CFTC, a CFE-CGC e as três organizações de empregadores. Este acordo de "flexi-segurança" de estilo francês, que não foi aprovado por unanimidade pelos sindicatos e suscitou discussões intensas, é finalmente ratificado e dá origem à lei sobre segurança no emprego de 14 de junho de 2013. Essencialmente, ele organiza, em primeiro lugar, mobilidade e flexibilidade: mudanças nos salários e/ou no tempo de trabalho segundo a conjuntura econômica, imposição de mobilidade interna aos assalariados, redução do prazo para os assalariados ingressarem na Justiça, eliminação de certas garantias no caso de adoção de um plano social[24] (procedimento e prazos que permitem a informação e a mobilização dos assalariados, intervenção de um especialista para analisar a situação da empresa, obrigação de busca de reclassificação para os trabalhadores afetados).

Em troca, após a assinatura da ANI pelos parceiros sociais,[25] o texto de lei sobre competitividade e segurança no emprego introduziu novos direitos inerentes ao assalariado: seguro-desemprego recarregável,[26] conta pessoal de

---

o indivíduo não somente em seu trabalho (por meio do direito do trabalho e da seguridade social) mas igualmente nas transições entre dois períodos de emprego (via direito individual à formação ao longo de toda a vida).

24 N.T. Trata-se de um dispositivo legal que visa limitar as consequências de uma demissão coletiva por meio da negociação de um acordo coletivo com os sindicatos e/ou comitê de empresa.,

25 N.T. Expressão utilizada para se referir às organizações patronais e sindicais que têm assento em conselhos bi ou tripartites e participam da gestão de políticas públicas.

26 N.T. Trata-se de um mecanismo que dá ao beneficiário do seguro-desemprego que encontra um novo trabalho o direito de retomar o recebimento do benefício até completar o prazo a que inicialmente tinha direito e de prolongar o recebimento do seguro pelo mesmo período trabalhado, em caso de perda involuntária do emprego.

formação ao longo da vida e generalização da cobertura de saúde complementar. Além disso, a luta contra situações precárias assume a forma de supervisão de contratos a tempo parcial e a tributação de contratos de curto prazo. Finalmente, o acordo sobre o mercado de trabalho prevê a chegada de um ou dois diretores assalariados ao conselho de empresas sediadas na França e que empreguem mais de 10 mil pessoas em todo o mundo ou 5.000 na França. No entanto, convém nuançar o alcance desses novos direitos. Em teoria, os direitos de recarregar o seguro-desemprego são uma conquista; se um desempregado encontrar um emprego antes do final do período a que faz jus à indenização, ele não perderá os direitos já adquiridos. No entanto, na prática eles constituem uma perda de renda para uma parte importante dos desempregados: desde que os direitos calculados sobre o montante do salário do último trabalho não estejam esgotados, o montante do seguro-desemprego permanece nessa base, mesmo que nesse meio tempo a pessoa em questão encontre um emprego com um salário mais alto (no limite de 30% de diferença entre o salário antigo e o novo). Da mesma forma, muitos contratos de trabalho precários não estão sujeitos a aumentos nas contribuições patronais, como os contratos intermitentes e os contratos de duração determinada para substituir um empregado ausente, bem como as atividades sazonais. A flexi-segurança introduzida pela ANI é, portanto, em grande parte assimétrica, inclinando-se muito mais para a flexibilidade do que para a segurança.

A política econômica adotada por Hollande pretendeu se basear no método dos pactos sociais. E de fato, Hollande obteve a assinatura de textos que, como o ANI, parecem mostrar o sucesso do diálogo social. Sobre esse ponto, existe sim uma política social. No entanto, ela pode ser chamada de social-democrata? Para Alain Bergounioux, a política de François Hollande é certamente social-democrata e não social-liberal porque:

"No social-liberalismo, a sociedade é antes de tudo um mercado, uma soma de individualismo. Não há ideia de compromisso social, de negociação. Quando François Hollande fala de um pacto de responsabilidade, ele continua a se inscrever em uma linhagem social-democrata" (Biseau, 2014).

No entanto, o estudo das modalidades do diálogo social implementado nos governos Ayrault e Valls contradizem esta tese em dois pontos. Por um lado, em termos de método, a social-democracia é baseada em um acordo entre os sindicatos e os empregadores. No entanto, se é verdade para a ANI, o Pacto de responsabilidade proposto por François Hollande é apenas um esboço de acordo entre o governo socialista e o Medef. Os sindicatos criticaram a ausência de reais contrapartidas e se opuseram frontalmente a esta decisão do Executivo (Lepaon, 2014). Por outro lado, o modelo social-democrata clássico implica concessões mútuas e simétricas: ambas as partes devem ganhar, e ganhar relativamente na mesma medida. Dominique Villemot, porém, considera que não se trata de um questionamento dos direitos sociais: o aumento do período de contribuição para as pensões, justificado pelo aumento da expectativa de vida, é acompanhado pela instauração de uma conta para medir a penosidade no trabalho.[27] Da mesma forma, o Pacto de Responsabilidade também tem um componente social para as famílias menos favorecidas. Há, portanto, muitas concessões mútuas. No entanto, o raciocínio de Villemot rompe com a lógica social-democrata no que se refere à simetria. Na sua opinião, basta que haja concessões mútuas entre empregadores e sindicatos, mesmo que sejam assimétricas, para que a troca em questão seja considerada social-democrata: "Se, como quer o Ministro do Trabalho François Rebsamen, há uma troca, isto é, a reforma dos pisos sociais tem como contrapartida uma presença sindical em pequenas empresas, permanecemos na lógica do contrato social-democrata" (Villemot, 2014).

A flexibilização do direito do trabalho – dos pisos sociais (lei Rebsamen) ao trabalho aos domingos, passando pela limitação do montante da indenização por demissão desmotivada paga pelos empresários aos seus empregados (lei Macron) – mostra que a prioridade quase exclusiva é a recuperação econômica, sendo a luta contra as desigualdades considerada como uma conseqüência da primeira. Hollande desenvolveu assim a ideia de que a justiça social seria a conseqüência de um maior desempenho econômico. Isto é o que Elie Cohen chama de "economia social da oferta" (Cohen, 2014). Ora, essa tese rompe com a social-democracia. Contrariamente aos pontos de vista simplistas apresentados aqui e acolá, esta não se reduz à idéia de que devemos desenvolver o mercado para que, depois, os frutos do crescimento sejam redistribuídos. Há mais que isso na teoria social-democrata: a ideia de uma tensão e um equilí-

27 N.T. A introdução da conta penosidade se deu por ocasião da reforma da aposentadoria de 2014. Ela possibilita aos trabalhadores mais expostos à penosidade no trabalho passar por períodos de formação, reduzir a jornada, ou partir em pré-aposentadoria.

brio entre eficiência econômica e justiça social. Esta articulação do reconhecimento de uma tensão, um conflito entre os interesses sociais e a necessidade de estabelecer um compromisso entre eles é um dos fundamentos da social-democracia. Por outro lado, o social-liberalismo considera que o Estado deve favorecer as empresas e que, se a situação permitir, isso reduzirá automaticamente as desigualdades, mas esse não é em si o objetivo da política de oferta. Desde maio de 2012, portanto, as políticas de emprego e sociais perseguidas pelos socialistas são majoritariamente de inspiração neoliberal – as políticas de oferta e concorrência tornando-se o cerne da questão – com, subsidiariamente, uma dimensão social-democrata, através dos contratos subsidiados ou da conta penosidade. Aqui encontramos a própria definição de social-liberalismo, híbrido ideológico com uma dominante neoliberal à qual se acrescenta uma dimensão social-democrata (Rioufreyt, 2016).

Conclusão

No final desta análise de algumas das políticas públicas centrais dos mandatos de Jospin e Hollande, vários resultados se destacam claramente. Em primeiro lugar, longe de ser puramente neoliberal, *a governamentalidade socialista é híbrida, extraindo seus recursos intelectuais e práticos de fontes de inspiração muito diferentes*. Os socialistas internalizaram uma parte da governamentalidade neoliberal enquanto emprestavam certas políticas de outros paradigmas. Esta pluralidade permite invalidar, ao mesmo tempo, a tese da fidelidade ao socialismo e aquela da conversão envergonhada; os socialistas franceses não são neoliberais na prática. A lei das 35 horas constitui, a este respeito, a mais evidente prova disso. Por outro lado, é verdade que os socialistas implementaram políticas públicas de inspiração social-liberal.

Em segundo lugar, o governo Jospin praticou uma política muito mais híbrida do que os governos socialistas que desde 2012 estiveram sob a presidência de Hollande, cuja dimensão neoliberal é muito mais dominante. O desejo declarado de Jospin de estabelecer uma "aliança de classes" em torno de um plano para retornar ao pleno emprego, como parte de uma "sociedade de trabalho" e não de "assistência", serviu como invólucro a uma política que se inspira em fontes contraditórias. É certo que, como já vimos, há um componente social-democrata na ação pública sob a presidência de Hollande, mas este é secundário e o dominante é claramente neoliberal, reunindo todos os atributos do social-liberalismo. A este respeito, o quinquenato de Hollande marca, sem dúvida, uma mudança notável na governamentalidade socialista.

Em terceiro lugar, o fato de qualificar as políticas públicas como social-liberais e não como neoliberais não remete apenas a um debate terminológico que remonta à história das idéias. Embora a dimensão social-democrata seja minoritária no híbrido social-liberal, ela é essencial porque, como Stuart Hall (2008) mostrou, é constantemente transformada ao serviço de sua dimensão neoliberal, gerando confusão e divisão das forças que lhe são opostas, e arrastando para a direita alguns dos tradicionais apoios dos partidos social-democratas. A este respeito, o conceito de social-liberalismo é decisivo para a compreensão da circulação das ideias neoliberais entre a esquerda e sua hegemonia mais geral nas sociedades ocidentais. É precisamente porque o social-liberalismo não é redutível ao neoliberalismo, porque constitui um híbrido, mas um híbrido assimétrico, que ele realiza mais eficazmente a hegemonia neoliberal do que os partidos de direita poderiam fazer.

Bibliografia

BARBIER, Jean-Claude (2002), "Peut-on parler d'activation' de la protection sociale en Europe?", *Revue française de sociologie*, n. 43, vol. 2, avril-juin, p. 307-332

BAUMEL, Laurent (2014), "Laurent Baumel: 'Hollande est plus proche de Blair que de la social démocratie'", *Le Figaro.fr*, 5 février.

BÉNASSY-QUÉRÉ, Agnès (2014), "Des petits pas valent mieux que du surplace", *Le Monde Économie*, supplément du *Monde* n° 21 742, 12 de dezembro.

BISEAU, Grégoire (2014), "Social-démocrate ou social-libéral? Hollande navigue entre les lignes" *Libération.fr*, 12 janvier.

COHEN, Élie (Entrevistada por Guillaume Stoll) (2014), "Hollande assume un tournant social-démocrate", *L'Obs.fr.*, 14 janvier 2014.

DARES, "L'aide à l'embauche en contrat de génération. Une incitation à pérenniser l'emploi des jeunes", *Dares Analyses*, n° 25, mars 2015.

DONZELOT, Jacques, "Michel Foucault et l›intelligence du libéralisme", *Esprit*, n° 319, vol. 11, novembre 2005, p. 78.

DONZELOT, Jacques, "Refonder la cohésion sociale", *Esprit*, vol. 12, décembre 2006, pp. 5-23.

ERHEL Christine, GAVINI Christine, LIZÉ Laurence, *La RTT*, Paris, PUF, coll. "Que sais-je?", 2003.

FLEURET, Aurore & ZAMORA, Philippe, "La Formation professionnelle des chômeurs", in INSEE, *France, Portrait social 2004/2005*, 2005, p. 159.

FLOC'H, Benoît "Faute d'un franc succès, les emplois d'avenir professeur sont repensés", *Le Monde.fr*, 27 juillet 2015.

Foucault, Michel. *Naissance de la biopolitique, Cours au Collège de France, 1978-1979*, Paris, Gallimard/Le Seuil, coll. "Hautes Études", 2004.

HALL, Stuart. *Le Populisme autoritaire. Puissance de la droite et impuissance de la gauche au temps du thatchérisme et du blairisme.* Paris, Éditions Amsterdam, 2008.

HOLLANDE, François, "Hollande présente son Pacte de responsabilité et se défend d'être 'gagné par le libéralisme'", *L'Obs.fr.*, 14 janvier 2014.

JOBERT, Bruno (Org.), *Le tournant néo-libéral en Europe. Idées et recettes dans les pratiques gouvernementales*, Paris, L'Harmattan, 1994.

LEPAON, Thierry, "Thierry Lepaon (CGT): 'Hollande met la France au service du patronat'", *L'Obs.fr*, 14 janvier 2014.

MALINVAUD, Edmond, *Les cotisations sociales à la charge des employeurs: analyse économique*, Rapport du CAE, n° 9, Paris, La Documentation française, 1998.

MANDON, Thierry (Entrevistado por Jean-Jérôme Bertolus, Alexandre Kara, e Thomas Wieder), "Thierry Mandon: 'J'espère une grande réforme de l'État en 2015'", *Le Monde*, n° 21757, 30 de dezembro de 2014, p. 13.

PERRET Bernard, "La gauche et l'impôt négatif: une conversion prévisible", *Esprit*, n° 272, vol. 2, février 2001, pp. 174-175.

PISANI-FERRY, Jean; BERNARD, Claire; BRUN-SCHAMME, Amandine & NABOULET, Antoine. *Rapport 2015 du Comité de suivi du Crédit d'impôt pour la compétitivité et l'emploi* (CICE), 22 de setembro de 2015.

Rioufreyt, Thibaut."Le social-libéralisme, du label politique au concept scientifique", *Raisons Politiques. Revue de théorie politique*, n° 61, vol. 1, février 2016, pp. 115-127.

VILLEMOT, Dominique (Entrevistado por Elsa Freyssenet), "Dominique Villemot: 'Hollande est un social-démocrate, pas un social-libéral'", *Les Echos.fr*, 31 de agosto de 2014.

3. Muito faladas, diversamente mobilizadas: as "classes médias" na França dos anos 1990/2015[1]

Paul Bouffartigue

A França não dispõe atualmente de enquetes sistemáticas sobre as mobilizações sociais concernentes primordialmente aos membros ou segmentos das classes médias; nem de trabalhos sobre a maneira a qual as organizações políticas ou a mídia utilizam a categoria classe(s) média(s). Essas constatações valem, de resto, igualmente para as classes populares. Certamente, se observa de tempos em tempos um relativo "retorno das classes sociais" no debate público. Este é o caso, eventualmente, de grandes movimentos sociais, como aqueles de 1995, 2003 ou 2010.[2] Ou quando as eleições expressam uma ruptura entre a esquerda e as classes populares.[3] O fato é que a grade de leitura classista está fora de moda no espaço público e que sua relativa persistência no espaço acadêmi-

1 Tradução: Santiane Arias.

2 Tratam-se de três grandes mobilizações sindicais interprofissionais em torno das questões de proteção social e regimes de aposentadoria. O movimento de 1995 permitiu incontestavelmente na França uma retomada não somente da contestação ao capitalismo, mas também dos pensamentos críticos e da reflexão em termos de classes. (Bouffartigue, 2005; Bouffartigue, 2014).

3 Como indica o forte avanço da Frente Nacional (partido de extrema direita) nas eleições presidenciais de 2002 (aproximadamente 20%) e regionais de 2015 (próximo de 30%). Cf., por exemplo, as análises de Louis Maurin: "As eleições regionais foram o palco de uma exasperação dos meios populares (...) Tão logo o enterro acabou, as classes sociais ressuscitaram no debate público". *As classes sociais estão de volta*. Observatórios das desigualdades, 7.12.2015. "A esquerda 'moderna' ignora as classes trabalhadoras; essas lhes retribuem igualmente nas urnas" *Le Monde*, 08.12.2015.

co se deve muito à influencia das concepções advindas de Pierre Bourdieu que, tal como se sabe, são bem distintas das orientações marxianas.

Neste artigo indico primeiramente, em grandes linhas, de que maneira a categoria classes médias é mobilizada no debate público (1) e, na sequência, as questões ligadas à sua definição (2). Resumo em seguida o que se sabe dessa categoria social e a maneira como ela se posiciona no plano simbólico e político (3 e 4). Por fim, questiono, a partir de alguns indícios, as formas de mobilização social de algumas de suas frações no decorrer dos últimos 25 anos (5), com algumas reflexões sobre o movimento da primavera de 2016 contra o projeto de "lei Trabalho" (6). Se as classes médias são mais do que nunca faladas na cena política e na mídia, e se algumas de suas frações se mobilizam, não sem relação com os efeitos das políticas neoliberais, fazem-no de maneira parcial, pontual, fragmentada. Não se pode, portanto, falar de um movimento de classes médias.

Entre "precarização", "rebaixamento", e "saturação fiscal"

As classes médias[4] são uma categoria onipresente no debate público, na mídia e nas representações corriqueiras do mundo social. Sobre as duas primeiras cenas, uma observação atenta do período 1970-2015 mostraria provavelmente uma continuidade e algumas mudanças. Uma continuidade: a centralidade das chamadas classes médias, quer elas tenham supostamente se tornado majoritárias ou incitadas a se tornar, ou entendidas – mas isso é verdade desde... Aristóteles – como garantia do equilíbrio social e democrático. As mudanças: a passagem de representações otimistas a representações pessimistas. Até os anos 1970 as classes médias simbolizam o otimismo de uma sociedade em movimento rumo ao progresso social beneficiando a todos. O tema da formação de uma "sociedade de classes médias",[5] teorizado um pouco mais tarde por Mendras (1988), incarna as promessas de promoção individual e coletiva, da

4 O termo "classe média" – no singular – aparece no discurso político em 1914, no momento da instauração da fiscalidade direta (Fonte: Wikipédia). Mas o plural é hoje mais frequentemente utilizado, pois leva em conta sua diversidade. Assim como o plural das "classes populares" marca a passagem da classe operária, como sujeito político, a uma entidade que é simultaneamente objeto, falada e heterogênea.

5 N.T. No original em francês, moyennisation.

extinção dos conflitos sociais e do desaparecimento da classe operária. Após os anos 1980, que são um período de transição ao longo do qual se afirma o tema da exclusão social, os anos 1990 são marcados pela ascensão da precarização dos quadros.[6] E, desde os anos 2000, se sobrepõe aí o tema da crise das classes médias, prejudicadas no seu poder de compra e ameaçadas de rebaixamento.[7] Os quadros e as "novas classes médias" incarnavam, nos anos 1950-1975, tanto as esperanças de promoção social das classes populares e, inclusive, todo um imaginário otimista de progresso social, quanto simbolizam doravante ansiedades sociais muito mais amplas (Bouffartigue, Gadea e Pochic, 2010).

Conviria examinar mais de perto como cada um dos temas atuais – "precarização", "rebaixamento", "saturação fiscal" – é mobilizado mais por algumas forças e mídias que por outras. Ademais, esses temas não visam os mesmos alvos, mesmo que tenham em comum uma dramatização, participando de uma visão globalizante, miserabilista, e, por conseguinte, falsa das chamadas classes médias, sobretudo se se compara sua situação à das classes populares.

A noção de precarização econômica é, sem dúvida, a menos utilizada. Ela já foi empregada nos anos 1990 no que diz respeito aos quadros, que viram a sua taxa de desemprego aumentar sensivelmente em 1993-1994 – sem, no entanto, jamais atingir o nível de desemprego dos operários. Ela tem a originalidade, com relação aos dois termos seguintes, de atentar para as dimensões profissionais e econômicas de uma dinâmica de degradação suscetível de aproximar classes médias e classes populares. De outra parte, quando um artigo de imprensa aborda a situação das "classes médias" sob a perspectiva do poder de compra ou do imposto de maneira pouco séria, ele é levado a relativizar o diagnóstico.[8]

A noção de rebaixamento é mais utilizada. Além disso, ela é retomada e debatida no campo acadêmico. Em sentido amplo, ela significa uma de-

6 N.T. Em francês, o termo *cadres* se refere aos assalariados do setor público ou privado altamente qualificados que exercem "funções de enquadramento", coordenação, direção e/ou formação.

7 N.T. Em francês, déclassement.

8 O jornal *Les Echos* publicou um artigo intitulado "Poder de compra: a grande nostalgia das classes médias", precisando no texto que "os mais pobres sofriam mais" (23/06/2014). Este exemplo ilustra como a noção pode ser mobilizada para suscitar o interesse de um eleitorado que se reconhece aí espontaneamente, massivamente... deixando de falar, na verdade, de outras categorias sociais.

gradação relativa do *status* social, econômico e simbólico; em sentido restrito ela significa uma mobilidade descendente na hierarquia social, seja em escala intergeracional (mobilidade social), seja em escala individual (mobilidade profissional). Alguns pesquisadores rejeitam a interpretação de um rebaixamento objetivo, acentuando exclusivamente o "medo do rebaixamento" (Maurin, 2009; Goux e Maurin, 2012). Esse medo de perder o *status* social seria, de fato, maior na medida em que ele é protegido, ou mesmo privilegiado. A noção de rebaixamento traduziria sobretudo a crescente pressão sentida por essas classes na competição pelo acesso aos diplomas, embora esses autores neguem a importância de uma desvalorização dos diplomas.[9] Ao contrário, outros insistem sobre a realidade desse rebaixamento, quer se trate do poder de compra, do desemprego, do rebaixamento dos diplomas (Chauvel, 2006; 2012), ou ainda da inversão tendencial das dinâmicas de mobilidade social (Peugny, 2009; 2013). A interpretação de Chauvel (2012) me parece mais convincente: se se tem em conta um conjunto de indicadores sobre a condição socioeconômica dessas classes e frações de classe, constata-se um movimento "de ampliação capilar das dificuldades sociais das classes populares (...) em direção ao centro da sociedade francesa" (Chauvel, 2012, p. 1). Ela tem o interesse em esclarecer essa dinâmica dupla e paradoxal, bastante clássica de resto – e válida igualmente no seio das classes populares –, a qual uma degradação social objetiva generalizada se converte em hostilidade para com as categorias mais modestas e mais fragilizadas, percebidas como ameaças.

A noção de "saturação fiscal" é a nova versão política e midiática de uma velha temática associada às classes médias: essas categorias seriam vítimas de uma pressão fiscal excessiva, prejudicando a sua iniciativa e atividade econômicas. Ela acompanha de longa data os movimentos reacionários conduzidos pelas – ou direcionados para as – classes médias independentes (comerciantes, artesãos, pequenos empresários). Esta característica está presente atualmente, mas o tema se endereça mais amplamente a todas as frações assalariadas das classes médias, e mesmo às frações superiores das classes populares. No ci-

9 Esses autores são economistas e acentuam particularmente a clivagem estatutária existente no mercado de trabalho entre, de um lado, os funcionários públicos e assalariados com contrato de duração indeterminada, e, por outro, os contratados por tempo determinado e os desempregados.

clo curto da conjuntura política, o tema foi vigorosamente retomado em 2012 pouco após a última mudança de governo. Desde 2013, com as mobilizações sociais dos chamados "gorros vermelhos",[10] ou as manifestações de empresários como os "pombos" e os "tosados",[11] a imprensa apresenta o tema e o governo retoma-o anunciando uma revisão da tributação. De fato, apoiando-se sobre um sentimento de injustiça bem mais difuso aos olhos dos contribuintes como a finalidade da arrecadação, o tema da "saturação" é uma "fabricação" política e midiática: a arrecadação fiscal sobre os 10% mais ricos tem claramente diminuído após os anos 1990, sobretudo sob os governos de direita; mas a retomada ocorrida desde 2009 se fez num contexto de austeridade salarial e do aumento das despesas domésticas.[12] De onde a volta desse sentimento, clássico entre as classes médias, de ser ao mesmo tempo vítima de um imposto excessivo e de ser privada dos auxílios sociais direcionados às categorias mais modestas. Esse (re)sentimento, encontra eco nas profundezas das classes populares (ainda) estáveis. Ele é fortemente trabalhado pela direita e extrema direita sob a forma de um populismo que designa os mais pobres – "imigrados" e outros "assistidos" – como responsáveis pelas dificuldades vividas pelas frações honestas – trabalhadores, merecedores e respeitáveis... – das classes populares e médias. Esta ideologia acompanha a ascensão desta "consciência social triangular", bem descrita por Schwartz (2009) a partir de sua pesquisa com os motoristas de ônibus da RATP,[13] consciência social através da qual estes se opõem não somente "aos de cima", como também "aos de baixo".

Segundo uma leitura clássica, as classes médias são base e objeto de uma luta política opondo forças conservadoras e progressistas. As primeiras visam fazer das frações independentes, liberais e superiores os representantes dessas

10 Movimento organizado por agricultores na Bretanha simultaneamente contra a "ecotaxa", direcionada ao transporte rodoviário de mercadorias, e a multiplicação de "planos sociais" [N.T.: destinados a regular a demissão coletiva de trabalhadores] na indústria agro-alimentícia.

11 Os primeiros se opõem à modificação na tributação sobre o "capital-risco", os segundos aos encargos patronais julgados excessivos. Organizados através das redes sociais, esses movimentos reivindicam cada um deles 70 mil signatários.

12 Jean Gadrey, "Impôts, fabrication du "ras-le-bol" et réalité de l'injustice", *le Monde diplomatique*, dezembro 2013.

13 N.T. RATP é a empresa responsável pelo transporte coletivo público em Paris e região.

classes, suscetíveis de mobilizá-las em torno de suas orientações e projetos. As segundas privilegiam, ao contrário, as frações assalariadas e subalternas, notadamente aquelas da função pública e setor público. Parece, então, claro que todo o último período é marcado por uma ofensiva das primeiras, e que é preciso remontar às grandes mobilizações sociais e sindicais interprofissionais dos 20 últimos anos – 1995, 2003, 2009, 2010 – para encontrar indícios da forte presença das segundas na rua. É verdade que quando se trata de um governo do partido socialista, como é o caso desde 2012, que implementa uma política neoliberal, isso não facilita a mobilização da sua base social tradicional. Mas, conforme indicarei abaixo, o movimento social da primavera de 2016 permite nuançar esse balanço.

Questões de definições e abordagens

Quando se digna a definir as classes médias, o discurso público dominante não se incomoda com sutilezas: o único critério é ocupar uma posição média na hierarquia dos rendimentos; por exemplo, descartando os 30% mais desprovidos e os 20% melhor remunerados, esse critério leva a designar como classe média "50% da população".[14] Uma estratificação pela renda permite de resto demarcar uma "classe média superior" e uma "classe média inferior". Mas, somente a "magia social" (Boltanski, 1982), através da qual se opera a auto-identificação simbólica de indivíduos muito diversos com uma mesma categoria, explica a eficácia do uso de uma geometria tão variada. Assim, em um polo designa-se a grande maioria da população, amputada de suas duas extremidades, os muito ricos e os mais pobres. Integra-se aí, então, na verdade, a maior parte das classes populares ainda estáveis.[15] Em outro polo, se considera de fato os 10% mais ricos que buscam proteger os seus privilégios fiscais, essas classes superiores que reagiram vivamente ao anúncio dos novos esforços fiscais no fim de 2012 (Fourquet, Mergier e Peugny, 2013).

14 Essa é a definição do CREDOC (Centro de pesquisa para o estudo e observação das condições de vida). Ela é retomada e pouco alterada por Louis Maurin, que admite, no entanto, que "se trata de uma visão "monetária" da hierarquia social". Cf. "Qui sont les classes moyennes?", *Observatoire des inégalités*, 16/07/2014.

15 Aqui não escapam também alguns sociólogos: para sustentar sua tese de "classes médias à deriva", Chauvel compreende nesse conjunto "os operários integrados e qualificados" (Chauvel, 2012, p. 3).

A sociologia francesa incorporou o hábito de utilizar a nomenclatura das categorias socioprofissionais do INSEE,[16] nomenclatura que ela própria influenciou enormemente. Na sua última redefinição, em 1982, o paradigma de Bourdieu e os dois principais tipos de "capitais" – econômico, de uma parte, e cultural ou simbólico de outra – é muito influente (Desrosières e Thévenot, 2002). Assim, convém distinguir as classes médias ricas em capital econômico daquelas ricas em capital cultural. Essa classificação francesa se inscreve numa abordagem construtivista, e não nominalista, do espaço nacional das classes e categorias sociais. Mesmo que ela tenha também por finalidade recensear os efetivos, ela registra as definições institucionalizadas das categorias, grupos e profissões, portanto, a história das lutas sociais e políticas que os constituem. Em outros termos, a arquitetura dessa classificação concede certo espaço à conceptualização marxiana, notadamente à posição ocupada na relação capital/trabalho.

Quer se trate do pensamento político de esquerda ou dos debates acadêmicos, o momento atual não é mais de grandes discussões teóricas sobre as definições, os contornos e o papel social, cultural e político das classes médias. Esses debates se encerraram no início dos anos 1980.[17] Eles deram lugar a abordagens mais descritivas, nutridas pela sociologia dos grupos profissionais. Tentei retomar aquela linha a partir da noção de "assalariado de confiança", oriundo do austro-marxismo do entre guerras, considerando a situação dos quadros dos anos 1990, definidos como segmento típico desse assalariado de confiança.

Hoje as "classes médias" são compostas massivamente por assalariados intermediários. Em que se converte, então, sob o capitalismo financeirizado, a relação de confiança na qual eles se inscrevem? Em que se converte aquilo que materializa esta relação, a saber, uma carreira em uma organização (privada ou pública), ou sobre um mercado de trabalho profissional, e a proteção contra o desemprego?[18] Como o questionamento e a modernização dessas duas dimensões chaves da condição salarial específica desses trabalhadores, na diver-

16 N.T. INSEE é o Instituto Nacional de Estatística e Estudos Econômicos.

17 Citaremos aqui apenas algumas referências: numa perspectiva marxista, Poulantzas (1974) e Baudelot Establet (1975); numa perspectiva neomarxista: Benguigui e Monjardet (1982); numa perspectiva bourdieusiana: Boltanski (1982).

18 A sociologia britânica tem retomado igualmente esta distinção entre assalariados submetidos ao "contrato de trabalho", e assalariados da "classe de serviço".

sidade das relações sociais concretas que os diferem, afetam suas condições materiais de existência e suas formas de consciência social? Qual papel exercem nesse processo as dinâmicas morfológicas desse assalariado – feminização e qualificação certificada crescentes, ascensão das atividades de especialistas em detrimento das funções de autoridade hierárquica? Mais fundamentalmente, como pensar a dinâmica desse assalariado intermediário nas relações de classe sem considerar a totalidade dessas relações, no meio das quais, um dos polos, a "classe operária", cede lugar a um conjunto muito diferenciado e politicamente desmobilizado , as "classes populares"; e o outro polo, o capital, se financeirizou e desterritorializou?

A nomenclatura das categorias socioprofissionais é assim muito útil para um conhecimento descritivo do universo das classes médias. Deve-se a Bosc (2008) sua aplicação recente no mundo social das classes médias. Ele destaca a existência de um conjunto muito heterogêneo, multipolarizado em quatro componentes: os pequenos independentes, as classes médias intelectuais, as profissões intermediárias do setor público e as profissões intermediárias do setor privado. Essa multipolarização é bem mais complexa que a disposição sobre uma escala hierárquica. Ela permite considerar a diferenciação das práticas sociais e políticas dessas classes. Por exemplo, no plano da habitação – em que a "autosegregação elevada" se opõe ao "gosto pela mistura social" –, ou no plano dos comportamentos políticos.

Essa heterogeneidade das classes médias fica ainda mais evidente quando, ao contrário de uma interpretação estreita do modelo de Bourdieu, tal como retomado na classificação das categorias socioprofissionais – onde o conjunto dos "quadros e profissões intelectuais superiores" é acomodado junto às "classes superiores" – Bosc (2008) integra, com razão, nesse conjunto um bom número de "quadros" que, mesmo diplomados, possuem renda modesta. É o caso das profissões intelectuais e científicas, assim como aquela das artes e das mídias. Mas essa heterogeneidade está também relacionada à ausência de representação social ou política unificada e legitima dessas classes. Bosc nota igualmente que seu componente mais numeroso, as "profissões intermediárias administrativas e comerciais" do setor privado, é particularmente pouco visível, inclusive nos trabalhos das ciências sociais.

O tema da "pane do elevador social" é muito presente no debate público desde os anos 1990. Ele refere-se primordialmente às classes médias, que formaram – e que formam sempre numa certa medida – as principais categorias sociais abertas à promoção das classes populares. Traduzido em problema sociológico, esse tema leva a avaliar a evolução da mobilidade social (intergeracional), a mobilidade profissional (no curso da vida ativa), e a condição social objetiva dessas classes comparativamente à de outros grupos sociais.[19] No entanto, se é verdade que o assalariado intermediário continua a ser mais um espaço de ascensão que de rebaixamento – mesmo que o balanço desse fluxo seja menos positivo que no passado –,[20] é claro que em termos econômicos sua situação objetiva, comparada ao mundo dos empregados e dos operários, tem se degradado sensivelmente desde os anos 1970.[21] E essas tendências foram registradas antes da crise econômica iniciada em 2008.

A formação de uma sociedade de classe média: o mito partido

Esta crise provocou uma inflexão significativa numa tendência de longa duração segundo a qual, desde aproximadamente os anos 1960, uma proporção crescente de pessoas se classificava subjetivamente como classes médias. Em 1966, entre os adultos declarando um sentimento de pertencimento,[22] 37% se filiava subjetivamente à "classe operária" e 21% às "classes médias", contra respectivamente 9% e 70% em 2010 (Michelat e Simon, 2012). Outras pesquisas realizadas nos anos 2000, nas quais as categorias de pertencimento propostas aos entrevistados não são exatamente as mesmas, confirmam a importância da expansão subjetiva das classes médias, sem que ela atinja essa taxa de 70%;

19 Uma progressão mais rápida dos membros das profissões intermediárias do que dos operários e empregados e a frequência do fluxo ascensional que os acompanha não é suficiente para avaliar precisamente de qual promoção social se trata.

20 40% dos indivíduos nascidos nos anos 1940 conheceram uma promoção do salariado de execução para as profissões intermediárias (Deauviau, 2014). A fluidez entre o salariado intermediário se intensificou dos anos 1980 aos anos 2000, tanto em direção ao alto da hierarquia como para baixo (Deauviau et Dumoulin, 2010). Em termos de mobilidade social intergeracional se opera uma desaceleração dos fluxos promocionais entre as gerações nascidas nos anos 1940 e aquelas nascidas nos anos 1960 (Peugny, 2011).

21 Cf. Chauvel (2012).

22 Aqueles que recusam a se identificar com uma classe perfazem já 39% nas enquetes de 1966, 46% em 2010.

65% para as "classes médias" e "classes médias superiores", contra 29% para as "categorias modestas" em 2010 (*IFOP*); 39% em 2003 para o "meio", contra 36% para "baixo" (*Insee*, enquete "História de vida", apud Pélage e Poullaouec, 2011). Essa última enquete especifica que o sentimento de pertencimento a uma classe cresce na medida em que se sobe na hierarquia social; e que o sentimento de pertencimento a um conjunto médio ultrapassa muito as fileiras formadas unicamente por membros das profissões intermediárias: entre os entrevistados que aceitam se classificar socialmente, 50% são das profissões intermediárias; mas os quadros e profissões intelectuais superiores são quase tão numerosos (48%); e os empregados (42%), e mesmo os operários (26%), são igualmente fortemente concernidos nesta identificação.

A inflexão ocorrida após a última crise econômica é ainda mais significativa: de 2010 a 2013 a identificação com os "desfavorecidos" (6%) e as "categorias modestas" (33%) cresceu 6%, em detrimento das "classes médias" (48%) e "classes médias superiores" (11%), que recuou bastante (Fourquet, Mergier e Peugny, 2013). Entre os operários a porcentagem daqueles que se identificam com os "desfavorecidos" ou as categorias modestas se estabeleceu em 64% (mais 7%). Essa porcentagem progride igualmente entre as profissões intermediárias (mais 8%) para se chegar a 38%. "Tudo se passa como se as políticas de austeridade aplicadas desde a explosão da crise financeira no outono de 2008 fizesse cair o véu ilusório da ideia de uma sociedade de classe média para esses quinze milhões de assalariados em posição subalterna no mercado de trabalho" (Peugny, 2013, p. 36).

O futuro dirá se essa inflexão é conjuntural ou não. De todo modo, ela acompanha a percepção de uma degradação econômica – como indica o aumento da proporção dos entrevistados que se situam nas classes médias e declaram "se virar com dificuldade" –, e de um processo de rebaixamento e precarização tendenciais incidindo, então, depois das classes populares, nas "classes médias inferiores". Mergier (2006) forjou a noção de "descensor social", para designar, muito além do sentimento de rebaixamento social, a experiência nos meios populares de um conjunto de mudanças negativas: dificuldades econômicas, degradação da sociabilidade e da segurança, abandono do Estado. Segundo este autor, desde a crise de 2008 esse composto de experiência social conheceu, ao mesmo tempo, uma extensão quantitativa (as classes médias), e uma mutação qualitativa: o Estado não é mais visto como soberano, podendo resistir à mundialização financeira: "após cinco anos de crise, o medo não é mais tanto ver descer o elevador, mas antes ver o imóvel se afundar" (Mergier, 2013, p. 63).

Mobilizações parciais e fragmentadas

Sociologicamente heterogêneas, as classes médias são de longa data fragmentadas sob a ótica do comportamento político. Nos anos 1960-1970 seu deslocamento para a esquerda acompanhou o corpo eleitoral. Nessa época eram seus membros educados e ligados ao Estado que estavam à frente desta dinâmica política, que era também uma dinâmica sociocultural. A partir desse momento, "com exceção das profissões intelectuais superiores onde as convicções de esquerda permanecem fortes, o voto das classes médias é frequentemente volúvel (...) ele se caracteriza por uma oscilação entre "direita" e "esquerda" que pode ser importante segundo as categorias implicadas, as categorias e os períodos" (Chiche e Groux, 2011, p. 310). Os autores acrescentam que seu comportamento eleitoral "é mais instável à medida que corresponde a interesses imediatos e se orienta para o voto útil" e que a indiferenciação entre esquerda e direita acentua essa versatilidade.

Como essas classes médias participam das transformações políticas e ideológicas mais recentes, marcadas pelo aumento das leituras identitárias em detrimento das leituras classistas do social, e que se cristalizam no duplo movimento de retração da política institucional e do avanço dos votos na extrema direta? Não se dispõe ainda de estudos mais precisos sobre a questão. Não há dúvida que as dimensões que mediam essas mudanças de conjunto – notadamente a clivagem público/privado e o nível de ensino – continuam a desempenhar um grande papel.

Considera-se, por fim, o caráter igualmente composto, fragmentado, das mobilizações sociais de alguns segmentos das classes médias ao longo dos últimos 25 anos. Deve-se, então, se perguntar em que medida as políticas neoliberais e seus efeitos estão na origem dessas mobilizações, quais são motivadas por causas corporativas e por causas mais amplas, e em que medida essas mobilizações apontariam para um movimento do conjunto das classes médias.

Parece que se pode claramente distinguir duas modalidades muito distintas de participação das classes médias nos movimentos sociais, as quais não concernem de forma alguma as mesmas frações. De um lado, as mobilizações de segmentos das classes médias do Estado – notadamente as classes médias cultivadas – movidas ao mesmo tempo por questões econômico-corporativas e questões da sociedade. De outro, as mobilizações de segmentos das profissões liberais e independentes, voltadas principalmente para questões econômico-corporativas. Ou seja, três dos quatro polos distinguidos por Bosc: o quarto, o assalariado intermediário do setor privado, está ausente.

Desde o grande movimento do outono de 1995, a forte presença das classes médias do setor público foi destacada, mesmo pelos observadores que recusam, com razão, alocar nessa categoria a grande massa de trabalhadores da função e setor públicos preponderante entre os grevistas, tais como os ferroviários. A força, a dimensão interprofissional, a simpatia de que esse movimento se beneficiou adveio dessa mistura entre motivações corporativas e motivações ético-políticas que o caracterizou: a defesa de estatutos profissionais, cristalizados nos regimes de aposentadorias particulares, aliado à defesa dos serviços públicos e da proteção social. Bem como, ao fundo, a defesa de um modelo de sociedade solidária colocado em xeque por um projeto neoliberal. Essa imbricação de reivindicações e motivações é encontrada em duas outras grandes mobilizações sociais interprofissionais que ocorreram em 2003 e depois em 2010. Mas, uma crônica dos movimentos mais pontuais verificados desde 1995 atestaria, sem nenhuma dúvida, uma grande mobilização relativa das categorias de assalariados intermediários, ligados direta ou indiretamente, ao Estado: trabalhadores sociais (assistentes sociais, educadores), trabalhadores da saúde pública (enfermeiras), professoras/es.

O papel desempenhado pelo segmento intelectual das classes médias deve igualmente ser considerado. Em 2003, os professores do secundário e primário foram, como os ferroviários em 1995, a ponta de lança de uma mobilização interprofissional federada pela recusa da degradação dos regimes de aposentadoria dos funcionários, à qual eles acrescentavam preocupações específicas. No mesmo ano, o movimento dos artistas intermitentes contra a ameaça ao seu regime de seguro desemprego provoca a anulação do festival de Avignon. Em 2004, frente a uma orientação cada vez mais utilitarista da pesquisa pública, a convocação "Salvemos a Pesquisa" marca o nascimento de um movimento com o mesmo nome, seguido, em 2007, por "Salvemos a Universidade" contra o projeto de reforma universitária. Em 2008, um movimento em defesa do hospital público, de menor amplitude, adota o mesmo caminho: convocação ou artigo na imprensa assinada por personalidades conhecidas do setor profissional, seguido de uma petição de massa na internet, depois por mobilizações coletivas públicas.[23] Enfim, em janeiro de 2009 aparece "O chamado dos chamados", que visa agrupar o conjunto dos "profissionais do cuidado, do trabalho social, da justiça, do ensino ou da cultura" contra a "lógica da normalização e avaliação sistemática segundo unicamente o imperativo econômico (...) que prioriza as lógicas contábeis ou mercantis em detrimento do humano".[24] Aqui a perspectiva claramente deixa o campo sindical tradicional para envolver questões éticas afetadas pela remodelagem neoliberal das atividades concernidas. Essas questões desempenham o papel principal numa série de movimentos sociais nos quais o segmento intelectual das classes médias está particularmente comprometido: movimento altermundialista (ATTAC), movimentos de solidariedade a estudantes imigrantes ilegais (RESF), movimentos ecológicos contra as "Grandes Obras Inúteis", movimento pela justiça climática, etc.

Ao longo desta sequência 2002-2012, onde sucedem-se dois governos de direita – presididos por Jacques Chirac depois Nicolás Sarkosy –, multiplicando as "reformas" ou tentativas de "reformas" de inspiração neoliberal, os anos 2005 e 2006 simbolizam a escalada das resistências sociais e políticas marcadas por dois sucessos provisórios: a vitória do "não" no referendo sobre o "Tratado Constitucional Europeu" (TCE); o abandono do "Contrato Primeiro Emprego" (CPE) após uma importante mobilização em que a juventude escolarizada incita os sindicatos, excepcionalmente unidos nesta ocasião.

Se se examina agora as mobilizações de profissionais independentes ou liberais, salvo exceção, as motivações de ordem corporativa parecem prevale-

23 Uma filiação poderia ser encontrada entre esse tipo de movimento e os "estados gerais da cultura", ocorridos a partir de 1987. Iniciados por um deputado do PCF J. Ralite logo após o início da privatização dos canais públicos de televisão, defendendo o reconhecimento da "exceção cultural" nos acordos de livre-comércio.

24 Iniciados pelos psicanalistas Roland Gori e Stefan Chedri como reação ao plano de securitização dos hospitais psiquiátricos em 2008 por Sarkozy, e em oposição ao teste precoce com crianças ditas "delinquentes". Além dos três movimentos citados, há o apoio de diversas organizações como o Coletivo Liberdade Igualdade (CLEJ), a Rede Educação Sem Fronteiras (RESF), Não à Edvige, A Noite Segura, o Conselho Nacional da Resistência, a Fundação Copérnico, o Sindicato da Magistratura. A petição contará com 90 mil assinaturas e resultará em reuniões e coletivos locais.

cer. Se elas são também frequentemente desencadeadas por "reformas" neoliberais, visando sua desregulamentação, a intensificação das lógicas mercantil, ou a redução das despesas públicas, essas mobilizações não contestam nunca a lógica sistêmica do liberalismo.

Esse é, evidentemente, o caso das mobilizações de pequenos empresários que sobrevieram, em geral com sucesso, contra as disposições fiscais iniciadas pelo primeiro governo da presidência Hollande. O primeiro é o movimento dos "pombos", lançado em outubro de 2012 nas redes sociais contra um projeto de taxação do lucro obtido na venda de empresas, o qual foi rapidamente atendido.[25] Ele será acompanhado por várias outras mobilizações de empresários organizadas nas redes sociais, contestando todos os níveis de encargos fiscais e sociais. É preciso indicar especificamente o movimento dos "gorros vermelhos," reunido entre o fim de 2013 e início de 2014, na Bretanha: encontra-se aqui a iniciativa de pequenos empresários contra uma nova fiscalidade – como a "Ecotaxa" visando o transporte rodoviário – , mas ele tem um caráter evidentemente mais massivo, sendo mesclado, regionalista, e transclassista: organizações de agricultores e sindicatos operários participam dele, num contexto onde várias fabricas do setor agro-alimentício são afetadas por planos sociais.[26]

Uma série de conflitos põe também em movimento as profissões liberais da justiça e da medicina, quer um governo de direita ou socialista estivesse em exercício.[27]

Excluindo as mobilizações dos médicos hospitalares em defesa do hospital público (cf. acima), ou de magistrados contra a política securitária de Sarkozy e a estigmatização a qual eles foram vítimas por este último, elas contestam alguns efeitos das políticas neoliberais sem colocar em questão a sua lógica.

Em 2008, o "relatório Attali" preconizava, entre outras coisas, a liberalização de um conjunto de atividades regulamentadas que continuará, em

25 Ele reunirá em alguns dias mais de 75 mil empresários e investidores, auto-empreendedores e criadores de startups.

26 As manifestações reuniram entre 30 e 40 mil pessoas. A FDSEA de Finistère, e diversos sindicatos da Força Operária (FO) estão entre os organizadores.

27 A maior parte dos sociólogos classificariam essas categorias como "classes superiores", à rigor, como "classes médias superiores".

grande medida, letra morta.[28] A retomada desse objetivo pelo projeto de "lei Macron" em 2014 provocará vários conflitos. Advogados, tabeliões ou farmacêuticos se colocam contra as desregulamentações previstas na lei. Em 2002, os médicos generalistas já tinham realizado uma greve com sucesso em favor da revalorização da consulta. Em 2014, é sobretudo sua oposição à generalização do "pagamento de terceiro"[29] que os mobiliza. Enquanto isso são os cirurgiões e dirigentes das clínicas privadas que se opõem ao questionamento dos excedentes. Farmacêuticos, advogados e tabeliões protestaram por seu turno contra a "lei Macron". Se esta parece ter considerado inúmeras demandas de profissões regulamentadas, este não foi o caso da Lei sobre a saúde.[30] Quanto aos táxis, que em 2008 conseguiram conter rapidamente os projetos de liberalização de seu setor incluído no relatório Attali, eles reagem, a partir de então, à ameaça sobre o seu de monopólio com a chegada do "VTC" e, sobretudo, de particulares organizados pelo Uber.

Enfim, na primavera de 2016, uma mobilização social e cidadã diversificada se desenvolve contra o projeto de lei "El Khomri" – também chamado de "lei Trabalho" –, que visava pôr fim à "hierarquia das normas" em matéria de direito do trabalho e a favorecer a desregulamentação nas empresas. Iniciada por uma bem-sucedida petição online, ela em seguida tomou duas formas principais. A primeira, mais clássica, contou com uma mobilização intersindical através de manifestações e greves;[31] a segunda, autodenominada de "noite em claro", assumiu a forma especifica de "movimento de praças". Característico desse momento foi a articulação entre essas duas formas, pois foi no final da

28 O que não impedirá seu patrocinador, Nicolás Sarkosy, de tomar alguns anos mais tarde a defesa das profissões regulamentadas contra o projeto de lei Macron.

29 Dispositivo que permite a todos os pacientes não adiantar o pagamento da consulta médica. As organizações de médicos contestam o novo encargo administrativo que ela representa, num contexto onde sua atividade "independente" é cada vez mais controlada.

30 Que comporta, é verdade, medidas visando a melhora do acesso aos cuidados e a regulação da "liberdade de instalação".

31 A partir da convocação da CGT, da FO, mas também da Federação Sindical Unitária (FSU), da União Sindical Solidários e das organizações de estudantes, uma dezena greves e manifestações ocorreram entre março e junho. As manifestações reuniram um pouco mais de um milhão de participantes. As greves, acompanhadas por vezes de bloqueios de lugares, afetaram notadamente os transportes públicos, as refinarias e os centros de logística.

primeira grande jornada de greves e manifestações que ocorreu a ocupação da praça da República em Paris, e que na capital como no interior a participação de numerosos militantes sindicalistas é observada; foi a oposição ao projeto de "lei Trabalho" que catalisou essa contestação mais ampla das políticas neoliberais e do modelo de sociedade que ela aciona: "contra a lei Trabalho e seu mundo", tal era a palavra de ordem central dos participantes dessas "noites em claro". Quais são as categorias sociais mobilizadas através desse duplo movimento contestatório, o ancorado no mundo do trabalho e as "noites em claro"? No primeiro caso, na ausência de enquetes, tudo leva a pensar que se trata da base social sindical principal da Confederação Geral do Trabalho (CGT), e numa menor medida da FO, assalariados – e aposentados – vindos principalmente das grandes empresas públicas, antigamente públicas e privadas, seja das frações estabilizadas das classes populares ou de pequenas classes médias assalariadas. No segundo caso, nós temos a sorte que uma enquete foi realizada por uma equipe de pesquisadores com os "ocupantes" da praça da República, aos quais a mídia reprovou por não representarem as "periferias" e as classes populares. No entanto, essa enquete permite desconstruir a representação de uma população de "jovens parisienses burgueses". Se "a maioria dos participantes possuem diplomas universitários (61%), enquanto esse não é o caso da maior parte da população francesa (...) a taxa de desemprego é de 20% entre os participantes, ou seja, o dobro da média nacional; e há 16% de operários entre os manifestantes ativos – três vezes mais que em Paris, e tanto quando na Île-de-France tomada em seu conjunto". No início da noite a metade dos participantes tem mais de 33 anos, e os bairros da região leste da capital, assim como os distritos periféricos, são melhor representados que o centro de Paris. Esse movimento certamente sobrerepresenta os jovens diplomados precarizados oriundos das classes médias, mas permanece socialmente bastante diversificado. Em todo caso nós temos com essa última mobilização social uma ilustração das convergências possíveis entre alguns componentes das classes populares e das classes médias em oposição à remodelagem neoliberal do mundo do trabalho.

Ao final desse percorrido muito parcial das mobilizações de categorias sociais intermediárias nos últimos vinte anos, não se encontra nada parecido com a tentativa de unificação de um movimento de defesa das classes médias, como pode ter sido o caso nos anos 1930 a 1950. É verdade que nós estávamos então num período de aprofundamento das lutas de classes e de forte afirmação de um outro movimento, o movimento operário. As modalidades presentes de divisão das classes médias não podem ser pensadas independentemente da dispersão das categorias populares (Lojkine, 2005).

***

Benguigui e Montjardet (1984) caracterizaram a ideologia das camadas médias como combinando corporativismo, oportunismo e valorização do "interesse geral". Conviria submeter à prova de observações finas e sistemáticas a hipótese segundo a qual as relações entre essas características se recompõem nas mobilizações sociais provocadas pela reconfiguração neoliberal da paisagem das classes e de suas relações. A distinção aqui proposta, entre os movimentos das classes médias ligadas ao Estado e aquele das classes médias independentes e liberais, sairá seguramente muito mais nuançada. Até porque parte desses últimos é tanto dependente do Estado quando "independente". Além disso, essa fração pode ser mais mobilizada que outras em outros movimentos que visam menos a defesa do status profissional que concepções societais, tal como a defesa da família tradicional na "manifestação para todos", uma reação ao casamento de pessoas do mesmo sexo.

Bibliografia

BAUDELOT C., ESTABLET R., MALLEMORT J. (1975), *La petite bourgeoisie en France*, Paris: Maspéro.

BENGUIGUI G., MONTJARDET D. (1982), "L'utopie gestionnaire. Les couches moyennes entre l'Etat et les rapports de classe", *Revue Française de Sociologie*, vol. XXIII, p. 605-638.

BOSC S. (2008), *Sociologie des classes moyennes*, Paris: La Découverte.

BOUFFARTIGUE P., GADEA C., POCHIC S. (2010), *Cadres, classes moyennes: vers l'éclatement?*, Paris: A. Colin.

BOLTANSKI L. (1982), Les cadres. *L'invention d'un groupe social*, Paris: Minuit.

BOUFFARTIGUE P. (2001), *Les cadres. Fin d'une figure sociale*, Paris: La Dispute.

CHAUVEL L (2006)., *Les classes moyennes à la dérive*, Paris: Seuil-République des idées.

CHAUVEL (2012), "Les raisons de la peur: Les classes moyennes sont-elles protégées de la crise?", Paris: *Les notes de l'OFCE*, n° 18, avril.

DEAUVIAU J., DUMOULIN C. (2010), "La mobilité socioprofessionnelle des professions intermédiaires: fluidité, promotion et déclassement", Paris: *Economie et statistique*, n° 431-432, octobre.

DEAUVIAU J. (2014), *Education, travail, quantification: trois études sociologiques*, Habilitation à diriger les recherches, Paris: IEP Paris, novembre.

FOURQUET J., MERGIER A., PEUGNY C. (2013), *Le grand malaise. Enquête sur les classes moyennes*, Paris: Fondation Jean Jaurès.

GOUX D., MAURIN E. (2011), *Les nouvelles classes moyennes*, Paris: Seuil--république des idées.

LOJKINE J. (2005), *L'adieu à la classe moyenne*, Paris: La Dispute.

MAURIN E. (2009), *La Peur du déclassement*, Paris: Seuil-République des idées.

MENDRAS H. (1988), *La Seconde Révolution française*, ʹParis: Gallimard.

MERGIER A. (2006), *Le descenseur social. Enquête sur les milieux populaires*, Paris: Plon.

MERGIER A. (2013), "Un contrat social rompu?" in J. Fourquet, A. Mergier, C. Peugny (2013), *Le grand malaise. Enquête sur les classes moyennes*, Paris: Fondation Jean Jaurès.

MICHELAT G., SIMON M. (2012), *Le peuple, la crise et la politique*, Paris: La Pensée, hors série- Supplément au n° 368.

PELAGE A., POULLAOUEC T. (2011), "Le haut du panier de la France d'en bas. Le sentiment d'appartenir à une classe sociale chez les professions intermédiaires", in P. Bouffartigue, C. Gadea et S. Pochic,), *Cadres, classes moyennes: vers l'éclatement?*, Paris: A. Colin.

PEUGNY (2009), *Le déclassement*, Paris: Grasset.

PEUGNY C. (2013), "Vivre moins bien demain? Un sentiment de déclassement tenace", in *Le grand malaise. Enquête sur les classes moyennes, Paris:* Fondation Jean Jaurès.

POULANTZAS N. (1974), *Les classes sociales dans le capitalisme aujourd'hui*, Paris: Seuil.

SCHWARTZ O. (2009), "Vivons-nous encore dans une société de classes? Trois remarques sur la société française contemporaine", *La Vie des idées*, septembre.

4. A divisão da classe média na crise política brasileira (2013-2016)[1]

Sávio Cavalcante
Santiane Arias

Introdução

A classe média, especialmente a alta classe média, foi a base social mais importante do movimento político que levou à deposição de Dilma Rousseff da presidência do Brasil em 2016. O golpe parlamentar, formalmente justificado pelo dispositivo do *impeachment,* se fortaleceu com grandes manifestações de rua em todo o país e encerrou um ciclo de 13 anos de governos federais do Partido dos Trabalhadores (PT). Contudo, a classe média participou de forma marcante também de atos em defesa do mandato da presidente.

Em São Paulo, por exemplo, nas duas maiores manifestações dos dois blocos ocorridas em março de 2016, nos dias 13 (pró-impeachment) e 18 (contra o impeachment) de março de 2016 – com públicos estimados de, respectivamente, 500 mil e 95 mil pessoas – cerca de três quartos dos entrevistados, em ambas, possuíam ou estavam cursando o ensino superior. No país, esse índice é de 12,3% e, em São Paulo, é de 28%. No tocante à renda, enquanto apenas 26% das famílias em São Paulo possuem renda superior acima de 5 salários mínimos (SM), esse contingente respondeu por mais de dois terços dos presentes nas manifestações. Em relação à autodeclaração de cor, houve um quadro mais nuançado. No geral, as manifestações tiveram maior presença de brancos

1 Além dos colegas que participaram do projeto coletivo, agradecemos a Mariana Chaguri pela leitura atenta deste capítulo e pelas sugestões na construção dos argumentos.

do que o conjunto da população, ainda que essa sobrerrepresentação tenha sido maior nos eventos pró-impeachment.[2]

A aparente homogeneidade socioeconômica dos manifestantes de ambos os lados parecia sinalizar que o pertencimento de classe não seria analiticamente importante para a compreensão do fenômeno em curso, o que tornaria irrelevante associar as pautas específicas dos atos a interesses materiais e a ideologias de classe. Análises sobre protestos e movimentos sociais tendem a abordar a relação entre classe social e ação política num enquadramento cujos termos dizem respeito prioritariamente aos recursos desiguais que fazem com que a classe média participe mais ativamente de manifestações do que as classes e frações com menos recursos materiais e simbólicos.

Nosso propósito, neste artigo, é mostrar que essa conclusão é equivocada, ou seja, que os interesses de classe são decisivos para a compreensão da ação política que se manifesta nas ruas. Para tanto, o que precisa ser enfatizado e analisado não é a semelhança do perfil socioeconômico dos manifestantes, mas sim a distribuição notadamente desigual da classe média no contexto de crise política, o que se evidencia tanto pelo tamanho das manifestações quanto pelas pautas defendidas.

Nosso argumento é o de que as manifestações de rua são momentos privilegiados para a compreensão de como a política social e econômica dos governos do PT, também em razão de seus efeitos ambivalentes, provocou reações desiguais de recusa e apoio entre a classe média. De um lado, houve uma reação majoritária de oposição que foi socialmente modulada e politicamente organizada como movimento contra a corrupção e reivindicou para si, com auxílio decisivo de parte do aparelho de Estado (especialmente via *Operação Lava Jato*)[3] e meios de comunicação hegemônicos, o que seria a representação legítima dos anseios do "povo-nação". A camisa verde-amarela da seleção de futebol nacional foi seu maior símbolo unificador. Por outro, uma parcela minoritária, também mirando certos interesses materiais (especialmente no caso

---

2 Ver tabela 1.

3 Conjunto de operações que uniu Polícia Federal, Ministério Público Federal e Poder Judiciário responsável pelos casos de corrupção e lavagem de dinheiro entre partidos, políticos, empresas estatais e privadas. Em abril de 2018, levou à prisão o ex-presidente Lula da Silva.

do funcionalismo público), se manifestou em defesa do mandato de Rousseff. Porém, ao proceder dessa maneira, secundarizou ideologias orgânicas à sua própria condição de classe, como a ideologia meritocrática, e acentuou as convergências com os demais trabalhadores assalariados. Consequentemente, apenas uma parcela minoritária da classe média apresentou condições de ser mobilizada nesses termos.

A compreensão do contexto mais amplo em que surgiram as manifestações exige, desse modo, a apreensão dos sentidos fundamentais do ciclo político iniciado por Lula da Silva de 2003 até 2010 e preservado, a despeito de inflexões, por Dilma Rousseff a partir de 2011. Seguimos as análises que identificam esse ciclo como uma tentativa de reforma do modelo neoliberal dos anos de 1990, o que se efetivou por meio de projetos de desenvolvimento nacional, os quais levaram ao dinamismo de certos setores econômicos, ao crescimento do mercado interno e do nível de renda da classe trabalhadora, e por meio de políticas sociais pautadas pelo combate à pobreza e à desigualdade (Singer, 2012, 2016; Boito Jr., 2012; Morais e Saad-Filho, 2011; Bastos, 2017).

Como consequência, o reformismo petista promoveu melhoria de vida das classes trabalhadoras em geral, especialmente a camada mais pobre, historicamente inserida de maneira precária no mercado de trabalho e de consumo. Porém, por se viabilizar politicamente por meio de uma frente que contemplava interesses da burguesia interna (Boito Jr., 2012), pelas dificuldades em romper com a hegemonia financeira (Martuscelli, 2016) e pela dependência, no Parlamento, de partidos conservadores (sem ter como contrapartida a organização política "desde baixo"),[4] as transformações em curso foram significativas, mas não levaram a uma modificação estrutural da dinâmica de produção da desigualdade que marca a formação capitalista no Brasil. Como argumenta Singer (2012), entre o neoliberalismo do PSDB dos anos 1990 e o projeto original de "reformismo forte" (socialdemocrata) das origens do PT, o ciclo foi caracterizado por um "reformismo fraco".

4 Na síntese de Singer (2012, p.45-46): "Meu argumento é que o reformismo lulista é lento e desmobilizador, mas é reformismo. (...) A queda da desigualdade, medida pelo índice de Gini (...) ganhou rapidez no lulismo do segundo mandato. Representa, entretanto, um movimento vagaroso diante da abissal desigualdade brasileira, mantendo-se um largo estoque de iniquidade para as décadas seguintes, e se realiza sem mobilização e organização desde baixo, o que pode comprometê-lo numa situação de crise".

Nosso objetivo é mostrar, a partir da configuração das manifestações contrárias e favoráveis à deposição de Rousseff, que esse reformismo, embora fraco para alterar a profunda desigualdade social, foi suficientemente forte para gerar uma insatisfação social em parte majoritária da classe média brasileira.

O reformismo do ciclo dos governos do PT

A despeito de diferenças importantes, os governos de Lula e Dilma formularam um projeto que buscou reformar – e não substituir – o modelo neoliberal dos anos de 1990 (Boito Jr., 2012, Morais e Saad-Filho, 2011). Para Boito Jr. (2012), a reforma do modelo neoliberal foi caracterizada pela emergência de uma frente neodesenvolvimentista, o que é expresso, principalmente, pela ação do Estado em subsidiar grandes grupos nacionais no mercado interno e externo e na ampliação do mercado interno via políticas de financiamento e crédito. Aliado ao crescimento dos preços de commodities ao longo dos anos 2000, o projeto favoreceu a posição da grande burguesia interna brasileira e do setor de agronegócios no bloco no poder (Boito Jr., 2012), ainda que a hegemonia no interior do bloco não tenha se desvinculado da fração bancário-financeira.

Esse mesmo processo também foi caracterizado pelo crescimento expressivo de políticas sociais, especialmente o programa Bolsa Família, que uniu, pelo menos eleitoralmente, as camadas mais pobres da sociedade às candidaturas do PT no plano federal. Na área social, também se destacam políticas de cotas sociais/raciais (em universidades e concursos públicos), aumento expressivo do número de estudantes no ensino superior (por diferentes programas, como Reuni, Fies e Prouni), regulamentação do trabalho doméstico e programas como Minha Casa Minha Vida (Moradia) e Mais Médicos (Saúde).

Em relação à renda dos trabalhadores, destacou-se o aumento do dinamismo econômico com formalização do emprego e valorização constante do salário mínimo atrelada ao crescimento do PIB. O resultado foi uma significativa elevação das condições de vida da massa trabalhadora com redução da pobreza e da desigualdade social,[5] não obstante a magnitude das mudanças

5 De 1995 a 2002, no período caracterizado pelas reformas neoliberais de Fernando Henrique Cardoso, o índice de Gini praticamente não se alterou (passou de 0,59 para 0,58). Depois dos dois mandatos de Lula, em 2010, houve uma diminuição para 0,53 e, em 2014, com o fim do primeiro mandato de Rousseff, recuou até 0,49.

permaneceu limitada tendo em vista a elevada concentração de riqueza da sociedade brasileira.[6]

No entanto, as medidas pró-desenvolvimento não foram suficientes e socialmente organizadas a ponto de provocar uma modificação estrutural da economia interna, como um crescimento assentado em bases produtivas industriais. A tentativa mais efetiva no primeiro mandato de Rousseff buscou superar, sem êxito, "três décadas de rentismo curto-prazista e deslocar capitais em larga escala para investimento de longo prazo em infraestrutura e diversificação industrial" (Bastos, 2017). Em momentos decisivos, os programas de incentivo do Estado não foram correspondidos na mesma proporção pelo investimento privado em produção. A proeminência da exportação de commodities ensejou os temores da desindustrialização "negativa" para o país, ou seja, o decréscimo relativo de empregos na indústria não foi compensado por postos de trabalho em segmentos dinâmicos e produtivos, mas por empregos de baixa qualificação no setor de circulação de mercadorias e serviços.

O ciclo de crescimento econômico não elevou, na mesma proporção, os postos de trabalho que exigem maior qualificação (Campos, 2016; Magalhães, 2015). Parte desses postos era marcada por altas taxas de rotatividade e de vínculos empregatícios formais, mas ainda precários, como em muitos casos de terceirização (Braga, 2012).

Ainda há muitos elementos que precisariam ser enfrentados no debate acerca dos contornos desse *reformismo fraco* que aqui expomos. Por ora, ressaltamos os seguintes fenômenos: a) para combater a pobreza extrema e discriminações étnicos-raciais históricas, políticas sociais que secundarizavam o critério meritocrático foram formuladas e aplicadas amplamente; b) as camadas mais pobres das classes trabalhadoras perceberam ganhos significativos com aumento da formalização do emprego e do maior acesso ao mercado de consumo e de crédito. Uma retomada do ativismo sindical nesse período permitiu, na maior parte dos casos, auferir ganhos acima do índice de inflação (Boito *et al.*, 2009).

---

6 Não ignoramos aqui outro problema de ordem metodológica: quando as pesquisas se baseiam em outras fontes, como informações tributárias, percebe-se que mesmo a queda da desigualdade não se aplica quando a referência é a renda do 0,1%, 1% e 5% mais ricos da população. Ver Medeiros *et al.* (2014). O fato é que há dificuldades de se auferir as rendas do topo apenas com pesquisas de amostras domiciliares.

Esse processo impactou relações de emprego e incidiu sobre o serviço doméstico, tradicional possibilidade de sobrevivência de camadas pobres da população brasileira, majoritariamente ocupado por mulheres; c) ainda que o crescimento econômico tenha trazido resultados positivos a praticamente todas as classes e frações pelo menos até 2013 e também a despeito do aumento do emprego público na década de 2000 (Gomes e Sória, 2014), o padrão de crescimento do emprego não foi favorável na mesma proporção aos postos de maior remuneração e com exigência maior de qualificação mais elevada.

Em suma, o crescimento que marcou esse ciclo não repercutiu da mesma maneira, e com a mesma intensidade, em todas as classes e frações de classe (Quadros et al. 2013; Salata, 2018).

De que classe média tratamos?

A principal dificuldade da análise aqui proposta é o fato de que *classe média* é um termo que informa conceitos de problemáticas teóricas distintas, o que faz com que as divergências já se imponham na escolha dos critérios que irão levar à produção dos dados. Os modelos baseados em níveis de renda (individual e familiar) e escolaridade/qualificação são os mais utilizados por institutos de pesquisa[7] que cobriram as manifestações aqui analisadas. Essas pesquisas pressupõem um modelo liberal de estratificação em que classe média é, sobretudo, um lugar intermediário da distribuição de renda e de credenciais de escolaridade, que separa uma classe alta (ricos) e os pobres.

Há um problema adicional: classe média também é uma categoria em disputa que organizou parte importante do projeto político dos governos do PT. Nas eleições de 2010, um dos lemas da campanha de Rousseff era criar "um Brasil de classe média". Trata-se de um prolongamento discursivo do sentido que norteava as políticas desde os governos Lula direcionadas à erradicação da pobreza: como se os indivíduos e famílias que superavam a linha da pobreza entrassem automaticamente na classe média. Nesse contexto, abordagens como as de Neri (2011) pautavam o debate na medida em que sinalizavam uma significativa elevação, de 37,56% para 50,45% entre 2003 e 2009, da classe "C", isto é, de famílias cujo rendimento situava-se entre 2 a 10 salários mínimos.

7 Institutos Datafolha e Perseu Abramo.

Embora esse tipo de análise se direcionasse mais ao mercado – mercadorias e serviços deveriam ser agora pensados para a "nova classe média" – diversas críticas foram feitas no sentido de evidenciar a distância entre as condições gerais de vida dessas famílias e o conceito tradicional de classe média, mesmo se os critérios fossem apenas os de renda, escolaridade, nível/tipo de consumo.[8] Tratava-se, em verdade, de parcela da classe trabalhadora que conhecia, muitos pela primeira vez ou de modo mais estável, o vínculo com carteira assinada e certo nível de renda e crédito capaz de ampliar o poder de compra em diversos sentidos (produtos "essenciais" ou não, escola particular, planos de saúde, shopping centers, bancos, viagens etc.).

Desse modo, a classe média que é objeto de nossa pesquisa não se refere aos novos "entrantes" nesses espaços de consumo e serviços, mas àqueles que lá já estavam. Uma classe média cujas origens remontam, em primeiro lugar, aos homens livres da ordem colonial e escravocrata e, posteriormente, aos quadros técnicos e administrativos das burocracias dos governos desenvolvimentistas e da grande empresa capitalista (Saes, 1985). Os sinais exteriores do pertencimento a essa classe média passam, por certo, pelo nível de renda e escolaridade, mas são fruto de um processo histórico mais amplo que produziu uma parcela da sociedade que, embora não proprietária dos meios de produção, preenchia os quadros médios e superiores de comando das empresas e do Estado.

Trabalhamos, desse modo, com hipóteses de pesquisa informadas pela análise marxista segundo a qual as classes são determinadas pelas diferentes formas de inserção dos agentes sociais nas relações específicas à formação da sociedade capitalista no Brasil. Seguimos, assim, a proposta de Saes (1985) que divide o conjunto dos trabalhadores assalariados entre trabalhadores manuais com ou sem qualificação (proletariado) e trabalhadores não-manuais com credenciais diversas de qualificação (classe média).

Essa divisão, longe de se pautar por uma distinção de ordem natural entre trabalho manual e intelectual, é importante na medida em que amplia ou reduz o efeito da ideologia meritocrática, ou seja, aquela que justifica e naturaliza a divisão capitalista do trabalho ao concebê-la por outro fundamento:

8 Ver as análises críticas em Bartelt (2013). Quadros et al. (2013, p. 36) apontam, por exemplo, que a "nova classe média" incluía 64% das empregadas domésticas e 54% de chefes de família sem escolaridade ou fundamental incompleto.

como expressão de uma "pirâmide natural de dons e méritos", como indicado por Bourdieu e Passeron (1975).

Segundo Saes (1985), é o discurso meritocrático que surge como efeito ideológico comum da situação de classe média e que repercute em seus integrantes nas formas de desvalorização material e simbólica dos esforços exigidos pelo trabalho manual. No caso brasileiro, cuja força da herança colonial-escravista persiste por meio de depreciação da atividade manual e da segregação espacial e simbólica de seus executores, os valores meritocráticos são potencializados por mecanismos sociais de reprodução de privilégios, distinções via consumo e espaços de socialização específicos da classe média.

É preciso reconhecer que os dados disponíveis sobre as manifestações de rua analisadas não tocam diretamente em informações a respeito da inserção dos entrevistados nas relações de produção. Por meio deles, é possível apenas ter uma descrição do perfil social (gênero, idade, cor/raça) e uma estimativa das relações de emprego e/ou distribuição da riqueza (renda familiar, escolaridade, tipo de empregador/contrato de trabalho). Mesmo com esse limite, consideramos possível: a) identificar o grupo de renda das manifestações que mais sinaliza o pertencimento à alta classe média (diplomados no ensino superior e com renda familiar acima de 10 SM) e b) identificar, apenas de modo aproximativo, uma baixa classe média no estrato de 5 a 10 SM.

Apenas para exemplificação, pelas bases de dados nacionais existes, como RAIS e PNAD, pode-se sugerir que a fração superior diz respeito fundamentalmente a assalariados em cargos de gerência técnica e administrativa (*cadres*) ou *professionais liberais* (autônomos com alta qualificação), como engenheiros, economistas, médicos, advogados, funcionários públicos de alto escalão e professores universitários. Grupos profissionais típicos da baixa classe média são os assalariados do comércio, bancos, auxiliares de escritório, professores da rede básica de ensino, baixo escalão do funcionalismo público e profissionais auxiliares da área de saúde.

O descompasso entre os dados e o conceito de classe com o qual trabalhamos exige, de fato, desenvolvimentos futuros de parte dos argumentos. De todo modo, consideramos que as informações existentes podem ser lidas como sinalizadores do pertencimento de classe. Ainda mais quando analisados em conjunto com a ação políticas desses agentes.[9]

Junhos de 2013

Não seria possível analisar a dinâmica dos eventos de 2015 e 2016 sem mencionar as grandes manifestações que proliferam no país em junho de 2013, pois é este o evento que faz com que a classe média surja enquanto força social nas ruas. Estimativas apontam que 9% da população brasileira com mais de 16 anos havia saído às ruas naquele mês (Ortellado, 2018). O tema ainda provoca acirradas controvérsias acerca de seu significado e a razão principal do dissenso interpretativo explica-se pela multiplicidade do perfil social e das reivindicações que surgiram ao longo dos eventos.

Pesquisa realizada no dia 20 de junho em oito capitais brasileiras - dia mais intenso de agitação em que mais de 1,5 milhão de pessoas saíram às ruas em todo o país - estimou um perfil acentuadamente jovem (43% entre 14 a 24 anos de idade), com escolaridade elevada (43% com ensino superior) e renda característica de classe média (26% com renda entre 5 a 10 SM e 23% acima de 10 SM). Porém, não é correto considerar "Junho de 2013" como um evento homogêneo ou tomar esse perfil dissociado de outras determinações.[10]

Acompanhamos a análise de Singer (2013) em dois sentidos: quanto à descrição de três fases na dinâmica das manifestações e quanto à análise de que, embora tenha se iniciado com uma pauta progressista, algo como um "reformismo forte", foi gradualmente confiscado pelo combate moralizante contra a corrupção e pelo fortalecimento de bandeiras conservadoras. Essa ambivalência se expressou no perfil social dos manifestantes, pois foi possível

9 Talvez o maior desafio, cuja resolução exige um procedimento metodológico distinto, é ter maiores informações a respeito do espaço social e econômico relativamente indistinto entre o proletariado e a baixa classe média. Até por essa razão, os argumentos aqui elaborados dizem respeito à alta classe média, mais facilmente observável por meio dos dados existentes e pela pesquisa de campo que realizada em algumas manifestações.

10 Também é importante considerar as diferenças vistas em atos de cidades como Rio de Janeiro e Belo Horizonte em que a grande presença de estudantes universitários e trabalhadores com curso superior era acompanhada por baixos níveis de renda, fortalecendo, assim, a hipótese de um movimento mais popular e de trabalhadores com expectativas de ascensão frustradas.

identificar nas ruas tanto a presença de estudantes e trabalhadores de baixa renda quanto da classe média tradicional.

O contexto era o de realização de grandes eventos no Brasil como a Copa das Confederações, naquele mesmo ano, e a Copa do Mundo no ano seguinte. Os primeiros protestos foram organizados pelo Movimento Passe Livre (MPL)[11] em São Paulo entre os dias 6 e 13 de junho, direcionados especialmente aos governos da prefeitura e do estado, responsáveis pelo aumento das passagens dos ônibus e do metrô, respectivamente. Presenciava-se um movimento essencialmente estudantil/universitário em que as pautas, abertamente críticas à mercadorização dos serviços públicos, eram organizadas de acordo com o princípio da horizontalidade da representação. Parte das análises passou, então, a enfatizar o caráter progressista das manifestações como expressão de camadas de jovens trabalhadores que percebiam um descompasso entre, de um lado, o aumento do acesso ao ensino superior e ao mercado de consumo e, de outro, a frustração das expectativas em razão da precariedade dos serviços públicos (especialmente em termos da mobilidade urbana) e dos postos de trabalho existentes (Braga, 2015).[12]

Porém, entre 17 e 20 de junho, verifica-se uma alteração importante. Os confrontos com a polícia nos primeiros atos atraíram a atenção do grande público, particularmente sensibilizado pela violência mesmo contra jornalistas que cobriam as manifestações. No dia 19, a demanda inicial de retirada do aumento da tarifa é obtida em São Paulo, mas um público notadamente diverso entra em cena, o que potencializou e nacionalizou os protestos, ao mesmo tempo em que tornava cada vez mais vagas as demandas iniciais.[13] O

11 Esse movimento social tem sua origem em Salvador (Bahia), em 2003, e em Florianópolis (Santa Catarina), em 2004. Os protestos contra o aumento da tarifa dos transportes públicos foram realizados, então, maciçamente por estudantes do ensino médio, que reivindicavam o "passe livre" (gratuidade) para a categoria. Os protestos se espalharam para outras cidades e, em 2005, durante o 5º Fórum Social Mundial, em Porto Alegre, foi realizada uma plenária para a organização nacional do Movimento Passe Livre.

12 Ver também obra coletiva intitulada "Cidades rebeldes: passe livre e as manifestações que tomaram as ruas do Brasil" (2013).

13 "No dia 17, quando o MPL chama a quarta jornada, que juntou em São Paulo 75 mil pessoas, ela é replicada nas maiores capitais do país da maneira espontânea. Surge quase um cartaz por manifestante, o que leva a uma profusão de dizeres e pautas: 'Copa do Mundo eu abro mão, quero dinheiro pra saúde e educação', 'Queremos

pico, como indicado acima, se deu no dia 20. É também o momento da virada ideológica mais nítida: bandeiras vermelhas e de partidos de esquerda são rechaçadas por manifestantes, muitos de verde-amarelo, em defesa de um protesto 'sem partido'. Conflitos ocorreram entre os vários grupos presentes. Após a hostilização de grupos de esquerda nos protestos, o MPL decide não convocar mais manifestações.

A terceira e última etapa vai do dia 21 até o final do mês. Ocorre uma fragmentação ainda mais intensa, com mobilizações parciais que elegiam objetivos específicos (redução de pedágios, derrubada da PEC 37,[14] protestos contra o Programa Mais Médicos etc.). Para Singer (2013), "ainda sob o impulso da força liberada na segunda fase, mas já separadas por inclinações diferentes, as manifestações começam a se dividir, como um rio que se abrisse em múltiplos braços no descenso da montanha".

Sem a intenção de realizar um balanço mais amplo sobre o tema, fazemos referência aos "junhos" de 2013, pois o processo expressa o sinal mais relevante do início do desgaste do ciclo petista, seja pela denúncia à esquerda dos limites do reformismo fraco, seja pela reação negativa do modelo político que viabilizou esse reformismo na classe média tradicional. Embora tenha se originado com outro sentido e objetivo, foi nesse momento que parte da população, especialmente a classe média, toma consciência de sua força nas ruas: era possível causar um efeito político fora do período eleitoral.

Esse aspecto é ainda mais importante se reconhecermos a diferença do "Junho" em capitais como São Paulo, Rio de Janeiro e Belo Horizonte e a extensão dos protestos em outras centenas de cidades pequenas e médias no Brasil. O ponto é: em localidades menores, os protestos se iniciam ou tomam maiores proporções com um público muito mais característico de classe média

---

hospitais padrão Fifa'" (Singer, 2013). A mudança da narrativa dos meios hegemônicos de comunicação é também crucial: passam da desqualificação dos manifestantes a uma tentativa de impor as pautas a um movimento agora considerado legítimo.

14 Trata-se de Projeto de Emenda à Constituição que visava retirar o poder de investigação do Ministério Público. Em São Paulo, uma passeata contra esse projeto reuniu cerca de 30 mil pessoas no sábado, 22. Não é desprezível a relação desse movimento com o apoio incondicional que o MP recebeu por parte da classe média nos anos seguintes, especialmente à operação 'Lava-Jato', que teve um papel crucial no processo de deposição de Dilma Rousseff em 2016.

tradicional, para o qual a pauta da precariedade da mobilidade urbana *não era decisiva*. A classe média brasileira – ainda mais no interior do que nas capitais – não é afetada diretamente pelo aumento dos custos do transporte público (ou mesmo pelas dificuldades dos hospitais e escolas públicos); uma demanda, portanto, distante de suas preocupações cotidianas e que dificilmente a mobilizaria na proporção que se apresentou.

A reação da classe média, naquele momento, está associada mais fortemente ao clima de revolta contra a corrupção que se acentuou no segundo semestre de 2012 com o julgamento da Ação Penal 470, conhecida como "*mensalão*".[15] Embora o governo de Dilma Rousseff ainda apresentasse bons índices de aprovação antes de junho – 57% dos eleitores o consideravam bom ou ótimo – no contexto do primeiro semestre de 2013 já se desenhava um cenário em que, à exposição midiática maciça do julgamento do mensalão, eram adicionadas inúmeras críticas ao "descontrole inflacionário, à maquiagem de contas públicas, ao excesso de propagando do governo e à péssima qualidade dos serviços públicos" (Singer, 2018, p. 101).

Em suma, nosso argumento é que parte majoritária da classe média 'conheceu' as ruas em 2013 não por ter sido afetada pela precariedade do serviço público básico, algo com o qual ela tem pouca relação efetiva, mas, tal como identificado nos eventos de 2015 e 2016, por uma disposição em vincular as exigências de melhoria desses serviços (e outros tantos problemas) à erradicação da "corrupção política".

Assim, a despeito do caráter efetivamente progressista da pauta inicial de junho e da tentativa de renovação do caráter precário da representação política institucional, havia uma sociedade *antes* de junho de 2013 que era afetada desigualmente pelo reformismo petista. Uma janela de oportunidades foi aproveitada por grupos liberais e conservadores, sendo que os mais importantes nas manifestações de 2015 e 2016 foram criados exatamente nesse contexto, como o

15 A denúncia, feita no primeiro mandato do governo Lula, em 2005, alegava que congressistas recebiam recursos não declarados do PT em troca de apoio no legislativo.

MBL (Movimento Brasil Livre)[16] e o Vem Pra Rua.[17] Empunhando a bandeira da cruzada moral contra a corrupção, elegeram os governos do PT como inimigos do país e ofereciam, no lugar, um programa econômico liberal. As causas de todas as mazelas do serviço público eram explicadas pela corrupção "inerente ao Estado", o qual, nessa perspectiva, tomava para si a riqueza dos indivíduos via impostos sem a devida contraprestação.

O encontro da classe média com esses grupos, nas ruas e depois amplamente nas redes sociais, deu novo fôlego ao "neoliberalismo de oposição". Saes (2001, p. 89) usou esse termo no intuito de explicar o apoio seletivo da classe média ao programa neoliberal. Para o autor, a classe média enxerga na política neoliberal o "caminho para a liquidação do Estado parasitário, cartorial e empreguista", responsável por absorver "os precários recursos financeiros do povo e os colocar à disposição de uma casta de privilegiados destituídos de qualquer utilidade social: os burocratas e os políticos profissionais". O neoliberalismo de oposição se potencializa em processos de ampliação de políticas orientadas para a diminuição das desigualdades. As críticas liberais ao "patrimonialismo" e ao "populismo" ganham maior aderência, pois a parcela da população beneficiada por políticas sociais é colocada no mesmo campo das relações "corruptas" entre políticos e agentes econômicos.

Porém, a classe média não pode abraçar o programa neoliberal como um todo. Além de legislações que a protegem na condição de parte do conjunto dos assalariados, o Estado cumpre a função ideológica de prover, ainda que apenas enquanto promessa, uma pretensa "igualdade de oportunidades". Veremos, a seguir, como essa relação de afinidade e tensão entre classe média e programa neoliberal se expressou nas ruas em 2015 e 2016.

Porque a classe média reagiu, enquanto classe, contra os governos do PT?

As maiores manifestações favoráveis e contrárias à deposição de Dilma Rousseff foram realizadas na cidade de São Paulo. Nossa análise está baseada

16 Pensado como alternativa, ainda em 2013, ao MPL, o grupo começa a ganhar projeção a partir de 2014.

17 Formado em 2014, o grupo criou seu nome também confiscando o principal grito dos atos contra o aumento das tarifas: "Vem para rua, vem....contra o aumento".

nos dados desses eventos não apenas porque foram os mais bem documentados (por pesquisa de opinião e por nossas observações de campo),[18] mas também pelo peso histórico da classe média na formação econômica e social do estado, especialmente pela inserção particular do trabalho migrante europeu na dissolução/reorganização do arranjo colonial escravista e pela formação acentuada de quadros médios puxados pelos períodos de industrialização que possibilitou a proeminência política de São Paulo em relação ao cenário nacional (Fernandes, 2008).

Sugerimos que a Tabela 1 precisa ser lida enquanto um processo que se configura de modo relacional: após apertada vitória eleitoral de Rousseff – questionada desde o primeiro momento pelo segundo lugar, Aécio Neves (PSDB), que se dizia perdedor nas urnas não por enfrentar um partido político, mas uma "organização criminosa" – seus primeiros meses de mandato foram totalmente atingidos pela força das denúncias da Operação Lava Jato sobre corrupção na Petrobrás que envolviam repasse de recursos ilegais a membros do PT. A revolta contra a corrupção é canalizada por intenso trabalho de preparação de atos de rua por movimentos surgidos no pós-Junho de 2013, como o MBL e Vem Pra Rua. Reagindo às iniciativas do campo derrotado eleitoralmente, é composta uma frente de esquerda com diversos grupos políticos (partidos como PT, PCdoB e correntes do PSOL; centrais sindicais como CUT e CTB; e movimentos sociais populares, como MST e MTST), que, a despeito das divergências programáticas, concordavam com a defesa do mandato da presidente.

18 Observações de campo realizadas em São Paulo em 13 e 18 de março de 2016.

Tabela 1. Manifestações em São Paulo em 2015 e 2016

		Manifestações pró-impeachment					Manifestações contra impeachment				São Paulo-Geral
Data		15/03/2015	12/04/2015	16/08/2015	13/12/2015	13/03/2016	13/03/2015	20/08/2015	16/12/2015	18/03/2016	
	Estimativa de Público	**210 mil**	**100 mil**	**135 mil**	**40 mil**	**500 mil**	**40 mil**	**35 mil**	**55 mil**	**95 mil**	
Sexo	Masculino	63	56	61	58	57	57	59	60	57	47
	Feminino	38	44	39	42	43	43	41	40	43	53
Idade	12 a 20	6	5	5	3	4		5	5	9	
	21 a 25	9	6	6	4	5		7	8	12	
	26 a 35	28	19	19	16	19		22	21	27	
	36 a 50	36	30	30	30	33		34	30	26	
	mais de 51	21	40	40	47	40		32	35	26	
	Média	**39,6**	**45,2**	**45,3**	**48,2**	**45,5**		**42,7**	**43,4**	**38,9**	
Escolaridade	Fundamental	2	3	4	4	4	12	18	12	5	27
	Médio	21	20	20	16	18	28	30	26	18	45
	Superior	**76**	**77**	**76**	**81**	**77**	**60**	**52**	**62**	**78**	**28**
Renda	Até 2 S.M	7	6	6	6	6	25	24	16	9	29
	2 a 5 SM	**22**	**22**	**21**	**20**	**25**	**33**	**33**	**34**	**43**	**43**
	5 a 10 SM	27	24	25	25	26	23	21	25	28	15
	10 a 20 SM	22	25	25	26	24		15	15	18	8
	20 a 50 SM	16	13	14	14	11		5	6	5	2
	Mais de 50 SM	3	3	3	4	2		0	0	1	1
	total acima de 5SM	68	65	67	69	63	41	41	46	52	26
	total acima de 10 SM	**41**	**41**	**42**	**44**	**37**	**18**	**20**	**21**	**24**	**11**
Cor	Branca	69	73	75	80	77	46	46	52	62	48
	Parda	20	18	17	12	15	24	32	25	20	33
	Preta	5	4	3	18	4	19	17	18	14	14
	Outra	5	5	5	4	3	10	4	4	4	5

Fonte: Perseu Abramo (2015) e Datafolha (2015 e 2016).

Como indicamos, a parcela de manifestantes com renda familiar acima de 5 ou 10 SM é elevada em termos proporcionais nos dois blocos. Mas, é importante notar algumas diferenças. No bloco pró-impeachment esses estratos já formam dois terços dos presentes desde o início dos eventos, enquanto no bloco "contra o golpe" há uma gradual elevação do nível de renda, o que se expressa igualmente em termos de escolaridade e declaração de cor/raça, com o aumento gradual de brancos. Ademais, a parcela acima de 10 SM no segundo bloco foi de 24%, praticamente a metade das manifestações pró-impeachment. É importante notar que essa diferença não era compensada na faixa de 5 a 10 SM, semelhante em ambos os blocos, mas sim na faixa de 2 a 5 SM, que representou sempre mais de um terço do bloco vermelho, bem como na faixa abaixo de 2 SM. Em relação à faixa etária, vê-se também uma parcela mais jovem no segundo bloco.

Embora essas descrições ignorem as parcelas em termos absolutos, consideramos importante a abordagem proporcional: não obstante a presença significativa da alta e baixa classe média, as manifestações "contra o golpe" nas ruas de São Paulo demonstravam um corte mais popular, distinção corroborada pelos registros feitos na pesquisa de campo.

Ainda sobre a temporalidade dos atos, a construção política e midiática das manifestações obedeceu a um calendário seletivo das denúncias de corrupção. Embora os eventos de oposição ao governo começassem a perder força nas ruas ao longo de 2015, continuaram numericamente superiores em relação à frente "contra o golpe", à exceção das manifestações em dezembro de 2015. Uma mudança fundamental ocorreu em março de 2016, quando os processos da Lava Jato atingem mais diretamente o ex-presidente Lula, que é levado a depor, pelo controverso procedimento da "condução coercitiva", à Polícia Federal no dia 4 daquele mês.

Nesse contexto, embora a maior manifestação de março de 2016 tivesse como objetivo pavimentar um clamor social pela acolhida do impeachment de Rousseff, o alvo era mais amplo e se apresentava como recusa do conjunto dos governos do PT, tendo em Lula sua figura máxima de rejeição. Em resposta, no dia 18 de março, Lula participa da manifestação contra o golpe e, indiretamente, em sua defesa. O pedido de impeachment de Rousseff foi aceito pela Câmara em 15 de abril e sua deposição final, pelo Senado, foi concretizada em 31 de agosto de 2016.

Propomos ler esse processo como uma forma de experiência social que articula diferentes níveis de determinação. Destacamos dois fenômenos mais diretamente ligados ao problema aqui levantado: a) a classe média tem participação decisiva nos dois blocos, o que faz com que os públicos das manifestações tenham mais semelhança entre si do que em relação à população em geral, mas b) a classe média, especialmente sua fração superior, desiquilibra a correlação de forças ao pender majoritariamente para o campo "verde-amarelo". A pergunta que precisamos explicar passa a ser: o que motivou a maioria da classe média a decidir por essa posição política naquele contexto?

A resposta a essa pergunta passa, necessariamente, pelas alegações fornecidas pelos próprios manifestantes. Nos dois maiores eventos verde-amarelos (março de 2015 e 2016), as cinco primeiras razões foram: contra a corrupção (56% e 58%); contra o governo e pelo impeachment (32% e 39%); "dar apoio à manifestação" (20% e 14%); "contra o PT" (18% e 21%) e "nacionalismo" (10% e 12%).

A observação de campo que realizamos em março de 2016 permite adicionar outros aspectos sociologicamente relevantes à descrição do perfil social e das motivações. Um dos traços que mais chamou nossa atenção ao chegar à Avenida

Paulista horas antes do início "oficial" – diga-se de passagem, horário frisado constantemente pela cobertura de rádios e emissoras de TV – foi o caráter *familiar* dos grupos que se organizavam pela rua: pela idade, conversas, padronização das roupas e acessórios de vestimenta que explicitavam, percebia-se um número expressivo de pais, mães e filhos (muito mais crianças do que adolescentes) unidos no protesto. Casais de jovens namorados também eram facilmente identificados. Não poucos haviam levado mesmo cachorros de estimação, estendendo o círculo familiar que ensejou o lucrativo mercado dos *pets*.

O cenário de encontro familiar destoava do perfil comumente encontrado nas manifestações tradicionais de esquerda, incluída a que presenciamos "contra o golpe".[19] Ainda que certamente não excluísse a participação de membros da mesma família, os grupos se organizavam visualmente pelos laços existentes com partidos, sindicatos e movimentos sociais. A revolta contra a "corrupção dos governos do PT" das manifestações verde-amarelas pressupunha um "cidadão de bem" moralmente amparado pela instituição familiar.

No tocante às motivações, é importante destacar algumas das faixas levadas pelos manifestantes. Conseguimos gravar um momento em que a liderança de um grupo, localizada no alto de um caminhão de som, pediu para que as faixas dos manifestantes fossem levantadas para serem anunciadas: "Tenho fome de mudança", "Quero meu país de volta", "O meu partido é o Brasil", "Eu não quero viver em outro país, eu quero viver em outro Brasil", "O Brasil acordou", "Lula e PT: não vamos mais pagar sua festa", "Dilma: game over", "Fizeram uma puta DilmaMerda no país", "Todo apoio a Sergio Moro e à Lava Jato". Em outro momento, registramos: "Famílias indignadas não se deixem intimidar pela matilha de ladrões", "Vamos varrer a corrupção do Brasil", "Ou param a roubalheira ou paramos o Brasil", "Eu vim de graça defender o Brasil", "Vim no domingo porque trabalho durante a semana"

Registramos também os momentos em que cantos eram entoados. Foi importante notar que a maior parte deles fazia referência direta mais a Lula e ao PT do que à deposição de Rousseff: "Lula cachaceiro, devolve meu dinheiro", "Fora PT... Fora PT", "Moro...Moro..", "A nossa bandeira jamais será vermelha", "Eu vim de graça", "Não tem [aqui] lanche de mortadela".

19 Registro de pesquisa de campo na Avenida Paulista em 18/03/16.

a) o lugar do discurso anticorrupção

As intervenções, em faixas e gritos, a respeito do caráter de "livre" manifestação dos presentes – "eu vim de graça" ou não preciso/não vou "receber lanche de mortadela" – são mais significativas do que o invólucro marcado pelo preconceito social. O embate político contra os manifestantes "vermelhos" era essencialmente construído sobre as bases de um campo normativo cuja ordem moral exigia separar quem participa de atos por "livre consciência", isto é, sem interesses materiais para benefício próprio, daqueles que, moralmente corrompidos, defendem seu partido não pelo interesse geral do "povo-nação", mas apenas porque o partido é sua fonte de sobrevivência.

Um papel fundamental, nesse sentido, foi cumprido pelos grandes meios de comunicação e pelos integrantes da Operação Lava Jato quando se reapropriaram e veicularam de modo recorrente visões de mundo segundo as quais o atraso, a corrupção e a ineficiência que marcavam a relação entre público e privado remontavam às heranças culturais da colonização portuguesa. Tomadas como impasse a impedir a modernização do país, as práticas patrimonialistas foram esvaziadas de qualquer conteúdo político ou econômico e associadas a um conjunto de comportamentos e condutas de indivíduos e grupos, atravessando desde as práticas mais cotidianas até a gestão das grandes empresas nacionais e do alto escalão do Estado. Com frequência, o patrimonialismo como traço cultural da sociedade brasileira foi reforçado no contraponto feito com os EUA que, supostamente, apresentariam instituições não submetidas ao poder econômico ou a interesses particulares.

É preciso destacar a ocultação, consciente ou inconsciente, dos interesses materiais por parte da classe média num contexto em que pessoas e famílias precisam construir a imagem de si mesmas perante a esfera pública. Essa imagem reivindica um lugar de expressão política no qual não existem interesses, classes ou posições extremas (radicalismos), apenas a preocupação com o bem comum da nação, o que tornou a camisa verde-amarela de seleção de futebol o uniforme das manifestações – afinal, quem não torceria pelo Brasil?

A atmosfera de confraternização familiar repercutiu na relação dos manifestantes com as forças policiais mobilizadas para o ato. O contraste com os eventos "contra o golpe" era profundo: as armas, os blindados de última geração, os carros e as motos não tinham como função despertar o temor para controlar revoltas, mas, assim como numa parada militar, servir para a autoafirmação e o sentimento de segurança. Presenciamos dezenas de situações em que policiais eram chamados para tirar fotos e *selfies* com manifestantes nos protestos pró-impeachment.

Esses aspectos informam o sentido subjacente à resposta da maioria dos presentes a respeito de ser o combate à corrupção o motivo que os levaram às ruas. Do outro lado, muitas intervenções das manifestações "contra o golpe" reagiam de modo a reposicionar o debate político-moral. As críticas contra a corrupção seriam seletivas, pois poupavam lideranças que iam ocupar o governo federal com a deposição de Rousseff.[20]

É importante destacar que a relação entre a bandeira anticorrupção e a luta política protagonizada pelas classes médias é um padrão constante da história brasileira. Essa relação já se manifestou em forças progressistas – como o Movimento Tenentista da década de 1920 –, mas é geralmente a feição liberal-conservadora que predomina na cena política, com destaque para a atuação contra o modelo populista com concessões às classes trabalhadoras presentes nas décadas de 1940 e 1960, cujo ápice se efetivou com o golpe civil-militar de 1964 (Saes, 1985).

A regularidade com que o tema da corrupção aparece no repertório de mobilização da classe média – comumente dirigido a governos que contemplam, mesmo que desigualmente, interesses da classe trabalhadora organizada e desorganizada – corrobora o argumento de que esse fenômeno não pode ser compreendido como alheio às relações de classe de uma determinada formação social.

A noção de que a essência dos problemas nacionais explica-se por atitudes moralmente desviantes de "políticos corruptos", ou por heranças, práticas e comportamentos culturais típicos de sociedades atrasadas que misturam o público e o privado – encontra guarida em todas as classes sociais, mas é a classe média que apresenta a relação mais orgânica com o fenômeno (Boito, 2017 e Martuscelli, 2015). Essa posição explica-se pela necessidade objetiva que tem a classe média em defender a ideologia meritocrática, ou seja, o fato de que as

20 Havia, de fato, menções críticas a outros políticos nas manifestações verde-amarelas, mas o argumento frequentemente reproduzido era que esses casos deveriam ser combatidos posteriormente, como um castelo de cartas que necessariamente iria ruir aos poucos.

desigualdades sociais devam ser justificadas apenas em razão de uma diferença de dons, esforços e méritos atestados por regras formalmente universais e legais.

A classe média precisa, assim, defender a observância das leis e dos critérios legais que balizam o êxito no mercado e nos concursos públicos, pois a ideologia meritocrática é ofendida por aqueles que escalam os degraus da hierarquia social fora dos mecanismos de seleção socialmente válidos. Em outras palavras, as famílias de classe média tradicional não precisam de meios ilícitos ou políticas sociais afirmativas ou compensatórias para encontrarem um lugar de dignidade no mundo. A transmutação de capitais culturais e econômicos dos pais em mérito individual dos filhos na escola e no mercado permite sua reprodução social enquanto classe. Dito de forma direta: a classe média precisa encarar a corrupção de forma essencialmente moral para justificar seu lugar no mundo.[21]

A posição dos agentes sociais de todas as classes contra a corrupção terá sempre um caráter seletivo. Mas, esse jogo para a classe média apresenta um saldo mais interessante, pois ela permite projetar sua trajetória de méritos socialmente construída a um conjunto de regras supostamente impessoais que a beneficia, ideológica e materialmente. Esse é o lugar ocupado pela operação Lava Jato. A máxima de que a "lei é para todos" pode ter muito pouco a contribuir para enfrentar a ignorada "corrupção do mercado" (Standing, 2016), mas funciona de modo eficiente no sentido de assegurar o mérito dos que já nasceram para vencer na vida.

b) medo da desclassificação social?

Seria válido, então, considerar que a classe média reagiu aos governos do PT por ter sido afetada negativamente em termos de manutenção de seu nível de renda e consumo? As respostas a essa pergunta não são definitivas, pois as pesquisas disponíveis ainda apresentam diferenças em relação aos critérios e às bases de dados utilizados. É possível, contudo, indicar algumas tendências a partir das mudanças do mercado de trabalho e da distribuição geral de renda.

O mercado de trabalho apresentou características ambivalentes para a classe média. Como indicamos anteriormente, do ponto de vista dos novos empregos criados no setor privado na década de 2000, 95% eram de ocupações com salá-

21 O argumento está mais bem detalhado em Cavalcante (2018).

rios de até 1,5 SM (Pochmann, 2012) e estavam concentrados principalmente (85%) no setor de serviços de baixa qualificação (Magalhães, 2015).

Porém, a partir dos dados sobre todos os empregos formais (RAIS/IBGE), Campos (2016) demonstra que, especialmente até 2009, houve significativa elevação de empregos em ocupações típicas de classe média, como na indústria de transformação e construção civil. Essa precisão é importante e vai ao encontro do que evidenciam Gomes e Sória (2014) a respeito das mudanças provocadas pelos governos Lula e Dilma no setor público, processo que interrompeu a trajetória de declínio do nível de emprego neste setor e recuperou os índices do começo da década de 1990.[22] Novas diretrizes foram estabelecidas, especialmente as que tinham por objetivo substituir funcionários com baixa qualificação por quadros técnicos com escolarização mais elevada.

O setor mais positivamente afetado foi a área de educação: quase metade dos novos servidores públicos, no período de 2002 a 2013, eram vinculados ao Ministério da Educação, principalmente via o REUNI (Programa de Apoio a Planos de Reestruturação e Expansão das Universidades Públicas). Porém, no geral, permanece a tendência de que o dinamismo dos empregos mais bem qualificados e com maior remuneração não se efetivou no mesmo patamar dos níveis inferiores (Campos, 2016).

A pesquisa de Salata (2018) corrobora essa afirmação num registro mais próximo ao que buscamos na medida em que analisa a desigualdade a partir de grupos sócio ocupacionais tomados como *proxies* de situação de classes. A conclusão é que a média de variação anual de rendimento em ocupações manuais foi mais elevada do que nas demais, à exceção dos empregadores rurais. De 2002 a 2013, o índice anual foi de 1,06% para administradores e gerentes, 1,36% para *professionals*, 1,87 para trabalhadores não-manuais de rotina, 2% para empregadores, 2% para conta-própria, 2,48% para trabalhadores manuais qualificados, 4,13% para trabalhadores manuais não-qualificados, 5,41% para empregados rurais e 6,61% para empregadores rurais.

As categorias ocupacionais utilizadas pelas pesquisas nas manifestações não permitem tecer considerações nesse nível de análise. Na Tabela 2, vemos que cerca de um terço dos presentes, nos dois blocos, era composto por assa-

22 Segundo dados do IPEA, de 2003 a 2010 houve um aumento de 18% no funcionalismo público federal.

lariados do setor privado, sem detalhamento a respeito do tipo de ocupação. Porém, se focarmos a proporção das categorias em relação ao total de presentes em cada dia – ignorando, por ora, os números absolutos – percebe-se uma parcela maior de funcionários públicos (em torno de 15%) no bloco vermelho e uma parcela importante, no bloco amarelo, de profissionais liberais (entre 7 e 8 %) e empresários (de 10 a 15%). Assalariados sem registro, autônomos e executores de "bicos" não apresentam diferença proporcional significativa.

Tabela 2. Principal ocupação dos manifestantes de 2015 e 2016

		Manifestações pró-impeachment					Manifestações contra o impeachment				São Paulo Geral
Data		15/03/2015	12/04/2015	16/08/2015	13/12/2015	13/03/2016	13/03/2015	20/08/2015	16/12/2015	18/03/2016	
Ocupação Principal	Estimativa de Público	**210 mil**	**100 mil**	**135 mil**	**40 mil**	**500 mil**	**40 mil**	**35 mil**	**55 mil**	**95 mil**	
	PEA	85	82	84	82	82	83	84	82	80	74
	Assalariado Registrado	37	35	33	30	31	27	35	38	32	32
	Assalariado sem registro	3	1	2	2	2	6	6	3	3	5
	Funcionário Público	4	6	7	7	5	26	15	13	15	3
	Autônomo Regular (Paga ISS)	11	15	13	13	12	1	11	8	9	7
	Profissional liberal (autônomo com diploma)	7	7	7	8	8	3	3	4	4	1
	Empresário	14	10	13	15	12	1	2	4	6	2
	Free-lance/bico	4	3	3	3	4	8	5	5	6	12
	Desempregado (procura emprego)	3	4	4	4	5	8	5	5	3	8
	Não PEA	15	18	16	18	18	17		18	20	26
	Dona de casa	2	2	1	2	2	5	2	2	1	7
	Aposentado	6	11	10	13	11	7	8	9	7	11
	Estudante	5	4	3	2	4	5	4	5	8	5

Fonte: Perseu Abramo (2015) e Datafolha (2015 e 2016)

Tomadas em conjunto, as Tabelas 1 e 2 sinalizam tanto a expressiva participação das frações da classe média nas manifestações quanto a forma em que se dividiu. A ambivalência do efeito do reformismo fraco em ocupações de maior qualificação exige que a pergunta sobre a revolta da maior parte da classe média seja colocada não em termos estritamente de renda, mas de reação à diminuição da desigualdade.

Essa reação começa pela experiência mais cara à sociabilidade capitalista: o acesso ao mercado de bens e serviços. Antes de Junho de 2013, a sociedade já apresentava sinais de tensão. Indícios importantes haviam sido identificados por pesquisa de 2012 do instituto Data Popular a respeito de como os estratos superiores de renda repercutiam a ascensão dos trabalhadores do estrato C. Por meio de questionário aplicado a 15 mil pessoas dos estratos A e B, os resultados mostravam que 55,3% dos consumidores do topo da pirâmide achavam que os produtos deveriam ter versões para rico e para pobre, 48,4% afirmaram que a qualidade dos serviços piorou, 49,7% preferem ambientes frequentados por pessoas do mesmo nível social, 16,5% acreditam que pessoas mal vestidas deveriam ser barradas em certos lugares e 26% dizem que o metrô traria "gente indesejada" para a região onde mora.[23]

Os novos consumidores estavam apenas exigindo o cumprimento das promessas do mercado, isto é, queriam o lugar que seu dinheiro pode comprar. Contudo, o movimento desvalorizava simbolicamente espaços e mercadorias antes de consumo exclusivo da classe média tradicional. Para reproduzir a distinção em novos patamares, recursos adicionais seriam necessários.[24]

Porém, esse não é um problema apenas de distinção via consumo. A interação social mais forte entre classe média e proletariado no Brasil não está na escola, no transporte público ou nos bairros, mas fundamentalmente no emprego de serviços domésticos. A regulamentação do trabalho doméstico iniciada em 2013 levou o Estado para o interior do núcleo familiar, atribuindo direitos aos acordos lá estabelecidos. Serviços pessoais tiveram seus preços elevados em patamares muito superiores aos da inflação no período de 2008 a 2013.[25]

A desvalorização também se expressa na posse de diplomas. O número de matrículas no ensino superior praticamente duplicou de 2003 a 2014 – de 3,9 milhões e para 7,9 em 2014 (INEP/MEC, 2014). Como o reformismo petista não promoveu mudanças estruturais no mercado de trabalho, as credenciais de antes apresentam mais dificuldades de garantir os postos de trabalho do presente. Eleva-se uma competição entre diplomados que, por um lado, contribui para diminuição da desigualdade de renda, mas, por outro, faz com que gradu-

---

23 Os dados da pesquisa são informados pela reportagem "Dados apontam que-ascensão da classe C incomoda consumidores da classe A e B". Porta IG, 9/12/2012.

24 Esse espírito foi vocalizado sem mediações por um liberal-conservador brasileiro: "Estou a 25 mil pés de altitude, voando num desses turbo-hélices. Adoro o som da hélice. Lá embaixo, paisagens distantes. Gosto de voar. Comecei a voar com um ano de idade, quando meu pai, então um jovem capitão médico da aeronáutica, me levava para voar em aviões da FAB. Entretanto, detesto aeroportos e classes sociais recém-chegadas a aeroportos, com sua alegria de praças de alimentação. Viajar, hoje em dia, é quase sempre como ser obrigado a frequentar um churrasco na laje" (Luiz Pondé, *Folha de São Paulo*, novembro 15, 2010).

25 Nesse período, a inflação (pelo índice IPC-Fipe) foi de 31%. A variação dos preços de todos os serviços indicados ficou acima dos 50%: babá (102%), caseiro em São Paulo (89%), caseiro no interior/litoral (80%), faxineira/lavadeira/passadeira (66%), motorista particular (61%), auxiliar de enfermagem (54%), empregada doméstica (51%), diferentes tipos de pintura (cerca de 110%), colocação de revestimento em parede (80%) e colocação de piso (59%) (Datafolha, 2013).

almente os esforços dispendidos em educação se transformem em frustações, dificuldades de reprodução da condição social dos pais ou mesmo dívidas.

Nesse mesmo campo, a introdução de cotas sociais e étnico-raciais tem um efeito amplo: retiram espaços em universidades públicas e em outros concursos que antes constituíam reservas de mercado da classe média. E, ao fazer isso, questionam a validade prática e normativa de mecanismos meritocráticos. Essa perturbação na "normalidade meritocrática" de processos de recrutamento constitui um elemento decisivo para a consolidação de um sentimento de revolta na alta classe média.

c) Por que parte minoritária da classe média manifestou-se "contra o golpe"?

A classe média que atendeu ao chamado do campo da esquerda não vive, de fato, em outro país. Embora em outros moldes, seu consumo pode ter a marca da distinção tão presente quanto no campo de oposição ao reformismo. Empregados domésticos fazem parte de seu cotidiano. Suas carreiras também são regidas por princípios meritocráticos. Mas, nessas manifestações, apenas 3% do público presente declarava se mobilizar como forma de protesto contra a corrupção. Isso não indicava um público indiferente ao tema, mas uma leitura política que não associava a causa da corrupção aos governos do PT (Tatagiba *et al.*, 2015).

É razoável supor que essa posição tem aderência em dois grupos. O público mais jovem presente nas manifestações "contra o golpe", parte dele nas ruas desde 2013, formou-se num contexto de fortalecimento do ativismo político fundamentado em questões relacionadas às discriminações raciais e de gênero. O rosto do golpe era branco, masculino e moralmente conservador. Presenciamos, no ato verde-amarelo de 13/03/16, constantes declarações e referências visuais explicitamente misóginas contra Rousseff, algo abertamente combatido pelos movimentos sociais que ajudaram a construir a pauta de ampliação de direitos das mulheres nos últimos anos.

O segundo grupo, mais velho em termos etários, diz respeito às categorias profissionais, especialmente no funcionalismo público, cujo histórico de organização sindical esteve historicamente atrelado ao projeto de "reformismo forte" no país. Embora lento, o reformismo petista, como vimos, esboçou a retomada do serviço público em vários setores. Ainda que frágil, desenhava-se um projeto de nação que abriu perspectivas impensáveis no contexto do neoliberalismo dos anos de 1990. Presentes desde a fundação do PT, setores médios do salariado (nos campos da educação, cultura, saúde, segurança e comunicação) contribuíram no desenho de políticas sociais voltadas ao combate da desigualdade.

Essas políticas não incidem apenas sobre seus beneficiários, mas por um conjunto diverso de trabalhadores qualificados (assalariados ou autônomos, no Estado, em organizações não-governamentais ou movimentos sociais) que as operam. Um exemplo são programas como os Pontos de Cultura, que privilegiaram o financiamento de expressões artísticas populares ou não financiados pelo mercado em detrimento de agentes com fácil acesso a recursos privados. Esse financiamento, disponibilizado por meio de editais públicos, atentava para as diferenças regionais, trazendo à cena produções pouco conhecidas ou reconhecidas fora das comunidades locais. Mesmo na área de comunicação, cujo grau de monopolização passou praticamente inalterado nesses governos, presenciou-se a emergência de diversas iniciativas de mídias alternativas que foram importantes na organização e registro dos atos contrários ao impeachment.

Em suma, a ideologia meritocrática não é uma barreira intransponível que necessariamente impede a ação de grupos e indivíduos da classe média na construção ou na defesa de projetos reformistas, fracos ou fortes. Porém, é uma disposição de ideias e valores que dá sentido e base moral a relações sociais de produção marcadas pela exploração. A classe média que se manifestou "contra o golpe", especialmente os grupos mais jovens, conheceu, na multidão verde-amarela, a expressão concreta do peso das estruturas do capitalismo patriarcal brasileiro.

Conclusão

Ainda que a política econômica e social dos governos Lula e Dilma tenha repercutido de forma ambivalente na classe média brasileira, a reação majoritária de recusa, fortemente expressa nas ruas, foi seu efeito mais significativo. Embora os sinais não indiquem um processo objetivo de desclassificação social, as modificações produzidas na sociedade brasileira como um todo suscitaram o "medo da queda" em termos relacionais, especialmente no tocante à alta classe média.

Alguns autores argumentam que o comportamento da classe média expresso nas ruas não a conduz, automaticamente, à defesa irrestrita do programa liberal. Ortellado *et al.* (2015) ilustram a tese ao indicar, por exemplo, que 95%

dos entrevistados nas manifestações pró-impeachment de agosto de 2016 eram favoráveis a sistemas de educação e saúde públicos e gratuitos; até mesmo o transporte coletivo gratuito, bandeira do "esquerdista" MPL de junho de 2013, tinha apoio de 49%. Ortellado (2018) vai além e afirma existir, desde 2013, um campo majoritário da "sociedade civil" em defesa de mais direitos sociais.

Porém, não é possível interpretar essas respostas sem considerar os diferentes significados encobertos por uma defesa genérica do serviço público. As declarações dos manifestantes precisam ser lidas em paralelo ao fortalecimento, nesse mesmo processo, do discurso de ineficiência da gestão do Estado. Grupos liberais fomentaram, com bastante êxito, a percepção de que é a classe média que financia um Estado perdulário e anti-meritocrático, cuja solução passaria necessariamente pela redução dos impostos e diminuição das "burocracias" que limitam o espírito empreendedor da população.

Em suma, não se deve confundir o que a classe média *precisa* dizer sobre o país e sobre si mesma e os processos objetivos de reprodução das desigualdades. De fato, não é possível dar validade à ideologia meritocrática se as condições de partida – ou de oportunidades – não se apresentarem formalmente como iguais. Vem daí o apoio, desde 2013, a mais investimentos em "saúde e educação". Contudo, o discurso da "igualdade de oportunidades" não impede que os investimentos familiares da classe média continuem a ser dirigidos a serviços particulares que permitam a melhor colocação de seus filhos nas disputas por um lugar privilegiado no mercado e na sociedade. Reformas recentes, como a do ensino médio e trabalhista, indicam um movimento que busca dissociar o Estado do serviço público. Grandes grupos econômicos, vistos como solução de eficiência técnica, passam a disputar o espaço de prestação desses serviços, o que atualiza, na classe média, a inclinação a um "neoliberalismo de oposição" nos termos descritos por Saes (2001).

Por fim, não é possível ignorar, na análise dos movimentos em questão, o papel desempenhado pela forma como o reformismo petista encarou e narrou a trajetória de ascensão social dos trabalhadores pobres nesse ciclo. Já deposta, Rousseff argumentou que não seria mais possível fazer uso de categorias, como proletariado ou classe trabalhadora, para sustentar o projeto de diminuição das desigualdades. O horizonte deveria ser "uma grande nação de classe média".[26]

26 Entrevista ao jornal *Página 13* (12/06/2017).

Contudo, os processos que levaram à sua deposição em 2016 mostram que o campo social a que o conceito se refere é mais estreito e resistente à mudança.

Bibliografia

BARTELT, D. (Org.) (2013), *A "Nova Classe Média" no Brasil como Conceito e Projeto Político*. Rio de Janeiro: Fundação Heinrich Böll.

BASTOS, P. (2017), Ascensão e crise do governo Dilma Rousseff e o golpe de 2016: poder estrutural, contradição e ideologia. *Rev. Econ. Contemp.*, núm. especial: p. 1-63.

BOITO Jr., A. (2012), Governo Lula: a nova burguesia nacional no poder. In: BOITO, A. e GALVÃO, A. *Política e classes sociais no Brasil dos anos 2000*. São Paulo: Alameda.

_____. (2017), "A corrupção como ideologia". Crítica Marxista 44: 9-20.

BOITO Jr. A.; GALVÃO, A.; MARCELINO, P. (2009), "Brasil: o movimento sindical e popular na década de 2000". OSAL 26 (Año X): 35-55.

BOURDIEU, P. e PASSERON, J. C. (1975), A reprodução: elementos para uma teoria do sistema de ensino. Rio de Janeiro: Francisco Alves.

BRAGA, R. (2015), *A política do precariado*: do populismo à hegemonia lulista. São Paulo: Boitempo.

CAMPOS, G. C. de S. (2016), O emprego formal no Brasil dos anos 2000: Um estudo da Relação Anual de Informações Sociais (2003-2013). Dissertação. Campinas: UNICAMP (IE).

CAVALCANTE, S. (2018), Classe média, meritocracia e corrupção. Crítica Marxista 46: 103-125

FERNANDES, F. (2008), *A integração do negro na sociedade de classes*. Vol. 1. São Paulo: Globo.

GOMES, D; SÓRIA, S. (2014), "Política de recursos humanos do Governo Federal: a experiência dos governos Lula e Dilma Rousseff". Revista da ABET 2 (v. 13, jul. a dez.).

MAGALHÂES, L. C. (2015), Crescimento, emprego e distribuição de renda: o desempenho econômico do primeiro governo Dilma e o ressurgimento do pacto antidistributivista no Brasil. mimeo.

MARTUSCELLI, D. (2015), Crises políticas e capitalismo neoliberal no Brasil. Curitiba: CRV.

____. (2016), As lutas contra a corrupção nas crises políticas brasileiras recentes. *Crítica e Sociedade*, Uberlândia, v. 6, n. 2.

MEDEIROS, M; SOUZA, P. H. G. F.; CASTRO, F. A. (2015), O topo da distribuição de renda no Brasil: primeiras estimativas com dados tributários e comparação com pesquisas domiciliares (2006- 2012). Disponível em SSRN: http://ssrn.com/abstract=2479685. Consulta em junho de 2015.

MORAIS, L.; SAAD-FILHO, A. (2011), Da economia política à política econômica:o novo-desenvolvimentismo e o governo Lula. *Revista de Economia Política*, vol. 31, nº 4 (124), pp. 507-527.

NERI, M. (2011), A nova classe média: o lado brilhante da base da pirámide. São Paulo: Saraiva.

ORTELLADO, P; SOLANO, E; NADER, L. "Pesquisa manifestação política 16 de agosto de 2015". Disponível em: http://gpopai.usp.br/pesquisa/. Consulta em agosto de 2015.

ORTELLADO, P. (2018), Legados de junho: como o levante da sociedade civil contra o estado virou briga entre 'coxinhas' e 'petralhas'. Época, São Paulo (6/08/18).

PAIVA, D.; KRAUSE, S.; LAMEIRÃO, A. (2016), "O eleitor antipetista: partidarismo e avaliação retrospectiva". Opinião Pública 3 (v. 22).

POCHMANN, M. (2012), Nova classe média? O trabalho na base da pirâmide brasileira. São Paulo: Boitempo.

QUADROS, W.; GIMENEZ, D.; ANTUNES, D. (2013), Afinal, somos um país de classe média? In: BARTELT, D. (Org.) A *"Nova Classe Média" no Brasil como Conceito e Projeto Político*. Rio de Janeiro: Fundação Heinrich Böll.

SAES, D. (1985), Classe média e sistema político no Brasil. São Paulo: T. A. Queiroz.

_____. (2001), República do capital. São Paulo: Boitempo.

SALATA, A. (2018), Distribuição de renda no Brasil entre 2002 e 2013: Redução das desigualdades entre classes? *Latin American Research Review* 53(1), pp. 76–95

SINGER, A. (2012), Os sentidos do lulismo: reforma gradual e pacto conservador. São Paulo: Cia das Letras.

____. (2013), "Brasil, junho de 2013. Classes e ideologias cruzadas". Novos Estudos/CEBRAP 97.

____. (2018), O lulismo em crise: um quebra-cabeça do período Dilma (2011-2016). São Paulo: Cia das Letras.

STANDING, G. (2016), *The corruption of capitalism*. London: Bitbeck.

TATAGIBA, L.; TRINDADE, T. e TEIXEIRA, A. (2015), "CorruPTos. Um ensaio sobre protestos à direita no Brasil (2007-2015)". NEPAC/UNICAMP.

5. *Nova classe média*, trabalho e desenvolvimento capitalista nas gestões do Partido dos Trabalhadores[1]

Ludmila Costhek Abílio[2]

Introdução

Nos treze anos das gestões do Partido dos Trabalhadores no governo federal, dada a significativa mudança na estratificação social brasileira, foi estabelecido um discurso de governo, bem articulado com o discurso de mercado, sobre a formação de uma *nova classe média* brasileira. Os principais fatores que embasaram essa mudança foram os programas em larga escala de redistribuição de renda, a redução dos índices de desemprego, a alta dos índices de emprego formal, o aumento real do salário mínimo, além da extensão massiva do acesso ao crédito para as pessoas de baixa renda.

O presente artigo analisa a consolidação desse discurso sobre a formação da *nova classe média*, propondo um deslocamento crítico orientado pelas relações de trabalho como elemento essencial para a definição e o reconhecimento das classes sociais. Tem-se como argumento central que a definição de *nova classe média* e seu espraiamento foram calcados ao mesmo tempo numa celebração da

1 Este artigo é resultado da pesquisa de pós-doutorado anterior, intitulada "A nova classe média vai ao paraíso?", realizada no departamento de Economia – FEA-USP, sob supervisão da Profa. Dra. Leda M. Paulani. A pesquisa contou com financiamento da FAPESP e estava vinculada ao projeto temático "Política e classes sociais no capitalismo neoliberal", coordenado pelo Prof. Dr. Armando Boito Jr.

2 Pesquisadora de pós-doutorado do Centro de Estudos Sindicais e de Economia do Trabalho (Cesit), Instituto de Economia, UNICAMP.

inclusão social como política de governo e, por outro lado, numa invisibilização da exploração do trabalho e da vulnerabilidade social, ao jogar todas as luzes apenas nos potenciais de consumo e de rendimento. Em uma perspectiva mais ampla, essa invisibilização e incoerência são elementos relevantes para analisar as relações entre as políticas de governo, o desenvolvimento, as desigualdades sociais e a acumulação capitalista no Brasil.

O ritmo das transformações é intenso e, do período em que a pesquisa começou a ser formulada até a finalização deste artigo, as políticas de inclusão social e de desenvolvimento que se firmavam e giravam em torno da elevação dos níveis de vida da maioria da população brasileira desaparecem de cena, dando lugar às medidas governamentais que objetivam legitimar-se enquanto gestão inevitável e necessária da crise econômica, calcadas em políticas de austeridade, com sua mira na eliminação de direitos, garantias e proteções aos trabalhadores. De forma que, dado o contexto atual, a análise visa contribuir com o reconhecimento de elementos que integraram a mudança de horizontes e de práticas nas políticas de governo, elementos que ja se fazem presentes na vitória eleitoral por pequena margem de diferença seguida pela derrubada da presidenta Dilma Rousseff e o estabelecimento do governo de Michel Temer.

A formação da *nova classe média* enquanto parte de um modelo de desenvolvimento

Ao longo desta última década, estabeleceu-se a tese de que a população em geral teria se beneficiado com aumento de renda. Segundo dados do governo de Dilma Rousseff (SAE, 2014), em 2003, 96,2 milhões de brasileiros pertenciam às classes D e E, e 65,8 milhões à classe C. Em 2014, as classes D e E contavam com 48,9 milhões de brasileiros (uma redução de quase 50% em 11 anos) e a classe C chegava a 118 milhões. As classes A e B teriam se ampliado de 13,3 milhões de pessoas em 2003 para 29,1 milhões em 2014.

Gráfico 1: A mudança na pirâmide social brasileira segundo classes econômicas

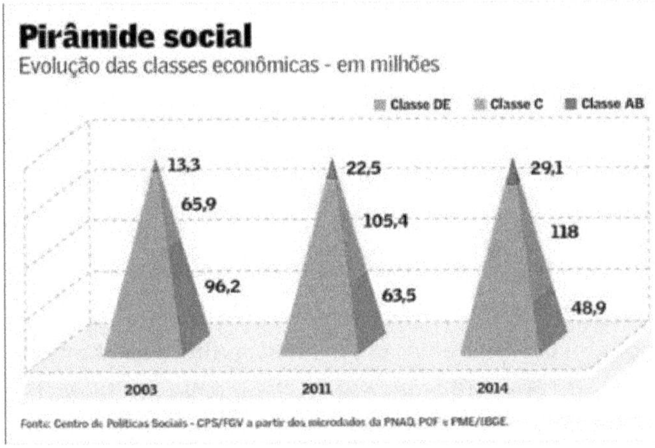

Definições FGV: Classe AB – Renda familiar acima de R$7500; Classe C – Renda familiar acima de R$1750 e abaixo de R$7500, Classe DE – Renda familiar abaixo de R$1750.

Houve, portanto, uma elevação importante dos rendimentos da população de renda mais baixa; milhões de pessoas saíram da condição de miserabilidade, os potenciais de consumo aumentaram, o acesso ao sistema financeiro estendeu-se a camadas de população que antes nem mesmo tinham conta bancária. Houve significativo aumento das oportunidades de emprego formal e de trabalho em geral para uma camada que na verdade abrange a maior parte da população brasileira.

Entretanto, vale ressaltar que, além de obscurecer o reconhecimento das relações de trabalho para a definição das classes sociais – o que dificultou o mapeamento sobre mudanças e permanências nesse período –, a propagação da ideia de *nova classe média* estava assentada em um elemento evidentemente contraditório: a definição abarcava estratos da população com condições e padrões de vida que em realidade estão muito distantes dos que caracterizam a classe média (Quadros, 2008a e b). Em 2012, a Secretaria de Assuntos Estratégicos (SAE) definia a *nova classe média* pelo intervalo de renda familiar *per capita* de R$ 291 a R$ 1.091 (SAE, 2013). Em 2014, a própria secretaria adotou o jargão de mercado "classe C", estabelecendo um intervalo mais amplo, de renda familiar entre R$ 2.005 e R$ 8.640 (SAE, 2014).[3]

3 Em 2016 o salário mínimo brasileiro era de R$880. Segundo o Departamento Intersindical de Estatísticas e Estudos Socioeconômicos (DIEESE), ele deveria ser de R$3.518

Essa contradição era evidenciada na própria propaganda de governo: apesar de a *nova classe média* ter sido delimitada por critérios de rendimento e consumo, as campanhas de governo utilizavam as relações de trabalho como meio de representação. As publicações governamentais trazem imagens e relatos sobre operários da construção civil, operadores de *telemarketing*, trabalhadores da indústria da cana no campo, empregadas domésticas, manicures, entre outras categorias profissionais de baixas remuneração e qualificação (SAE, 2013). O que se lê nas entrelinhas é que tal definição não se propõe a afirmar de fato que esse estrato social que constitui a maioria de população tivesse a qualidade de vida ou a trajetória profissional tradicionalmente associadas à classe média. O que se propôs foi celebrar e pôr em evidência uma suposta nova mobilidade social brasileira, que em realidade se refere à redução dos níveis de pobreza do país, definidos exclusivamente por rendimento e níveis de consumo.

A construção ideológica sobre a *nova classe média* foi feita por uma rede bem estruturada de instituições e de atores. Essa rede contou com órgãos governamentais que tornavam públicos e propagandeavam os dados sobre as políticas de governo, que desenvolviam estratégias específicas de consolidação de um discurso sobre a *nova classe média*, encabeçados fundamentalmente pela Secretaria de Assuntos Estratégicos. Alguns atores tornam-se porta-vozes do discurso mercadológico sobre as potencialidades econômicas da Classe C. As fronteiras entre o discurso do governo e o discurso mercadológico são tênues. A celebração do aumento dos potenciais de consumo combina-se com a celebração do empreendedorismo (Meirelles & Athayde, 2014), obscurecendo ou dando novas conotações às formas contemporâneas de exploração do trabalho e às estratégias cotidianas de sobrevivência desse estrato da população (Telles & Cabanes, 2006, Abílio, 2011a; Feltran, 2014). A *nova classe média* seguiu habitando as favelas. Pode-se afirmar que uma espécie de banalização da desigualdade social fundamenta a força desse discurso. Algo que, por exemplo, se evidencia na elaboração de dois atores importantes na celebração da formação da *nova classe média*, em seu livro *Um país chamado favela* (Meirelles & Athayde, 2014): neste caso, a favela adquire novas conotações, distantes da perspectiva crítica sobre a desigualdade social e próximas da constatação de que o aumento dos rendimentos dos estratos

---

para atender às necessidades básicas de uma família de quatro pessoas. Em fins de 2017 o salário mínimo era de R$937 e deveria ser R$3.668,55.

mais baixos da população pode ser um excelente negócio para os mais diversos segmentos econômicos.

Um dos pilares do modelo de desenvolvimento posto em prática na última década de fato apoiou-se na expansão considerável do mercado consumidor interno. Entretanto, a questão pouco abordada ao longo desse período foi a da relação entre tal expansão e os processos ocorridos no mercado de trabalho. Minha pesquisa de doutorado, por exemplo, estava ligada ao crescimento exponencial do setor de higiene e beleza (Abílio, 2010, 2014a). O objetivo era ir além do aumento evidente dos níveis de consumo, provocado pela entrada de uma camada de população que antes não tinha acesso a certos bens, para estudar um caso que lançava luz sobre a relação entre essa alta e o que estava ocorrendo no mundo do trabalho. No caso específico da empresa escolhida, juntamente com o amplo crescimento da demanda por produtos cosméticos o número de revendedoras aumentou em 200 mil por ano, alcançando hoje 1,5 milhão de mulheres. Ultrapassando a esfera do consumo é possível enxergar, nesse caso, o fenomeno social da expansão de um gigantesco exército de trabalhadoras informais, que arcam com riscos e custos dessa ocupação, que combinam as revendas com outras ocupações; ou seja, é possível deslocar a lente de análise da inclusão pelo consumo para as formas contemporâneas de exploração do trabalho que se combinam e se alimentam das mudanças promovidas nesta década, e que são facilmente invisibilizadas sob o manto da inclusão social.

Tendo isso em vista de saída, o cerne da crítica aqui proposta mira em um modelo de desenvolvimento que, ao mesmo tempo que promoveu reais melhorias sociais de ampla magnitude, não tocou em elos estruturantes da desigualdade social brasileira. Não parece ter havido alteração nos elementos que estruturam a exploração de uma mão de obra de baixa qualificação e rendimento, a qual, apesar de ver o salário mínimo ter aumentos significativos, ter seus rendimentos incrementados, ter maior acesso ao crédito e maior inclusão no mercado formal, ao mesmo tempo seguiu no mesmo lugar social, sujeita às formas contemporâneas de intensificação do trabalho, de extensão do tempo de trabalho, à instabilidade, precariedade e injustiças sociais que são constitutivas da sobrevivência de grande parte da classe trabalhadora brasileira. Todos estes elementos, na perspectiva aqui apresentada, referem-se à manutenção da abissal desigualdade social brasileira. Trata-se, portanto, de olhar para o mundo do trabalho e para a trajetória de trabalhadores e trabalhadoras de baixa qualificação e rendimento – os quais então se tornam a *nova classe média* – para levantar elementos que contribuam para a compreensão do modelo de desenvolvimento posto em prática naqueles anos, suas contradições, seus limites, seus horizontes.

A crítica junta-se, dessa forma, às análises sobre o Brasil contemporâneo que recusaram e criticaram a definição de *nova classe média* (Quadros, 2008 a e b; Veras, 2013; Ramalho & Rodrigues, 2013; Cardoso, 2013; Pochmann, 2011 e 2014, Abílio, 2011b, 2014b e 2014c), para abordar a relação entre a classe trabalhadora brasileira, a persistente e profunda desigualdade social e o desenvolvimento brasileiro. Vale ressaltar que, ao mesmo tempo que o cerne da análise mira nas relações de trabalho para o reconhecimento das classes sociais e da problemática do desenvolvimento, também é necessário ultrapassar referenciais do trabalho e dos direitos sociais que gravitam muito fortemente em torno da formalização do trabalho: um deslocamento voltado para o reconhecimento de formas atuais de exploração do trabalho – incluídas nessa definição as formas contemporâneas de intensificação do trabalho, de extensão do tempo de trabalho, de eliminação de garantias e seguranças ao trabalhador – que desafiam a estabilidade de categorias bem estabelecidas sobre a estruturação do mercado de trabalho e de sua relação com a acumulação capitalista.

As medidas de civilidade que se estabelecem a partir das regulações públicas e dos direitos sociais relacionados à sociedade salarial (Castel, 1998) permanecem extremamente relevantes em termos do acesso a direitos, garantias e limites em torno das relações de trabalho, assim como para o reconhecimento dos impasses da cidadania no Brasil. Entretanto, as reconfigurações do trabalho demandam que tais referências sejam atualizadas: trata-se de um deslocamento teórico que enfoque a extensão do tempo de trabalho, as formas brasileiras de intensificação e de expropriação do trabalho, assim como os processos de informalização por dentro do trabalho formal (Abílio, 2014a).

Para o desenvolvimento do argumento, apresento alguns dos resultados de pesquisa sobre os motofretistas na cidade de São Paulo. Investiguei empiricamente uma categoria profissional tipicamente associada à *nova classe média*, analisando mudanças e permanências em suas relações e condições de trabalho, bem como em seus modos de vida, referentes aos treze anos de mandatos do governo petista (2002-2015). Atualmente essa categoria passa por uma série de transformações, devido à entrada de plataformas digitais de entregas por motofrete, as quais possibilitam uma reconfiguração das suas relações de trabalho, que venho analisando como parte do processo de uberização do trabalho (Abílio, 2017, Abílio & Machado, 2017; Abílio & Fachin, 2017). Os dados aqui apresentados referem-se até o ano de 2014.

O trabalho dos motofretistas na cidade de São Paulo

A cidade de São Paulo conta hoje com um gigantesco exército de motociclistas. A moto, apesar dos altos riscos, garante a rapidez no deslocamento em meio ao complicado tráfego de São Paulo. É um meio acessível que funciona como alternativa às muitas horas gastas no transporte público para ida e volta do trabalho. Entre 2005 e 2011 a frota de motocicletas teve um aumento de 89,2%. Crescem também os acidentes: são impressionantes as estatísticas que indicam o alto grau de letalidade desse veículo. Enquanto a taxa de óbitos associados a acidentes com carros vem caindo continuamente, apesar do crescimento da frota, a de motos cresce de forma assustadora. Em 2014, apesar de compor 13,2% da frota paulistana, as motos estiveram envolvidas em 31,9% dos acidentes com mortos na cidade de São Paulo (CET, 2014).

Não há dados específicos sobre o grau de letalidade associado exclusivamente ao trabalho dos motofretistas – comumente conhecidos como motoboys –, mas para compreender bem essa profissão é preciso considerar permanentemente os riscos cotidianos enfrentados sobre uma motocicleta na cidade de São Paulo para os que têm no tráfego da metrópole seu local de trabalho.

Os motofretistas constituem uma categoria representativa de profissionais que têm rendimentos na faixa associada à *nova classe média*. Uma pesquisa realizada por uma empresa estima que em 2014 seu número tenha ultrapassado os 900 mil no país, enquanto no estado de São Paulo eles seriam em torno de 500 mil, sendo aproximadamente 200 mil no município de São Paulo (site *Transporta Brasil*). Segundo pesquisa de um aplicativo de motofrete, em 2016 eram mais de 1,5 milhão no país (Estadão, 2017).

Em minha pesquisa realizei questionários semiestruturados com 50 trabalhadores em diferentes bairros da cidade. Abordava-os nas empresas, nos bolsões de estacionamento para motos de diversas regiões da cidade e nos cartórios. Quando havia disponibilidade e tempo do entrevistado, passávamos para entrevistas baseadas no estudo de trajetória de vida. As entrevistas e questionários visavam mapear: o perfil socioeconômico, a trajetória ocupacional, os modos de vida, a percepção sobre as transformações nas condições de trabalho, sobre as transformações nos padrões de vida da família, sobre as gestões do Partido dos Trabalhadores. Realizei quatro entrevistas em profundidade com motofretistas, além de duas entrevistas com proprietários de uma *start-up* que implementou com sucesso um aplicativo de entregas feitas por motoboys, bem como uma visita a essa empresa.

Usualmente se associa o trabalho dos motoboys com os jovens. Entretanto, no universo de 50 entrevistados, 70% têm mais de 30 anos, chegando inclusive aos 60 anos de idade. Quanto à jornada de trabalho, 89% trabalham oito ou mais horas por dia, sendo que 42% ultrapassam as dez horas e 20 % costumam trabalhar de 13 a 16 horas com sua moto. Com relação a rendimentos, 51% têm renda familiar *per capita* inferior a R$ 1.000, 29% têm renda familiar *per capita* acima de R$1.500. Quanto à escolaridade, 30% têm no máximo o curso fundamental completo ou incompleto, 62% têm curso médio completo ou incompleto. Nenhum dos entrevistados concluiu um curso superior; três estavam cursando faculdade privada. Um terço dos entrevistados já sofreu algum acidente de moto que o impediu de trabalhar por um mês ou mais.

Os motoboys têm uma ocupação que põe à mostra algumas das relações entre modernização da cidade e precariedade do trabalho, entre consolidação da cidade como espaço de valorização financeira e necessidade material de um exército de trabalhadores que garanta a circulação de documentos e muitos outros bens. Segundo pesquisa do IBOPE realizada em 2002, 56% dos motoboys faziam predominantemente entrega de documentos, 23% de alimentos, 13% de pequenas cargas, 8% de outros tipos de mercadorias. O instituto concluía então que "*o maior tomador de serviços de motofrete na cidade de São Paulo é o mercado financeiro, seguido dos setores do comércio e alimentação*" (IBOPE 2006, *apud* Barbosa, 2009, p. 63). O desenvolvimento da cidade – como centro financeiro, como centro de serviços, como espaço da valorização imobiliária e de crescimento de toda uma série de serviços pessoais –, aliado à falta de planejamento urbano, conta com o trabalho desses profissionais que continuamente põem seus corpos em risco para garantir o fluxo de documentos e bens pela cidade.

Seu trabalho consiste basicamente em recolher um bem ou documento em um local para entregá-lo em outro. Entretanto, o saber-fazer da profissão inclui uma série de competências que abrangem serviços burocráticos de cartório e de bancos, transporte e entrega de objetos delicados, prestação de serviços mecânicos, manutenção da própria moto. Para além das competências formais (CBO, 2013), há uma série de procedimentos que envolvem o enfrentamento cotidiano do preconceito e da estigmatização – a profissão situa-se na liminaridade entre legalidade e ilegalidade: a figura do motoqueiro de baixa classe frequentemente é associada a banditismo e atividades ilícitas. Mas a competência permanentemente exigida do motoboy é saber vencer o tempo pelo espaço em meio ao tráfego da metrópole. As tensões no trânsito são constantes: "costurando" entre carros, caminhões e ônibus, eles usam o próprio corpo e seu instrumento de trabalho como meio de garantir uma produtividade que é sempre pautada pelo tempo da urgência – urgência alheia, desde a entrega da refeição do trabalhador de escritório na hora do almoço até a circulação de documentos pela cidade e suas imediações. No caso dos motoboys, não se trata apenas da "loucura" da metrópole, é tempo de trabalho; seu deslocamento acelerado é produtividade do trabalho.

A profissão de motofretista foi reconhecida no governo Lula, em 2009. O reconhecimento associou-se ao aumento da formalização desses profissionais. Não há dados oficiais sobre a taxa de formalidade em São Paulo. A discussão sobre o estatuto jurídico dos motoboys suscita questões extremamente importantes sobre as referências que orientam os estudos do trabalho e sua força explicativa nestas últimas décadas. No Brasil, os baixos índices do emprego formal são uma questão permanente. Os avanços sociais da última década são fortemente associados ao aumento real do salário mínimo, assim como à redução da taxa de desemprego e à redução do trabalho informal. Entretanto, tais elementos por si sós não dão conta de abarcar completamente o que está em jogo nas condições de trabalho e acabam por obscurecer formas contemporâneas da exploração. Vale ressaltar que o aumento da formalização, em muitos setores, ocorreu fortemente associado aos meios contemporâneos de terceirização. Ou seja, ao mesmo tempo que o trabalhador passa a ter direitos, garantias e acesso às regulações e algumas proteções publicamente estabelecidas, também tem de submeter-se a novas formas de precarização, as quais podem resultar em rebaixamento do valor de sua força de trabalho, intensificação do trabalho, extensão do tempo de trabalho e aumento de riscos, além da transferência de custos para o próprio trabalhador. Desse modo, a carteira assinada permanece como referência central, mas, dadas as mudanças jurídicas e estruturais nas relações de trabalho, o registro em carteira, ao mesmo tempo que assegura proteções e benefícios sociais, não necessariamente garante melhor remuneração ou melhores condições de trabalho. No caso dos motofretistas, os entrevistados afirmam claramente que com a formalização o valor de sua hora de trabalho foi reduzido: "*sou eu que pago minhas férias, sou eu que pago meu décimo terceiro*", "*deu na mesma do que era antes*", afirmam Carlos e Eduardo, motofretistas há dez e quinze anos respectivamente. O valor da entrega pago pela empresa já transfere para o trabalhador grande parte dos custos que formalmente são o ônus do empregador. Essa formalização associada à redução do valor da força de trabalho e transferência de custos para o trabalhador é possibilitada pela extensa terceirização do trabalho dos motofretistas.

Há algumas décadas o motoboy era diretamente contratado por uma empresa, realizando coletas e entregas exclusivamente para a mesma, com uma jornada fixa de trabalho e com direito legal ao registro em carteira. Ao longo das últimas três décadas, grande parte dos motofretistas tornou-se terceirizada. A entrevista com Afrânio, hoje com 51 anos e motoboy há 32 anos, traz uma narrativa sobre a história dessa profissão praticamente desde seu surgimento até os dias de hoje. Quando começou a trabalhar, nos anos 1980, nem o termo *motoboy* existia. Existam sim os *office boys*, os mensageiros de escritório que se deslocavam pela cidade, a pé e de ônibus. Na época, Afrânio era um "*mensageiro motorizado*", segundo seu registro em carteira. Ainda não haviam entrado no mercado as empresas terceirizadas de motofrete: nos anos 1980 "*não tinha esse negócio do cara trabalhar com moto própria*", "*a empresa fornecia a motocicleta e o combustível*". Para o entrevistado, a partir dos anos 1990, "*abriu-se uma brecha para o cara trabalhar autônomo. Quando a gente trabalhava com moto da firma, você chegava às 8 horas da manhã, e saía às 19, mas a moto ficava na empresa. Você levantava cedo, pegava a condução, deixava a moto na empresa, voltava pra casa de ônibus.*" A entrada das empresas terceirizadas mudou as relações de trabalho. "*Então as empresas resolveram terceirizar a mão de obra, grande parte delas venderam as motos para os motoboys e eles passaram a trabalhar com a sua própria moto.*"

Pode-se aventar que o número de motofretistas cresce junto com as terceirizações. A baixa qualificação necessária, a facilidade para adquirir as motos e uma remuneração relativamente alta dentre as ocupações de mesma escolaridade, são elementos importantes para explicar o rápido crescimento do exército de motofretistas no país. A maioria dos entrevistados afirma que a remuneração como motoboy é mais alta do que a de outras ocupações que já tiveram.

Outro fator importante para a expansão da profissão é o crescimento do setor de serviços aliado à falta de planejamento urbano. Como diz Afrânio, "*o trabalho era específico para o transporte de documentos. Não havia transporte de água, gás, tudo isso foi surgindo na medida em que houve a necessidade dos transportes. Porque o trânsito de São Paulo foi se afunilando cada vez mais.*" Saskia Sassen (1998) evidencia que o desenvolvimento dos mercados imobiliário e financeiro globalizados depende também da existência de uma massa de trabalhadores de baixa qualificação do setor de serviços. Numa metrópole que, ao mesmo tempo que é um polo que concentra uma série de atividades relacionadas à financeirização e seus serviços, também tem sua modernização como espelho do subdesenvolvimento brasileiro, os motoboys garantem – de forma eficiente, ágil e precária – a circulação da informação que precisa se materializar, dos bens, de valores e documentos. Mas seu trabalho não se restringe apenas ao desenvolvimento do centro imobiliário e financeiro: a cidade passa a contar com os entregadores de refeições, remédios, exames laboratoriais, livros, chaves esquecidas, entre tantas outras mercadorias.

Dessa forma, ao longo destas décadas vão se estabelecendo centenas de empresas que prestam serviços de motofrete. A gama de entregas ampliou-se, assim como os riscos e custos que são transferidos para o trabalhador. As terceirizadas passam a empregar e gerenciar o trabalho dos motofretistas, o que também significa gerenciar toda a logística que envolve o conhecimento do território e a distribuição de seu exército de motoboys. A logística é efetivamente uma questão fundamental, tanto para as empresas como para os motoboys. Para a empresa trata-se do gerenciamento da mobilização, localização e deslocamento dos motoboys de seus pontos de partida aos locais de retirada e entrega, que se tornam um novo ponto de partida. Para o motoboy, seu autogerenciamento logístico é o que garante uma remuneração maior, possibilitando-lhe mais entregas em menos tempo.

A remuneração mostra uma variação muito significativa: encontrei trabalhadores com rendimento inferior a R$ 800 e outros que ultrapassam os R$ 5 mil. O que explica essa heterogeneidade é a experiência do profissional combinada com o tipo de relação de trabalho a que está subordinado. Os três tipos de estatuto de trabalhador do motoboy são:

1) Ser funcionário contratado diretamente por uma empresa, algo extremamente raro atualmente.

2) Prestar serviço exclusivamente para uma empresa, mas na condição de terceirizado. Ou seja, o motoboy é contratado por uma empresa que presta serviços de motofrete, mas é disponibilizado para outra empresa para uma carga horária semanal determinada. Constitui o que os motofretistas denominam *trabalhador por contrato*. Escritórios, corretoras de imóveis, farmácias são alguns dos estabelecimentos que costumam optar por esse tipo de relação.

Por trabalharem para uma única empresa, em sua maioria os trabalhadores com contrato realizam menos entregas e coletas que os outros e, portanto, têm uma remuneração menor e um ritmo de trabalho menos acelerado. Entretanto, o trabalhador por contrato pode aumentar seus rendimentos se souber como intensificar seu trabalho. Trata-se de saber ele mesmo criar sua própria logística, que lhe permita cumprir as exigências estabelecidas com a empresa e ao mesmo tempo combinar outras entregas nos seus poros de trabalho, ou seja, no tempo de não-trabalho dentro de sua própria jornada. Essa combinação demanda experiência e conhecimento da cidade. É um dos fatores que explicam a ampla gama de remunerações.

3) Ser um *trabalhador esporádico*. Apesar do termo, esse trabalhador pode ser registrado. É contratado pela empresa prestadora de serviços e fica disponível para qualquer entrega e coleta durante sua jornada. A remuneração do esporádico é calculada de acordo com a distância percorrida em cada entrega e que é definida por pontos: quanto maior a distância, maior a remuneração. Nesse caso fica evidente a remuneração por peça: embora exista um piso salarial estabelecido, o trabalhador ganha, de fato, de acordo com sua produtividade. A maioria dos entrevistados já trabalhou com e sem registro em carteira, como esporádico e com contrato. Ser esporádico geralmente significa ter remuneração maior e também correr mais riscos.

A figura do *cachorro loko* está mais associada à do trabalhador esporádico; o termo nomeia o trabalhador que lida com seu trabalho de forma ainda mais perigosa, como se não temesse a morte, arriscando-se no trânsito, economizando custos com regulação e manutenção da moto, combinando seu trabalho com outras atividades. Se olharmos para a loucura do trabalho enquanto produtividade do trabalho, poderemos reconhecer que o *cachorro loko* – as práticas cotidianas desses trabalhadores – refere-se em realidade àquele profissional que promove no limite de sua própria vida a *aniquilação do espaço pelo tempo* (Harvey, 1992), sendo esta um dos elementos que definem o montante de sua remuneração.[4]

Quando o governo Lula regulamentou a profissão de motofretista, foi estabelecida uma série de requisitos ao profissional – requisitos que até os dias de hoje não são plenamente fiscalizados. Estima-se que os itens de segurança mais o curso de direção obrigatório têm um custo médio de R$ 680 para o motoboy. Em 2007, a gestão do prefeito Gilberto Kassab já havia implementado a lei municipal 14.491/2007, também regulamentando o trabalho dos motofretistas. Além dos requisitos federais, o motofretista tem de obter uma licença da prefeitura. Para obtê-la precisa apresentar uma apólice de seguro de vida, o que abriu um novo segmento no setor de seguros, que até então se recusava a fazer seguro de vida para motoboys.

A implementação da regulamentação é campo de muitas disputas, foi mote de diversas manifestações públicas com milhares de motoboys. Essas manifestações bloquearam as principais vias da cidade, especialmente no ano de 2013, mobilizando em torno de 20 mil motofretistas (SindimotoSP). Sua forma de organização é simples e inovadora: utilizar o próprio instrumento de trabalho de modo inverso, para interromper o fluxo de trânsito em pontos-

4 Em dezembro de 2017, o Ministério Público do Trabalho solicitou que o governo retirasse do ar uma de suas propagandas sobre a Reforma Trabalhista (em vigor desde novembro de 2017). O motoboy dizia para as câmeras o quanto pode ser bom ser remunerado por produtividade – definindo sua própria jornada e incrementando seus ganhos de acordo com a sua dedicação. O MPT alegou que por meio da propaganda o governo estimula uma "*prática proibida por lei e prejudicial à segurança dos trabalhadores*" no caso, a defesa da remuneração por produtividadeé também um estímulo ao aumento da velocidade e dos riscos na execução do trabalho dos motofretistas. http://portal.mpt.mp.br/wps/portal/portal_mpt/mpt/sala-imprensa/mpt-noticias/5f86867c-b550-43a6-9410-964cc3515393/!ut/p/z0/jYzLDoIwEEV_BRcsm5kCLbJEY4gSou6wGzNU0KoUlMbH34s_YFyem3MPKChBWXqYIznTWbqOvFNyzzOMlrM15lm-iTHd8mKxzHgwxxhWoH4LY8GcbzeVgtKddfXLQdn2zseBruQdas-0_b22A_k4zp7tnNGGBh9FM5VTGWtWCYEsCkmyJOLIEhlpHQouwiT81oN7MS-OoHpyJ2Zs00H517W_qOr9TCcfYEstyw!!/

-chave da cidade. Eles alegavam que não havia infraestrutura para que todos tivessem acesso ao curso de especialização em segurança exigido, além de terem de arcar com custos altos, inclusive dos equipamentos de segurança. O resultado foi a flexibilização da fiscalização; a regulamentação dos motoboys segue sendo uma espécie de opcional para o trabalhador. O que ficou evidente nesse campo conflituoso é que essa categoria de trabalhadores tem nas mãos o poder de parar a cidade.

Atualmente, há uma disputa que já dura alguns anos sobre a atuação e a legitimidade de dois sindicatos, o Sindicato dos Mensageiros, Motociclistas, Ciclistas e Mototaxistas Intermunicipal do Estado de São Paulo (SindimotoSP), e o Sindicato dos Trabalhadores de Motociclistas da Cidade de São Paulo (Sindimoto). As disputas na justiça resultaram no reconhecimento do Sindimoto como legítimo representante dos trabalhadores, mas o SindimotoSP segue ativo; está ligado à UGT. Não obtive dados sobre o número de filiados. Dos 50 entrevistados, apenas dois afirmaram ter contato com o sindicato. A grande maioria mostra desinteresse e, mais que isso, desconfiança em relação a atuação sindical. Mas ambos os sindicatos afirmam a importância de sua participação nas conquistas da categoria: estabelecimento do adicional de periculosidade, regulamentação da profissão, formalização do trabalho. O SindimotoSP esteve na linha de frente das manifestações públicas em torno das regulamentações.

Atualmente, a regulamentação tem sido utilizada como um meio eficaz para o motofretista tornar-se um microempreendedor e prestar serviços para empresas de entrega por aplicativo. Isso se dá porque as empresas das plataformas digitais têm como critério de elegibilidade que o motoboy esteja regulamentado como motofretista. Dessa forma, vemos surgir uma nova reconfiguração que alia inovações tecnológicas, novas regulações estatais e exploração do trabalho precário de baixas qualificação e remuneração. Vem se espraiando, portanto, de forma extensa, um quarto tipo de condição deste trabalhador: a de autônomo, subordinado às empresas de aplicativo. A entrada de aplicativos voltados para a mobilidade urbana também abarca o motofretista, estabelecendo novas relações de trabalho, dando-lhe o estatuto de trabalhador com profissão reconhecida, autônomo, microempreendor, prestador de serviços para empresas que realizam virtualmente a mediação entre oferta e procura das entregas por motofrete ao mesmo tempo que estabelecem novas formas de subordinação, controle e organização do trabalho. Essa nova relação traz consigo novas formas de intensificação do trabalho, novas formas de transferência de custos e riscos para esses trabalhadores, ao mesmo tempo que, no presente, lhes permite ganhar mais, graças à possibilidade de se desvincularem das empresas terceirizadas – ou ainda, de combinarem as duas coisas: ser simultaneamente um microempreendendor e um terceirizado (Abílio, 2017, Abílio & Machado, 2017; Abílio & Fachin, 2017).

Portanto, a uberização do trabalho dos motoboys vem ocorrendo de forma intensa nos últimos anos, eliminando do mercado parte significativa de empresas terceirizadas. Os motofretistas passam a traçar novas estratégias, que incluem ser autônomo e celetista ao mesmo tempo, trabalhando para aplicativos e terceirizadas, ser autônomo apenas para aplicativos, entre outras condições. Para tanto, é preciso o saber-fazer que passa a incluir novas competências, como os novos elementos do gerenciamento do próprio tempo, os meios informais de intensificar o próprio trabalho, além das estratégias para lidar com e sobreviver frente à concorrência da crescente multidão de motofretistas uberizados.

Conclusão

A pesquisa empírica investigou os elementos de mudança da mobilidade social em ato, sem perder de vista os elos dessas mudanças com as permanências e transformações nas relações de trabalho. A investigação sobre o contexto familiar dos motofretistas indica aumento nos rendimentos/crédito na última década, aquisição financiada da moto, aquisição de casa própria; reformas no domicílio, aumento de aquisição de bens de consumo, aquisição de outros veículos automotores que antes não eram acessíveis. Ao mesmo tempo, verificou-se a intensificação de seu trabalho, o acesso a direitos sociais vindo de par com a extensão do tempo de trabalho e a redução do valor da hora trabalhada, além do reconhecimento profissional combinando-se com novas possibilidades de organização do trabalho que trazem novos meios de transferência de riscos e custos para o trabalhador, e que funcionam como potentes vetores de eliminação de direitos, proteções e garantias associados ao trabalho.

Ampliando a escala de análise (Revel, 1998), as mudanças na estratificação social brasileira serviram de base para um modelo de desenvolvimento estabelecido pelo Partido dos Trabalhadores. Implantadas ao longo de uma década de crescimento econômico, instauraram o que se convencionou chamar de "pacto lulista"(Singer, 2012): políticas governamentais que, ao mesmo tempo que baixaram consideravelmente os níveis de pobreza – queda do desemprego, aumento do trabalho formal e dos rendimentos reais dos trabalhadores – não tocaram nos ganhos financeiros das elites. Um dado que de saída evidencia a problemática relação entre políticas de governo, mobilidade social, desigualdade e exploração do trabalho é o fato de que a quase totalidade – mais de 95% – dos novos postos de trabalho gerados nos anos 2000 têm remuneração de até 1,5 salário mínimo (Pochmann 2011), ou seja, o rebaixamento da força de trabalho e a permanência da vulnerabilidade social correram junto com as melhoras promovidas naquelas gestões. Estudos recentes indicam que, na melhor das hipóteses, nessa década a desigualdade social permaneceu inalterada, se é que não aumentou (Medeiros *et alii*, 2015). Seguindo a tese de Singer (2012), foram aquelas mudanças que cimentaram a base eleitoral que assegurou a permanência do Partido dos Trabalhadores no poder por três gestões sucessivas. Entretanto, a última eleição de Dilma Rousseff por apenas 3,2% de votos a mais que seu oponente pôs à mostra uma erosão numa base socioeleitoral que parecia estar muito bem consolidada pelas políticas governamentais.

As gestões do Partido dos Trabalhadores basearam-se assim no "*país bom para todos*" (slogan oficial do governo), promovendo reformas sociais fortemente alicerçadas no crescimento econômico. Atualmente já se verifica a regressão em curso dos rendimentos das camadas favorecidas por essas políticas. Pesquisas baseadas na renda do trabalho indicavam que em 2014 a mobilidade assumiu um movimento regressivo, ou seja, já se evidenciava a queda dos rendimentos aliada ao aumento do desemprego para esse estrato da população (Quadros, 2015; Quadros & Fachin, 2015; Pochmann & Orsi, 2015). O jargão da *nova classe média* dá lugar agora ao dos *novos pobres*, termo utilizado pelo Banco Mundial em sua previsão de que no ano de 2017 o número de brasileiros vivendo na pobreza sofreria um incremento de no mínimo 2,5 milhões de pessoas, o cálculo mais pessimista seria de que 3,6 milhões de pessoas engrossariam esse estrato da população (Banco Mundial, 2017). Na conjuntura atual de crise econômica acompanhada do *impeachment* da presidente, as ciências sociais brasileiras agora são desafiadas a compreender o que foram essas transformações, sua fragilidade e/ou permanência e suas consequências políticas. Ao longo dos anos dessa pesquisa, a mira dirigia-se ao obscurecimento da exploração do trabalho nas suas formas contemporâneas para o debate sobre o modelo de desenvolvimento em curso. Para tanto, faz-se necessário ultrapassar os critérios de rendimento e potenciais de consumo; mas para além disso, é preciso ir além das dicotomias emprego/desemprego, trabalho formal/informal para o estabelecimento de referenciais que deem conta de reconhecer os elos entre exploração do trabalho e desigualdade social nas suas formas contemporâneas.

Baseando-se em todos esses elementos, a pesquisa também lida com a linha divisória que é um princípio estruturante em grande parte do pensamento brasileiro: a persistente divisão entre integrados e não integrados, produtivos e improdutivos, miseráveis e proletários impede-nos a compreensão sobre a relação entre exploração do trabalho e acumulação capitalista nos moldes brasileiros. Assim, o trabalho dos motofretistas oferece um campo profícuo para o estudo da relação entre desenvolvimento capitalista, precariedade e exploração do trabalho; para a investigação da relação entre modernização na periferia, seus espaços da dominância financeira da acumulação (Chesnais, 2005) e o trabalho precário e socialmente invisível.

Para grande parte do pensamento brasileiro contemporâneo, a maioria da população brasileira segue sendo enfocada em termos eleitorais – ou seja, na sua importância enquanto maioria que pode definir o resultado das eleições. Sua centralidade para a acumulação e para o desenvolvimento brasileiro fica obscurecida.

O caminho que se propõe: compreender o esgotamento ou os limites das mudanças promovidas nesta década, as quais, ao mesmo tempo que elevaram rendimentos, mantiveram a exploração do trabalho nos moldes brasileiros. Ou seja, trata-se de interrogar sobre a permanência banalizada da ausência de garantias, dos parcos direitos, das violências físicas, políticas, simbólicas que são constitutivas do viver da classe trabalhadora no Brasil e centrais para as formas brasileiras da acumulação e modernização.

Bibliografia

ABÍLIO, L. C. (2009), Les réseaux invisibles de la surexploitation du travail : inégalité sociale, informalité et accumulation capitaliste. Les Mondes du Travail, v.9-10, pp.41 - 52, 2010.

______. A gestão do social e o mercado da cidadania. *In:* CABANES, R.; GEORGES, I.; RIZEK, C. & TELLES, V (orgs.). (2011a), *Saídas de emergência: Ganhar/perder a vida na periferia de São Paulo.* São Paulo: Boitempo, p. 297-316.

______. (2011b), A nova classe média vai ao paraíso? Anais da II Conferencia Nacional do Desenvolvimento.

______. (2014a), Sem maquiagem: o trabalho de um milhão de revendedoras de cosméticos. São Paulo: Boitempo.

______. (2014b), Desenvolvimento Express: 'Nova classe média' e a exploração do trabalho de motoboys em São Paulo. Anais do II Encontro Internacional Teoria do Valor Trabalho e Ciências Sociais. Brasília: GETP.

______. (2014c), Segurando com a dez: A classe trabalhadora e o desenvolvimento brasileiro. Anais do 38 Encontro Anual da Anpocs, Caxambu.

______. Uberização do Trabalho: Subsunção real da viração, Fevereiro de 2017. Site Passapalavra. 2017. Disponivel em: http://passapalavra.info/2017/02/110685

ABILIO, L.C; FACHIN, P. A eliminação dos custos associados ao direito constitui a espinha dorsal da reforma trabalhista: entrevista especial com Ludmila Abílio. IHU, 2017. Disponível em: http://www.ihu.unisinos.br/574556-a-eliminacao-dos-custos-associados-ao-direito-e-a-protecao-do-trabalhador-constitui-a-espinha-dorsal-da-reforma-trabalhista-entrevista-especial-com-ludmila-abilio.

ABILIO, L. C.; MACHADO, R. Uberização traz ao debate a relação entre precarização do trabalho e tecnologia. IHU ON-LINE (UNISINOS. IMPRESSO). , v.01, p.20 - 28, 2017.

BANCO MUNDIAL, Salvaguardas contra a reversão dos ganhos sociais durante a crise econômica no Brasil. Janeiro de 2017. Disponível em http://documents.worldbank.org/curated/pt/469091487328690676/pdf/112896-WP-P157875-PORTUGESE-PUBLIC-ABSTRACT-SENT-SafeguardingBrazilEnglish.pdf

BARBOSA, R. (2009), *Os motoboys no globo da morte: circulação e trabalho precário na cidade de São Paulo.* São Paulo: FFLCH - USP, dissertação de mestrado.

CBO. Classificação Brasileira de Ocupações. 2014. Disponível em http://www.mtecbo.gov.br/cbosite/pages/downloads.jsf

CARDOSO, A. M. (2013), *Ensaios de sociologia do mercado de trabalho brasileiro.* Rio de Janeiro: FGV.

CASTEL, Robert. (1998), *As metamorfoses da questão social. Uma crônica do salário*. Petrópolis : Vozes.

CET. Acidentes de trânsito fatais: Relatório Anual, 2014. São Paulo: CET, 2014.

CHESNAIS, F. (2005), *A finança mundializada*. São Paulo : Boitempo.

ESTADAO. As transportadoras vão sobreviver à reviravolta tecnológica do mercado de entregas rápidas?, São Paulo, 23.01.2017. Disponivel em: http://economia.estadao.com.br/noticias/releases-ae,as-transportadoras-vao-sobreviver-a-reviravolta-tecnologica-do-mercado-de-entregas-rapidas,70001638792

FELTRAN, G. O valor dos pobres. *Cadernos CRH*, Salvador, v.27, n.72, p. 495-512, dez. 2014.

HARVEY, David. (1992), *A condição pós-moderna: uma pesquisa sobre as origens da mudança cultural*. São Paulo: Loyola.

MEDEIROS, M.; SOUZA, P. H.G & CASTRO, F. A. O topo da distribuição de renda no Brasil: Primeiras estimativas com dados tributários e comparação com pesquisas domiciliares (2006-2012). *DADOS – Revista de Ciências Sociais*, Rio de Janeiro, vol. 58, n.1, 2015, pp. 7-36.

MEIRELLES, R. & ATHAYDE, C. (2014), *Um país chamado favela*. Rio de Janeiro: Gente.

POCHMANN, M. & ORSI, C. Pochmann vê risco de retrocesso na redução da desigualdade no país. *Jornal da Unicamp*, Ed. 635, agosto de 2015. Disponível em: http://www.unicamp.br/unicamp/ju/635/pochmann-ve-risco-de-retrocesso-na-reducao-da-desigualdade-no-pais

POCHMANN, M. (2011), *Nova classe média? O trabalho na base da pirâmide social brasileira*. Boitempo.

______. (2014), *O mito da grande classe média*. São Paulo: Boitempo.

QUADROS, W. & FACHIN, P. Está em curso um retrocesso social em cascata. Entrevista especial com Waldir Quadros. *Entrevistas IHU Online*, 2015. Disponível em http://www.ihu.unisinos.br/entrevistas/541562-esta-em-curso-um-retrocesso-social-em-cascata-entrevista-especial-com-waldir-quadros

QUADROS, W. (2008a), A evolução da estrutura social brasileira. Notas metodológicas. Texto para discussão, IE/UNICAMP, n.147, nov.

______. (2008b), A evolução recente da estrutura social brasileira. Texto para discussão, IE/UNICAMP, n.148, nov.

______. Paralisia econômica, retrocesso social e eleições. Plataforma Política Social, 2015. Disponível em http://plataformapoliticasocial.com.br/wp-content/uploads/2015/01/TD_WaldirQuadros012015.pdf

RAMALHO, J. R. & RODRIGUES, I. (2013), Sindicato, Desenvolvimento e Trabalho: crise econômica e ação política no ABC. *Dossiê Trabalho e desenvolvimento, Caderno CRH*,, Salvador, v.26, n.65, pp.217-231, maio/agosto.

REVEL, J. (1998), *Jogos de escalas: a experiência da microanálise*. Rio de Janeiro: FGV.

SAE. *Vozes da nova classe média*. Caderno 3. Brasília : SAE, abril de 2013.

SAE. *Assuntos estratégicos: social e renda, a classe média brasileira*. Brasília : SAE, 2014.

SASSEN, Saskia. (1998), *As cidades na economia mundial*. São Paulo : Studio Nobel.

SINGER, A. (2012), *Os sentidos do lulismo: reforma gradual e pacto conservador*. São Paulo: Cia das Letras.

SITE TRANSPORTA BRASIL. Apenas 9,7% dos 200 mil motoboys na cidade de São Paulo são registrados. Setembro de 2013. Disponível em: http://www.transportabrasil.com.br/2013/10/apenas-97-dos-200-mil-motoboys-da-cidade-de-sao-paulo-sao-registrados/

TELLES, V. S.; CABANES, R. (Orgs.). (2006), *Nas Tramas da Cidade - trajetórias urbanas e seus territórios*. São Paulo: Associação Editorial Humanitas.

VERAS, R. (2013), Suape em construção, peões em luta: o novo desenvolvimento e os conflitos do trabalho. *Dossiê Trabalho e desenvolvimento, Caderno CRH*,, Salvador, v.26, n.65, pp. 233-252, maio/agosto.

6. A frente neodesenvolvimentista e a política de integração regional nos governos PT: ascensão e queda do regionalismo multidimensional

Tatiana Berringer

Introdução

Durante os governos PT (2003-2016) a integração regional foi uma das prioridades da política externa do Estado brasileiro, a estratégia se pautou por buscar consolidar o regionalismo multidimensional, que diferentemente do regionalismo aberto dos anos 1990, centrado em questões comerciais, incorporou compromissos nas áreas de defesa, infraestrutura, desenvolvimento, políticas sociais e cidadania (Pereira, 2014). Mas, o Mercosul e a Unasul ainda se configuraram como arranjos intergovernamentais, com baixa institucionalidade e reduzido grau de compromissos políticos, determinados pela posição político-ideológica da burguesia interna brasileira, que é a principal beneficiária desses dois projetos. A nossa hipótese é que houve uma imbricação entre a base social do neodesenvolvimentismo e o regionalismo multidimensional, por isso, e a ascensão e a queda/crise de ambos estão conectadas.

O neodesenvolvimentismo foi uma reforma do neoliberalismo no Brasil, e pode ser resumido ao papel do Estado na promoção do crescimento econômico tendo em vista o fortalecimento do mercado interno e o apoio às exportações e à internacionalização das empresas brasileiras (esses dois últimos elementos e a presença de outros setores que não só a indústria de transformação, indicam, de maneira breve, a escolha do prefixo "neo"). A frente política neodesenvolvimentista foi dirigida pela grande burguesia interna brasileira, e contou com o forte apoio das classes populares durante os governos PT (Boito, 2012). A frente política difere-se da aliança, por ser mais instável, flexível e contraditória.[1] A convergência dos interesses das classes populares com a burguesia interna não foi fruto de um pacto ou acordo político consciente. Havia muitas contradições m relação às políticas sociais e, especialmenente, em relação à política de aumento do salário mínimo. Na política externa também identificamos alguns pontos de divergência, como a defesa da entrada da Venezuela no Mercosul e o aprofundamento dos compromissos políticos entre os Estados na região. Por isso, sustentamos que a fragilidade político-ideológica desta fração diante do imperialismo e a impossibildade de integrar-se ao "povo", foi determinante para que o Estado brasileiro tenha levado à cabo um projeto de integração multidimensional com baixa institucionalidade, e dependente da convergência política entre os governos (intergovernamentalismo).

Dada a dependência tecnológica e financeira e a dissolução político-ideológica desssa fração, nos momentos de crises política e econômicas como as que levaram ao *impeachment* da presidenta Dilma em 2016, ela tende a se aliar à burguesia compradora e ao imperialismo em nome dos seus interesses objetivos de classe, contrapondo-se às políticas de distribuição de renda e de conflitos aparentemente abertos com o imperialismo. Parte dela rompeu, portanto, com a frente política com as classes populares e passou a integrar a frente política neoliberal composta pela burguesia compradora e pela alta classe média (Boito, 2016). Nas manifestações pró-impeachment em 2015 e 2016 houve forte denunciado suposto "bolivarianismo" da política externa brasileira e do Foro de São Paulo[2] e colocações contrárias à relação do Estado brasileiro com os Estados cubano e venezuelano. Interessa-nos entender a relação da frente neodesenvolvimentista com o regionalismo multidimensional dos governos PT. Qual a posição da grande burguesia interna e das classes populares sobre o Mercosul e a Unasul? A atual crise decorre dos interesses e posições destes setores?

---

1 Frente política não quer dizer qu e houve um acordo consciente entre as diferentes classes sociais (grande burguesia interna e as classes populares), mas seus interesses, ainda que conflitantes, convergiram para que um conjunto de políticas fossem adotadas.

2 Foro de São Paulo é um espaço de articulação político-partidária na América Latina, que teve sua primeira edição aconteceu em 1991 na cidade de São Paulo (Brasil). Nos primeiros anos o espaço foi coordenado pelo Partido dos Trabalhadores e pelo Partido Comunista Cubano e acabou integrando os partidos dos governos progressistas na América do Sul nos anos 2000 (PSUV- Chavez; MAS – Bolívia, etc).

Dividimos o artigo em quatro partes. Essa primeira parte que é uma introdução geral, um próximo tópico com esclarecimentos teóricos e duas seções seguintes que apresentam uma visão cronológica da política de integração regional do Estado brasileiro e da relação com a frente neodesenvolvimentista. Na primeira fase, entre 2003 e 2012, tratamos da ascensão do regionalismo multidimensional e do neodesenvolvimentismo do Brasil, e na segunda fase, entre 2012 e 2016, analisamos a crise/queda do neodesendesenvolmentismo e do regionalismo muntidimensional.

Esclarecimentos teóricos

Burguesia interna é um conceito elaborado por Nicos Poulantzas (1978) para pensar a relação entre frações de classe, o Estado e o capital externo americano na periferia da Europa partir da internacionalização produtiva dos anos 1970. Este conceito busca explicar a fase do imperialismo em que a divisão internacional do trabalho não mais se configura como a clássica separação entre agricultura e indústria, mas, que se baseia em um processo de internalização induzida do capital imperialista no seio das formações sociais dependentes. A burguesia interna é uma fração intermediária entre a burguesia compradora e a burguesia nacional, pois ela pode coexistir com aquela mas não se configura como esta. Essa fração é, por um lado, imbricada por múltiplos elos de dependência aos processos da divisão internacional do trabalho e de concentração internacional do capital sob a dominação do capital americano, que produzem efeitos de dissolução política-ideológica face ao imperialismo. Essa fração se difere da burguesia nacional que, em determinadas conjunturas, é susceptível a adotar uma posição antiimperialista que a inclua junto "ao povo". Mas, por outro lado, ao possuir bases de acumulação próprias, e produção voltadas ao mercado interno e ao exterior, há contradições importantes com o imperialismo, levando-a a adotar posições (ainda que pontuais) de efetiva autonomia.[3]

3 Isto é: a industrialização periférica teria formado uma burguesia interna que não pode ser enquadrada nem como burguesia compradora, ou lumpen burguesia (segundo Gunder Frank), que seria uma fração enfeudada e dependente do capital estrangeiro e do mercado externo cuja função acaba sendo a de intermediária dos interesses imperialistas no seio da formação social periférica, mas também não se configura como burguesia nacional. Esta heterogeneidade da burguesia interna é o que explica a de-

Cabe dizer que a fração de classe é, para nós, uma aglutinação conjuntural. Não se trata apenas de uma clivagem estrutural, determinada pela posição na esfera da produção ou da circulação de capital, isto é: burguesia industrial, bancária e/ou comercial. As frações de classe se formam a partir dos efeitos pertinentes gerados pelas políticas estatais (políticas de juros, câmbio, de financiamento, de salários, etc) ou pela dinâmica e relação com a economia política mundial (Farias, 2017). Defendemos em outros trabalhos que a divisão entre as frações determina também as relações e parcerias estratégicas da política externa dos Estados: aliança com Estados imperialistas, políticas isolacionistas, políticas expansionistas, a busca do aumento da margem de manobra em relação a esses Estados e a política de integração regional (Berringer, 2015). Em primeiro lugar, há uma diferença determinada pela posição do Estado na estrutura de poder internacional: se imperialista ou dependente. Em segundo lugar, consideramos a política de comércio exterior (abertura comercial, tarifas protecionistas e acordos de livre-comércio, união aduaneira, etc) como um elemento importante para a política internacional dos Estados, o que nos difere da corrente realista dos estudos de relações internacionais que considera apenas as política de segurança e defesa (*hard politics*) como política externa. Acreditamos que a política externa abarca a política de integração regional, cooperação internacional, política cultural, política comercial e a política de alianças e parcerias estratégicas.[4]

O conceito de burguesia interna foi utilizado por pesquisadores do Instituto de Filosofia e Ciências Humanas (IFCH) da Unicamp, como Armando Boito Jr (1984), Francisco Farias (2017), Danilo Martuscelli (2015), e esta autora (Berringer, 2015), para analisar o Brasil. Seguindo a formulação original de Jacob Gorender (1981) em "A burguesia brasileira", defendemos que a burguesia interna brasileira, que entre 1930 e 1980 era predominantemente industrial, e durante os governos PT aglutinou um rol maior de setores

---

pendência dos Estados e as novas configurações dos blocos no poder que não podem ser mais analisados apenas no plano nacional (Poulantzas, 1978, p. 77-78).

4 Sobre a comparação entre o pensamento realismo e o marxismo de Poulantzas ver : Berringer, T Nicos Poulatnzas e os estudos de relações internacionais. In: Quaestio Iuris, v.7, n.2, 2014. http://www.e-publicacoes.uerj.br/index.php/quaestioiuris/article/view/13419.

econômicos (mineração, indústria da transformação, agronegócio, construtoras civis, etc), caracteriza-se por ser uma burguesia interna. Isto é: uma fração integrada à economia mundial de maneira subalterna e dependente, mas, ao mesmo tempo, concorre e conflitua com o capital externo quando este ameaça a sua sobrevivência (Boito, 2012).

2003 a 2012: ascensão do regionalismo multidimensional e do neodesenvolvimentismo no Brasil

Ainda no final de 2002, logo que foi eleito, Lula declarou que a integração regional seria uma prioridade da atuação internacional do Estado brasileiro. Assim, coordenou junto com o Presidente Fernando Henrique Cardoso o Grupo de Amigos da Venezuela, que contribuiu para a chegada de alimentos e combustíveis naquele país, no momento de grave crise política. No início de 2003, a primeira visita presidencial de Lula para outro Estado foi para a Argentina. Como Néstor Kirschner havia acabado de assumir a presidência daquele Estado, os dois reafirmaram suas agendas de campanha eleitoral, demonstrando disposição em relançar o Mercosul e avançar na integração política da região. Assim, em 2004, entrou em vigor a Solução de Controversias do Mercosul, foi instalado o Tribunal Permanente de Revisão, e criou-se o Fundo para Convergência Estrutural Mercosul (FOCEM).[5] No ano seguinte, foi assinado o Protocolo Constitutivo do Parlamento do Mercosul e ocorreu a primeira Cúpula Social do bloco. Em 2011, foi criada a Unidade de Participação Social (UPS) e o Instituto de Política Públicas e Direitos Humanos (IPPDH). Aquele ficou responsável por organizar as Cúpulas Sociais e pensar formar de harmonizar as políticas sociais comuns aos Estados-parte, e levou, dentre outras coisas, a aprovação da Nova

5 Cabe dizer que o Estado brasileiro se comprometeu a contribuir com 70% dos recursos do Focem, que na época foram estimados em 70 milhões de dólares. Esses recursos foram destinados a projetos sociais e de infraestrutura nos países vizinhos, sendo que o Uruguai e o Paraguai recebiam 80% dos recursos e o Brasil e Argentina 20%. Nota-se também a abertura de uma linha de crédito do BNDES para financiar a venda de máquinas, componentes e peças fabricadas no Mercosul para o Brasil. E a aprovação de crédito para projetos na área de infraestrutura dos países vizinhos, entre eles: a construção de uma linha de transmissão de energia entre a hidrelétrica Itaipu e Assunção (Paraguai) e a construção e a montagem de uma tubulação de gás natural na Argentina, entre outros projetos. O BNDES também abriu uma subsidiária em Montevidéu para facilitar os negócios na América do Sul.

Carta Laboral . E o IPPDH tentou organizar o Acervo Documental Condor — iniciativa que visava "passar a limpo" a história da Operação Condor levada à cabo nos anos 1970 — e fortaleceu as expectativas de avanços na implantação da cidadania regional e de uma política migratória.

O Mercosul é, para nós, um elemento de comprovação da existência da burguesia interna e dos conflitos entre capitais nacionais e externos. Não fosse a existência de uma burguesia interna a economia brasileira teria uma abertura comercial ainda maior que a adotada nos 1990 (Boito, 1999), e a Área de Livre-Comércio das Américas (Alca) teria sido aceita levando o bloco do Cone Sul ao seu fim. Mas a mobilização da burguesia interna brasileira através da Coalização Empresarial Brasileira, liderada pela Confederação Nacional da Indústria (CNI), que ficou responsável por receber o Fórum Empresarial das Américas em Belo Horizonte em 1997, e fez um profundo acompanhamento das negociações até 2002, foi um fato novo na relação entre os empresários e o Estado no Brasil. Apesar de não se contraporem entusiasticamente ao acordo com o Estados Unidos, a posição cautelosa e protecionista foi se aprofundando ao longo dos anos, bem como a percepção das possíveis perdas que teriam no mercado interno e mercosulino. Assim, passaram a reivindicar uma política externa cuja abertura comercial não fosse unilateral como a proposta da ALCA, e que houvesse um fortalecimento do Mercosul para garantir o aumento das exportações e dos investimentos brasileiros na região (Berringer, 2015).

Essa posição da grande burguesia interna convergiu com a posição de setores organizados das classes populares, que fizeram uma Campanha Nacional Contra a ALCA, reunindo organizações como a Central Única dos Trabalhadores (CUT), o Movimento dos Trabalhadores Rurais Sem-Terra (MST), as pastorais sociais da Conferência Nacional dos Bispos do Brasil (CNBB), a Consulta Popular, a Marcha Mundial das Mulheres (MMM), o Partido Socialista dos Trabalhadores Unificado (PSTU) e setores do Partido dos Trabalhadores (PT). O resultado concreto da campanha foi a realização de um plebiscito popular, cuja metodologia pautava-se na realização de cursos massivos de formação política, e na coleta de assinaturas. Obtiveram 10 milhões de votos contrários ao acordo (Silva, 2008). No curso do processo da Campanha contra a ALCA , ainda que não tenha ocorrido uma articulação e ação conjunta das classes populares com frações da classe dominante, o fato da posição das classes populares terem se encontrado com a ação e aglutinação da grande burguesia interna brasileira, acabou produzindo um importante efeito para que o acordo fosse rejeitado, e para que se formasse a frente política neodesenvolvimentista, na qual a grande burguesia interna foi a força dirigente, e o apoio dos setores organizados das classes populares foi fundamental (Berringer, 2015).[6]

Além do fortalecimento do Mercosul, o Estado brasileiro também buscou avançar a aproximação entre Mercosul e Comunidade Andina das Nações (CAN), fazendo com que e o Equador e a Colômbia se tornassem membros associados ao bloco, e firmando acordos de complementação econômica (ACE) com o Peru (2005), Equador, Colômbia, Venezuela (2004) e Cuba (2006). O bloco celebrou também acordos comerciais com Israel (2007), com a União Aduaneira da África Austral – SACU – (2008), com a Índia (2009), com o Egito (2010) e com a Autoridade Palestina (2011). E, em 2012, após um longo percurso, foi aprovada a entrada do Estado venezuelano, depois da suspensão do Estado paraguaio, e iniciou-se um movimento para tentar acelerar a implantação dos acordos de tarifa zero com os Estados peruano, chileno e colombiano, Estados-membros da Aliança para o Pacífico.

Paralelo ao relançamento do Mercosul, em 2004, na III Reunião de Presidentes da América do Sul, em Cusco (Peru), foi criada a Comunidade Sul-americana das Nações (CASA) que depois deu origem à Unasul. Essas iniciativas e a aproximação com os governos vizinhos, em especial com aqueles que se colocavam no campo político crítico ao neoliberalismo or-

6 Defendemos que as classes populares não têm o poder de influência direta sobre as decisões do Estado em matéria de política externa, mas, podem, em determinadas situações, produzir efeitos pertinentes sobre o processo decisório da política externa. Isto é: a partir da mobilização de classe ou mesmo da conformação de alianças ou frentes políticas com as classes ou frações de classes dominantes as classes populares podem ter seus interesses atendidos pelo Estado. Isso porque o Estado capitalista apesar de se apresentar enquanto Estado-nação e representante de um suposto interesse geral da população, ele se ocupa em organizar os interesses do bloco no poder: das classes e frações de classe dominantes unificadas sob a hegemonia de uma delas. O atendimento dos reclamos das classes populares se dá em nome da manutenção do "equilíbrio instável de compromisso" - o impedimento de crises políticas que afetam os interesses de longo prazo das classes dominantes no que tange à manutenção e reprodução do modo de produção capitalista. Assim, as classes populares podem ocupar três posições diante da política estatal: oposição, classe-apoio em uma aliança de classes, ou integrar uma frente política com alguma fração burguesa (BERRINGER, 2015).

todoxo – Chávez na Venezuela, Kischner na Argentina, Tabaré Vasquez no Uruguai e mais tarde Evo Morales na Bolívia, Fernando Lugo no Paraguai — contribuíram para que houvesse um posicionamento coordenado dos Estados sul-americanos nas negociações da Alca, levando ao arquivamento da proposta em 2005.

Segundo Honório (2013) a reunião de Cusco foi um ponto de inflexão no regionalismo sul-americano, pois, introduziu novos eixos na integração regional. "[...] Temas como luta contra a pobreza, eliminação da fome, geração de emprego, acesso à saúde e a educação deram o tom desse novo momento do regionalismo na região (Honório, 2013, p.48-49)". Três anos depois, em 2008, sob pressão de Hugo Chávez, a CASA acabou dando origem à formação da União das Nações Sul-Americanas – UNASUL – (Ruiz, 2010). Por meio dessa iniciativa o Estado brasileiro logrou aprofundar a coordenação política entre os Estados sul-americanos e introduziu novos temas e prioridades no processo de integração sul-americana como os projetos de infraestrutura, desenvolvimento e segurança. A Unasul incorporou a IIRSA ao Conselho Sul-americano de Infraestrutura e Planejamento (Cosiplan) e criou diversos outros Conselhos como o Conselho de Defesa Sul-americano, Conselho de Saúde e Conselho sobre o problema mundial das drogas,etc. Até 2012 a Unasul teve alguns avanços, especialmente nos projetos comuns na área de defesa como a criação da Escola Sul-americana de Defesa (ESUDE). Destaca-se ainda a importante atuação da Unasul contra a tentativa de golpes de Estado na Bolívia e no Equador em 2008 e contra o acordo militar entre os Estados Unidos e a Colômbia em 2009. O Estado brasileiro criou ainda o Programa Mercosul Social e Participativo (PMSP) com o intuito de abrir um canal de diálogo com os setores organizados das classes populares acerca das questões relativa ao bloco regional.

A integração regional transitou então do regionalismo aberto — estratégia na qual a abertura comercial era um dos pilares do projeto de integração neoliberal da América do Sul que culminaria na conclusão das negociações da Área de Livre Comércio das América (ALCA)[7] — para o regionalismo mul-

7 A ALCA foi uma proposta apresentada pelo Estados Unidos na Cúpula das Américas em 1994. Ela previa um acordo entre os 34 Estados do hemisfério e abrangia claúsulas de liberalização comercial e liberalização e proteção de investimentos externos diretos, além de flexibilização das leis trabalhistas e ambientais.

tidimensional que abarcava a ideia de integração inclusiva pautada no desenvolvimento econômico e social que promoveria a diversificação produtiva e de comércio, aliado às políticas de inclusão social, com distribuição de renda a aprofundamento das democracias (Pereira, 2014).

A prioridade conferida à integração regional durante os governos Lula estava ligada à três questões: (I) a integração regional é o melhor instrumento para o fortalecimento da posição política e econômica da região e, em especial, para fortalecer a posição do Estado brasileiro na estrutura de poder internacional; (II) as enormes vantagens econômicas que a burguesia interna brasileira poderia obter com o aumento das exportações de produtos e capitais para essa região (Berringer,2015); (III) a incorporação de pautas defendidas pelas organizações das classes populares que compunham a frente neodesenvolvimentista, em especial, o sindicalismo cutista e os movimentos populares. Ou seja, havia uma imbricação entre a frente neodesenvolvimentista e o regionalismo multidimensinal nos governos PT.

No que diz respeito às classes populares, o principal avanço nesses primeiros anos foi o arquivamento da ALCA em 2005, e o fortalecimento do Mercosul e a realização das Cúpulas Sociais do Mercosul. Grande parte das organizações que construíram a Campanha contra a ALCA, com exceção do PSTU, passaram a frequentar este espaço de participação popular do bloco e declararam apoio à criação da CASA e depois da Unasul. Assim como apoiaram a política e aproximação do Estado brasileiro com os Estados sul-americanos, especialmente com os Estados venezuelano e boliviano.

No entanto, como defende Botto (2014), a estratégia do sindicalismo brasileiro no que tange à participação social nas iniciativas de integração regional circunscreve-se aos espaços institucionais, a saber: a Cúpula Social do Mercosul, a instância de participação social que está sendo criada na Unasul e as Reuniões Especializadas. Trata-se de espaços formais, com baixa capacidade de influência no processo decisório da integração regional sul-americana. Nesse mesmo sentido, Ramanzini Junior e Farias (2014) destacam a diferença entre participação e influência (poder de decisão). Consideram que esse último é o limite das Cúpulas Sociais do bloco, pois se tornaram eventos institucionais, que não refletem influência direta dos setores populares nas decisões estatais. A sazonalidade[8] e a alternância dos participantes não garantem a existência de um processo mais profundo de articulação entre os movimentos sociais e as centrais sindicais dos países-membros. Ademais, o fato das Cúpulas serem convocadas e organizadas pelo Estado que está na Presidência Pró-tempore do Mercosul, faz com que exista pouca autonomia para os movimentos sociais. Um exemplo, da baixa capacidade de influências das Cúpulas sobre as decisões dos chefes de Estado do bloco é o fato de que em várias declarações finais houve o pedido de suspensão do acordo Mercosul-Israel, tema que nunca apareceu nos encontros dos chefes de Estado do bloco. Outra questão é o desconhecimento dos movimentos sociais e das centrais sindicais acerca dos termos das negociações do Acordo entre o Mercosul e a União Europeia cujas listas de ofertas que tem se mantido sigilosas.

O Movimento dos Tralhadores Rurais sem Terra (MST), por seu turno, optou, por dar pouca ênfase aos espaços institucionais do Mercosul, passando a jogar mais peso nos processos de articulações continentais dos movimentos sociais agrários e urbanos. Entre as iniciativas, destacam-se os Acampamentos da Juventude, os cursos latino-americanos realizados na Escola Nacional Florestan Fernandes, as brigadas e jornadas de solidariedade com a Venezuela, Paraguai, Equador e Bolívia, e especialmente, a construção da Articulação dos Movimentos Sociais da Alba, cuja secretaria está no Brasil desde o momento da criação em 2009, e é coordenada pelo MST. A Marcha Mundial das Mulheres, movimento que mantém forte atuação na luta contra o neoliberalismo e os tratados de livre-comércio, tendo em vista o impacto desses sobre a vida das mulheres, também acompanha as iniciativas institucionais do Mercosul, sem grande peso, e, ao mesmo tempo, segue em lutas de mobilização junto à Via Campesina e às articulações internacionais das quais participa.

No conjunto das ações do Estado brasileiro para a América do Sul entre 2003 e 2012, a burguesia interna brasileira foi a grande beneficiária, era, portanto, a força dirigente e as classes populares foram uma importante base de apoio. As exportações saltaram de 10 bilhões de dólares em 2003 para 38 bilhões em

8 As Cúpulas acontecem semestralmente desde 2006 no mesmo país que sedia a Reunião do Conselho do Mercado Comum (CMC) que reúne os chefes e ministros de Estado do Mercosul. Desde 2012 as Cúpulas são organizadas e financiadas pela Unidade de Participação Social, instância criada para atuar na implementação de políticas sociais comuns no interior do bloco.

2008, sendo que 87% eram de produtos industrializados (Fonte: Ministério do Desenvolvimento, Indústria e Comércio Exterior). Outro elemento importante foi o aumento do investimento externo direto brasileiro na América do Sul em instalação de plantas e aquisição de empresas. Em 2006 o Brasil atingiu o recorde, exportou mais capitais do que recebeu (Fonte: KPMG). Em abril 2012, demonstrando consonância com os avanços da Unasul, a Fiesp organizou um Seminário sobre a Infraestrutura Regional, cujo resultado foi a publicação de um livro sobre o tema, que reflete o entusiasmo da entidade com os projetos da Cosiplan. Mas, apesar disso, algumas ações não foram bem aceitas pela grande burguesia interna, são elas: a renegociação da Petrobras na Bolívia, a revisão do Tratado de Itaipu com o Uruguai, a entrada da Venezuela e assinatura do Mecanismo de Adaptação Competitiva (MAC) em 2006 (Berringer, 2015). Estas questões se acentuaram a partir de 2012 quando os efeitos da crise financeira internacional e das mudanças na política internacional passaram a produzir maiores mudanças políticas na região. Vejamos em detalhe na próxima seção.

De 2012 a 2016 – queda do regionalismo multidimensional e crise do neodesenvolvimentismo

A partir de 2012 a América do Sul sentiu os impactos da crise financeira internacional de 2008. A diminuição do preço das *commodities*, que havia possibilitado o ciclo de crescimento econômico na América do Sul entre 2003 e 2008, e o novo papel internacional da economia chinesa, também produziram efeitos no interior do Mercosul, dando início, a partir de 2012 , a uma nova fase, marcada por uma crise interna aguda. Essa crise é, portanto, fruto dos limites e contradições das políticas neodesenvolvimentistas no Brasil e na Argentina, e da ofensiva do capital financeiro e do imperialismo sobre os governos progressistas da região.

Primeiramente, o bloco passou a enfrentar conflitos comerciais internos, dado o aumento de medidas da Argentina para as importações brasileiras, abrindo espaço para a questionamentos acerca da eficácia da área de livre-comércio. Em seguida, a nova rodada de negociações do acordo Mercosul-União Europeia, que até 2014 parecia ter resistência da Casa Rosada, deu vazão às críticas contrárias à União Aduaneira. E, por fim, a suspensão do Estado paraguaio e a entrada do Estado venezuelano, em 2012, suscitaram fortes debates e questões sobre a claúsula democrática (Tratados de Ushuaia I e II), e os contornos e características políticas do bloco.

Na disputa eleitoral para presidentes em 2014, e nas manifestações *pró-impeachment* nos dias 15 de março e 12 de abril de 2015 nas principais capitais no país as críticas à política externa dos governos petistas ganharam força. As acusações da "ideologização", "bolivarianismo" e de isolamento da atuação internacional do Estado brasileiro tornaram-se parte das bandeiras dos setores de oposição, da imprensa e parecem ter ganhado apoio no interoor da grande burguesia interna.

Nos documentos da Fiesp, CNI e Ícone (2012, 2013 e 2014) as entidades passaram a criticar as imperfeições da implantação de uma zona de livre-comércio no Mercosul. Como se pode ver no trecho do artigo do ex-embaixador Rubens Barbosa (2014), conselheiro da Fiesp:

> O que se observa, contudo, é que esses compromissos nunca foram cumpridos, e o livre-comércio, longe de ter sido "esgotado", encontra-se em franco retrocesso no Mercosul, com resultados negativos para o Brasil (p.2).
>
> O Mercosul, como um instrumento de abertura de mercado, foi um dos projetos que mais sofreu com a partidarização da política externa nos últimos doze anos. A retórica e as decisões político/ideológicas passaram a prevalecer sobre a realidade econômica. (p.4)
>
> Nessa esteira, as entidades patronais fizeram coro à crítica sobre as imperfeições do livre-comércio e às restrições advindas pela União Aduaneira do bloco, reivindicando o abandono desse compromisso a fim de garantir maior liberdade de negociação bilateral para o Estado brasileiro na arena internacional. Questionaram os custos e implicações que o bloco passou a representar na política externa brasileira. Isso ganhou força com o aprofundamento das negociações do acordo Mercosul-União Europeia, que voltou à mesa de negociações em 2010, e acabou obtendo maior apoio da grande burguesia interna depois de 2013. A mudança de posição da grande burguesia interna em relação ao acordo chama a nossa atenção. No estudo técnico realizado pela Fiesp e pelo Ícone, em 2012, demonstra-se que o agronegócio seria o setor mais beneficiado caso o acordo fosse aprovado (Fiesp e Icone, 2012).

A maioria dos setores da indústria apresenta ganhos relativamente pequenos, se comparados aos incrementos do setor agrícola. Porém é necessário destacar que esses ganhos serão contrabalanceados pelo aumento maciço das importações de produtos manufaturados, o que impactará de forma relevante a balança comercial entre o Brasil e o bloco europeu. [...]Esses resultados refletem a excessiva proteção que a UE fornece àqueles setores em que o Brasil possui elevada competitividade nos mercados internacionais. (p.58)

Assim como no caso dos Estados Unidos, várias associações detectaram sensibilidades no caso de um acordo com a União Europeia. Isto ocorre porque, em geral, os resultados da simulação apontam para perdas consideráveis, em termos de saldo comercial, em importantes setores de manufaturados como o de máquinas e equipamentos e de químicos, ao mesmo tempo em que os ganhos obtidos no setor agrícola não teriam a mesma magnitude (p.61).

Na contramão, os documentos de 2013 e 2014 a Fiesp (2013) e a CNI (2014) exigiram prioridade para a conclusão das negociações.

O acordo MERCOSUL-União Europeia é uma prioridade imediata da política externa brasileira e deve ser finalizado até o início de 2015. O acordo poderá também ser efetivado, por parte do MERCOSUL, em velocidades distintas, por meio de listas e cronogramas de desgravação diferenciados, com vistas, futuramente, à convergência normativa entre os membros do bloco (Fiesp,2014, p.4).

O que estaria por trás dessa mudança de posição? A grande burguesia interna teria passado a defender que o acordo entre Mercosul e a União Europeia seria uma oportunidade e uma necessidade para a reversão do quadro de baixo crescimento econômico? Essa fração se dissolveu e/ou aderiu no momento de crise a pauta da burguesia compradora e do imperialismo? Parece que as repostas são positivas e estão conectadas. Acreditamos que decorrem dos seguintes elementos: 1) os impactos da crise financeira internacional; 2) o aumento comércio e dos investimentos chineses; 3) as negociações dos novos acordos de investimentos e serviços como o Acordo sobre Comércio e Serviços (TISA), o Acordo Transpacífico (TPP) e o Acordo Transatlântico; 4) a exclusão do Brasil do Sistema Geral de Preferências da Europa em 2014, perdendo uma redução tarifária importante (Fiesp, 2014); 4) a suspensão do Estado paraguaio e a entrada da Venezuela.

Sustentamos que esses elementos, juntos, desempenharam um papel importante na tomada de posição da grande burguesia interna brasileira. Retomou-se o receio de que a economia brasileira fique isolada.[9] Percebemos que assim como no início dos anos 1990, a grande burguesia interna parece acreditar que deve se adequar "a globalização neoliberal" e as novas formas de organização políticas e econômicas lideradas pelos Estados imperialistas (Boito,1999). Cabe lembrar que, apesar de inúmeras acusações sobre a posição contrária do Estado argentino em relação ao acordo Mercosul-União Europeia, a União Europeia não apresentou uma proposta de redução do protecionismo agrícola, enquanto o Mercosul propos a diminuição de quase 90% das tarifas de importação de produtos industrializados. Trata-se uma abertura comercial unilateral.

9 Vejamos mais um trecho do artigo de Rubens Barbosa (2014,p.6-7): "O Brasil e os países do Mercosul – grandes produtores de produtos agrícolas – sofrerão um impacto adicional com os mega-acordos regionais, como o dos EUA com a Europa. O mercado europeu absorve grande parte desses produtos, mesmo com medidas protecionistas e subsídios ilegais. A partir do momento em que o bloco transatlântico passar a existir nossos países terão de enfrentar a concorrência – com preferências negativas – da principal potência exportadora agrícola do mundo, os EUA.
A Aliança do Pacífico (AP), integrada por México, Colômbia, Peru e Chile, decidiu dar prioridade às negociações fora da região. Os quatro países têm acordos de livre-comércio com os EUA e com a União Europeia, além de outros países asiáticos, como a China e a Coreia. Do ponto de vista comercial, essa decisão terá pouco impacto inicial sobre o Brasil e os países do Mercosul. A médio e longo prazo, contudo, levando em conta que o Brasil concede tarifa zero, aos produtos exportados pela Aliança a nosso mercado, se medidas defensivas, como regras de origem mais rígidas, não forem tomadas, os países-membros poderão transformar-se em plataformas de exportação, com triangulação de produtos chineses e de outros asiáticos e dos EUA, para o Brasil. A solução, portanto, não seria minimizar os efeitos da AP ou restringir suas exportações e sim participar do processo. A negociação com a União Europeia – a única em curso no Mercosul – poderá tirar o Brasil do isolamento e permitir que haja uma aproximação com um grande bloco comercial. Se as negociações com a Comissão Europeia não avançarem, por questões ideológicas (Venezuela) ou protecionistas (Argentina), não restará alternativa ao Brasil, no âmbito do Mercosul, senão fazer um acordo com a União Europeia, mesmo que seja em velocidades diferentes e com listas distintas de produtos, para resguardar nossos interesses. A resolução 32/00 deve ser flexibilizada para permitir que os países que queiram possam avançar em negociações comerciais com terceiros países. Não deixa de ser curioso que o autor considera que o Mercosul deverá ser hipoteticamente revigorado com a negociação com a UE de um acordo de livre-comércio – tão estigmatizado no trabalho como sendo ultrapassado".

É importante ressaltar que o fluxo comercial da região com a China alcançou níveis elevados, trazendo desafios inesperados para o Mercosul, e que não apareceram de maneira forte nos documentos e preocupações das entidades que representam a burguesia interna brasileira durante este período. Como se pode notar no gráfico abaixo, em 2014, o fluxo de comércio entre a região e o país asiático chegou a 15,8% do total de comércio da região com o mundo, sendo que representa 14,8% das exportações e 16,7% das importações. Mais de 60% das importações são de bens e serviços de média e alta tecnologia, enquanto a pauta de exportações do Mercosul para a China é mais de 80% em produtos básicos e primários.

Participação da China nas exportações, importações e comércio total do Mercosul (2001-2014) (em %)

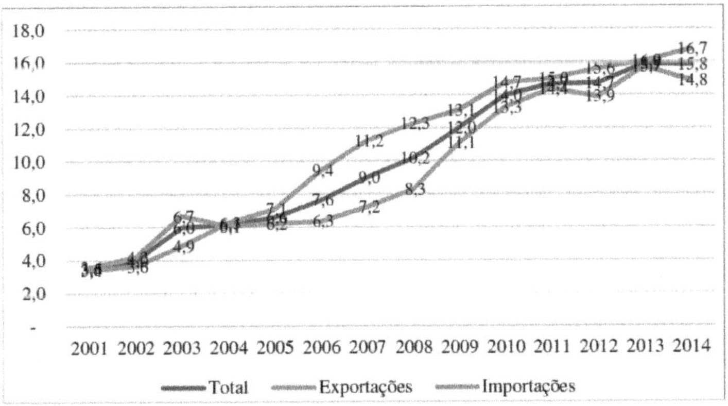

Fonte e elaboração: Bastos e Hiratuka, 2017.

Fora isso, a América Latina, entre 2005 e 2010, recebeu 19.5% do Investimento Externo Direto Chinês. Em 2010 e 2011, o Brasil recebeu 36,1% do IDE chinês na região e a Argentina 17,5% (IPEA, 2011). Em 2015, os Estados brasileiro e argentino firmaram diversos acordos bilaterais de parceria tecnológica e investimento em infraestrutura com o Estado chinês. E quadro de aumento do recebimento de IDE chinês no Brasil que vem se aprofundando a cada ano desde o *impeachment* da presidenta Dilma.

Ademais, em 2012, com a suspensão do Estado paraguaio do bloco, logo após o golpe de Estado que depôs o presidente Fernando Lugo, e a aprovação da entrada do Estado venezuelano, o receio em relação ao caráter político do

Mercosul se acentuou. A concomitância entre a suspensão do Estado paraguaio e a entrada do Estado venezuelano foi interpretada pela oposição como uma manobra do Estado brasileiro a fim de favorecer o governo de Hugo Chávez. A oposição passou então a uma campanha de denúncia do caráter político em detrimento dos compromissos econômicos do Mercosul. Apesar de a Venezuela ser um importante mercado para os produtos brasileiros e para os serviços das grandes construtoras, o receio de que a entrada daquele Estado, com uma política externa de maior enfrentamento discursivo com os Estados Unidos e União Europeia não é aceito pela grande burguesia interna brasileira, o que demonstra a sua fragilidade político-ideológica. A nota da CNI, em 2006, logo que o Mercosul aprovou a entrada daquele Estado é bastante reveladora disso. Vejamos:

> A baixa participação do bloco em acordos mais relevantes do ponto de vista econômico significa dificuldades imediatas reduzidas nesta área. Contudo, os acordos em negociação e as iniciativas futuras estarão sujeitas à coordenação com o novo membro, o que deverá aumentar a dificuldade na definição de posições comuns do bloco nas negociações comerciais.
>
> O eventual relançamento das negociações do Mercosul - UE poderá ser um teste importante. As dificuldades intra-Mercosul na oferta de produtos industriais (Ex: setor automotivo) e as negociações na área agrícola devem ganhar complexidade adicional com a entrada da Venezuela. Em particular, os entendimentos do Mercosul com os EUA (CNI, 2006ª, p.10).

Fica evidente que a grande burguesia interna tem uma postura pragmática diante da integração regional, ela se interessa apenas pela integração econômica, colocando-se contrária aos compromissos políticos e sociais do bloco, que dependem da força das classes populares na composição da base de apoio e sustentação do governo. Nos documentos da Fiesp e CNI de 2013 e 2014 o Mercosul segue como uma prioridade para a inserção internacional brasileira, mas defendem que as iniciativas se concentrem na esfera econômica. A integração física e energética ganha apoio, mas a integração política não. Interessa à grande burguesia interna o caráter intergovernamental e a baixa interação entre as políticas nacionais, visando a maximazação dos seus interesses.

No que tange às classes populares, o Programa Mercosul Social e Participativo (PMSP) trouxe poucos avanços, tendo funcionamento irregular e sem a existência de uma Secretaria-Executiva, não conseguiu garantir a periodicidade e nem mesmo a capacidade de influência junto ao Conselho do Mercado Comum (Ramanzini & Fontes, 2014). A CUT, a Central de Trabalhadores e Trabalhadoras do Brasil (CTB), o MST, a MMM e outras entidades acompanharam o processo de implementação do Programa Mercosul Social e Participativo e da instância de participação social da Unasul. A criação da Instância que está prevista na carta constitutiva da Unasul de 2008, passou a ser discutida entre os chefes de Estado em 2012, tendo realizado o I Fórum de Participação Social em Cochabamba, em 2014. Essas organizações brasileiras decidiram criar um Capítulo Nacional para acompanhar tanto a Instância de Participação Social da Unasul como as Cúpulas Sociais do Mercosul. Ao unificar a atuação nacional almejava-se potencializar a capacidade de articulação desses setores, reduzindo os esforços e garantir que houvesse sincronização entre os dois projetos de integração regional. No entanto, como cada país poderia indicar apenas 10 delegados para compor essa instância, o que indica que seria um espaço de articulação entre lideranças e não um espaço de construção da integração regional popular.

A CUT, além de ter acompanhado as Cúpulas Sociais, a implementação do Programa Mercosul Social e Participativo e a instância de participação social da Unasul, criou o Instituto de Cooperação Internacional, que a colocou como doadora de recursos para parceiros estrangeiros, em especial, países com índices de desenvolvimento inferiores ao do Brasil. Em 2015, contribuiu com a elaboração da Nova Declaração Sócio Laboral do Mercosul. Além disso, a entidade tomou a iniciativa de defesa do direito dos imigrantes e defendeu outras pautas e ações progressistas no campo internacional, acompanhando a política externa dos governos PT.

A Articulação dos Movimentos Sociais da ALBA, criada do Fórum Social Mundial de 2009, realizou uma Jornada Anti-imperialista em 2015, lembrando os 10 anos do fim da ALCA e deu início a Campanha pela retirada das tropas do Haiti. As centrais sindicais também realizaram ações para lembrar a luta contra a ALCA. Tanto os movimentos populares como o sindicalismo brasileiros que estiveram envolvidos na Campanha de 2002 participaram do Encontro Hemisférico em Cuba, em comemoração de uma década da vitória da luta contra o neoliberalismo ortodoxo na região. O objetivo do encontro era refletir sobre os dilemas da integração regional dez anos após Mar del

Plata, tendo em vista as crises políticas na Venezuela e Brasil. Ali evidenciou-se as diferenças de estratégia e de tática dos setores populares brasileiros e latino-americanos. De uma lado, a Confederação Sindical das Américas apresentou a Plataforma de Desenvolvimento das Américas (PLADA), que busca uma política industrial, baseada em tentar construir alianças com as burguesias internas e com o Estado para garantir empregos. Já os movimentos populares defenderam um projeto anti-imperialista, pautado na solidariedade e na busca de complementariedade econômica e política, sem se ater tanto a questão do desenvolvimento e da geração de emprego. Essa contradição evidencia que assim como há um fracionamento das classes dominantes, no seio das classes populares há divisões e contradições que levam a diferenças táticas e estratégicas sobre a política externa. A unidade construída em torno da Campanha contra a ALCA não logrou fortes avanços no momento de construção do regionalismo multidimensional, impossibilitando uma ação coordenada e ativa face à crise.

Considerações finais

Apesar da grande burguesia interna ser a maior beneficiária do Mercosul, ela tem uma posição oscilante que decorre da da relação de dependência econômica e financeira e da sua fragilidade político-ideológica diante do imperialismo. Ela não se interessa por um processo de integração regional anti-imperialista e popular. Isso tem sido uma postura recorrente na história política do Brasil.

Sustentamos que a entrada do Estado venezuelano, assim como o avanço da implantação de políticas sociais no Mercosul, apontaram para as classes dominantes brasileiras que estaria em curso a aliança entre os governos progressistas para um projeto de maior autonomia e conflito com o imperialismo. Somou-se também a reação política e ideológica da classe média alta, liderada pela imprensa e por setores conservadores contrários à política externa dos governos PT, que inclui a rejeição às políticas de distribuição de renda e de aproximação política ou criação de alianças entre governos progressistas na região. O que confirma a nossa hipótese de que essa fração não se caracteriza por uma burguesia nacional, dotada de projeto político e disposta construir alianças com setores populares.

No processo de *impeachment* da presidenta Dilma e de crítica à política externa sul-sul somou-se o novo papel da China na economia mundial, a crise econômica e política na Argentina (o maior parceiro do Estado brasileiro), e as negociações dos mega-acordos de investimentos lideradas pelos Estados Unidos, que acabaram tendo um enorme impacto no Mercosul. Esses elementos contribuiram para que houvesse a falsa percepção de que a política externa teria levado o país a um isolamento da economia mundial. Como se houvessem oportunidades que estivessem sido abandonadas, tal qual o acordo Mercosul- União Europeia que está sendo negociado desde 1999.

Por outro lado, as Cúpulas Sociais, apesar de terem sido realizadas desde 2006, não lograram garantir um espaço de influência real aos movimentos sociais, organizações não-governamentais e centrais sindicais. As declarações finais dos encontros guardam pouca relação com as decisões dos encontros dos chefes de Estado. Até agora só o Uruguai e a Argentina realizaram eleições diretas para o Parlamento do Mercosul, e há poucas políticas nas esferas da educação e da cultura que podem possibilitar maior envolvimento dos cidadãos com o processo de integração. No atual estágio, o bloco ainda se configura como um processo "cima para baixo". Isto é: há pouco envolvimento dos setores populares e das entidades de representação de classe no processo, assim como ainda não há uma massificação política da integração regional, capaz de enraizar na população o sentimento de pertencimento de uma coletividade política e social sul-americana.

Em suma, o projeto de integração que mais se aproxima do ideário da grande burguesia interna é uma zona de livre comércio e de promoção e proteção para investimentos externos diretos, sem compromissos políticos e com baixa institucionalidade. Assim, percebe-se que um Mercosul multidimensional (comercial, produtivo, social e político), apesar de garantir os interesses dessa fração de classe dominante, é uma composição entre os interesses da grande burguesia interna com interesses das classes populares, e uma vez que a frente neodesenvolvimentista entrou em crise, o projeto de integração multidimensional também declinou.

Bibliografia

BANDEIRA, Luiz Alberto Moniz. (2006), O Brasil e a América do Sul. IN: *Relações Internacionais do Brasil: temas e agendas*. São Paulo: Saraiva.

BASTOS, Pedro Paulo Z. HIRATUKA, Célio. (2017), A política externa econômica do governo Dilma: comércio, cooperação e dependência. IN: Texto para Discussão nº360, Instituto de Economia da Unicamp.

BARBOSA, Rubens. (2014), Mercosul: retórica ou realidade. IN: Revista Política Externa. São Paulo: Editora Paz e Terra. Disponível em: http://politicaexterna.com.br/2400/mercosul-retorica-e-realidade/.

BERRINGER, Tatiana. (2015), A burguesia brasileira e a política externa nos governos FHC e Lula. Curitiba: Ed. Appris.

BOITO Jr, Armando. (1984), *O golpe de 1954: a burguesia contra o populismo*. 2ªedicão. São Paulo: Editora Brasiliense, 1984.

______. (1999), Política neoliberal e sindicalismo no Brasil. São Paulo: Editora Xamã.

______. (2012), "A nova burguesia nacional no poder". In: BOITO Jr., Armando e GALVÃO, Andréia (orgs.). Política e classes sociais no Brasil dos anos 2000. São Paulo: Alameda Editorial, p. 69-106.

______. (2016), A crise política do neodesenvolvimentismo e a instabilidade política da democracia. *Crítica Marxista*, n. 42.

BOTTO, Mercedes. (2014), La transnacionalizacion del capital y las nuevas formas de activismo político. La experiencia de las centrales del Cono Sur. IN: Pensamiento Proprio, nº40, ano 19. Buenos Aires, CRIES.

CASARÕES, Guilherme Stolle Paixão. (2011), *As três camadas da política externa do governo Collor: poder, legitimidade e dissonância*. Dissertação (Mestrado em Relações Internacionais) Programa San Tiago Dantas, Unicamp.

CEPAL. O Mercado Comum latino-americano. BIELCHOWISKY, Ricardo (org.). (2000a), Cinquenta anos de pensamento da CEPAL. Vol 1. Rio de Janeiro: Editora Record, p. 349-371.

CEPAL. Regionalismo aberto na América Latina e no Caribe. IN: BIELCHOWISKY, Ricardo (org.). (2000b), Cinquenta anos de pensamento da CEPAL. Vol 2. Rio de Janeiro: Editora Record, p. 937- 958.

CRUZ e SILVA, Érica. (2011), *A atuação do empresariado brasileiro no governo Lula: o posicionamento da CNI sobre questões internacionais*. Dissertação de mestrado apresentada ao Departamento de Ciência Política da USP, São Paulo.

FARIAS, Francisco. (2011), *Estado e classes dominantes no Brasil (1930-1964)*. Curitiba: Editora CRV.

FUSER, Igor. (2010), Integração energética na América do Sul: um debate político. IN: *Anuário da Integração de América Latina y el gran Caribe*.

GORENDER, Jacob. (1981), A burguesia brasileira. São Paulo: Editora brasiliense.

HONÓRIO, Karen dos Santos. (2012), *O significado da Iniciativa para a Integração da Infraestrutura Regional Sul-americana (IIRSA) no regionalismo sul-americano (2000-2012): um estudo sobre a iniciativa e a participação do Brasil*. Dissertação (mestrado pelo Programa de Pós-graduação em Relações Internacionais) San Tiago Dantas.

IPEA. *Comunicados do IPEA nº121* - As relações do Mercosul com Estados Unidos e China ante o deslocamento do centro dinâmico mundia, 2011.

MARTUSCELLI, Danilo E. A burguesia mundial em questão. In: *Revista Crítica Marxista*, nº30, 2010.

______. (2015), Crises políticas e capitalismo neoliberal no Brasil. Curitiba: Editora CRV.

MELLO, Flávia de Campos. (2000), *Regionalismo e inserção internacional: continuidade e transformação da política externa brasileira nos anos* 90. Tese (Doutorado em Ciência Política) USP.

PECEQUILLO, Cristina. (2012), *As relações Brasil-Estados Unidos*. Belo Horizonte: Fino Traço.

______. (2013), A América do Sul como espaço geopolítico e geoeconômico: O Brasil, os Estados Unidos e a China. IN: Carta Internacional, vol. 8, nº2.

PEREIRA, Ruy. O valor do Mercosul. IN: Política Externa. São Paulo: Editora Paz e Terra, v. 22, n. 3, 03 fev. 2014.

POULANTZAS, Nicos. (1976), *Crise das ditaduras – Portugal, Grécia, Espanha*. Rio de Janeiro: Editora Paz e Terra.

______. (1978), *Classes sociais no capitalismo de hoje*. Rio de Janeiro: Zahar Editores.

RAMANZINI, Haroldo & FARIAS, Rogério de Souza. Missão impossível: Mercosul, participação social e politica externa no Brasil. In: *Pensamiento Proprio*, n°40, ano 19. Buenos Aires, CRIES, 2014.

SABBATINI, Rodrigo. Mercosul e a internacionalização comercial do Brasil In: LAPLANE, Mariano; COUTINHO, Luciano & HIRATUKA, Célio (orgs). (2003), *Internacionalização e desenvolvimento da indústria no Brasil*. São Paulo, Editora Unesp.

SALLUM, Jr, Brasílio. Governo Collor: o reformismo neoliberal e a nova orientação da política externa brasileira. In: *Dados – Revista de Ciências Sociais*, Rio de Janeiro, n°2, 2011.

SILVA, SUYLAN de Almeida. (2008), *"Ganhamos a batalha, mas não a guerra": a visão da Campanha Nacional contra a Alca sobre a não assinatura do Acordo*. Tese de doutorado, Departamento de Sociologia da Universidade de Brasília.

VIGEVANI, Tullo et al. O papel da integração regional para o Brasil: universalismo, soberania e percepção das elites. *Revista Brasileira de Política Internacional*. n°51, vol. 1, p.5-27.

VIGEVANI, Tullo. & RAMANZINI, Haroldo. Autonomia, integração regional e a política externa brasileira: Mercosul e Unasul. In: *A nova política externa brasileira: balanços e perspectivas*. São Paulo: Instituto de Estudos Contemporâneos e Cooperação Internacional. 2013.

Documentos

CNI. *A indústria e o Brasil:* uma agenda para o crescimento. Brasília, 2002.

CNI. *A indústria e o Brasil*: uma agenda do Crescimento. Brasília, 2002.

______. *Mercosul:* dificuldades de agenda interna e o avanço do comércio. Agosto 2005.

______. *Adesão Venezuela ao Mercosul*: agenda e interesses econômicos do Brasil, Janeiro, 2006a.

______. *Crescimento*: a visão da indústria. Brasília, 2006b.

______. *Comércio Exterior em Perspectiva*. Informativo da Confederação Nacional da Indústria. Ano 16, n°8.9, maio e junho de 2007a.

______. *Os interesses empresariais brasileiros na América do Sul: investimentos diretos no exterior*. Brasília: 2007b.

______. *Carta n°089/2009-PRES*. 16 de março de 2009a.

_____. *Carta °090/2009-PRES*. 2009b.

______. *Medidas unilaterais da Argentina*: uma nova estratégia brasileira, 2009c.

______. *A indústria e o Brasil*: uma agenda para crescer mais e melhor, 2010.

FIESP. Propostas de integração externa da indústria – Documento de posição. 2014. Disponível em <www.fiesp.com.br>. Acesso em: 10 de junho de 2015.

FIESP & ICONE. Análise quantitativa das negociações internacionais – Relatório do Projeto. 2012. Disponível em <file:///C:/Users/berringer.tatiana/Downloads/AnaliseQuant_Relatorio.pdf>. Acesso: 15 de junho de 2015.

FIESP. Documento de posição – agenda de integração externa, 2013.

FIESP. Documento de posição. Proposta de integração externa da indústria, 2014.

FOLHA DE S. PAULO. *Para CNI, salvaguardas da Argentina geram retrocesso no Mercosul*. 02 de fevereiro de 2006.

Parte II
Sindicalismo(s) face às dinâmicas institucionais nacionais e internacionais

7. Dinâmicas dos sindicalismos: entre institucionalização e recomposição

Sophie Béroud e Andréia Galvão

Introdução

Uma parte importante da literatura sobre sindicalismo defende a tese de que a institucionalização dos sindicatos é uma das razões e, ao mesmo tempo, um dos sintomas da crise sindical (Touraine 1978, Rosanvallon, 1989, Labbé et Andolfatto, 2006, Rodrigues, 1999). Segundo esses autores, a institucionalização leva à separação entre representantes e representados, bem como à domesticação sindical. Esse fenômeno se traduz igualmente em uma dicotomia entre sindicatos, que seriam nada mais do que velhas organizações burocratizadas integradas à ordem domiante, e movimentos sociais, cujas práticas renovadoras e democráticas fariam deles verdadeiros promotores da mudança social.

A discussão sobre a institucionalização remonta ao pós-Segunda Guerra, quando os instrumentos e o lócus da negociação coletiva se ampliaram.[1] Ela assume o lugar que a burocratização ocupava nos debates políticos e científicos até então, articulando-se à compreensão das lógicas de profissionalização dos militantes. A institucionalização é, todavia, vista como um fenômeno ambivalente: ela exprime o reconhecimento da legitimidade dos sindicatos, mas também de sua integração aos mecanismos que asseguram a reprodução da ordem social (Béroud e Yon, 2013).

1 Entende-se por institucionalização a participação nas instituições estatais e o reconhecimento das atribuições sindicais pelo Estado e pelo patronato.

Ora, todo movimento social cria instituições ou mantém relações com as instituições políticas existentes, ainda que o faça de modo e em graus variados. Vários dispositivos institucionais, mecanismos de participação e representação política são o resultado da pressão e da luta dos trabalhadores e de suas organizações, permitindo-lhes conquistar melhores salários e condições de trabalho, bem como criar e preservar direitos. Se é verdade que as instituições criadas para defender os interesses dos trabalhadores podem ser apropriadas pelos empregadores e transformadas em seu contrário (Anderson, 1980), isso não se deve à existência de instituições em si mesmas, mas ao funcionamento das organizações e às concepções políticas veiculadas por suas direções (Barker, 2001).

Este artigo se inscreve em uma perspectiva que busca ampliar o campo de análise do fenômeno sindical, a fim de desvendar as "tensões dialéticas" (Gagnon, 1991) que o sustentam. Essas tensões dialéticas atravessam o campo sindical (Béroud, 2014), o que nos permite falar, a um só tempo, em institucionalização e em recomposição. O quadro empírico de nossa reflexão é o Brasil e a França. Nossa análise compreende um período que corresponde à ascensão e à crise do neoliberalismo nos dois países, processo que se inicia em 1980 na França e uma década depois no Brasil e se estende às duas primeiras décadas do século XXI, ainda que com temporalidades distintas nos dois casos.[2] Desse modo, nosso objetivo é refletir sobre o significado da incorporação sindical à uma ordem política que se caracteriza por uma submissão crescente às exigências do mercado. Mas antes de tratar desse período, convém retroceder algumas décadas a fim de melhor situar esse processo, apresentando também algumas características do sindicalismo brasileiro e francês.

Perspectivas históricas sobre a institucionalização sindical

O objeto desta primeira parte consiste em comparar os modos de estruturação do sindicalismo nos dois países, a influência exercida pelo quadro jurídico sobre as formas sindicais e apresentar as principais etapas do processo de institucionalização.

2 Ainda que o neoliberalismo tenha ganho um novo vigor no Brasil com a deposição de Dilma Rousseff e a vitória eleitoral de Emmanuel Macron na França, nossa análise não compreende este governo, tampouco o governo Temer.

Brasil: sobrevivência e herança da estrutura sindical corporativa

A institucionalização do sindicalismo brasileiro é bastante antiga, remonta aos anos 1930. Desde então o Estado intevém para impedir a liberdade e a autonomia sindical, sendo que o Brasil, até o momento em que escrevemos, não ratificou a Convenção 87 da OIT. Apesar das mudanças no regime político e na legislação social observadas desde a adoção da CLT em 1943, os fundamentos da estrutura sindical brasileira permaneceram praticamente inalterados, estabelecendo limites à prática dos militantes sindicais (Pochmann, 1998). Esses fundamentos baseiam-se no corporativismo estatal (Rodrigues, 1990), favorecendo a constituição e a reprodução de um tipo de sindicalismo dependente do Estado (Boito, 1991).

A unicidade sindical na base coexiste com o pluralismo na cúpula, dada a existência de várias organizações verticais (federações e confederações de uma mesma categoria profissional ou ramo de atividade) e horizontais (centrais sindicais). Além disso, a definição de categorias profissionais e econômicas (que correspondem à organização sindical patronal) impede, via de regra, que os trabalhadores sejam representados por sindicatos distintos de sua categoria profissional, sendo também impossível negociar acordos e convenções coletivas com um sindicato patronal diferente daquele que representa a empresa que os contrata. Essa restrição de ordem legal inviabiliza a representação dos terceirizados, modalidade de contratação que cresce a partir dos anos 1990, pelo mesmo sindicato que representa os trabalhadores da empresa para a qual prestam serviço.[3]

Diferentemente da França, o sindicalismo brasileiro tem uma fraca implantação no local de trabalho. A Constituição de 1988 garante a eleição de um delegado de pessoal nas empresas com mais de 200 funcionários, mas nem

---

3 Por exemplo, trabalhadores da limpeza não podem ser representados por um sindicato de metalúrgicos, mesmo que trabalhem em uma montadora de automóveis e o sindicato dos trabalhadores da limpeza devem negociar com o sindicato das empresas de asseio e conservação. Isso ocorre não apenas quando se tratam de profissões distintas, como nesse caso, mas também quando o terceirizado realiza um trabalho semelhante ao do pessoal contratado diretamente pela empresa tomadora de serviços: por exemplo, um vendedor de seguros ou um empregado de telemarketing de um banco não pode ser representado pelo sindicato dos bancários porque a empresa que o contrata não é um banco (Malerba, 2017).

a organização dessas eleições, nem a presença sindical nas empresas são muito disseminadas. De acordo com as estimativas mais otimistas, existem apenas 200 comitês de empresas em todo o país.

As centrais sindicais, que só foram incorporadas ao ordenamento jurídico brasileiro com a lei 11.648/2008, existiam na prática, de modo mais contínuo na história recente do Brasil, desde 1983, quando a CUT foi criada. Essa central tinha, quando de sua origem, um discurso bastante crítico em relação à estrutura sindical corporativa, mas se desenvolveu e cresceu em seu interior (Galvão, 2007). A lei de 2008 reforçou a dependência sindical em relação ao Estado, posto que o único organismo que escapava à estrutura foi a ela integrado. Essa reforma estabeleceu regras de representatividade e assegurou a transferência de uma parcela do imposto sindical às centrais consideradas representativas.

A lei desencadeou um processo de atomização do campo sindical e uma corrida entre as centrais, que buscam aumentar o número de sindicatos filiados a qualquer preço, posto que disso depende o reconhecimento de sua representatividade. Por exemplo, havia 7.612 sindicatos de base em 1991 (segundo o censo sindical do IBGE), número que alcança 10.903 em 2015, dos quais 8.096 filiados a centrais (dados do Ministério do Trabalho e Emprego).[4]

O Cadastro Nacional de Entidades Sindicais do Ministério do Trabalho e Emprego contava, em 2015, com 13 centrais, das quais 6 representativas.[5] As centrais têm um papel principalmente político: elas buscam coordenar a ação e o posicionamento dos sindicatos a ela filiados e participam de fóruns, conselhos tripartites e outros espaços de "diálogo social",[6] cuja introdução no Brasil é tardia se comparada à Europa, sendo posterior à Constituição de 1988.

4 O crescimento de sindicatos de trabalhadores é resultado do desmembramento artificial de bases sindicais, seja mediante a criação de novas categorias (por exemplo, trabalhadores de telemarketing, a despeito da existência de sindicato de trabalhadores em telecomunicações), seja mediante a divisão territorial (isto é, a criação de um sindicato de mesma categoria numa cidade próxima à do sindicato de origem).

5 CUT, Força Sindical (FS), Central de Trabalhadores e Trabalhadoras do Brasil (CTB), União Geral dos Trabalhadores (UGT), Nova Central Sindical de Trabalhadores (NCST), Central dos Sindicatos Brasileiros (CSB).

6 Apenas as centrais representativas tem assento garantido nos órgãos estatais. Quanto à coordenação dos sindicatos filiados, ela ocorre sobretudo em circunstâncias políticas que envolvem a luta por inclusão ou contra a redução e a modificação de direitos, já que no cotidiano as centrais pouco influenciam a gestão dos sindicatos.

Embora a legislação brasileira procure circunscrever a ação sindical ao campo das relações de trabalho, a política é considerada um domínio legítimo de intervenção sindical. Ainda que algumas correntes, à direita e à esquerda do campo sindical, se apresentem como "apolíticas e apartidárias", as ligações entre algumas centrais e partidos políticos são estreitas e bem conhecidas. Este é o caso, notadamente, das relações entre a CUT e o PT. Desse modo, ainda que a legislação proíba constribuições financeiras de sindicatos a partidos e candidatos a eleições, os dirigentes sindicais frequentemente apoiam publicamente seus candidatos.

Ao garantir o monopólio da representação na base e, ao mesmo tempo, assegurar recursos financeiros aos sindicatos,[7] a estrutura corporativa favorece um sindicalismo sem trabalhadores (Boito, 1991), uma vez que o sindicato pode sobreviver mesmo sem organizar e mobilizar os trabalhadores que supostamente ele representa. Apesar disso, a taxa de sindicalização pode ser considerada elevada se comparada à da França, mas esse número deve ser analisado com cuidado. Primeiramente, a sindicalização no Brasil concerne sobretudo os assalariados formais, ou seja, cerca de 50% da população economicamente ativa, deixando de lado os trabalhadores informais[8] (com exceção dos rurais) e os desempregados. Em segundo lugar, a taxa de sindicalização muda se consideramos o conjunto dos ocupados (17% em 2012, segundo Jácome Rodrigues e Ramalho, 2014) ou se consideramos apenas os trabalhadores formais (23,5% en 2012, conforme Alcântara e Silva e Krein, 2015). Há poucos dados disponíveis sobre as razões que levam à sindicalização, mas ela parecer ser mais motivada pelo acesso aos serviços prestados pelos sindicatos (Cardoso, 2003) do que por uma motivação militante, uma vez que todos os trabalhadores são representados na negociação coletiva.

Esses constrangimentos institucionais, evidentemente, não impediram a emergência de correntes sindicais combativas, ou mesmo radicais, ao longo da

7 Além do imposto sindical, os sindicatos podem arrecadar a contribuição confederativa e a assistencial, mas desde o final dos anos 1990 os trabalhadores não sindicalizados podem se opor ao desconto dessas duas contribuições por decisão da Justiça, sob a justificativa de que a obrigatoriedade fere o princípio da livre associação sindical.

8 Ainda que a informalidade tenha se reduzido ao longo dos anos 2000, alcançando 32,4% dos ocupados em 2012, ela é historicamente elevada no Brasil.

história do sindicalismo brasileiro (Santana, 1998). Mas o dinamismo do sindicalismo varia segundo a conjuntura político-econômica e a ideologia sindical. Para compreender isso, é preciso levar em conta como as políticas governamentais e as estratégias patronais repercutem sobre os sindicatos. Voltaremos a esse ponto na segunda parte do artigo.

França: um sindicalismo modelado pelo poder público?

No caso francês, parece interessante distinguir, no plano histórico, o que decorre das formas de integração à ordem política republicana e as formas de institucionalização. O sindicalismo foi legalizado em 1884, em um momento de consolidação do regime da III República via reconhecimento das liberdades públicas fundamentais. Para as frações da burguesia liberal então no poder, tratava-se também de pacificar a conflituosidade social e de dar uma forma institucional aos agrupamentos operários já existentes. Mas os parlamentares tiveram o cuidado de especificar o perímetro de ação do sindicalismo, circunscrevendo-o estritamente ao domínio profissional e impedindo-lhe, de certo modo, de qualquer incursão no campo político (Sirot, 2014). Essa maneira de limitar a ação sindical estava em flagrante contradição com o projeto concebido pelos militantes das primeiras federações sindicais profissionais e, sobretudo, das Bolsas do Trabalho, agrupamento interprofissional em escala local. Esses militantes pensavam a ação sindical como fundamentalmente política. A primeira forma histórica do sindicalismo francês, à qual dá corpo da Confederação Geral do Trabalho (CGT) a partir de 1895, manifestava desconfiança frente à ordem republicana: frente ao poder político em virtude da sangrenta repressão da Comuna de Paris; frente aos partidos, a começar pela primeira formação socialista unificada, a SFIO, em razão de uma crítica aos dispositivos de representação parlamentar, bem como a uma distância de classe entre parlamentares e operários. O movimento sindical foi marcado, até 1914, por uma grande afirmação de sua vontade de autonomia, em termos da auto-emancipação da classe operária.

Desde suas origens, o sindicalismo francês se estrutura de uma dupla maneira: no nível dos ramos profissionais e no nível local, com as Bolsas do Trabalho, que proporcionam ajuda material aos trabalhadores de todas as profissões de uma mesma cidade, mas também fundo para as greves. Essas Bolsas do Trabalho são, assim, lugares de formação intelectual e valorização da cultura operária, com cursos noturnos e atividades culturais. A partir de 1906 a CGT optou por não mais aceitar federações de ofício, mas federações de indústria, defendendo a ideia de um sindicalismo "geral": todos os trabalhadores de uma mesma empresa, de um mesmo setor de atividade, qualquer que seja seu ofício, devem ser reunidos em uma mesma organização.

Essa dupla estruturação, vertical e horizontal, será mantida depois de 1918 e replicada pelas outras centrais que se criaram. As Bolsas do Trabalho se tornaram uniões locais interprofissionais e foram completadas por uniões departamentais (cruzando assim os níveis territoriais no plano administrativo e político). O papel decisivo dessas estruturas territoriais foi frequentemente destacado como uma característica forte do sindicalismo francês: as formas de solidariedade entre trabalhadores são pensadas nas uniões locais e departamentais e nelas se engajam mais frequentemente os militantes mais politizados. No plano profissional, constituem-se sindicatos de empresa, às vezes sindicatos profissionais departamentais que reúnem seções de empresa.

A atividade sindical permaneceu exterior às empresas até 1936, com exceção das indústrias de armamento, onde delegados foram instituídos a partir de 1917. Uma das conquistas do movimento social de maio-junho de 1936 foi o reconhecimento jurídico de delegados de pessoal nas empresas com mais de onze assalariados. Instaurou-se assim um duplo canal de representação na empresa, via representantes eleitos (delegados de pessoal) e via sindicato. Apenas em 1968 foi reconhecida a seção sindical de empresa e o delegado sindical. Em 1946, foram instalados comitês de empresa, cujos membros são eleitos por uma chapa, sindical ou não, e que tem um papel consultivo no domínio econômico. Os comitês de empresa são dotados de recursos próprios e gerem atividades sociais e culturais para os trabalhadores.

Verdadeiramente integrado à ordem republicana a partir de 1936, o movimento sindical conhece uma fase de institucionalização após a Segunda guerra mundial. A reivindicação de autonomia operária pertence a um horizonte político passado, embora ela continue a marcar o imaginário sindical. A partir de 1945, a relação com o poder público se torna determinante. O processo de institucionalização remete, de um lado, às instituições representativas de pessoal, notadamente os comitês de empresa, aos quais são assegurados mandatos, recursos e horas de delegação. De outro lado, ele remete ao que às vezes se designa como instituições do salariato: a criação de um sistema de seguridade social fundado sobre uma parte socializada do salário e diretamente gerido por representantes dos trabalhadores. Sindicalistas eleitos têm assento nas diferentes caixas da seguridade social, que assumem os riscos ligados à velhice, doença, mas também, a partir de 1967, ao desemprego. A gestão operária foi transformada em 1967 em um modelo dito paritário, ou seja, uma representação dividida entre eleitos sindicais e eleitos oriundos das organizações patronais.

Os sindicatos franceses são, portanto, diretamente implantados no local de trabalho, mas sua atividade é mais frequentemente ligada às instituições representantivas de pessoal e a seus eleitos. A baixa taxa de sindicalização constitui um traço estrutural: apenas em alguns períodos excepcionais, ligados a mobilizações sociais, em 1936 e 1945 e, em menor medida, após 1968, a taxa de sindicalização atingiu 50% da população ativa, ou 25% nos anos 1970. A filiação é voluntária, não está associada a nenhum serviço específico, exceto auxílio jurídico. Os motivos para o engajamento sindical devem, então, ser buscados no plano ideológico e/ou de sociabilidades profissional e de amizade, podendo ambos se embricar.

Pode-se dizer que o sindicalismo francês é fortemente institucionalizado? No plano financeiro, nenhuma das 7 centrais atualmente existentes (CGT, CFDT, CFTC, CGC-CFE, FO, Solidaires e Unsa) vive das mensalidades de seus filiados. Os sindicatos são finaciados por recursos públicos, recebidos como contrapartida pelas atividades de formação que desenvolvem e por sua participação nos organismos de "diálogo social". Os acordos coletivos no serviço público e nas grandes empresas, públicas e privadas, também preveem uma indenização pelas horas em que os trabalhadores são liberados para o execício do mandato sindical.

O historiador americano Chris Howell desenvolveu uma tese original sobre o sindicalismo francês, qualificando-o de "sindicalismo virtual" (Howell, 2009). Ele considera que a influência sindical ao longo do século XX, qualquer que seja a central considerada, não se baseou em uma capacidade de organizar de modo massivo a classe trabalhadora, de unificar o mundo do trabalho e de constituir um contra-poder. Ela não se baseia tampouco no poder de negociação nas empresas. Segundo o autor, o sindicalismo francês se constituiu essencialmente em sua relação com o Estado. Este último contribuiu tanto para seu reconhecimento quanto para sua legitimação: por meio das leis que obrigaram os empregadores a negociar convenções coletivas por setor de atividade; pela imposição de uma hierarquia de normas que colocava a lei e a convenção coletiva acima do acordo de empresa; pela instauração de instituições representativas nas empresas; enfim, pela definição de critérios de representatividade que asseguram às organizações sindicais reconhecimento na empresa, nos ramos e no âmbito interprofissional, bem como financiamento público. Ao contribuir para instituir um movimento sindical que não dispunha, conforme Howell, de uma potência suficiente para conseguir conquistar por si só aquelas posições, o Estado francês desempenhou um papel determinante na modelagem de um espaço de relações profissionais e foi esse mesmo Estado que, desde meados dos anos 1990, continua a desempenhar um papel central na transformação dessas posições.

A adoção de políticas neoliberais e o desenvolvimento das formas de institucionalização

Vimos no item anterior que, embora a história e a configuração do sindicalismo nos dois países seja bastante distinta, o papel do Estado é decisivo nos dois casos. Mas o que dizer da participação dos sindicatos nas instituições estatais? O processo de institucionalização dos sindicatos é acompanhado pelo refoço do poder que eles exercem em diferentes níveis, a começar pelo nível nacional? Para responder a essa questão, é necessário definir a noção de influência, mas também identificar os lugares e as modalidades de exercício do poder. Por influência entedemos a possibilidade de o sindicalismo interferir nos resultados concretos das políticas públicas, sobretudo aquelas que afetam diretamente os trabalhadores. Ainda que essa influência não mude a natureza de classe do Estado, ela pode ser maior ou menor, conforme a ideologia sindical, sua capacidade organizativa, o contexto político-econômico, a relação com partidos e movimentos sociais. Nossa hipótese é que a adoção de políticas de orientação neoliberal, que não ocorre no mesmo período e com a mesma intensidade nos dois países, veio transformar e, em alguns casos, reduzir, as modalidades dessa influência. Nos dois países, políticas neoliberais foram adotadas também por governos de esquerda, a despeito das diferenças substantivas entre os governos do PT e do PS.

Brasil: da tormenta neoliberal à integração parcial e problemática ao projeto petista

No Brasil, as características da estrutura sindical corporativa contribuíram para fragilizar a resistência sindical às reformas neoliberais dos anos 1990. Num contexto de aumento do desemprego e deterioração do mercado de trabalho, os sindicatos privilegiaram uma posição defensiva. A CUT oscilou entre a assimilação e resistência ao neoliberalismo (Galvão, 2002) enquanto a Força Sindical (FS, criada em 1991) promoveu uma adesão seletiva, mas ativa, ao programa neoliberal (Tropia, 2004). Isso significa que ela apoiou a redução da intervenção estatal na economia, as privatizações (participando da criação de clubes de investimento), a reforma da previdência do setor público (denunciando os "privilégios" dos servidores), demandando ao mesmo tempo uma abertura econômica controlada. A FS aceitou o diagnóstico segundo o qual a CLT era obsoleta, apresentando aos governos Cardoso (1994-2002) várias propostas para flexibilizar as relações de trabalho, dentre as quais a derrogação da lei pela negociação. A CUT, por sua vez, opunha-se a essa medida, ao mesmo tempo em que os sindicatos a ela filiados estavam dispostos a negociar a redução de certos direitos, por exemplo a anualização da jornada via introdução do banco de horas (Galvão, 2013).

Ao longo dos anos 1990, embora o número de organismos estatais abertos à participação sindical tivesse aumentado em relação à década precedente (Pochmann et al., 1998, p. 16), eles não eram tão numerosos quanto se tornariam nos anos 2000 : os mais importantes eram o *Conselho Deliberativo do Fundo de Amparo ao Trabalhador* (Codefat) e o *Conselho Curador do Fundo de Garantia por Tempo de Serviço*. Apesar de fazer oposição aos governos da época, a CUT participava ativamente desses espaços, dada sua importância para a gestão das políticas de emprego e renda.[9] Além disso, seu principal filiado, o sindicato dos metalúrgicosdo ABC – de onde vieram os presidentes da central entre 1983-2000 e 2003-2005 – propôs importantes dispositivos institucionais, entre os quais se destacam os acordos das câmaras setoriais[10] (1992 e 1993) e

9 Estabelecem as condições para o saque do FGTS, o direito ao seguro-desemprego, abono salarial, acesso a programas de qualificação profissional.

10 São acordos tripartites baseados na redução de impostos, congelamento de salários e manutenção temporária do nível de emprego em setores como o automotivo.

a Câmara Regional do ABC[11] (1997). Esse tipo de iniciativa – que fazia do ABC um "laboratório de relações de trabalho" (Jácome Rodrigues, 2002) – engendrou conflitos e tensões internas à CUT. Porém, naquele momento, as clivagens sindicais não provocaram uma cisão, em virtude da necessidade de uma certa unidade para fazer frente aos governos de direita.

Bancários e petroleiros constituem, ao lado dos metalúrgicos do setor autonomotivo, os principais representantes do sindicalismo cutista. Eles aceitaram *em parte* a perspectiva privatista do neoliberalismo, acreditando que seu poder de organização e de pressão lhes permitiria obter vantagens contratuais mais importantes que os benefícios assegurados pelas políticas públicas, principalmente no âmbito da saúde e da aposentadoria. Desse modo, eles passaram a reivindicar planos privados de saúde e fundos de pensão controlados pelos sindicatos, à margem da previdência pública (Boito, 2003) e a aceitar o princípio de direitos mínimos, que seriam majorados conforme as condições de cada setor de atividade, ou mesmo de cada empresa (Galvão, 2007). Isso se deu em um momento de mudança na estrutura do emprego, marcado por uma redução significativa da participação da indústria e pelo aumento da participação do setor de serviços, exceto o bancário, setor que passou por uma forte reestruturação (Pochmann et al., 1998).

Nesse contexto, o número anual de greves sofreu uma queda expressiva: de 2000 greves nos anos 1980 para 900 nos anos 1990. Essas greves eram motivadas principalmente pela tentativa de evitar ou recuperar perdas nos acordos coletivos, mas registram-se também greves políticas, contrárias à política governamental.[12] Entre essas destacam-se a greve da Petrobrás (1995) que, ao longo de 32 dias, buscou assegurar o cumprimento do acordo salarial firmado no ano precedente e se contrapor às ameaças de privatização da empresa;[13] a greve contra a reforma do regime geral da previdência social (1996), convocada pela

11 Concebida para discutir o desenvolvimento da região do ABC, ameaçada pela perda de investimentos e o fechamento de empresas nos anos 1990.

12 Sobre esse tema, consultar Marcelino e Giraud, nesta coletânea.

13 O governo reagiu com violência para acabar com a greve, que não obteve resultados econômicos. No plano político, se a privatização da empresa não se completou, a greve não conseguiu impedir o fim do monopólio público na extração do petróleo.

CUT e pela FS;[14] a greve contra o desemprego (1996), convocada pela CUT, FS e CGT e a Jornada nacional de paralisações contra o desemprego e as reformas (1999), convocada pela CUT. No final do governo Cardoso (anos 2000 e 2001) ocorreram importantes greves de funcionários públicos nos setores da saúde, educação, seguridade social, afetados pelo congelamento salarial e pela falta de pessoal. O projeto de mudança na CLT, que visava instituir a derrogação da lei pela negociação, motivou a CUT a convocar um dia de greve que contou com 1 milhão de participantes em 2002.

A conjuntura dos anos 2000 mudou. A intensificação de manifestações críticas contra o governo Cardoso contribuiu para a eleição de Lula em 2002. Este introduziu modificações no modelo capitalista neoliberal, sem romper com o mesmo, produzindo o que alguns pesquisadores denominam neodesenvolvimentismo (Boito, 2012).[15] Após um início de mandato controverso, as mudanças introduzidas pelo governo (notadamente o aumento do investimento público e os programas sociais) permitiram ao governo apresentar indicadores sócio-econômicos positivos, que contribuíram para minimizar a oposição e para assegurar o apoio da maior parte do movimento sindical (Galvão, 2006).

Todavia, esse apoio gerou tensões e conflitos no interior da CUT, o que levou a um processo de cisão (Galvão, 2014). As correntes de esquerda que romperam com a central atribuíram sua saída à falta de autonomia da CUT em relação ao governo, acusando-a de cooptação.[16] A ampliação dos espaços de participação sindical nas instâncias administrativas contribuiu para estimular essas acusações: o governo Lula criou dois organismos tripartites, o *Fórum Nacional do Trabalho* (FNT) e o *Conselho de Desenvolvimento Econômico e Social* (CDES),[17] assim

14 Essa greve não teve muita adesão. Segundo alguns sindicalistas da CUT, a participação da central na negociação da reforma com o governo a desviou da preparação da greve (Galvão, 2007).

15 Cf. Também artigo do autor nesta coletânea.

16 Importantes líderes da CUT foram nomeados ministros dos governos Lula, notadamente do Trabalho e da Previdência. Além de participar do governo, dirigentes sindicais atuam na gestão dos três maiores fundos de pensão do país, das empresas estatais Banco do Brasil (Previ), Petrobrás (Petros) e Caixa Econômica Federal (Funcef). (D'Araújo, 2009).

17 O FNT e o CDES são conselhos consultivos, constituídos em uma perspectiva de diálogo social. Foram concebidos para debater as reformas (trabalhista, sindical, da previ-

como promoveu uma série de conferências para debater políticas públicas, em diferentes domínios (Boito, Galvão e Marcelino, 2015).

A abertura de espaços de diálogo com o governo, de um lado, e os resultados econômicos positivos verificados a partir de 2004, de outro, justificava a aliança entre o movimento sindical e o governo, e a opção do sindicalismo hegemônico[18] de privilegiar a ação institucional. Todavia, esta não trouxe os resultados esperados: a reforma da previdência aprovada em 2003, que aproximou a aposentadoria do setor público à do privado, não foi fruto das discussões feitas no CDES; o governo promoveu uma reforma pontual da legislação trabalhista sem discutir com os "parceiros sociais"; a reforma sindical adotada em 2008 se limitou ao reconhecimento das centrais, ignorando o debate e o projeto concebido no FNT, que promovia alterações na estrutura sindical corporativista. Com exceção feita à política de valorização do salário mínimo, nenhuma das reivindicações, dentre a vasta lista apresentada pelas centrais, foi aprovada pelo governo.[19]

Com efeito, a despeito do aprofundamento dos canais de participação, trata-se de uma "participação como escuta" (Teixeira, 2014). O governo promoveu muito debate, mas não transformou a participação em deliberação. Baseando-se na perspectiva do diálogo social, nada obrigava que as propostas aprovadas fossem de fato implementadas.

O bloqueio institucional das reivindicações sindicais gerou mobilizações. Uma parte importante destas foi provocada pelas contradições dos governos

dência, tributária) que o governo Lula pretendia implementar. O FNT foi ativo entre 2003 e 2005. O CDES perdeu importância nos governos Dilma.

18 O sindicalismo hegemônico compreende as 6 centrais legalmente reconhecidas pelo Ministério do Trabalho e Emprego (CUT, FS, CTB, NCST, UGT e CSB) e uma sétima, a Central Geral dos Trabalhadores do Brasil (CGTB), que perdeu sua representatividade em 2012.

19 Pode-se levantar a hipótese de que a heterogeneidade e as contradições da coalizão política governamental impediram a tramitação de proposições que poderiam desencadear uma forte resistência patronal. Essa heterogeneidade pode ser observada através da análise dos projetos de lei enviados ao Congresso. Se 89% dos projetos favoráveis aos trabalhadores e aos sindicatos foram propostos por partidos da coalizão governamental, a participação desses partidos no encaminhamento de projetos contrários aos interesses dos trabalhadores é semelhante a esse percentual: 80% (Galvão, 2016).

petistas que, além de não responder a antigas reivindicações sindicais, como a redução da jornada de trabalho, contrariaram certos interesses de suas bases.[20]

Contudo, a preferência pela participação institucional favoreceu a moderação política e, consequentemente, um uso pragmático da mobilização. O sindicalismo hegemônico não deixou de promover manifestações, mas sem envolver efetivamente sua base, por temer que protestos de envergadura desestabilizem politicamente seu aliado no poder. Além disso, a forma de mobilização mudou: uma vez que a formação política e sindical, desde os anos 1990, foi relegada a segundo plano, os militantes foram substituídos por pessoal pago para segurar bandeiras e faixas; balões com a cor e o logotipo das centrais substituíram palavras de ordem; passeatas e comícios nas grandes cidades foram substituídas por marchas demonstrativas a Brasília. Com efeito, entre 2004 e 2014 as centrais próximas ao governo, juntamente com outros movimentos sociais, organizaram oito marchas nacionais "da classe trabalhadora", pelo aumento do salário mínimo, do emprego e por direitos sociais. A despeito do leque amplo de reivindicações e do número de organizações envolvidas, essas marchas tiveram uma participação reduzida de manifestantes.

As centrais de extrema esquerda saídas da CUT, que fazem oposição ao governo,[21] não aderiram às marchas mas se somaram às centrais hegemônicas em atos unificados contra os efeitos da crise econômica (em 2009), nas duas jornadas nacionais de luta convocadas após as manifestações de junho de 2013, e nas ações contra o projeto de lei que amplia as possibilidades de terceirização (2015).

A moderação política não exclui críticas pontuais ao governo. As centrais se manifestaram, às vezes ao lado do patronato,[22] contra o aumento da taxa de juros verificado desde 2013. A moderação política tampouco exclui greves, cujo número aumentou (Boito; Marcelino, 2010), sobretudo após 2008. Isso

20 Os governos do PT, tanto durante os dois mandatos de Lula quanto durante o primeiro mandato de Dilma Rousseff, fizeram "movimentos contraditórios em relação à regulamentação social" (Kerin e Biavaschi, 2015, p. 47), reconhecendo certos direitos e reduzindo os outros, que levaram a uma maior flexibilidade e precariedade. Entre outras coisas, deram continuidade à privatização de portos, aeroportos, rodovias e poços de petróleo, através de concessões e parcerias público-privadas.

21 Como a Coordenação Nacional de Lutas (CSP- Conlutas) e a Intersindical.

22 Essas ações envolvem as centrais situadas mais à direita, como FS, UGT, NCST e CGTB, mas também a CUT.

demonstra que não há oposição entre negociação e participação institucional, de um lado, e greve e ações de protesto, de outro. Essas greves são explicadas por um movimento contraditório: segundo alguns autores, devem-se às condições macroeconômicas favoráveis à obtenção de conquistas (Boito; Marcelino, 2010); segundo outros, à deterioração das relações de trabalho e à má qualidade dos empregos criados no período (Braga, 2014).[23]

O aumento do nível de emprego e os aspectos gerais do mercado de trabalho repercutiram sobre a taxa de sindicalização. Ao longo dos anos 2000, ainda que os sindicatos tenham ganham filiados em termos absolutos, este aumento foi proporcionalmente inferior ao número de empregos gerados no período. A taxa de sindicalização passou de 19% a 17% dos trabalhadores entre 1992 e 2012, enquanto o conjunto da população ocupada sindicalizada aumentou de 11 para 16 milhões de trabalhadores. A taxa de sindicalização aumentou nas zonas rurais (de 17% a 24% no período) e caiu nas regiões metropolitanas (passando de 21% a 15%), o que provavelmente se deve ao papel desempenhado pelos sindicatos na concessão de benefícios sociais (como aposentadoria e financiamento para a agricultura familiar) aos trabalhadores rurais. A taxa de sindicalização masculina caiu de 22% para 18% e a feminina aumentou de 14% a 16% (Jácome Rodrigues e Ramalho, 2014).

Entre 2003 e 2013, a taxa de sindicalização se reduziu nos segmentos e regiões que possuíam uma maior tradição sindical e aumentou nas regiões que apresentaram uma dinâmica econômica mais intensa. A redução da densidade sindical, a despeito da criação de empregos, deve-se principalmente às características dos empregos gerados, em grande parte em setores com fraca tradição sindical, como a construção civil e o comércio (Alcântara e Silva e Krein, 2015, p. 9). Muito embora o setor de serviços seja aquele em que o nível de emprego é o mais elevado, os trabalhadores da indústria ainda aparecem como os mais sindicalizados (Alcântara e Silva e Krein, 2015, p. 20). Entre 2003 e 2013, o número de empregos formais passou de 20,91 a 34,87 milhões no setor privado

23 Esse autor faz referência ao aumento do trabalho precário, notadamente no setor de serviços, onde existe um contraste entre o nível de escolaridade e os baixos salários (em torno de 1,5 salário mínimo, segundo Pochmann, 2012), a falta de perspectiva de carreira e a elevada taxa de rotatividade no emprego.

(dos quais 24,8% sindicalizados) e de 6,97 a 8,92 milhões no setor público (dos quais 37% sindicalizado) (Alcântara e Silva e Krein, 2015, p. 20).

A taxa de sindicalização não pode ser tomada, por si só, como expressão do poder sindical, não sendo possível associar o aumento ou redução no número de filiados à maior ou menor capacidade de mobilização ou participação institucional. Como veremos, a França, que conta com um histórico de participação institucional mais antigo que o Brasil e com uma menor taxa de sindicalização, registra grandes mobilizações de rua convocadas pelas centrais sindicais.

França: sindicatos elevados ao status de "parceiros sociais", mas sem real capacidade de influência

Mesmo antes da virada liberal do governo François Mitterrand em 1984, e depois com a primeira coabitação[24] e o governo Chirac em 1986, é difícil considerar que as organizações sindicais francesas tenham desempenhado de modo constante um papel determinante na elaboração das políticas públicas. Influências existem ou existiram em alguns setores profissionais, como o da educação nacional ou da energia, em razão do peso desses sindicatos, mas também por conta de dispositivos de concertação e de participação específicos. Fora desses setores, a capacidade dos sindicatos pesarem sobre a definição e a orientação das políticas públicas foi sobretudo ligada a momentos de forte mobilização social. Inclusive durante o período denominado "Trinta anos gloriosos" (1945-75), estamos longe dos modelos neocorporativistas vigentes em outros países europeus.

A institucionalização crescente dos sindicatos após 1945 não é, portanto, sinônimo na França de uma influência estabilizada em diferentes níveis de poder. Um dos fatores que esclarece essa situação é a ausência de ligações orgânicas – contrariamente às configurações social-democratas – entre o partido socialista e uma central sindical (seja a FO ou a CFDT). Os raros momentos em que os sindicatos influenciaram a ação pública foram no pós-Segunda guerra (criação do programa de nacionalizações, estatuto da função pública, comissariado geral de planejamento), no pós-1968 e nos primeiros anos do governo Mauroy em 1981-82.

24 Modalidade de arranjo governamental vigente na França, quando o primeiro ministro (no caso, Chirac) pertence a um partido distinto do partido do presidente.

Em 1968, momento excepcional de mobilização social, os sindicatos conseguiram implementar várias propostas que apresentavam havia tempos: o reconhecimento da seção sindical na empresa, o pagamento mensal de salários para os operários mas também, na fase seguinte e sob o efeito da negociação por ocasião da greve geral de maio-junho de 1968, a reforma da formação profissional, os contratos para a melhoria das condições de trabalho no setor público e outras inovações institucionais. Mas sua influência se exerce sobretudo em virtude da relação de forças criada pelas dinâmicas de greves e mobilizações. Mesmo que Jacques Chaban-Delmas e Jacques Delors, no início da presidência Pompidou (entre 1969 e 1972) se apresentassem como promotores da "nova sociedade", baseada no diálogo social e na participação dos assalariados na empresa, eles o fizeram mais com o intuito de reduzir a pressão social do que em ligação estreita com as propostas sindicais.

Foi preciso esperar 1981 e a eleição de François Mitterrand, primeiro presidente socialista da V República, para que o movimento sindical se encontrasse novamente próximo da ação governamental e com capacidade de orientá-la. Dirigentes da CFDT, militantes do PS, ocuparam um certo número de ministérios, inclusive o do Trabalho, junto de Jean Auroux. Da mesma forma, os quatro ministros comunistas que ocuparam as pastas do serviço público, transporte, saúde e formação profissional, também se cercaram por ativistas da CGT. Além de ingressar no mundo dos gabinetes ministeriais – fenômeno tão raro sob a V República que não pode deixar de ser notado – os governos Mauroy retomaram por sua conta um certo número de reivindicações, mas também de reflexões sindicais. Este foi o caso das leis Auroux, marcadas por concepções provenientes da CFDT acerca da participação dos assalariados na empresa (Tracol, 2009). Mas foi igualmente o caso da refundação do estatuto geral da função pública em 1983, que foi estendido aos agentes das coletividades territoriais (funcionários municipais e departamentais) e da saúde e que se inspirou fortemente em projetos concebidos pelas federações profissionais da CGT nesses dois setores. Essa sequência é menos intensa que a do pós-Segunda guerra e, sobretudo, não se renovou depois disso, mesmo nos governos dirigidos pelo Partido Socialista.

A capacidade de influência dos sindicatos na França permaneceu portanto limitada a certos momentos históricos antes da adoção de políticas de orientação neoliberais. A "virada do rigor" do governo socialista em 1984 ocorre quando todas as centrais estão desestabilizadas devido à amplitude da crise econômica, do desemprego em massa e da hemorragia de filiados. Entre 1975 e 1985, a CGT perdeu dois terços de seus membros. Essa situação produz uma clivagem profunda no campo sindical, posto que a segunda maior organização, a CFDT, passa por um processo de *aggiornamiento* de suas referências e de redefinição de sua linha de atuação, o que a conduziu progressivemente a privilegiar o acompanhamento das reformas neoliberais, em nome da defesa de um sindicalismo propositivo, mais do que a opor-se frontalmente a elas (Defaud, 2009). A CFDT participou, assim, dos empreendimentos intelectuais – conduzidos notadamente pela fundação Saint-Simon, depois por *think tanks* como *La République des idées* ou *Terra Nova* – de redefinição das referências centrais da esquerda. Além de aceitar um elo insuperável entre democracia e economia de mercado, a CFDT incorporou em seu discurso a busca de uma maior competitividade das empresas em uma economia globalizada como forma de gerar empregos, a necessário partilha de emprego face ao desemprego em massa e a obrigação de "modernizar" o mercado de trabalho. A partir dessa ótica, desde o final da década de 1990, apoiou uma série de reformas do sistema de seguro desemprego, que introduziram contrapartidas fortes para que os desempregados pudessem aceder a um mínimo de direitos.[25]

Essa clivagem sindical se exprimiu fortemente no outono de 1995 por ocasião da mobilização contra o plano Juppé de reforma da seguridade social (que promovia uma estatização crescente da gestão, em detrimento do papel dos sindicatos). Dois pólos sindicais se desenharam então: um que, em nome da defesa do Estado social tal como ele foi edificado na França no pós-Segunda guerra (herança do programa do Conselho Nacional da Resistência), era oposto às reformas neoliberais e agrupava em torno da CGT novas organizações que emergiram no início dos anos 1990, como a FSU e os SUD;[26] e outro

25 A esse respeito, ver artigo de Rioufreyt neste livro.

26 Os primeiros sindicatos (SUD PTT e SUD Saúde) foram expulsos de equipes da CFDT que contestavam a mudança ideológica da central. Outros sindicatos SUD, como SUD Rail (Ferrovia), constituíram-se na sequência do movimento social do outono de 1995. Eles se juntaram na União Sindical Solidários. A FSU nasceu da implosão da Federação da Educação Nacional (FEN) entre um ramo mais combativo e outro mais reformista (Unsa).

qualificado de "reformista", mas que dava uma acepção renovada a esse termo, apresentando as reformas de orientação neoliberal como necessárias em uma economia globalizada. Ora, esse movemento de greves de amplitude inédita desde 1968, provocou indiretamente repercussões políticas: em 1997, o presidente de direita, Jacques Chirac, decidiu dissolver a Assembleia Nacional e uma coalizão de esquerda, denominada "esquerda plural" (formada por PS, PCF e Verdes) ganhou a maioria. Entretanto, o período do governo Jospin (1997-2002) não abriu um novo espaço para os sindicatos. A redução da jornada de trabalho – uma reivindicação histórica do movimento sindical– com as duas leis Aubry sobre as 35 horas foi implementada favorecendo acordos de empresa e formas de flexibilização do tempo de trabalho. A CGT não conseguiu se opor à desregulamentação do setor de energia, tampouco conseguiu impedir a separação entre a Rede Ferroviária da França e a Sociedade Nacional dos Caminhos de Ferro (SNCF), realizada sob a égide de um ministro de transportes comunista. As privatizações continuaram no governo Jospin (a começar pela da *France Télécom*). Sobretudo, a declaração do primeiro ministro em 1999, no momento do fechamento de uma fábrica de Michelin, segundo a qual "o Estado não podia fazer tudo" permanece célebre, como constatação da submissão às forças do mercados, da resignação dos atores políticos e do isolamento dos sindicatos.

Ainda que um pólo de sindicalismo "radical" pareça ter se constituído em 1995, convém relativizar essa divisão do campo sindical. Com efeito, e voltaremos a isso adiante, o fim dos anos 1990 e início dos anos 2000 foram igualmente marcados pelo fortalecimento de um discurso sobre o papel dos "parceiros sociais", vistos como atores autônomos encarregados da regulação das relações profissionais. Trata-se menos de um discurso que ataca frontalmente os sindicatos ou que os desqualifica e mais de uma forma de despolitização, que lhes designa o papel de mediadores na acomodação das relações de trabalho em uma economia liberalizada. Se a CGT, que até 2017 era a primeira organização sindical nas eleições para representantes de pessoal, contrariamente à CFDT, não aderiu a esse discurso, ela buscou no final dos anos 1990 consolidar seu lugar no sistema de relações profissionais e, às vezes, retomou por sua conta essa visão limitada sobre seu domínio de intervenção. De uma certa forma, ela incorporou regras externas – um modo de estabelecer os limites da ação sindical – e as assumiu em parte como suas, em nome de uma ruptura com o campo político (distanciando-se de seus laços históricos com o PCF).

Reconfigurações sindicais no contexto de crise econômica: quais perspectivas?

A nova crise econômica que se manifesta desde 2008 contribuiu para a aceleração do processo de integração dos sindicatos à ordem dominante, no sentido de uma domesticação? Longe de responder de modo taxativo a essa questão, veremos que esse processo assume diferentes formas nos dois países e, sobretudo, suscita tensões e reposicionamentos no interior do movimento sindical.

Brasil: os sindicatos pressionados pela contestação social

A crise financeira de 2008 poupou a economia brasileira até 2013. Até esse ano, os principais indicadores macroeconômicos e do mercado de trabalho permaneceram inalterados e a percepção dominante entre os trabalhadores era a da melhoria de sua situação material. Esse cenário relativamente sob controle foi afetado pelas manifestações de junho de 2013 e por aquelas verificadas após as eleições presidenciais de 2014. De uma certa maneira, as manifestações pegaram os sindicatos de surpresa.

Todavia, como vimos, as mobilizações sindicais não tinham desaparecido. Desde 2009 as centrais convocavam jornadas de mobilização contra demissões e pela estabilidade no emprego, organizavam greves contra as condições precárias de trabalho no setor privado e contra o descumprimento de acordos negociados com o governo no setor público.[27] O número de greves se tornou mais elevado a partir de 2011: importantes mobilizações ocorreram em setores como educação, correios, bancos públicos e privados, metrô, petroleiros. Várias greves foram deflagradas à margem dos sindicatos e, às vezes, contra seus dirigentes. É o caso dos operários da construção das hidrelétricas de Belo Monte, Jirau e Santo Antonio; ou dos canteiros petroquímicos do Estado do Rio de Janeiro (Comperj), os garis do Rio e os motoristas de ônibus de várias capitais de estado (Mattos, 2014; Véras, 2014; Campos, 2016).

27 Desde 2003, o governo federal negocia com seus funcionários por intermédio de uma Mesa Nacional de Negociação Permanente, mas as negociações são estabelecidas e interrompidas ao sabor da conjunutra e os acordos celebrados não são respeitados pelo governo.

A presença das centrais minoritárias contribuiu para dinamizar o sindicalismo e para apoiar os trabalhadores em sua luta contra as direções burocratizadas. Mas os efetivos de *Conlutas* e *Intersindical* são pequenos, o que restringe sua capacidade de mobilização. A crítica que endereçavam à "política neoliberal" do governo Lula era demasiado genérica e não possuía enraizamento popular, posto que não levava em conta as diferenças entre os governos "petistas" e os de Cardoso. Finalmente, essas centrais não escaparam da perda de credibilidade que afetou as organizações sindicais: entre 2009 e 2013, a confiança nos sindicatos caiu de 46% para 37% (ìndice de Confiança Social - Ibope Inteligência). Não há dados sobre as razões dessa perda de credibilidade, mas é possível que a identificação da maior parte das centrais ao governo seja um dos fatores explicativos.

Assim, a despeito da existência de mobilizações sindicais, parece-nos plausível sustentar a hipótese de que os sindicatos perderam a liderança das ruas para outros movimentos sociais, como o Movimento do Passe Livre, MPL, o grande organizador e protagonista de 2013, os movimentos sem-teto e os movimentos opostos aos deslocamentos provocados pela construção de usinas hidrelétricas, portos, estádios de futebol, sobretudo no contexto que antecedeu a Copa do Mundo de 2014.

As duas jornadas nacionais unitárias de lutas e paralisações convocadas pelas centrais, em julho e agosto de 2013, não alcançaram a mesma dimensão das manifestações de junho e não foram bem sucedidas na tarefa de estabelecer um elo entre os manifestantes de junho e as reivindicações sindicais, a despeito da ampla pauta de reivindicações apresentada, que incluía a redução da jornada de trabalho, o aumento do orçamento para a saúde e educação pública, a melhoria do transporte público, o fim dos leilões de petróleo. O suposto "governismo" das centrais parece estar na base das dificuldades dessa articulação, bem como a despolitização observada nesse período, expressa, entre outros fatores, na dificuldade da população em estabelecer as diferenças entre as centrais, assim como entre os partidos de esquerda, todos igualmente rechaçados nas manifestações de junho.

A questão da autonomia em relação ao governo marcou as eleições de 2014 e, no entanto, todas as centrais se posicionaram frente às candidaturas apresentadas. As centrais oficialmente reconhecidas, com exceção da Força

Sindical, que sustentou o candidato do PSDB, apoiaram a reeleição de Dilma em 2014. Conlutas e Intersindical apoiaram, embora não formalmente, os candidatos dos partidos que lhe são próximos: PSTU e PSOL.

No início de seu segundo mandato, diante do agravamento da crise econômica e política (acusações de corrupção e divergências em relação à condução econômica enfraqueceram sua base de apoio, processo esse que culminou no *impeachment* em 2016), Dilma optou por um programa centrado na austeridade, adotando medidas desfavoráveis aos trabalhadores. Os empregadores retomaram um projeto de ampliação da terceirização, que contou com o apoio de uma parcela da FS. O governo, por sua vez, anunciou a intenção de promover uma nova reforma da previdência para alinhar as aposentadorias ao aumento da expectativa de vida.

Em um contexto de deterioração econômica e ofensiva neoliberal, as centrais procuraram constituir um movimento unitário, mas tratava-se de uma unidade pontual, centrada na terceirização: elas promoveram duas grandes manifestações contra a terceirização em 2015, das quais Força Sindical era a única ausente. Diante da perspectiva do *impeachment* de Dilma, uma nova recomposição se desenhou: enquanto FS se somou aos movimentos que demandavam o *impeachment* de Dilma, as outras centrais reconhecidas, com CUT e CTB na liderança, desta vez com o apoio da Intersindical, promoveram manifestações contra a política econômica do governo e em favor da democracia. Conlutas, por sua vez, não participou de nenhuma dessas frentes: ela organizou seus próprios atos, pronunciando-se ao mesmo tempo contra o governo e contra a oposição de direita, assumindo uma posição indiferente frente à possibilidade do *impeachment* de Dilma.

No plano institucional, a participação sindical se enfraqueceu com a crise. A CUT retomou certas proposições controversas, apresentando-as diretamente ao governo, sem a mediação das instituições tripartites. Formuladas pelo Sindicato dos Metalúrgicos do ABC, essas proposições promovem a flexibilização das relações de trabalho, como o Plano de Proteção ao Emprego (em 2014), que estabelece a redução da jornada em troca de redução salarial de até 30%, e o Acordo Coletivo de Trabalho como Propósito Específico (em 2011), que autoriza os sindicatos a negociar com as empresas acordos coletivos cujas cláusulas derrogam as normas fixadas na CLT. Essas medidas, contrariamente àquelas que demandam o reconhecimento e a ampliação de direitos, foram bem recebidas pelos interlocutores do governo e do patronato.

França: as falsas aparências da "democracia social"

Se na França a virada neoliberal da ação governamental data de meados dos anos 1980, uma aceleração se produziu após o primeiro mandato de Nicolas Sarkozy (2007-2012). Desse ponto de vista, a eleição do segundo presidente de esquerda da V República, François Hollande, em 2012, não trouxe grandes inflexões no plano das políticas socias e econômicas: podem-se observar mais continuidades, e até mesmo um aprofundamento de certas orientações.[28]

Uma mudança significativa concerne a arquitetura do sistema de representação profissional e de negociação. A existência de uma hierarquia de normas (com a lei no topo, seguida por acordos nacionais interprofissionais e convenções coletivas de ramo) forneceu um ponto de apoio considerável ao sindicalismo francês a partir dos anos 1950. Na França, mais de 90% dos assalariados são cobertos por convenções coletivas. Essa hierarquia começou a ser questionada no anos 1980, com a possibilidade de acordos derrogatórios sobre o tempo de trabalho. Mas essa inversão de normas se acelerou consideravelmente desde os anos 2000. O objetivo pretendido pelos poderes públicos e pelo patronato era claramente o de fazer da empresa o único nível determinante para as negociações. Com essa finalidade, uma reforma realizada em 2008 passou a basear as regras de representatividade nos resultados eleitorais obtidos pelos sindicatos na empresa, no nível de ramo e no nível interprofissional. Um sindicato que ultrapassa a barreira de 10% dos votos exprimidos nas eleições profissionais de uma empresa é habilitado a designar um delegado sindical e a negociar. Se ele obtém 30%, pode assinar um acordo independentemente dos demais sindicatos, que será válido para o conjunto dos trabalhadores.

Essa reforma da representatividade foi implementada sob o governo de Nicolas Sarkozy, permitindo-lhe sustentar um discurso sobre a renovação da democracia social. As orientações que ele então defendeu foram completamente retomadas pela presidência de Hollande. Dois termos foram particularmente enfatizados: o do "diálogo social" nas empresas em que sindicatos legitimados pelas eleições profissionais são chamados a assinar acordos; e aquele da "de-

28 Cf. artigo de Rioufreyt.

mocracia social" em escala nacional, termo que se reduz aqui a uma autonomia dada aos ditos "parceiros socais" (sindicato e patronato) para negociar previamente no domínio social, antes de qualquer intervenção legislativa. Desse modo, é a dimensão procedimental da democracia social que é privilegiada e não seu conteúdo. Da mesma forma, a reforma da representatividade sindical e a abordagem do "diálogo social" tendem a reduzir a atividade sindical apenas à negociação, ao mesmo tempo em que excluem o repertório de mobilização.

Há, assim, diversas tendências em ação, sendo que todas têm como ponto comum a prescrição da boa forma de sindicalismo e a desqualificação de outras. A primeira diz respeito às restrições ao direito de greve – uma das primeiras leis de Nicolas Sarkozy endureceu as condições de greve no setor de transportes – mas também à criminalização da ação militante.

Diante desses ataques maciços aos direitos trabalhistas, o movimento sindical parece ter se enfraquecido e dividido. As organizações que apareceram em meados da década de 1990 como pontas de lança diante da adoção de reformas neoliberais enfrentam diferentes graus de crise interna. Uma mobilização social muito forte ocorreu no outono de 2010 contra a reforma das aposentadorias iniciada pelo governo Fillon (com destaque para o aumento da idade de aposentadoria). Esse movimento social que, repetidas vezes, reuniu mais de três milhões de trabalhadores na rua, terminou todavia em fracasso, com o governo se recusando a negociar. A mobilização foi realizada de modo unitário pelas oito centrais existentes em nível nacional: no entanto, esta unidade não foi baseada na definição de demandas comuns, mas na rejeição do método utilizado por Sarkozy.

Após sua eleição, o presidente Hollande, por sua vez, opôs-se a uma proposta de lei de anistia para sindicalistas e ativistas de movimentos sociais que foram condenados no contexto de lutas sociais. As declarações do primeiro ministro Manuel Valls contra os sindicalistas da Air France, mas também a condenação de oito sindicalistas da CGT da Goodyear à prisão (apensar de a administração da empresa ter retirado a denúncia) vão na mesma direção. A segunda tendência consiste em acelerar a refundação do direito do trabalho no que se refere aos tipos de contratos e condições de demissão. O "pacto de competitividade" que Hollande lançou no outono de 2012 e o acordo nacional de 11 de janeiro de 2013, que foi incluído na chamada lei de "securitização do emprego", reformou radicalmente o regime de reestruturação das empresas, reduziu procedimentos de demissão coletiva, afirmou a proeminência do contrato de trabalho individual. Os acordos conhecidos como "competitividade no emprego" e, em seguida, "manutenção do emprego" passaram a ser possíveis ao nível das empresas: seu princípio é o de trocar a garantia de emprego na empresa por sacrifícios em termos de salário e duração do trabalho (retorno à jornada de 39 horas, por exemplo). Os empregados que recusam esses acordos podem ser demitidos. Deve se notar que foi Nicolas Sarkozy quem primeiramente impeliu os sindicatos e os empregadores a instituir a possibilidade desse tipo de acordo no nível da empresa. A reforma finalmente se concretizou sob o mandato de Hollande.

As leis Macron e Rebsamen, em 2015, adicionaram pedras a este edifício ultra-liberal, transformando principalmente o *Prud'hommes* –[29] mesmo que esta instituição ofereça frequentemente recursos decisivos aos assalariados durante as mobilizações coletivas – reduzindo os poderes da inspeção do trabalho e baseando a arquitetura das instituições representativas em acordos de empresas, nas empresas com menos de 300 funcionários. A reforma visa, de forma bastante explícita, reduzir o peso que os Comitês de Saúde e Segurança no Trabalho haviam adquirido nos últimos tempos, em conexão com as batalhas sindicais sobre a qualidade do trabalho e os riscos psicossociais. Também visa promover a fusão das várias instituições representativas (delegado de pessoal, comitê de empresa, CSST) e contribuir para reforçar uma elite sindical altamente profissionalizada e que concentra a maioria dos mandatos, elite essa para a qual os caminhos de reconversão profissional são hoje objeto de negociações regulares.

Pela primeira vez na história política francesa, um governo de esquerda assumiu explicitamente não apenas o credo liberal segundo o qual o mercado de trabalho é muito rígido, mas também uma concepção muito depreciativa do direito do trabalho (que não é mais visto como uma proteção, mas como um obstáculo).

---

29 O conselho de Prud'hommes constitui uma jurisdição específica sobre disputas trabalhistas. Os juízes eram, em parte, não profissionais, eleitos a partir de chapas sindicais e patronais.

Conclusão

A comparação dos estudos de caso brasileiro e francês permite compreender a institucionalização do sindicalismo como um processo móvel e não linear, que abrange diferentes dimensões: a integração dos sindicatos à ordem política, sua participação na organização da sociedade. O processo segue diferentes ritmos, dependendo do que se verifica a nível nacional (uma macro-institucionalização no interior do aparelho estatal) ou a nível local (nas empresas e/ou nas esferas de governo local). Acima de tudo, essa institucionalização varia conforme os mecanismos existentes, as relações entre os sindicatos e o Estado, o poder político e o mercado.

Em ambos os casos, o papel do Estado é decisivo, e embora o modo de organização sindical nos dois países seja bastante distinta, assim como os arranjos institucionais e a tradição de participação, prevalece uma reduzida capacidade de influência dos sindicatos na elaboração de políticas públicas. Na França, essa influência foi maior em períodos de grande mobilização social, mas após a ascensão do neoliberalismo, registra-se uma menor capacidade de influência, mesmo quando os sindicatos se mobilizam massivamente para apresentar suas demandas. No Brasil, a participação nas instituições estatais é muito mais recente do que na França: ela se tornou mais intensa justamente no período que coincide com a implantação do neoliberalismo, mas a disseminação de conselhos e órgãos tripartites só viria ocorrer nos governos petistas, que operaram uma reforma no modelo neoliberal. Outro ponto de comparação é que enquanto na França governos de esquerda mantiveram e aprofundaram as reformas na legislação social e nos mecanismos institucionais implementadas pelos governos de direita, reformas essas que acabaram restrigindo direitos, descentralizando a negociação e limitando o papel de um sindicalismo que se recusa a uma política de acompanhamento, no Brasil governos de esquerda promoveram uma regulação contraditória do direito social e trabalhista, ao mesmo tempo em que estimularam a participação dos sindicatos, mas sem integrá-los de fato ao processo decisório. Por fim, tanto no Brasil quanto na França a implantação e as modificações na política neoliberal produziram uma reconfiguração nas organizações sindicais. Ou seja, o sindicalismo foi impactado pelo neoliberalismo, sofreu cisões e reorientações ideológicas. Mas a despeito das tensões e disputas no campo sindical, e mesmo com organizações atuando preferencialmente no plano institucional, não deixam de manifestar divergências com os governos e patrões procurando, na medida do possível, mobilizar seus efetivos para resistir ao desmonte de direitos.

O que está emergindo no período contemporâneo, marcado pela preeminência do capitalismo financeiro é, portanto, menos uma supressão ou um enfraquecimento definitivo dos sindicatos do que uma profunda transformação das condições externas e internas em que exercem seu papel.

Bibliografia

ALCANTARA E SILVA, Pedro Henrique de; KREIN, José Dari. (2015) Comportamento da taxa de sindicalização nos governos do PT (2003-2013). *XIV Encontro Nacional da ABET*, Campinas.

ANDERSON, Perry. (1980) Problemas e limites do sindicato. *Revista Oitenta*, L&PM, vol. 3.

BADARÓ MATTOS, Marcelo. (2015), Novas formas de protesto social e velhos caminhos de luta da classe trabalhadora: encontros e desencontros. Um estudo a partir do caso brasileiro no período recente. *III International Conference Strikes and Social Conflicts*, Barcelona.

BARKER, Colin (2001), 'Robert Michels and the "Cruel Game" ', in *Leadership and Social Movements*, edited by Colin Barker, Alan Johnson and Michael Lavalette, Manchester: Manchester University Press, p. 24-43.

BEROUD, Sophie. (2014), Contribuições e limites do conceito de campo sindical: uma reflexão a partir do caso francês. *Crítica Marxista*, n. 38, p. 89-101.

BEROUD, Sophie; YON, Karel. (2013), Institutionnalisation et bureaucratisation du syndicalisme: pour une lecture dialéctique. In: Dominique Mezzi (coord.), Nouveau Siècle, Nouveau Syndicalisme, Syllepse, p. 35-51.

BOITO, Armando. (1991), *O Sindicalismo de Estado no Brasil*: uma análise crítica da estrutura sindical. São Paulo/Campinas, Hucitec/Unicamp.

BOITO, Armando. (2003), A hegemonia neoliberal no governo Lula. *Crítica Marxista*, Rio de Janeiro, v. 17, p. 9-35.

BOITO, Armando. (2012), Governos Lula: a nova burguesia nacional no poder in Armando Boito e Andréia Galvão (Org.) *Política e classes sociais no Brasil dos anos 2000*. São Paulo: Alameda/Fapesp.

BOITO, Armando; MARCELINO, Paula. (2010), O sindicalismo deixou a crise para trás? Um novo ciclo de greves na década de 2000. *Cadernos CRH*, Salvador, vol 23, n° 59, p. 323-338.

BOITO, Armando, GALVÃO, Andréia, MARCELINO, Paula. (2015), La nouvelle phase du syndicalisme brésilien, *Cahiers des Amériques Latines*, à paraître.

BRAGA, Ruy. (2014), Precariado e sindicalismo no Brasil contemporâneo: Um olhar a partir da indústria do *call Center, Revista Crítica de Ciências Sociais*, 103: 25-52.

CAMPOS, Cauê Vieira (2016), "Conflitos trabalhistas nas obras do PAC: o caso das Usinas Hidrelétricas de Jirau, Santo Antônio e Belo Monte". Dissertação (Mestrado em Ciência Política; Unicamp).

CARDOSO, Adalberto. (2003), Os sindicatos e a segurança socioeconômica no Brasil. In: Marco Aurélio Santana e José Ricardo Ramalho (Org.) Além da Fábrica: trabalhadores, sindicatos e a nova questão social. Boitempo: São Paulo, p. 227-270.

DEFAUD Nicolas, (2009), *La CFDT, 1968-1995: de l'autogestion au syndicalisme de proposition*, Paris: Presses de Sciences-Po.

GAGNON, Mona-José. (1991), Le syndicalisme: du mode d'appréhension à l'objet sociologique. *Sociologie et societés*, vol. XXIII, n° 2, p. 79-95.

GALVÃO, Andréia. (2016), Political action of the Brazilian labour movement: issues and contradictions facing PT governments. *Studies in Political Economy*. n.96, p.1 - 15.

GALVÃO, Andréia. (2014), Brésil: entre modération et radicalisme syndical. *Chronique Internationale de l'IRES*, n.146, p.49 - 63.

GALVÃO, Andréia. (2013), Sindicalismo e neoliberalismo: um exame da trajetória da CUT e da Força Sindical In: Ricardo Antunes (Org.) *Riqueza e miséria do trabalho no Brasil II*.São Paulo : Boitempo, p. 353-367.

GALVÃO, Andréia. (2007), *Neoliberalismo e reforma trabalhista no Brasil*. Rio de Janeiro : Revan, p.342.

GALVÃO, Andréia. (2006), Le mouvement syndical face au gouvernement Lula: dilemmes, défis et paradoxes In: Daniel Van Eeuwen (Org.) *Le nouveau Brésil de Lula*. Paris : Edition de l'Aube, 2006, p. 137-154.

HOWELL, Chris. (2009), The transformation of French industrial relations: Labor Representation and the State in a Post-Dirigiste Era, *Politics & Society*, vol. 37, n°2, p. 229-256.

KREIN, José Dari; BIAVASCHI Magda. (2015), Brasil: os movimentos contraditórios da regulação do trabalho nos anos 2000. *Cuadernos del Cendes* 89, p.47-82.

LABBE, Dominique; ANDOLFATTO, Dominique. (2006), La transformation des syndicats français. Vers un nouveau "modèle social" ?, *Revue Francaise de Science Politique*, 56 (2).

MALERBA,Paulo Eduardo Silva. (2017), *O sindicalismo bancário nos governos do PT*. Tese (Ciência Política) - Universidade Estadual de Campinas

POCHMANN, Márcio (1998), Adeus à CLT? O "eterno" sistema corporativo de relações de trabalho no Brasil, *Novos Estudos CEBRAP*. São Paulo, n. 50, p. 149-166, mar.

POCHMANN, Márcio et al. (1998), Ação sindical no Brasil: transformações e perspectivas. *São Paulo em Perspectiva*, vol. 12, n° 1, jan-mar., pp. 10-23.

POCHMANN, Márcio. (2012), Nova classe média? O trabalho na base da pirâmide social brasileira. São Paulo: Boitempo.

RODRIGUES, Iram Jácome. (2002), Um laboratório das relações de trabalho no Brasil: o ABC paulista nos anos 90. *Tempo Social*, 14(1), p.137-157.

RODRIGUES, Iram Jácome; RAMALHO, José Ricardo. (2014), Novas configurações do sindicalismo no Brasil? Uma análise a partir do perfil dos trabalhadores sindicalizados. *Contemporânea*, v. 4, n. 2, p. 381-403 jul.-dez.

RODRIGUES, Leôncio Martins. (1990), O sindicalismo corporativo no Brasil, in L. M. Rodrigues, *Partidos e Sindicatos*. São Paulo, Ática.

RODRIGUES, Leôncio Martins. (1999), *Destino do sindicalismo*. São Paulo, Edusp/Fapesp.

ROSANVALLON, Pierre. (1989), *La question syndicale*. Paris: Hachette.

SANTANA, Marco Aurélio. (1998), O 'novo' e o 'velho' sindicalismo: análise de um debate. *Revista de Sociologia e Política* n° 10/11.

SIROT Stéphane. (2014), *1884, des syndicats pour la République*, Paris, Le Bord de l'Eau.

TEIXEIRA, Ana Cláudia. (2014), Da participação como "transformação social" para a participação como "escuta". *Paper* apresentado no 38° Encontro Anual da Anpocs.

TRACOL Mathieu. (2009), *Changer le travail pour changer la vie? Genèse des lois Auroux, 1981-1982*, Paris, L'Harmattan.

TOURAINE, Alain. (1978), *La voix et le regard – sociologie des mouvements sociaux*. Paris, Seuil.

VÉRAS, Roberto. (2014), Brasil em obras, peões em luta, sindicatos surpreendidos, *Revista Crítica de Ciências Sociais* [Online], 103, p.111-136

VÉRAS, Roberto; BRIDI, Maria Aparecida; FERRAZ, Marcos (Org.). (2014), *O sindicalismo na era Lula*: paradoxos, perspectivas e olhares. Belo Horizonte: Editora Fino Traço.

8. Análise comparada de greves na França e no Brasil nos anos 2000

Paula Marcelino e Baptiste Giraud

O Brasil e a França passaram, durante, os anos 2000 por ciclos econômicos e políticos fortemente contrastantes. Enquanto o trabalhador francês e seus representantes sindicais foram confrontados por uma sucessão de reformas liberais do mercado de trabalho, os seus homólogos brasileiros passaram, ao contrário, por reformas econômicas e sociais mais vantajosas devido à chegada do PT ao poder mesmo que essa alternância política possa ter sido entendida como fonte de decepções. Apesar dessa heterogeneidade de contextos, as estatísticas de greve disponíveis nesses dois países indicam que após terem passado por um longo período de declínio da intensidade de greves, esses países viveram uma retomada do movimento grevista durante os anos 2000, antes de declinar novamente no início dos anos 2010 na França. Como explicar essa evolução comparável da dinâmica de greves no Brasil e na França? Segundo quais lógicas distintas ela foi impactada pelas conjunturas políticas e econômicas nas quais se inscreve a ação sindical? Em que medida as variações observáveis da intensidade das greves durante esse período traduzem uma evolução das modalidades de conflito do trabalho?

Antes de desenvolver a análise, se faz necessário voltar os olhos aos grandes problemas metodológicos postos pela análise comparada das estatísticas de greve, o que se deve à grande diversidade das modalidades de suas construções. Numerosos trabalhos já iluminaram essa dificuldade para o caso específico da União Europeia, onde os países membros contabilizam (ou não...) as greves deflagradas em seu território segundo critérios distintos e baseados em ferramentas estatísticas de confiabilidade desigual (Franzosi, 1989, Dribbusch e Vandaele, 2016). A comparabilidade dos dados estatísticos de greve disponíveis na França e no Brasil se revela também problemática, tal como seus processos de coleta, que possuem diferenças signiticativas.

No Brasil, na falta de dados oficiais produzidos pelos serviços administrativos do Estado, as estatísticas de greves são elaboradas pelo *Departamento Intersindical de Estatísticas e Estudos Socioeconômicos* (Dieese). Esse órgão, fundado há 60 anos, se encarrega da contabilização das greves e é financiado por cerca de 700 entidades sindicais (sejam sindicatos de base ou centrais sindicais). A credibilidade dessa instituição é amplamente reconhecida no país. No entanto, sua capacidade de produzir um indicador para apurar greves encontra certos limites, já que seus dados repousam sobre a coleta de "notícias veiculadas em jornais impressos ou eletrônicos da grande mídia e da imprensa sindical." (Dieese, 2015, p. 2). Numerosos estudos demonstraram que as informações vinculadas na imprensa – seja ela sindical ou não – estão longe de ser exaustivas (Franzosi, 1989, Camard, 2002) e, além disso, sua confiabilidade varia no tempo em função dos "ciclos de atenção midiática" aos movimentos de protesto (Synder e Kelly, 1977).

A França dispõe de diferentes fontes estatísticas para acompanhamento de greves. No setor de mercado, o acompanhamento de greves repousa sobre duas pesquisas com questionários aplicadas pelos serviços do Ministério do Trabalho e administradas junto a uma amostra representativa de empesas que possuem mais de 10 empregados. Em primeiro lugar temos a pesquisa "Relations professionnelles et négociations d'entreprise" [Relações profissionais e negociações de empresa] (REPONSE) iniciada em 1996 e realizada a cada seis anos desde 2006. Esse dispositivo de pesquisa apresenta duas características principais: ele não mede o volume de dias de greve, mas o grupo de estabelecimentos que passaram por, ao menos, um dia de greve; ele não se interessa unicamente pelas greves, mas também pelas diversas modalidades de ação associadas à luta sindical (manifestações, petições, recusa de horas extras). O segundo dispositivo de recenseamento é a pesquisa anual "l'Activité et les conditions d'emploi de la main d'oeuvre" [A atividade e as condições de emprego da mão de obra] (ACEMO), realizadas desde 2006. Esse dispositivo mede os setores das empresas que passaram por greves e permite calcular o volume de "Journées individuelles non travaillées pour fait de grève" [Jornadas individuais não trabalhadas em razão de greve] (JINT). Esses dispositivos de pesquisa permitem produzir dados seguramente mais confiáveis que as informações que remontam aos canais da mídia ou dos sindicatos, ao mesmo tempo em que são mais confiáveis que o antigo sistema de coleta de informações, que se baseava na sinalização dos conflitos pelos inspetores do trabalho. Pode-se dizer que o caráter bastante aleatório desse antigo sistema de coleta já foi amplamente demonstrado (Pénissat, 2009). Essa mudança de ferramenta de mensuração de greves demonstra que na França não há disponibilidade de dados estatísticos contínuos em longo prazo. Além disso, os dados relativos às greves realizadas pelos agentes do funcionalismo público são coletados separadamente pelos serviços administrativos de cada ministério. Afora a pouca confiabilidade nesses dados – objeto de polêmicas permanentes entre os sindicatos e os governos – assinalamos que não dispomos de material estatístico concernente às greves da função pública territorial (funcionários públicos de municípios, regiões e departamentos). Por esse motivo, continua sendo difícil estimar o volume global de dias de greve na França. Do mesmo modo, a diversidade de fontes de informações estatísticas impede, diferentemente do Brasil, de operar uma distinção clara entre greves do setor privado e greves do setor público, já que, os dados publicados pelo ministério do trabalho incluem, por exemplo, todas as empresas de transporte, dentre as quais figuram grandes empresas públicas como a SNCF (Société Nationale des Chemins de fer Français) [Sociedade nacional de ferrovias francesas].

A heterogeneidade de fontes estatísticas à nossa disposição para mensurar os movimentos de greve na França e no Brasil torna, assim, totalmente vã e ilusória qualquer intenção de comparar o volume de greves entre esses dois países, no sentido de determinar qual é o mais "grevista". Colocar esses dados em perspectiva, contudo, permite evidenciar aquilo que a dinâmica de greve nesses países, desde o início dos anos 2000, pode ter em comum em suas flutuações, assim como permite pôr em evidência aquilo que elas têm de singular do ponto de vista das forças políticas e econômicas das quais essas variações são produto.

Neodesenvolvimentismo e greve no Brasil (2003-2013)

Nesse primeiro momento trataremos da dinâmica das greves que aconteceram no Brasil durante o período dos governos do Partido dos Trabalhos: de 2003, primeiro ano do primeiro mandato de Lula da Silva, até as greves de 2013, penúltimo ano do primeiro mandato de Dilma Rousseff na presidência da República. No curso do período estudado, os dados estatísticos de greve indicam um aumento das paralisações no trabalho a partir de 2008, sobretudo de uma orientação mais ofensiva desses movimentos. Essa renovação da atividade grevista é indissociável da reconfiguração das relações de força políticas e sociais que se desenrolam sob os governos do PT. A eleição de Lula no ano de 2002 provocou mudanças importantes na política brasileira e essas mudanças foram levadas adiante por Dilma Rousseff pelo menos até o final do seu primeiro mandato em 2014. A principal dessas mudanças foi a consolidação de uma frente política ampla e heterogênea que, a partir de 2003, foi a força de sustentação dos governos. Embora não prescindisse dos trabalhadores – antes, precisava deles –, a frente neodesenvolvimentista foi hegemonizada por uma determinada fração burguesa: a grande burguesia interna. Mas o movimento sindical também teve um lugar nessa frente política, como força subordinada. Sob o comando dos governos de Lula e Dilma, o período é marcado por uma retomada da luta grevista dos trabalhadores e por greves bem-sucedidas do ponto de vista econômico. Em uma conjuntura de melhoria das condições gerais de emprego, a conflitualidade grevista entra em um novo ciclo, que se caracteriza pelo aumento do número de greves, tanto na esfera pública quanto na privada e pelo caráter "mais" ofensivo dessas mobilizações, que reivindicam e obtêm melhorias nos salários e nos direitos sociais. O novo ciclo de greves que emerge em razão do acesso do PT ao poder vem, deste ponto de vista, acreditar a tese da existência de um período neodesenvolvimentista no Brasil e reflete a configuração específica da luta de classes durante esse período.

Uma retomada da atividade sindical

Esse movimento de recuperação da luta sindical por meio de greves, no período em análise (2003-2013), fica mais evidente quando o comparamos com a década de 1990. Ela evidenciou no Brasil – como já vinha acontecendo na década anterior em quase toda a Europa – uma queda no ativismo sindical em relação à década de 1980. A queda da atividade grevista no Brasil na década de

1990 foi grande quando comparada com a década de 1980, período no qual o sindicalismo brasileiro foi uma espécie de campeão mundial de greves. Apenas o sindicalismo espanhol, naquele período, se aproximava do ativismo grevista verificado no Brasil. O recuo dos movimentos grevistas é particularmente forte na segunda metade dos anos 1990, ou seja, após Fernando Henrique Cardoso assumir a presidência da República (Boito, Galvão e Marcelino, 2015). Além de se tornarem menos numerosas, essas greves passam a ser mais frequentemente defensivas, isto é, greves cujos objetivos prioritários eram lutar contra o descumprimento de acordos ou leis, contra atrasos de salários e pela manutenção de direitos já conquistados. No que concerne às causas da queda da atividade grevista da década de 1990 em relação à década de 1980, houve fatores conjunturais e políticos importantes. A década de 1990 foi, no Brasil, a década das derrotas dos candidatos considerados de esquerda nas eleições presidenciais (Lula e Brizola), da difusão ampla da ideologia neoliberal, do aumento do desemprego, do controle ortodoxo da inflação e da implantação da reestruturação produtiva em muitos setores.

Gráfico 1: Trinta anos de Greve no Brasil, de 1984 a 2013

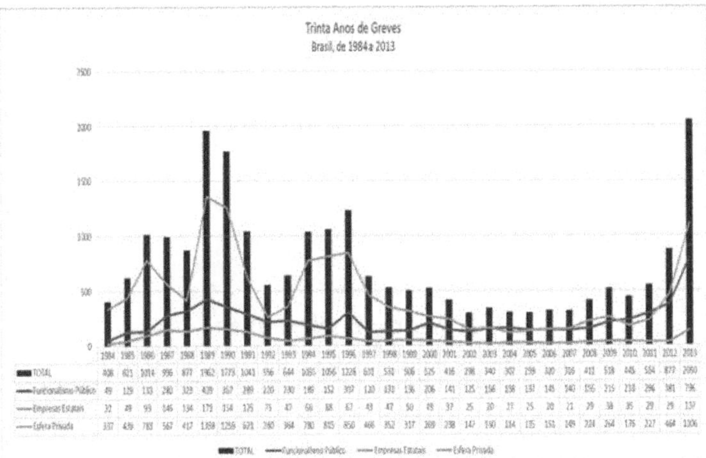

Fonte: Dieese (2015, p. 42)

Os dados produzidos pelo Dieese permitem pensar que, pelo menos desde 2004, há uma conjuntura de recuperação da atividade sindical grevista (Gráfico 1). O número de greves reparte em alta, a princípio de modo limitado, depois de modo claro após 2008, ao ponto de atingir o número impressionante, para o Brasil, de 2050 greves em 2013. Trata-se de um nível superior ao pico dos anos 1980, com 1773 greves em 1989. Entre 2003 e 2013, o DIEESE computou em média 609 greves por ano, número, contudo, inferior às 900 greves anuais contabilizadas durantes os anos 1990. Desde 2003 o número de grevista continuou relativamente estável após ter atingido o nível de 1,3 milhões em 2003, com diversos picos de participação nas greves em 2005, 2008, 2011 e 2013. Esses picos de mobilização grevista correspondem a importantes mobilizações dos trabalhadores do setor público durante os três primeiros anos (ver Gráfico 2 abaixo).

Gráfico 2: Total de grevistas em milhões - 2014-2013

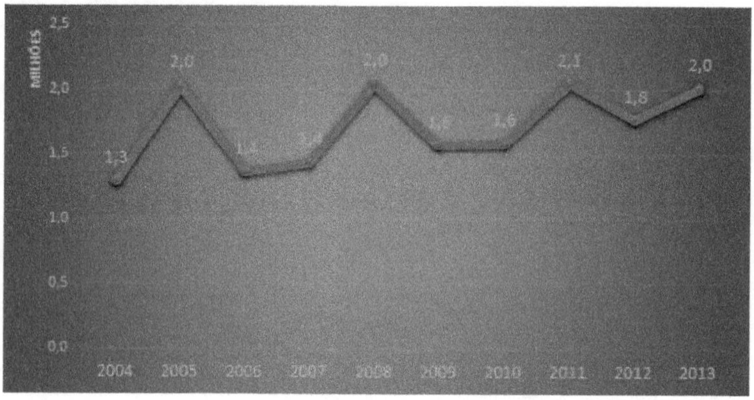

Fonte dos dados: Dieese (2015, 2012, 2007 e 2006).
Elaboração de Danilo Torini.

Greves mais ofensivas

No período anterior (1995-2002), 71% das greves podem ser qualificadas como greves defensivas, já que reclamavam a manutenção de condições contratuais já existentes e/ou denunciavam o não respeito às leis e aos acordos já estabelecidos (Dieese, 2006, p. 19). Entre 2004 e 2013, 68,2% das greves tiveram, ao contrário, um caráter ofensivo, ou seja, visavam conquistar aumentos de salário, de uma maior participação nos lucros e resultados (PLR) e novamente benefícios para contratos e condições de trabalho.

Gráfico 3: Tipos de reivindicações presentes nas greves - 2004-2013

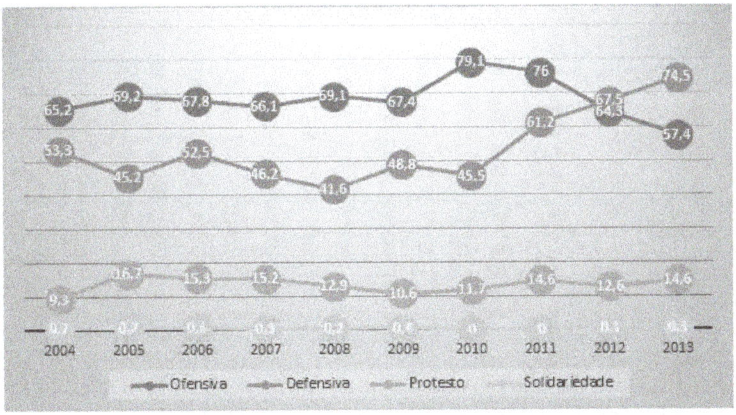

Fonte dos dados: Dieese (2015, 2012, 2007 e 2006).
Elaboração de Danilo Torini.

OBS: Cada greve pode conter mais de um tipo de reivindicação (conforme classificadas acima). Assim, a soma das colunas de cada ano não corresponde ao número total de greves e nem a soma das porcentagens será igual a 100%.

A própria análise do conteúdo dos acordos salariais põe em evidência uma clara mudança nas relações de força sociais e políticas que determinam a resolução das negociações. No ano de 2003, primeiro ano de governo do presidente Luiz Inácio Lula da Silva, dos acordos coletivos aos quais o Dieese teve acesso, apena 18,8% deles tiveram reajuste acima da inflação. A maioria dos acordos salariais daquele ano, 58,4%, suportaram perdas reais e 22,8% conseguiram apenas repor o poder de compra dos salários. Em 2012, no entanto, 95% dos acordos salariais foram firmados acima do índice oficial de inflação. Inscritos em uma conjuntura econômica, política e ideológica mais favorável aos trabalhadores, as negociações tiveram como resultado maiores conquistas para os trabalhadores sindicalizados. Estudo de Krein e Teixeira (2014), mostra que no período em debate, algumas categorias profissionais acumularam ganhos salariais expressivos: metalúrgicos em São Paulo tiveram seus salários valorizados em 33%; na categoria dos bancários, a valorização foi menor, mais ainda importante: 11%.

Gráfico 4: Distribuição dos reajustes salariais em comparação com o INPC-IBGE* - 2003 a 2014

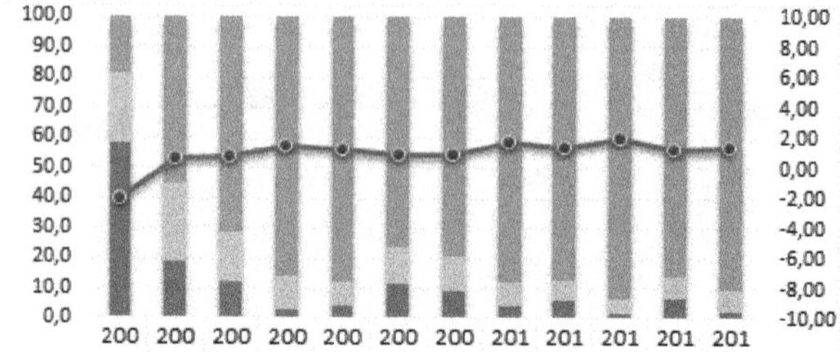

	2003	2004	2005	2006	2007	2008	2009	2010	2011	2012	2013	2014
	548 reaj.	658 reaj.	640 reaj.	655 reaj.	715 reaj.	816 reaj.	815 reaj.	804 reaj.	807 reaj.	802 reaj.	784 reaj.	780 reaj.
Acima do INPC-IBGE	18,8	54,9	71,7	86,3	87,7	76,6	79,5	87,7	87,0	93,6	86,0	90,4
Igual ao INPC-IBGE	23,0	26,1	16,3	10,7	8,3	11,9	11,7	7,8	7,1	4,9	7,7	7,3
Abaixo do INPC-IBGE	58,2	19,0	12,0	3,1	4,1	11,5	8,8	4,5	5,9	1,5	6,4	2,3
Variação real média	-2,08	0,61	0,78	1,52	1,22	0,86	0,90	1,66	1,33	1,90	1,21	1,35

Fonte: Dieese (2016)

* INPC-IBGE: Índice Nacional de Preço ao Consumidor; medido pelo Instituto Brasileiro de Geografia e Estatística.

O tipo de reivindicação associada às greves varia segundo os setores. Os setores tradicionalmente organizados no país, como metalúrgicos, bancários e petroleiros, que normalmente tendem a puxar a média do número de greves para cima, exercem o mesmo efeito sobre o número de greves com presença de reivindicações ofensivas. O contrário acontece com os setores de serviços e comércio, em que a luta defensiva é ainda muito expressiva.

Além disso, a evolução dos motivos de reivindicação que se exprimem através das greves não possui nada de linear durante o período estudado. De fato, se o número de greves aumenta de modo considerável entre 2011 e 2013, passando de 800 a 2050 greves (cf. gráfico 1), são as reivindicações defensivas que passam a predominar em 2013, tanto na esfera pública, quanto na esfera privada. Segundo Linhares (2015, p. 100), 2013 foi um ano com características bastante peculiares, pois houve uma ampliação do número de greves em categorias profissionais frágeis do ponto de vista do seu histórico de organização sindical, de suas condições de remuneração e de saúde e segurança no trabalho: setor de transportes, turismo e hospitalidade, saúde privada e vigilância e segurança. Segundo o autor, essas categorias profissionais podem ter visto na realização da Copa do Mundo de Futebol, que ocorreria em 2014, uma possibilidade de aumentar seu poder de barganha junto aos patrões e aos governos.

Linhares (2015) aponta para um dado que nos parece importante de ser destacado: a progressão das reivindicações de caráter defensivo pode ter sido parte, por mais contrassenso que isso possa parecer, de uma fase ainda ofensiva do sindicalismo. É possível que categorias que antes suportavam perdas salariais e de direitos sem ter forças para se mobilizarem, encontrem numa conjuntura mais favorável a possibilidade de fazerem greves por razões defensivas – lembremos que esse tipo de reivindicação sempre se mescla com aquelas ofensivas no período analisado – e não sofrerem de maneira tão intensa o risco do desemprego.

O aumento real do salário mínimo nesse período é outro dado que ajuda a entender a melhora das condições do mercado de trabalho e de luta dos trabalhadores sindicalizados. Em termos reais, o salário mínimo subiu 72% entre 2003 e 2013, com impacto positivo no nível de ocupação, na distribuição de renda, inclusive devido ao fato da pensão da previdência social ser indexada pelo salário mínimo, e no consumo de bens de mercado (Cardoso Jr. e Musse, 2014). Essa valorização provocou alteração de preços relativos. Apesar de a inflação permanecer em patamares relativamente baixos no período, os preços dos serviços pessoais (empregadas domésticas, refeições em restaurantes, gabinetes de estética, jardinagem, etc.) subiram mais do que os dos produtos industriais. Ou seja, a política de valorização do salário mínimo elevou a remuneração de quem está na base da pirâmide social, com efeitos positivos na renda do trabalho. Ainda que o salário mínimo tenha permanecido relativamente baixo , essa elevação aprofundou as tensões sociais entre os segmentos que se beneficiam historicamente dos baixos salários e os que se encontram na base da pirâmide social. (Krein e Biavaski, 2015, p. 8). Nenhum beneficiário da Seguridade Social recebia valor inferior ao salário mínimo, constituindo-se essa política no principal mecanismo de transferência de renda no período dos governos de Lula e Dilma.

Nessas condições a intensificação das greves durante o período estudado não significava, ao contrário do que se pode intuir primeiramente e do que defendem algumas teses (Braga, 2016, por exemplo), necessariamente, oposição ao governo. De maneira oposta, o revigoramento das greves e das reivindicações de caráter econômico parecem indicar que os sindicatos tiraram proveito de uma conjuntura mais favorável, tanto para deflagrar mobilizações mais ofensivas, quanto para sustentar eleitoralmente os governos em sua política neodesenvolvimentista.

Desenvolvimento das greves no setor privado

As modalidades de distribuição das greves entre o setor público e o setor privado constituem uma outra característica do período estudado. Nos anos de 2005, 2008 e 2011, o grande número de grevistas (gráfico 2) se deve ao predomínio de greves no setor público. Essa não chega a ser uma novidade para os estudiosos do movimento sindical internacional, pois as greves no setor público tendem a contar com maior número de trabalhadores e de horas paradas em vários países do mundo. Contudo, entre 2003 e 2013, as greves no setor privado da economia se ampliaram (com exceção do ano de 2010) e ultrapassaram em número de grevistas o setor público, em 2009, 2012 e 2013. Compreendemos que esse movimento demonstra, fundamentalmente, uma maior confiança por parte dos trabalhadores na sua capacidade de pressão sobre os patrões devido ao risco menor de demissão.

Gráfico 5: Repartição dos grevistas nas esferas pública e privada em % - 2004-2013

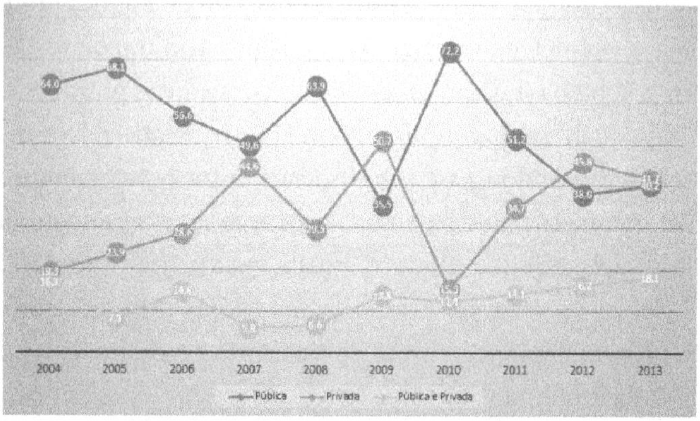

Fonte dos dados: Dieese (2015, 2012, 2007 e 2006).
Elaboração de Danilo Torini.

Os dados demonstram que o que altera a quantidade de grevistas e horas paradas são as categorias profissionais que aderem às greves e as condições em que elas são feitas. Em 2008, por exemplo, os trabalhadores se beneficiaram de um crescimento econômico observado nos três últimos trimestres do ano anterior. Este foi um ano durante o qual o setor público realizou a maior parte das greves. Os professores do ensino fundamental e médio do mais populoso estado brasileiro, São Paulo, fizeram uma greve de 19 dias; a categoria é composta por mais de 220 mil trabalhadores. Apenas os funcionários públicos estaduais do país foram responsáveis por 21,9% do total de greves deflagradas naquele ano; somados os professores dos sistemas municipais, foram 550 mil trabalhadores em greve, 27% do total do ano. Contudo, esse contexto de crescimento econômico foi propício a uma dinamização das lutas sindicais na indústria, habituada a elevar o número total de trabalhadores em greve. De fato, em 2008, a indústria foi responsável por 32,1% das greves. Destaque, naquele ano, foi a greve que paralisou mais de 110 mil metalúrgicos no estado de São Paulo e que tinha por principal reivindicação a redução da jornada de trabalho (Dieese, 2009). Foi apenas ao fim de 2008 que a crise econômica começou a produzir efeitos moderadores sobre a luta sindical, e isso por causa de uma queda no nível de emprego.

Em 2010, quando o número de greves registradas pelo Dieese é pouco maior que o de 2008 (de 411 para 446, ou seja, 8% a mais; e lembremos que o número de grevistas se assemelha: 2 milhões e 2,1 milhões respectivamente – gráfico 2), a preponderância dos efetivos grevistas do setor público é ainda maior (gráfico 4). Isso se explica notadamente pela mobilização dos professores do estado de São Pulo que entraram em greve para reivindicar um aumento salarial de 34,3%. Ao contrário, o ano de 2010 foi marcado por uma diminuição das greves de longa duração no setor privado, à exceção das grandes greves que engajaram 7200 empregados de agências bancárias durante duas semanas consecutivas.

Proximidades e distâncias do sindicalismo na frente neodesenvolvimentista

A partir do final do primeiro mandato de Lula, as principais centrais sindicais se aproximaram do governo. O apoio explícito de quatro das cinco centrais sindicais legalmente reconhecidas à candidatura de Dilma Rousseff à presidência da república foi um fato importante para ilustrar o que estamos afirmando. No ano de 2014, esse panorama pouco se alterou: apenas uma das centrais reconhecidas por lei não apoiou a reeleição de Dilma. Outro fator que indica um fortalecimento do movimento sindical na década de 2000 e a sua presença como uma das forças da frente neodesenvolvimentista é o fato de a equipe governamental bem como as presidências e diretorias de empresas estatais serem compostas, no período dos mandatos presidenciais de Lula e Dilma, por pessoas oriundas, em grande parte, do movimento sindical. Estima-se que 1300 cargos na administração federal tenham sido ocupados por sindicalistas, vários deles em postos estratégicos. Além disso, o sindicalismo passou a ser reconhecido como força política e como interlocutor legítimo, pois, entre outros fatores participou em conselhos tripartites e, através das centrais, se reunia periodicamente com o governo.

No período neodesenvolvimentista, que vai de 2003 até 2015 (com variações – ver: Boito e Saad, 2016), parte considerável das greves foi realizada pelos setores próximos aos governos (metalúrgicos e bancários, por exemplo) dos quais saíram grande parte dos 1300 cargos ocupados por sindicalistas. São os setores tradicionais do sindicalismo brasileiro os responsáveis pela deflagração da maioria das greves no período. Categorias formadas por trabalhadores em situação precária de trabalho foram responsáveis por parte importante das greves no período, mas elas são bastante minoritárias, e não são suficientes para dizer que o "precariado" se voltou contra os governos do PT, como afirma Braga (2016). As greves e a luta por melhores salários não são um indicador seguro de insatisfação com o governo. Com os dados que a pesquisa em sindicalismo dispõe hoje, entendemos que a explicação mais plausível é que a luta econômica sindical de muitos setores profissionais ocorre por insatisfação com os salários, por entendimento de que eles poderiam ser majorados e, também, por uma percepção de que os governos do PT facilitaram a luta e que, portanto, não eram os inimigos. Essas greves traduzem, por outro lado, o fato de que a chegada do PT ao poder e as relações tecidas com seus governantes confortava os trabalhadores e seus representantes sindicais na ideia de que lhes seria mais fácil obter um aumento salarial, fato que lhes incitava a se engajar de maneira mais fácil nas greves.

No decorrer dos governos de Lula e Dilma, o sindicalismo deu mostras explícitas da aliança com a grande burguesia interna brasileira no interesse comum em beneficiar, com a política econômica do governo, o setor produtivo nacional. Dois desses momentos foram manifestações nacionais conjuntas de entidades sindicais dos trabalhadores e associações patronais: em outubro de 2011, CUT, Força Sindical, Fiesp (Federação das Indústrias do Estado de São Paulo) e Abimaq (Associação Brasileira da Indústria de Máquinas e Equipamentos) se uniram para reivindicar redução da taxa básica de juros; em fevereiro de 2012, o alvo das manifestações conjuntas foram o aumento das importações e a desindustrialização do país. Dois documentos conjuntos entre as principais centrais sindicais brasileiras (CUT e Força Sindical) e associações empresarias, entre elas Fiesp, foram lançados nos anos de 2007 e 2011. Já em 2015, em plena crise política do impeachment, uma carta que recebeu o título de "Compromisso pelo Desenvolvimento" foi assinada por seis centrais sindicais e importantes associações patronais brasileiras da indústria.

Os dados apontados acima, entretanto, não devem ser tomados como prova de uma força que o sindicalismo de fato não tem. E aqui explicamos porque entendemos que o sindicalismo foi uma força política subordinada na frente neodesenvolvimentista. O Brasil não foi durante os governos petistas, como setores da grande imprensa do país chegaram a afirmar, uma "república sindical". Uma participação subordinada na frente política de sustentação do governo significou limites nas conquistas sindicais.

Assim, se, por um lado, os trabalhadores lograram aumentos salariais e ampliação de alguns importantes benefícios trabalhistas na grande maioria dos acordos coletivos nas suas greves por categoria e conquistaram reconhecimento como interlocutor político legítimo, por outro, reivindicações gerais do movimento sindical têm, sistematicamente, sido barradas. Apenas para citar dois exemplos da pauta de reivindicações da CUT, não houve qualquer avanço na luta sindical pela redução da jornada de trabalho sem redução salarial (de 44 para 40 horas semanais) e tampouco na regulamentação restritiva da terceirização; nesse último quesito, andou-se para trás como o projeto de lei 4330 em tramitação no Senado e na Câmara federais. Ademais, bandeiras históricas do sindicalismo, como a reposição automática da inflação – o que favoreceria muito os trabalhadores não sindicalizados e filiados a sindicatos de menor poder de pressão –, foram abandonadas. Tal abandono talvez provenha de um cálculo tático visando não desgastar os governos liderados pelo PT (Galvão, 2012); mas carrega, certamente, a marca da sua incapacidade de pautar vitoriosamente suas reivindicações históricas.

Mesmo no que se refere aos direitos trabalhistas, assim como nos mostram Krein e Biavaski (2015), o período foi contraditório, envolvendo perdas e conquistas. Dos ganhos já falamos um pouco: política de valorização do salário mínimo, políticas sociais compensatórias, diminuição da taxa de desemprego, regulamentação do trabalho doméstico, a ampliação da licença maternidade de quatro para seis meses e a criação do piso salarial nacional de professores. Entre as medidas flexibilizadoras e que precarizaram aspectos importantes da relação de emprego temos: 1) a Lei de Falências e de Recuperação Judicial: que fere o pressuposto de que os riscos do negócio são do empregador; 2) o empréstimo bancário mediante consignação em folha de pagamento que, como lembram Krein e Biavaski "(...) se, por um lado, permitiu crédito mais acessível ao trabalhador, por outro, ofereceu maior proteção às instituições financeiras e transformou em penhorável o que intocável deveria ser, em face da natureza alimentar do salário" (...); 3) a regulamentação do trabalho em transporte rodoviário de cargas e do trabalho rural por tempo determinado: ambas têm como efeito a expansão das relações de emprego com enfraquecimento de garantias e de direitos trabalhistas. (Krein e Biavaski, 2015, p.17- 18).

Diferentemente de Cardoso (2014), entendemos que a Central Única dos Trabalhadores (CUT), tradicionalmente ligada ao PT, foi uma força política de apoio ao governo, mas não foi o governo. Diante da quantidade de reivindicações importantes – da própria CUT e de outras centrais sindicais – deixadas de lado pelos governos Lula e Dilma, diante do processo de desindustrialização do país e mesmo levando-se em conta a necessidade de negociação, parecem-nos muitas perdas para as creditarmos apenas ao cálculo político da CUT. A dificuldade do sindicalismo cutista para pautar reivindicações fundamentais para os trabalhadores brasileiros se dá, na nossa avaliação, pela sua fragilidade diante de outras forças políticas e pela prioridade concedida pelo governo aos interesses de outra classe social no período neodesenvolvimentista.

Um novo ciclo defensivo?

Lutas de caráter ofensivo tradicionais do movimento sindical – tais como a redução da jornada de trabalho de 44 para 40 horas semanais – estão, visivelmente, descartadas da pauta de mobilizações do novo período depois do golpe parlamentar que aconteceu no Brasil em agosto de 2016 e que levou à presidência Michel Temer. O Brasil vive uma conjuntura de aumento da recessão, do desemprego, da repressão ao movimento sindical e popular e de uma ofensiva conservadora em relação aos direitos trabalhistas. Todos os movimentos sociais brasileiros, incluindo o sindical, esforçam-se para não perder os direitos conquistados.

Em 2013, 75% das greves deflagradas comportavam objetivos defensivos e a presença de reivindicações ofensivas recua de 57% para 64% em 2012. Contudo, ainda não era possível tratar este período como uma fase mais defensiva do sindicalismo em seu conjunto. Os reajustes salariais acima do índice oficial da inflação no país indicavam que continuava alta a capacidade de conquistas econômicas dos sindicatos. No ano de 2014 90,4% dos acordos e convenções coletivas assinadas obtiveram aumento real de salário (Dieese, 2015). Não obstante, o balanço das negociações coletivas organizadas em 2015 e 2016 parece indicar uma tendência de recuo do poder de negociação dos sindicatos brasileiros, resultado compreensivo tendo em vista a conjuntura de crise econômica e política do Brasil. Devemos voltar a 2004, segundo ano do primeiro mandato de Lula da Silva na presidência da República, para observar um resultado tão desfavorável para os trabalhadores quanto o de 2015, quando apenas 52% dos trabalhadores tiveram algum ganho real acima da inflação; 29,9% conseguiram a reposição salarial pura e simples e 18,1% amargaram perdas salariais. O setor dos trabalhadores mais afetado pela crise foi o industrial, onde 55% das negociações salariais resultaram em reajuste igual ou abaixo da inflação – na média geral, essa porcentagem foi de 48% (Dieese, 2015, p. 2-3). No primeiro semestre do ano de 2016 todos esses indicadores pioraram ainda mais: apenas 24% das negociações salariais resultaram em ganhos reais acima da inflação; 37% delas obtiveram apenas a reposição inflacionária e 39% das unidades de negociação suportaram perdas salariais. Aumentou também, de forma significativa, o escalonamento dos reajustes salariais, ou seja, a divisão do reajuste ao longo do ano. Mesmo que as estatísticas de greve à nossa disposição para os anos 2014-2016 estejam incompletas, elas tendem a indicar uma maior frequência de motivos de natureza defensiva, mesmo que o número de greves possa aumentar ou se estabilizar. Em um contexto de recessão, de desemprego e de ameaça aos direitos sociais, uma nova fase mais defensiva das greves e das mobilizações sindicais parece estar assim deflagrada.

Retomada e recomposição dos usos da greve na França

Durante o período de 2003-2013, a dinâmica de greve na França seguiu uma evolução que é, em partes, comparável àquela observada no caso brasileiro. De 2003 a 2010, a França passou por uma clara retomada do movimento grevista. O país viveu, primeiramente, uma sucessão de mobilizações sindicais organizadas por todas ou parte das organizações sindicais confederadas – estruturas assemelhadas às centrais sindicais brasileiras –, que assumiram a forma de jornadas de ação grevista e de manifestações visando contestar as políticas governamentais de reforma liberal da proteção social e do mercado de trabalho.

Em 2003, depois em 2010, alguns milhões de trabalhadores responderam ao chamado dos sindicatos para protestar repetidas vezes contra as reformas do sistema de aposentadoria empreendidas sucessivamente durante os quinquênios de Jacques Chirac e de Nicolás Sarkozy como presidentes, reformas que conseguiram aumentar a idade de aposentadoria e abaixar a taxa de pensão. Em 2006, o conjunto das confederações sindicais acompanhou poderosas mobilizações estudantis que exigiam e obtiveram a derrubada do Contrato de primeiro emprego, que possibilitava às empresas privadas recrutar empregados de menos de 26 anos com um novo tipo de contrato de trabalho, que poderia ser rompido pelo empregador sem justificativa necessária. Em 2009, num contexto de grave crise econômica gerada pela crise financeira dos *subprimes*, as organizações sindicais se reagruparam de novo para rejeitar as políticas de austeridade anunciadas pelo governo de Nicolás Sarkozy e reivindicar a adoção de políticas econômicas alternativas, articulando a defesa dos direitos sociais, do poder de compra e a regulação da esfera financeira. Nessa situação de unidade das forças sindicais, bastante rara na história do sindicalismo francês marcado por suas divisões, os chamados à greve e à manifestação encontraram um sucesso incontestável (Béroud et Yon, 2012).

Essa retomada das mobilizações sindicais em resistência às políticas governamentais de gestão da "crise" pela adoção de reformas liberais do sistema de proteção social não foi isolada na Europa. Porém, como Portugal e Grécia, a França é um dos países da Europa do Sul no qual a intensificação das mobilizações sindicais foi mais forte (Gall, 2012). Além disso, a retomada das ações de protesto sindical não se materializa somente nesse novo ciclo de mobilizações organizadas em escala interprofissional. A partir dos dados estatísticos expostos pelas três últimas edições disponíveis da pesquisa REPONSE (1996-1998, 2002-2004, 2008-2010), se observa uma retomada e uma intensificação das lutas sindicais mais localizadas e de movimentos de greve em particular, ao nível de empresa. A dinâmica dessas duas formas de mobilização sindical – localizadas e nacionais – estão evidentemente, em parte, conectadas. Desde 2011, ao contrário, as pesquisas do ministério do trabalho indicam uma nova diminuição da intensidade das greves em empresas. O ano de 2016 foi certamente marcado por um novo episódio de contestação social provocado por uma enésima tentativa política de liberalização do mercado de trabalho iniciada pelo governo do Partido Socialista. Lançada por uma petição assinada em poucos dias por mais de um milhão de pessoas na internet, o movimento de contestação se estendeu em numerosas manifestações nacionais que, contudo, conseguiram claramente mobilizar menos que em 2010, as ações de greve permaneceram limitadas em número.

Refletindo acerca do que foi analisado acima sobre o caso brasileiro, iremos, neste momento, nos voltar, de forma mais detalhada, às variações conjunturais da conflitualidade grevista nas empresas do setor privado na França, de modo a esclarecer certos fatores explicativos apoiados em diferentes modelos de análise das diferentes determinantes estruturais das greves (Franzosi, 1995), antes de mostrar o que as pesquisas estatísticas nos dizem sobre as transformações mais estruturais da morfologia das greves na França, das condições de suas possibilidades e dos usos sindicais dessa modalidade de ação.

A França, reveladora de uma tendência à terceirização dos conflitos do trabalho?

Como no caso brasileiro, a análise estatística das greves apuradas nas empresas francesas do setor de mercado durante o período de 2002-2010 permite, primeiramente, colocar em evidencia uma dinâmica da conflitualidade no trabalho que contrasta significativamente com a tendência aparente de declínio das greves que se desenhava no período precedente. Os anos 1980, a França, com efeito, havia registrado um declínio muito importante do volume de dias não trabalhados em razão de greve, principalmente nos estabelecimentos do setor privado. Esse declínio da intensidade das greves é responsável por prolongar a importante queda dos efetivos sindicais franceses, e da Confédération

Générale du Travail (CGT) em particular, então a primeira força do movimento sindical francês e o ator central nas lutas sindicais num contexto caracterizado pela multiplicidade de mudanças econômicas e políticas que funcionam como freio ao desenvolvimento da adesão e da luta sindical.

No plano econômico, os anos 1980-1990 se caracterizam pelo fechamento de numerosos bastiões da indústria francesa (metalurgia, siderurgia, indústria automobilística) – lugares de implantação histórica do sindicalismo francês e de forte conflitualidade social – em razão do desenvolvimento de empregos precários (contrato de duração determinada, contrato temporário) ou até pela aparição do desemprego em massa. No plano político, o Partido Comunista Francês, aliado político e estratégico da CGT, passou por um declínio político, eleitoral e militante que contribuiu fortemente para o enfraquecimento da capacidade de mobilização sindical.

Como na maior parte dos outros países europeus, as estatísticas administrativas de greve parecem indicar uma tendência à terceirização dos conflitos do trabalho (Gall, 2012): as greves seriam, daqui em diante, concentradas essencialmente no setor público, no qual a maioria dos trabalhadores dispõe de estabilidade no emprego e estão protegidos da lógica da concorrência econômica internacional e dos riscos de deslocalização de sua atividade (Cf. gráficos 6 e 7). Essa tese foi, paradoxalmente, alimentada pela reaparição, depois de uma dezena de anos de fraca mobilização sindical, dos grandes episódios de contestação social, primeiramente com os movimentos de greve dos ferroviários em novembro-dezembro de 1995 – contra os projetos governamentais de reforma de seu regime de aposentadoria e do sistema de financiamento da seguridade social – depois por ocasião de diferentes mobilizações em sequência que deram ritmo, como vimos, aos anos 2000. Essas grandes mobilizações sindicais trouxeram mais uma imagem de renovação das lutas sindicais do que uma imagem de um poder de mobilização que se limitaria, de agora em diante, no essencial, às franjas do assalariado do setor público. Em realidade, em cada um desses conflitos, os trabalhadores do setor público constituíram parte essencial dos cortejos de manifestantes e grevistas, contribuindo, assim, para o fomento da ideia de que os trabalhadores do setor privado se mantêm distantes da ação sindical. Mais expostos aos riscos da precariedade no emprego e menos sustentados pelos sindicatos mais fracamente implantados no setor privado (9% de taxa de adesão sindical) que no setor público (20% de taxa de adesão sindical) (Pignoni, 2016), os trabalhadores do setor privado estariam condenados seja – retomando uma expressão que obteve grande sucesso no momento das greves dos ferroviários de 1995 – a fazer "greve por procuração", seja a sustentar passivamente as greves dos agentes do setor público, seja a sofrer as consequências nefastas em seu próprio cotidiano (causada pelo bloqueio dos transportes, interrupção dos serviços públicos, desaceleração da atividade econômica etc.). Além disso, a frequência das mobilizações sindicais organizadas no curso dos anos 2000, em escala nacional, contra as políticas governamentais, contrastando com o declínio aparente do volume de dias de greve, faz crer que a França parece ilustrar uma tendência mais geral na Europa de transformação da lógica e dos recursos à greve. Ao mesmo tempo em que os espaços profissionais de greve se deslocam, as lógicas sindicais de recurso à greve se transformariam: os sindicatos apelariam à greve, de agora em diante, menos como um instrumento de luta econômica contra as direções das empresas, e mais como um instrumento de luta política contra a ação governamental. (Gall, 2012; Kelly et alii., 2013). Essa seria uma tendência bastante diferente daquela que vimos no caso brasileiro, em que as greves buscam recompor salários em um país que viveu e vive a situação de ter a força de trabalho sub-remunerada em relação aos países de capitalismo central.

Gráfico 6. O declínio do número de dias em greve na França no setor de mercado (JINT)

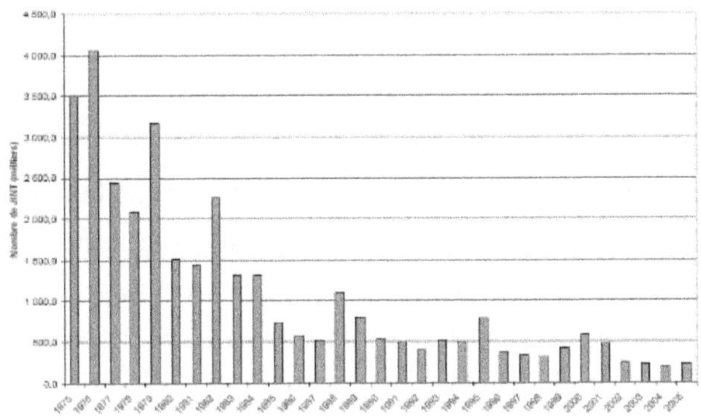

Fonte: Alexandre Carlier, "Mesurer les grèves dans les entreprises", Documents d'Etudes de la DARES, n° 139, 2008, n°34.1
Campo: empresas do setor privado e público nacionalizado, 1975-2005, fora as empresas de transportes a partir de 1996.

Gráfico 7: O funcionalismo público no volume global de dias de greves mensurados

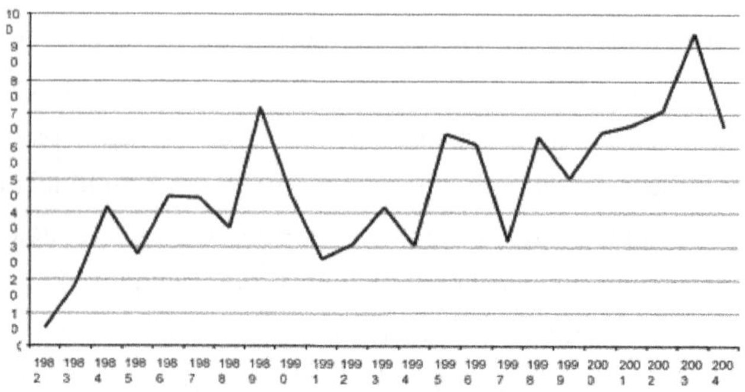

Fontes: Premières Informations, Premières Synthèses, 2003, n°34.1 et Premières Informations, Premières Synthèses, 2005, n°18.4.
Campo: estabelecimentos do funcionalismo público, fora a função pública hospitalar e territorial, assim como os dados de la Poste [Correios] e da France Telecom

Uma retomada das greves de empresa nos anos 2000

Pôr em perspectiva os dados que dispomos desde a metade dos anos 1990, graças à pesquisa REPONSE, conduz, entretanto, a nuançar essa representação dominante da conflitualidade do trabalho na França – e na Europa - que se articula em torno da ideia de uma tendência estrutural ao declínio das greves, à sua terceirização e à sua transformação em instrumento, antes de tudo, político. Ao passo que as pesquisas europeias sugerem que o declínio de greves continua nos anos 2000 (Vandaele, 2011), os resultados da pesquisa que mede a parte dos estabelecimentos que conheceram conflitos coletivos, quaisquer que sejam as suas formas, permite elaborar uma constatação bem diferente no caso da França. Esses resultados de fato demonstram uma retomada das diferentes modalidades de conflito no trabalho, notadamente as greves, ao curso desse período.[1] Esse aumento é particularmente claro para o período de 2002-2004, no qual 30% dos estabelecimentos declaram ter passado por ao menos um conflito coletivo, ou seja, um aumento de 10 pontos percentuais em relação ao

1 Para uma apresentação mais detalhada dos resultados estatísticos aqui evocados ver Giraud, Pélisse, Pénissat, 2014.

período de 1996-1998. Certamente, o aumento se explica, em parte, por uma frequência maior de conflitos sem paralisação do trabalho. No entanto ele está ligado, também, aos conflitos que levaram à greve: 15% dos estabelecimentos do setor privado passaram entre 2002-2004 ao menos por uma paralisação do trabalho, contra 13% em 1996-1998. Esse aumento da conflitualidade afeta todos os setores de atividade cobertos pela pesquisa.

Seguindo a perspectiva da teoria econômica de greves, a extensão dos conflitos no espaço dos estabelecimentos franceses pode ser atribuída ao retorno do crescimento econômico que se opera nesse período, caracterizado, em particular, por uma baixa significativa da taxa de desemprego, assim como por uma intensificação da negociação coletiva ligada à passagem às 35 horas semanais. Isto porque, a lei impõe a necessidade de se negociar as modalidades de implantação da redução da jornada localmente (Coutrot, 2001). No entanto, entre 2008 e 2010, a reviravolta na conjuntura econômica não engendra uma queda imediata nos conflitos do trabalho. Ao longo desse período, apesar da crise do "subprimes", a parte dos estabelecimentos conflituosos se mantém praticamente estável em relação ao que era no começo da década. Observa-se mesmo uma intensificação das greves, já que as formas de conflito recenseadas evoluem de maneira diferente em relação ao período precedente: enquanto a parte dos estabelecimentos que passaram apenas por conflitos sem interrupção do trabalho diminui (menos dois pontos percentuais), a parte dos estabelecimentos que passaram por ao menos uma greve aumentou ligeiramente (mais 0,8 pontos percentuais). Soma-se a isso que, entre 2008-2010, 6 % dos estabelecimentos declararam ter passado ao menos por três greves, uma proporção que dobrou em relação aos anos 2002-2004 (gráfico 8). Definitivamente, durante os anos 2000, somente as greves de mais de dois dias diminuíram, ao passo que as ações de greve mais curtas aumentaram (tabela 1 mais adiante).

Uma outra maneira de apreciar o nível de extensão dos conflitos coletivos e das greves no setor de mercado durante o período estudado é olhar para o número de trabalhadores que participaram dessas mobilizações. De fato, sabemos que as mobilizações coletivas, e as greves em particular, são muito mais frequentes em grandes estabelecimentos do que nos pequenos estabelecimentos. Nesses últimos, as relações de trabalho se organizam de fato em torno de relações de dominação personalizadas que tornam mais difícil a implantação dos sindicatos e a organização de mobilizações coletivas de trabalhadores. Isso resulta no fato de que 45% dos empregados que trabalham em estabelecimentos com mais de dez trabalhadores declaram ter passado por ao menos uma paralisação do trabalho dentro de seu estabelecimento, 15% declarando ter participado dessas paralisações (Pignoni, Raynaud, 2013)

Gráfico 8 – Conflitos coletivos nos estabelecimentos do setor privado

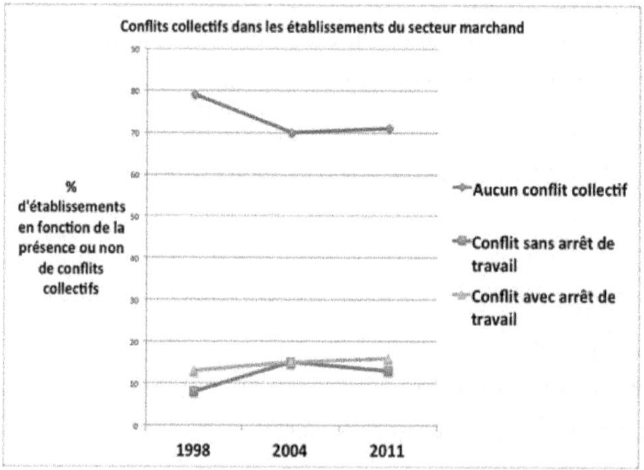

Campo: estabelecimentos com mais de 20 trabalhadores
Fonte: Enquêtes REPONSE 1998, 2004, 2011. Volet RD – DARES
Leitura: em 2010, 16% dos estabelecimentos com mais de 20 trabalhadores que passaram por ao menos um conflito com paralisação do trabalho contra 13% dos estabelecimentos em 1998.

Tabela 1: Recorrência das greves

Presença de greves de menos de dois dias	2004	2010	Evolução
Mais de 5 vezes	1,5	3	+1,5
De 3 a 5 vezes	1,5	3	+1,5
De 1 a 2 vezes	6,5	5	-1,5
Nunca	91	89,5	-1,5

Campo: estabelecimentos com mais de 20 trabalhadores.
Fonte: Enquêtes REPONSE 1998, 2004, 2011. Volet RD – DARES
Leitura: entre os estabelecimentos que declararam uma greve de menos de dois dias, 1,5% passaram por esse tipo de greve mais de 5 vezes em 2004 contra 3% em 2010.

O declínio da atividade econômica e o aumento do desemprego na França não levaram, de forma mecânica, a uma maior apatia dos trabalhadores entre 2008 e 2010. Apenas a partir de 2011 a pesquisa anual ACEMO do Ministério do Trabalho registra um declínio significativo da parte dos estabelecimentos que declararam ao menos uma paralisação do trabalho. Mesmo que o número de dias de greve suba ligeiramente entre 2012 e 2014 (últimos dados disponíveis), a intensidade das greves se mantém inferior ao nível que ela havia alcançado durante a década precedente (Rosankis, 2016). Além de atestar o caráter sempre cíclico da atividade grevista na economia francesa, esses dados estatísticos indicam igualmente que a degradação da conjuntura econômica produz efeitos variáveis e contraditórios sobre a intensidade das greves. Como já foi estabelecido em outros estudos, se esse contexto econômico é acompanhado, após alguns anos de políticas de austeridade, de uma moderação da luta sindical, ele funcionou, no início, como um fator de desenvolvimento das greves. Os dados da pesquisa REPONSE indicam, desse ponto de vista, que é principalmente nos estabelecimentos que passaram por baixas em seu efetivo durante o período de 2008-2010 que as greves foram mais frequentes (Giraud et alii, 2014, p. 88-91). Dito de outra forma, é nas empresas onde os trabalhadores são afetados diretamente pelas políticas patronais de gestão da "crise" (reestruturações, demissões, etc.) que as greves se fazem mais presentes. De fato, é fácil compreender que essas decisões patronais, assim como as políticas governamentais de gestão da crise econômica (reformas do mercado de trabalho e da proteção social), naturalmente aquecem as tensões sociais nas empresas. Sabe-se, entretanto, que a tradução dessas tensões em ações grevistas não possui absolutamente nada de mecânico e que a desaceleração das greves após 2010 não implica, de maneira alguma, na desaparição dessas tensões sociais.

Desse ponto de vista, o que pode explicar a intensificação das greves observadas entre 2008 e 2010 é o fato de que, a princípio, se trata de um período de reviravolta da conjuntura econômica. Ora, como outros estudos que se inspiram na teoria da frustração relativa sugeriram (Korpi, 1974), esses momentos de ruptura são propícios ao desenvolvimento de lutas sindicais, momentos nos quais os trabalhadores se encontram mais dispostos a perceber os sacrifícios que lhes são impostos (diminuição de salário, intensificação do trabalho) como uma degradação de suas condições de trabalho e de remuneração e a senti-los como privações injustas.

Além disso, na primeira fase do período de crise econômica, o conflito grevista nas empresas foi incitado pelos chamados sucessivos dos sindicatos à mobilização iniciados em 2009 e 2010. Mesmo que a maioria dos conflitos deflagrados em empresas sejam atribuídos a motivos internos a elas, 22% dos estabelecimentos declararam, contudo, a existência de conflitos ligados a palavras de ordem de mobilização interprofissional. A diminuição da atividade grevista após 2010 pode ser inversamente analisada como um dos efeitos produzidos pela longa duração da crise econômica, o que tende a diminuir as expectativas dos trabalhadores vis-à-vis o tipo de emprego e os salários que eles podem esperar obter, e, ao mesmo tempo, modificar suas percepções acerca da legitimidade dos constrangimentos que lhes são impostos e acerca do seu caráter reversível. Desse ponto de vista, esse novo recuo das greves está também relacionado aos efeitos de desmobilização ligados ao fracasso dos sindicatos em obter a derrubada dos projetos contestados, apesar da forte participação nas mobilizações que eles iniciaram, assim como o recuo está relacionado às divisões do sindicato que se desenrolam em 2010.

Durante o período de 2003-2013, a dinâmica de greves não está unicamente ligada às flutuações da conjuntura econômica. Ela é também função da evolução das dinâmicas próprias ao campo sindical e ao contexto político no qual ela se inscreve. A esse respeito, deve-se pensar as flutuações da atividade grevista, assim como nos incita o modelo de análise política de greve (Kelly et alii, 2013), em ligação com a evolução da configuração das relações de forças partidárias no campo do poder político francês. No presente caso, durante o período estudado, a dinâmica de greves se intensificou sob governos executivos controlados por representantes da direita partidária, Chirac (2002-2007) depois Sarkozy (2007-2012), parecendo, assim, atestar que a propensão dos sindicatos a recorrer à greve é mais forte sob governos conservadores que sob governos etiquetados como de esquerda. No caso francês é verdade que a Confederatio n Français Démocratique du Travail [Confederação francesa democrática do trabalho] (CFDT) conserva com o Partido Socialista uma ligação de proximidade; o que explica, por exemplo, o fato de alguns de seus dirigentes nacionais integrarem o gabinete do Ministério do Trabalho. De forma mais geral, a integração de numerosos dirigentes "cedetistas" nas redes de poder socialistas lhes oferece mais facilidade para aceder aos espaços da ação governamental e de influenciar decisões – mesmo que de maneira marginal – para obter contrapartidas em troca de seu apoio às reformas liberais perseguidas sob o impulso do presidente Hollande, eleito em 2012. Mesmo que os postos à disposição dos dirigentes da CFDT dentro da esfera do poder socialista sejam menos importantes do que eram nos anos 1980 (Béroud et Taiclet, 2016), a manutenção de uma relação privilegiada entre os dirigentes do PS e da CFDT pode ajudar a compreender porque essa central sindical prefere se diferenciar dos outros sindicatos, no lugar de contestar junto a eles as reformas governamentais às quais eles reivindicam estar associados.

Neste sentido, a alternância política que se opera em 2012 tornou mais difícil a manutenção da unidade sindical, fator que favorece a deflagração de greves mais frequentes e maiores. A atitude do Presidente Sarkozy, adotando uma postura mais abertamente hostil ao suposto "contra poder" e "arcaísmo" dos sindicatos, pode ter facilitado a coalizão das forças sindicais contra ele mesmo (Béroud, Yon, 2012). Além disso, pode-se razoavelmente estabelecer a hipótese de que é mais difícil para as organizações sindicais mobilizarem os trabalhadores contra as reformas políticas liberais quando elas são colocadas em jogo por um governo de "esquerda". De fato, os sindicatos hostis a essas reformas se encontram, nesta situação, isolados no campo político para contestá-las, e lhes é muito mais difícil convencer os trabalhadores que é possível contrapor caminhos alternativos às políticas liberais defendidas pela maioria, assim como pela oposição parlamentar.

Na França, como na Europa em geral e, nos parece, no Brasil, a variável partidária não determina mecanicamente a dinâmica das greves. De fato, o refluxo das greves se inicia antes mesmo da chegada de François Hollande ao palácio Eliseu por razões ligadas, como evocado anteriormente, à evolução da conjuntura econômica e sindical. O fato de que o conjunto das principais organizações sindicais – compreendendo aqui a CGT – aderiram ao princípio de uma necessária dissociação da luta sindical e da luta partidária explica, igualmente, porque os dirigentes sindicais se fixam nos modos de fazer uso da greve para contestar políticas governamentais (Giraud, 2006).

Reconfiguração dos usos plurais da greve

A análise dos dados estatísticos de greves postos à disposição pelas pesquisas REPONSE e ACEMO não tem, contudo, apenas o objetivo de ressaltar o caráter flutuante da dinâmica de greve. Ela permite também questionar certas ilusões quanto às transformações mais estruturais dos modos de utilização da greve na França desde os anos 1980. Neste caso, o resultado dessas pesquisas conduz a nuançar simultaneamente as hipóteses de uma tendência à terceirização e à politização dos usos da greve. De fato, o declínio tendencial – e incontestável – do volume de dias de greve medidos no setor privado em relação ao do fim dos anos 1970, não implica que as greves desapareceram, nem que as mobilizações sindicais se limitam a movimentos de protesto contra as políticas governamentais. Independentemente das variações conjunturais da intensidade das greves, um dos principais ensinamentos da pesquisa REPONSE é demonstrar a existência de uma conflitualidade difusa, proteiforme (Vandaele, 2016), contudo, pouco visível nos estabelecimentos do setor privado, na medida que, a princípio, assume a forma de lutas circunscritas ao perímetro da empresa, no modo de curtas paralisações do trabalho e do conflito sem greves (Béroud et alii, 2008).

Nessas condições, a baixa no volume de dias de greve no setor privado não resulta necessariamente, nem unicamente, do número de ações de greves deflagradas nessas empresas. Ela procede também, e sobretudo, de uma transformação estrutural das formas dominantes assumidas pelas greves no setor privado (Bordogna, Cella, 2002): as jornadas de greve organizadas em escala interprofissional para contestar as políticas governamentais e patronais estruturavam até os anos 1970-1980 a ação sindical em certos setores, tais como a indústria e a siderurgia. Essas formas de greve se tornaram raras hoje em dia. A partir de então, tais modalidades passam a caracterizar, antes de tudo, o conflito nos setores de transporte e do funcionalismo público. No setor privado, as greves, em compensação, continuam quase sempre inseridas no quadro das lutas sindicais localizadas, as quais podem ser qualificadas como "econômicas" no lugar de "políticas" caso se faça referência a essa tipologia. Além do mais, greves do setor público e do setor privado se diferenciam do ponto de vista de sua duração. Em geral, as primeiras duram, de fato, ao menos uma jornada, já que a lei implica que, na Função Pública de Estado, toda paralisação do trabalho por razão de greve provoca um corte de salário de uma jornada de trabalho. Essa regra não se aplica ao setor privado, dando assim a possibilidade aos sindicatos de recorrerem, frequentemente, a paralisações de curta duração, que penalisam menos, do ponto de vista financeiro, os trabalhadores grevistas.

Em consequência, a distância entre o número de dias de greve registrados no setor público em comparação ao setor privado não pode ser unicamente interpretada como reflexo de uma menor propensão desses últimos a entrar em greve. Essa distância mascara, ao menos em partes, as modalidades de apropriação diferenciadas da greve entre esses dois setores, em razão, simultaneamente, da maior precariedade dos trabalhadores do setor privado, das regras específicas que enquadram o exercício do direito de greve nesses setores e da maneira diferente pela qual se organizam esses sistemas de relações profissionais. A maior parcialização das greves e das lutas sindicais no setor privado se explica em particular pela junção de dois fatores: de um lado, a institucionalização da negociação coletiva de empresa, que tende a centralizar a ação dos representantes sindicais em seus próprios estabelecimentos. De outro lado, a parcialização do trabalhador induzida pela transformação no aparelho produtivo francês: desmantelamento dos grandes bastiões industriais, generalização das estratégias de criação de filiais e de recurso à subcontratação, desenvolvimento do setor terciário composto essencialmente por pequenos estabelecimentos, para as atividades de serviço relevantes ao setor privado. Consequentemente, a convergência das lutas sindicais no quadro das jornadas de ação unificadas se torna diferentemente mais difícil no setor privado do que no setor público. Nas administrações públicas, por exemplo, a deflagração de mobilizações nacionais de protesto contra o "Estado-Patrão" é, em verdade, mais fácil de se organizar e mais coerente com o modo de estruturação das relações profissionais, já que a ação sindical continua a se organizar em torno de um sistema de negociações coletivas muito mais centralizado, no interior de grandes estabelecimentos e onde a mobilização pode se apoiar em uma ancoragem militante bem mais desenvolvida.

O exame das modalidades de distribuição de greves no setor de mercado conduz a nuançar mais ainda a hipótese de terceirização das greves e dos conflitos do trabalho. Independentemente da intensidade, é, na verdade, no setor da indústria que as greves continuam mais frequentes, à frente de setores como o de transporte ou o setor bancário. Em outros termos, as profundas transformações da indústria francesa e os novos constrangimentos com que os representantes sindicais aí devem se defrontar (internacionalização da concorrência, financeirização da estrutura capitalista das empresas, etc.) não impedem que as greves se mantenham em uma frequência muito mais elevada que aquela que pode ser observada nos setores em expansão da economia francesa, tais como o comércio ou o setor de serviços (às empresas e às pessoas). Nesses universos profissionais, como já vimos no caso brasileiro, as greves continuam de fato muito mais raras (Béroud et alii, p. 52). Nesses casos, a falta de tradição de luta sindical, a força da repressão patronal, o tamanho dos estabelecimentos normalmente pequenos e a grande precariedade do emprego se conjugam para tornar bastante difícil a organização da ação sindical e das greves, ao nível mesmo das empresas (Giraud, 2014). Ademais, a conflitualidade nos estabelecimentos industriais – assim como no conjunto dos estabelecimentos – não se limita às lutas "defensivas" que implicariam as políticas de reestruturação da indústria. Nesse setor, como nos outros, são, em verdade, as reivindicações salariais que, ao longo dos anos 2000, aparecem como o primeiro motivo de conflito exprimido, atrás da defesa do emprego e dos salários. Este é um grande ensinamento das pesquisas estatísticas francesas que nos parece ser necessário reter. Centradas na defesa dos direitos sociais, as grandes mobilizações sindicais organizadas contra os projetos de reforma liberal do mercado de trabalho, como as lutas altamente midiatizadas contra o fechamento das empresas, passam a imagem de uma conflitualidade no trabalho dominada por combates sindicais "defensivos". Porém, as estatísticas de greves e de conflitos do trabalho dão, ao contrário, uma visão da maior diversidade de motivos de conflito e das lógicas do recurso à greve (cf., gráfico 9, abaixo).

Gráfico 9 - Salário, condições de trabalho

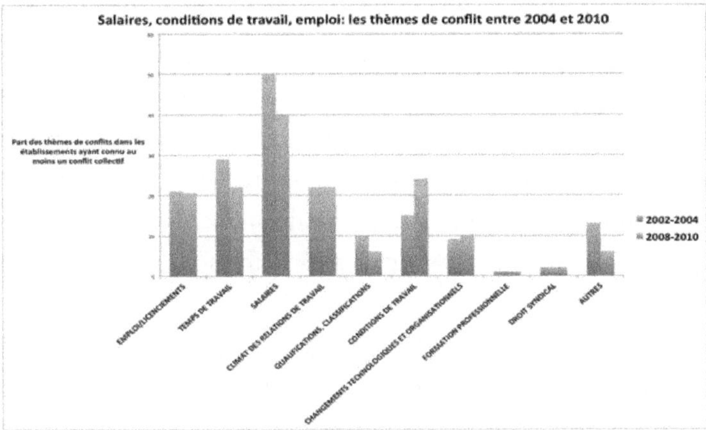

Campo: estabelecimentos com 20 trabalhadores ou mais do setor de mercado não agrícolas.

Fonte: Enquêtes REPONSE 2004, 2011. Volet RD – DARES

Leitura: entre os estabelecimentos que declararam um conflito coletivo de trabalho, 40% declarou que o tema dos salários foi um motivo de conflito em 2010, contra 50% em 2005.

Conclusão

Do ponto de vista dos ensinamentos gerais que podem ser apreendidos pela análise comparada de greves, o interesse maior do estudo cruzado das estatísticas de greve na França e no Brasil implica em reter, antes de tudo, as dinâmicas comuns que sobressaem nos dois casos, mesmo que o sindicalismo nesses dois países se desenvolva em contextos econômicos, sociais e políticos bastante diferentes. O exame desses dados estatísticos vem de pronto contradizer as teses que anunciam o fim das greves, tal como proposto por estudiosos do sindicalismo no Brasil (Rodrigues, 2002) e na França (Andolfatto, Labbé, 2006) nos anos 1990, período em que esses dois países passaram por um recuo histórico da atividade grevista em suas fronteiras.

As estatísticas de greve disponíveis nesses dois países demonstram, de fato, uma retomada significativa da conflitualidade grevista nos anos 2000, com picos de mobilização particularmente importantes.

Outro ensinamento comum é que a mudança na dinâmica das greves não concerne apenas o setor público, ela é observada igualmente no setor privado, o qual computa em alguns anos no Brasil o maior número de dias de greve. No caso francês, foi demonstrado que a baixa tendencial do volume de dias de greve contabilizadas no setor privado traduz certamente, por um lado, os novos obstáculos que encontram os sindicatos para organizar a luta dos trabalhadores; no entanto, resulta também de uma transformação da morfologia das greves e dos conflitos do trabalho ligadas às mutações do ambiente econômico e institucional no qual se constrói a ação sindical. Certamente, as mobilizações grevistas parecem conhecer nesses dois países um novo esgotamento no início da década seguinte.

Colocar em perspectiva os dados de greve disponíveis sobre um longo período conduz, contudo, a pensar essa nova fase da mobilização sindical dentro da perspectiva do caráter cíclico das greves em função da variação da conjuntura econômica e política na qual elas se inscrevem, em lugar de ceder à tentação, antiga (Ross e Hartmann, 1960) e recorrente, de enxergar nesta situação o signo de um declínio histórico e inexorável das greves ou do próprio sindicalismo. Além disso, ressalta-se que nos dois países estudados os contextos de crise econômica não produzem efeitos mecânicos, e nem homogêneos, sobre a dinâmica das greves. Esta última, em compensação, é fortemente dependente da conjuntura política, econômica e da configuração das relações entre partidos (de esquerda) e sindicatos.

Deste ponto de vista, na perspectiva da teoria das trocas políticas, pensada e construída a partir da observação das greves na Europa (Korpi, Shalev, 1980), a proximidade dos sindicatos com os partidos (sociais-democratas) no poder é vista como um fator de moderação das lutas sindicais, em razão da influência que ela exerce sobre os representantes sindicais no sentido de alcançar o seio do campo do poder político. Muitos autores brasileiros defendem essa tese para o caso da Central Única dos Trabalhadores e o Partido dos Trabalhadores. Se esse modelo está longe de corresponder à realidade observável no conjunto dos países europeus (Kelly et alii, 2013), ele funciona ainda menos como evidência no caso brasileiro, e mais genericamente, no caso dos países latino-americanos. No Brasil, como na Argentina por exemplo (Armelino, 2011), o acesso de partidos de esquerda ao poder nos anos 2000 criou condições favoráveis ao desenvolvimento de greves. Antes mesmo de ser um entrave, a ascensão da esquerda partidária pôs fim à forte repressão à qual o sindicalismo estava confrontado nos anos precedentes.

A comparação da dinâmica das greves entre França e Brasil, que iniciamos aqui, demonstra perfeitamente o interesse que existe em não acantonar as análises comparadas de greve somente em torno de países europeus ou de capitalismo desenvolvido, como é quase sempre o caso dentro do campo acadêmico europeu. A ampliação do foco de analise aos países do Sul, ou dos países de capitalismo dependente, permite, a princípio, colocar em evidência a vitalidade das greves em países onde notadamente se desenvolve a atividade industrial ou mesmo trazer à luz a grande variedade de formas assumidas pelos conflitos do trabalho (Quijoux, 2017). Esse deslocamento do olhar parece possuir valor heurístico no sentido de apontar os limites de validação dos modelos de análise estrutural de greves, tais como os modelos pensados e construídos a partir do caso europeu, para seguir a maneira pela qual os contextos econômicos e políticos modelam os usos da greve em função dos sistemas nacionais de relações profissionais e da variedade dos capitalismos nos quais eles se inscrevem.

De toda forma, a comparação de greves em uma perspectiva Norte-Sul mereceria ser prolongada para melhor compreender igualmente a maneira pela qual a dinâmica e a morfologia das greves são conformadas por modalidades específicas de estruturação dos sindicatos e dos conflitos do trabalho próprios aos diferentes modelos de capitalismo.

Bibliografia

ALMEIDA, Maria Hermínia Tavares de. (1975), Sindicatos no Brasil: novos problemas, velhas estruturas. *Debate Crítica nº* 6, São Paulo, p. 49-74.

ANDOLFATTO, Dominique, LABBE, Dominique. (2006), La transformation des syndicats français, *Revue Française de Science Politique*, vol. 56, n°2, p. 281-297.

ARMELINO, Martin. (2011), Syndicats et Politique sous les gouvernements kirchnéristes, Problèmes d'Amérique Latine, n°82, p. 33-53.

BEROUD Sophie et alii. (2008), *La lutte continue? Les conflits du travail en France*, Editions du Croquant.

BEROUD, Sophie, YON, Karel. (2012), Face à la crise, la mobilisation sociale et ses limites. Une analyse des contradictions syndicales, Modern and Contemparorary France, vol. 20, n°2.

BEROUD, Sophie, TAICLET, Anne-France. (2016), Le temps d'une transgression des frontières politiques et syndicales: structuration et marginalisation de réseaux d'anciens syndicalistes au service de la campagne de F. Hollande, in COURTY, Guillaume, GERVAIS, Julie. *Le lobbying* électoral: *groupes en campagne présidentielle (2012)*, Presses Universitaires du Septentrion, p. 127-153.

BOITO, Armando; SAAD-FILHO, Alfredo. (2016), State, State Institutions, and Political Power in Brazil. *Latin American Perspectives*, v. 1, p. 213-230.

BOITO, Armando; GALVÃO, Andréia; MARCELINO, Paula. (2015), La nouvelle phase du syndicalisme brésilien. *Cahiers des Amériques Latines*, v. 80, p. 145-164.

BOITO, Armando; MARCELINO, Paula. (2010), "O sindicalismo deixou a crise para trás? Um novo ciclo de greves na década de 2000". *Cadernos CRH*, vol. 23, n° 59, p. 323-338.

BOITO, Armando. (1991), *O Sindicalismo de Estado no Brasil*: uma análise crítica da estrutura sindical. São Paulo/Campinas, Hucitec/Unicamp, 312 p.

BORDOGNA Lorenzo, CELLA, Gian-Primo. (2002), Decline or Transformation? Change in Industrial Conflicts and its Challenges, *Transfer*, vol.8, n°4.

BRAGA, Ruy. Terra em transe: o fim do lulismo e o retorno da luta de classes. In: SINGER, André e LOUREIRO, Isabel (orgs.). (2016), *As contradições do lulismo: a que ponto chegamos?* Boitempo, p. 55-92.

CAMARD Sophie. (2002), Comment interpréter les statistiques des grèves?, *Genèses*, 47.

CARDOSO, Adalberto. (2014), Sindicatos no Brasil: passado, presente e futuro. In: CATTANI, Antonio David. (org.). *Trabalho: horizonte 2021*. Porto Alegre: Escritos.

COUTROT, Thomas. (2001), Une nouvelle période pour la conflictualité sociale?, *Les cahiers français*, n° 304, p. 46-51.

DIEESE (Departamento Intersindical de Estatísticas e Estudos Socioeconômicos), (2016). *Estudos e Pesquisas, n°80: Balanço das negociações salariais em 2015*. Disponible sur: http://www.dieese.org.br/balancodosreajustes/2016/estPesq80balancoReajustes2015.pdf Consulté le 26/10/2016.

DIEESE (Departamento Intersindical de Estatísticas e Estudos Socioeconômicos). (2015). *Estudos e Pesquisas, n° 79: Balanço das greves em 2013*. Disponible sur: http://www.dieese.org.br/balancodasgreves/2013/estPesq79balancogreves2013.pdf Consulté le 07/07/2016.

DIEESE (Departamento Intersindical de Estatísticas e Estudos Socioeconômicos). (2012). *Estudos e Pesquisas, nº 60: Balanço das greves em 2009 e 2010.* Disponible sur: http://www.dieese.org.br/esp/estPesq60balGreves20092010.pdf. Consulté le 21.07.2012.

DIEESE (Departamento Intersindical de Estatísticas e Estudos Socioeconômicos). (2009). *Estudos e Pesquisas, nº 45: Balanço das negociações salariais em 2008.* Disponible sur: http://www.dieese.org.br/esp/estPesq45balancoGreves2008.pdf. Consulté le 20/07/2012.

DIEESE (Departamento Intersindical de Estatísticas e Estudos Socioeconômicos). (2007). *Estudos e Pesquisas (s/n): Balanço de greves em 2007.* Disponible sur: http://www.dieese.org.br/esp/estPesq41Greves2007.pdf. Consulté le 20/07/2012.

DIEESE (Departamento Intersindical de Estatísticas e Estudos Socioeconômicos). (2006). *Estudos e Pesquisas, ano 2, nº 20: As Greves em 2005.* Disponible sur: http://portal.mte.gov.br/data/files/FF8080812BA5F4B7012BAB0B8EFD6AF8/Prod03_2006.pdf. Consulté le 20/07/2012.

DRIBBUSCH, Heiner, VANAEL, Kurt. (2016), Comparing official strike data in Europe – dealing with varieties of strike recording, *Transfer*, vol.22, n°3.

FRANZOSI, Roberto. (1989), One hundred years of strike statistics: methodological and theoretical issues in quantiative strike research, *Industrial and Labor Relations Review*, vol. 42,n°3.

FRANZOSI, Roberto. (1995), *The Puzzle of Strikes. Class and State Strategies in Postwar Italy*, Cambridge University Press.

GIRAUD, Baptiste. (2006), Au-delà du déclin. Difficultés, rationalisation et réinvention du recours à la grève dans les stratégies confédérales des syndicats, *Revue Française de Science Politique*, vol.56 n°6.

GIRAUD Baptiste (2014), Un apprentissage sous tension: la formation des adhérents syndicaux du commerce à l'usage de la grève en France, *Critique Internationale*, n° 64

GIRAUD, Baptiste, PELISSE, Jérôme, PENISSAT, Eienne. (2014), *Gérer, Négocier, résiter. Une approche dynamique des politiques patronales, des né-*

gociations et des conflits du travail, Rapport pour la DARES, https://halshs.archives-ouvertes.fr/halshs-01083780/document

GALL, Gregor. (2013), Quiescence continued? Recent strike activity in nine Wester Euopean économies, *Economic and Industrial Democracy*, n°34.

GALVÃO, Andréia. (2012), "A reconfiguração do movimento sindical nos governos Lula", in BOITO, Armando e GALVÃO, Andréia (Org). *Política e classes sociais no Brasil dos anos 2000*. São Paulo: Alameda Casa Editoral, p. 187-221.

GALVÃO, Andréia. (2007), *Neoliberalismo e reforma trabalhista no Brasil*. Rio de Janeiro, Revan/Fapesp, 342 p.

KELLY John., HAMANN, Kerstin, JOHNSTON, Alison. (2013), Unions against goverments: explainig général strikes in Western Europe, 1980-2006, *Comparative Political Studies*,vol. 49. n°6.

KORPI, Walter; SHAVEV, Michael. (1980), Strikes, Power, and Politics in Western Nations, 1900-1976, *Political Power and Social Theory*, 1.

KREIN, José Dari e BIAVASCHI, Magda. (2015), Os movimentos contraditórios da regulação do trabalho no Brasil dos anos 2000. *Cuadernos Del Cendes*, ano 32, n° 89, p. 47-82.

KREIN, José Dari e TEIXEIRA, Marilane Oliveira. As controvérsias das negociações coletivas nos anos 2000 no Brasil. In: Oliveira, Roberto Véras; BRIDI, Maria Aparecida e FERRAZ, Marcos (orgs.). (2014), *O sindicalismo na era Lula: paradoxos, perspectivas e olhares*. Belo Horizonte: Fino Traço, p. 213-245.

LINHARES, Rodrigo. (2015), As greves de 2011 a 2013. *Revista Ciências do trabalho*, nº 5, p. 97-112.

MARCELINO, Paula e BOITO. (2011), Novo operariado, velhos desafios: o sindicalismo de trabalhadores terceirizados. *Estudos de Sociologia*, nº 31, p. 341-362.

MARCELINO, Paula. (2013), Trabalhadores terceirizados e luta sindical. Curitiba, Appris, 308 p.

MARTINS. Heloísa Helena Teixeira de Souza. (1989), *O Estado e a Burocratização do Sindicato no Brasil*. São Paulo: Hucitec, 190 p.

NORONHA, Eduardo. (2009), Ciclo de Greves, Transição Política e Estabilização: Brasil, 1978-2007. *Lua Nova*, v. 76, p. 119-168.

PENISSAT, Etienne. (2009), Mesure des conflits, conflits de mesure. Retour sur l'histoire des outils de quantification des grèves, *Politix*, vol.22, n°86.

PIGNOGNI, Maria-Teresa. (2016), La syndicalisation en France, *DARES Analyses*, n°25

QUIJOUX, Maxime. (2017), "Les conflits du travail dans le monde, *Critique Internationale*, n°74.

ROMÃO, Frederico. (2009), Lisboa. Óleo da Terra, Homens e Mulheres da Luta: Petroleiros de Getúlio a FHC. São Paulo: Editora Expressão Popular, 92p.

ROSANKIS, Elodie. (2016), Les grèves en 2014, *DARES Résultats*, n°86.

ROSS, Arthur, HARTMANN Paul. (1960), Changing Patterns of Industrial Conflict, Wiley.

VANDAELE, Kurt. (2016), Interpreting strike activity in western Europe in the past 20 years: the labour reoertoire Under pressure, *Transfer*, vol.22, n°3.

VANDAELE, Kurt. (2011), *Sustaining or abandoning "social peace"*?, EUI, working paper.

WEFFORT, Francisco. (1973), Origens do sindicalismo populista no Brasil. *Estudos Cebrap 04*, São Paulo, p. 66-105. Disponible sur: http://cebrap.org.br/bv/arquivos/origens_do_sindicalismo_populista_d.pdf Consulté le 18/01/2017.

9. A Europa, novo horizonte sindical de contestação da Política Agrícola Comum?

Élise Roullaud[1]

Desde sua criação, em 1987, a Confederação Camponesa[2] tem posicionamentos particularmente críticos à política agrícola europeia, a Política Agrícola Comum (PAC), cujas orientações – segundo seus militantes – favoreceriam os sistemas agrícolas "produtivistas" assim como a "agroindústria". A emergência de um espaço político comum incita a analisar os seus efeitos sobre as práticas de representação sindical: como uma organização profissional nacional pode se opor a uma política da União Europeia? Quais espaços de representação ela privilegia para apresentar suas reivindicações? Quais práticas ela implementa para contestar as orientações "liberais" da PAC? Diferentemente de uma concepção amplamente difundida, segundo a qual a construção europeia induziria à reconfiguração da ação de grupos de interesse que se direcionariam, "natural" e "mecanicamente", ao espaço da Comunidade Europeia para apresentar suas reivindicações, a análise realizada neste artigo pretende, por um lado, determinar

1 Traduzido por Elaine R. A. Amorim.

2 No original, Confédération Paysanne, CP. Existem outros três sindicatos agrícolas: a Federação Nacional dos Sindicatos de Agricultores (FNSEA), a Coordenação Rural e o Movimento de Defesa dos Agricultores Familiares (MODEF). Os Jovens Agricultores (JA) – antigamente Centro Nacional de Jovens Agricultores (CNJA) – são considerados como a seção "jovem" da FNSEA, reunindo agricultores com menos de trinta e cinco anos. Durante as eleições profissionais de 2013, as chapas FNSEA-JA obtiveram 55,57% dos votos, a Coordenação Rural 20,49%, a Confederação Camponesa, 18,54%, o MODEF 1,47%, as chapas da aliança Confederação Camponesa-MODEF 1,14%, as da Confederação Camponesa-Coordenação Rural 1,26% e "diversos" 1,53%.

em que medida a Europa é considerada pelos militantes agrícolas como um espaço pertinente de representação dos seus interesses e, por outro lado, questionar as causas sociais do seu engajamento.[3]

Quadro 1. História e estruturação da Confederação Camponesa

A história da Confederação Camponesa tem como fundamento a emergência de uma oposição à FNSEA e ao CNJA a partir do final dos anos 1969 (Lagrave, 1990; Martin, 2005). Diante da política de modernização – co-gerida pelo Estado e por essas organizações –, jovens camponeses "modernizados" organizam-se no interior da corrente dos Camponeses Trabalhadores para contestar suas orientações sindicais. Eles se tornam independentes do CNJA, em 1974, criando a Associação Nacional dos Camponeses Trabalhadores (ANPT) que passa por uma cisão em 1977 devido a uma divergência de posição sobre a questão das alianças com as organizações partidárias e, particularmente, com o Partido Socialista. O Movimento Sindical dos Trabalhadores Camponeses – que se torna Movimento Sindical dos Trabalhadores da Terra (MSTT) em 1978 – é então criado. A chegada do Partido Socialista ao poder em 1981 facilita a aproximação da ANPT e do MSTT, que criam a Confederação Nacional dos Sindicatos dos Trabalhadores Camponeses (CNTSP). Paralelamente, a Intercamponesa (tendência de oposição constituída no interior da FNSEA no fim dos anos 1970) cria a Federação Nacional dos Sindicatos Camponeses em 1982 (FNSP). A Confederação Camponesa é fruto da união desses dois sindicatos, em 1987.

3 Este estudo baseia-se no cruzamento de diferentes métodos de pesquisa: foram examinados os arquivos da Confederação Camponesa, bem como os dos Camponeses Trabalhadores, da CNSTP [Confederação Nacional dos Sindicatos dos Trabalhadores Camponeses] e da FNSP [Federação Nacional dos Sindicatos Camponeses]; durante quatro meses, entre novembro de 2007 e fevereiro de 2008, pude observar cotidianamente a atividade da estrutura nacional, depois mais pontualmente até abril de 2009 assistindo a diversas reuniões do comitê nacional e das comissões; entrevistas individuais semi-diretivas de tipo etnográfico foram realizadas essencialmente com as secretarias nacionais da Confederação Camponesa e com os assalariados que estiveram encarregados do dossiê PAC; enfim, um questionário foi aplicado com 183 pessoas que participaram do comitê nacional da CP, entre 1989 e 2009, a fim de obter informações sobre suas propriedades sociais (89 pessoas responderam).

Uma mudança gradativa da mobilização sindical?

Uma cooperação europeia limitada

Desde a sua criação, a Confederação Camponesa é membro da Coordenação Camponesa Europeia (CPE), que se torna Coordenação Europeia-Via Campesina (CE-VC) em 2008. Seja nos relatórios de congressos, seja nas atas de reuniões das instâncias nacionais, os responsáveis agrícolas sublinham a importância do trabalho sindical no nível europeu. Por isso, para analisar o lugar ocupado em termos práticos pelo espaço europeu no trabalho do sindicato francês, devemos examinar as ações efetivamente levadas a cabo pela Confederação Camponesa para desenvolver essa estratégia. A este respeito, o trabalho de elaboração de projetos de "PAC alternativa" realizada por militantes em 1991 e em 2003-2005 é revelador das relações estabelecidas com os seus parceiros europeus. Os projetos de "PAC alternativa" são contrapropostos aos planos de reforma da política comum apresentados pela Comissão Europeia. Concebidos pelos dirigentes nacionais, esses programas têm por ambição propor uma nova política agrícola aplicável ao conjunto dos Estados membros da União Europeia. No entanto, em relação ao seu processo de concepção, parece que os militantes da Confederação Camponesa os consideram referindo-se essencialmente ao caso da França. Assim, a "PAC alternativa" elaborada em 1991 se intitula "Uma reforma da Política Agrícola Comum para 800.000 camponeses".[4] O título é suficientemente significativo na medida em que o número dado corresponde a um objetivo que a Confederação Camponesa fixa para a França e não para a Europa. Eles elaboram deste modo seus contraprojetos a partir da situação agrícola nacional. Além disso, sua redação é fruto de um processo estritamente interno da Confederação Camponesa, sem diálogo com os parceiros da CPE. Trata-se, pois, de uma iniciativa individual do sindicato francês, que apresenta seus programas junto às instituições europeias independentemente da CPE e de seus membros. Interrogados sobre esse assunto durante as entrevistas, os dirigentes nacionais explicam a ausência de coordenação com os membros da CPE por conta da

4 Documento "*Une réforme de la Politique agricole commune pour 800 000 paysans*" ["Uma reforma da Política Agrícola Comum para 800.000 camponeses"], outubro 1991, p. 27. Arquivos da Confederação Camponesa, caixa *Réforme PAC* [Reforma PAC] 92, n° 2 ".

sua falta de recursos humanos, tornando trabalhosa a implementação de uma reflexão comum. As dificuldades de comunicação ligadas, especialmente, ao uso de línguas diversas lhes parecem insuperáveis. Podemos pensar que, de fato, os constrangimentos de tradução, associados aos meios financeiros relativamente débeis, tornam árduo esse trabalho coletivo, sobretudo porque o tempo destinado à redação do contraprojeto é limitado pelo calendário institucional das reformas da PAC. As observações de Marc, secretário geral entre 1997 e 1999 e responsável do dossiê PAC, revelam, ademais, que a variedade de interesses defendidos pelas organizações membros da CPE, ligada à diversidade de produções nacionais, é percebida como um obstáculo impeditivo à constituição de um projeto de política europeia comum:

> Na CPE havia forças presentes que eram bastante... Como dizer? Bom, agora há a COAG [sindicato agrícola espanhol] que trabalha, então é bem diferente, mas na época as organizações alemãs não eram muito poderosas e muito orientadas ao agroambiental. Sentíamos que a Confederação Camponesa era um pouco deslocada em relação à... Os Portugueses estavam mais preocupados com o óleo de oliva e a viticultura e depois os outros países que participavam da CPE *não eram organizações muito... Não*, aliás eu penso que a CPE criticava um pouco a Confederação por trabalhar um pouco no seu canto. [...] É verdade que sem dúvida agíamos sem a ajuda de ninguém em relação a essas questões, porém nós sentíamos que isso não era bastante transmitido ao nível da CPE ou que os outros países tinham preocupações muito distantes em relação às nossas.[5]

Quando se trata de sustentar determinadas posições sobre as reformas apresentadas pelos poderes públicos e, mais ainda, de propor medidas concretas para um contraprojeto de política agrícola, o trabalho com os membros da CPE torna-se complexo, pois deve levar em conta realidades agrícolas muito diversas. Ademais, esta dificuldade para elaborar um projeto comum encobre divergências de pontos de vista quanto à estratégia a adotar frente às reformas da PAC. Segundo os sindicalistas da Confederação Camponesa contatados, sua tática que consistia em levar emendas e proposições junto aos representantes políticos ia contra à da CPE.

5 Entrevista feita com Marc, 27 de outubro de 2008, no seu domicílio, Loire.

> As posições da CPE sempre foram extremamente gerais, então, em todo o trabalho que nós fizemos em 1999-2000 sobre a emenda ao pacote Santer, a CPE *não participou nunca! Pois basicamente eles não compreendiam porque fazíamos isso.*[6]
>
> Eram pessoas que sustentavam um projeto, sem nenhuma concessão, e é verdade que a Europa não funciona assim.[7]

Desse modo, estamos diante do que pode parecer um paradoxo: ainda que os dirigentes da Confederação Camponesa ressaltem regularmente a importância de um trabalho europeu em relação às políticas agrícolas e ao papel central que a CPE deve desempenhar nele, constata-se que na realidade eles desenvolvem pouco essa colaboração. Se o estudo da atividade sindical consagrada às relações com a organização europeia demonstra um engajamento financeiro e humano por parte da Confederação Camponesa, ele revela igualmente algumas restrições por parte dos militantes a se engajarem em um acordo para adotar estratégias comuns frente às reformas da PAC. Somos forçados a constatar que a Confederação Camponesa mantém uma relação um tanto ambivalente com a CPE, pois ao mesmo tempo em que reconhece o seu papel central, não se apropria desta organização como uma intermediária do seu trabalho sindical. A dimensão "europeia" deste não passa, portanto, por uma delegação da representação sindical à CPE ou por uma colaboração com seus membros. Pode-se desde logo se perguntar se ela passa pelo desenvolvimento dos espaços de mobilização sindical.

Uma europeização da ação coletiva?

Examinemos agora os interlocutores para os quais esse sindicato direciona suas reivindicações relativas à política agrícola: quem são os alvos privilegiados das mobilizações e críticas? Diante da PAC, a Confederação Camponesa in-

6 Entrevista feita com Sabine, assalariada da Confederação Camponesa de 1989 a 2000, encarregada da organização geral, em 4 de julho de 2008, na região parisiense. Os assalariados encarregados da organização geral coordenam o trabalho do comitê nacional do secretariado nacional e são responsáveis pelas relações externas e internas do sindicato.

7 Entrevista feita com Martin, assalariado da Confederação Camponesa de 1995 a 2007, encarregado da organização geral, em 26 de novembro de 2008, na região parisiense.

terpela os poderes públicos europeus ou os responsáveis políticos nacionais, persuadindo-os a aplicar novas medidas?

O exame exaustivo das ações conduzidas pela Confederação Camponesa nacional sobre o PAC mostra uma grande preponderância das ações ditas "domésticas", isto é, mobilizações desenvolvidas no território nacional e tendo como alvo os poderes públicos franceses (IMIG, TARROW, 2001). A maior parte delas é conduzida unilateralmente por esse sindicato e somente algumas são organizadas com aliados, como a ATTAC ou organizações ambientalistas. Nesse caso, é preciso notar que algumas dessas ações, como as mobilizações internacionais, inserem a palavra de ordem de reforma da PAC na reivindicação mais ampla de mudança do sistema econômico mundial. É o caso, por exemplo, da jornada de manifestação prevista para 10 de novembro de 2001, que foi a oportunidade para a Confederação Camponesa defender a ideia segundo a qual "*não conseguiremos atingir a PAC se não conseguirmos atingir a OMC*" [Organização Mundial do Comércio]; *a agricultura poderá mudar somente quando a sociedade decidir.*[8] No que se refere às ações conduzidas de maneira independente pela Confederação Camponesa, elas abrangem uma ampla gama de modalidades de mobilização, desde audiências com representantes do Estado até a ocupação ilegal de lugares públicos, assim como manifestações. Os principais alvos são o Ministério da Agricultura e os representantes administrativos departamentais, como as Direções Departamentais da Agricultura quando as federações são convocadas a conduzir ações. Entretanto, o sindicato interpela igualmente outros membros do governo (particularmente o Ministro dos Negócios Europeus e o Ministro do Meio Ambiente), como também os deputados. Essas mobilizações têm como objetivo informar e incitar os responsáveis políticos a defender algumas posições junto ao Conselho Europeu durante as reformas da PAC, ou quando implementadas no território francês. Em suma, ainda que as orientações da PAC sejam desenhadas e decididas em Bruxelas, a maior parte das ações sindicais é desenvolvida em âmbito nacional, na maioria das vezes independentemente de qualquer outra organização e tendo como alvo principal os poderes públicos franceses. Dito de outro modo, em relação a esse assunto como ao dos encontros com os responsáveis europeus, os militantes da Confederação Camponesa agem

8 Relatório da secretaria nacional de 7 de novembro de 2001, in *La lettre des paysans*, n. 195, 23, novembro 2001, p.4.

em seu próprio nome e não em nome da CPE. Esta última observação corrobora a análise desenvolvida anteriormente sobre as ligações entre essas duas organizações: ainda que invista na atividade da estrutura europeia, a Confederação Camponesa não lhe delega sua representação junto às instituições europeias. No geral, a análise das ações conduzidas pelo sindicato revela que o espaço europeu não é o cenário que ele privilegia para apresentar as suas reivindicações sobre a PAC. Resta compreender os motivos do não investimento no espaço europeu por parte da Confederação Camponesa.

Os freios ao engajamento sindical europeu

Militantes pouco dispostos a representar em Bruxelas

Em seu estudo sobre os sindicalistas da Confederação Europeia dos Sindicatos (CES), Wagner (2005) sublinha a distância existente entre os recursos militantes desses últimos e os indispensáveis para a integração ao espaço europeu. A socióloga demonstra que o trabalho de representação sindical requer competências e aptidões distribuídas desigualmente no seio da população. Essa lacuna encontra-se igualmente em graus diversos no caso dos militantes da Confederação Camponesa que são representantes no nível europeu. Em primeiro lugar, o capital escolar é um elemento determinante de integração ao âmbito da representação europeia, na medida em que ele contribui com o domínio de conhecimentos e habilidades essenciais para uma adequação à atuação europeia. Os militantes da Confederação Camponesa que participam no seio do conselho executivo têm percursos escolares bastante distintos uns dos outros, embora tenham uma idade próxima (o militante mais velho nasceu em 1948, o mais jovem em 1953); metade realizou o ensino médio, a outra fez o ensino superior. Os primeiros tiveram uma curta escolaridade no ensino médio até a obtenção do certificado profissional agrícola ou horticultura. Os segundos deram continuidade aos seus estudos no ensino médio e têm diploma de ensino superior: um tem um BTS [Diploma de Técnico Superior] Agrícola, o outro é engenheiro agrícola. Esses cursos escolares e universitários lhes oferecem poucos recursos adequados para uma representação europeia e não lhes fornecem saberes, know-how e conhecimentos específicos aos "*métiers* da Europa". Além disso, enquanto o conhecimento lingüístico é um recurso determinante na representação europeia, poucos militantes agrícolas, aqui estudados, falam uma língua estrangeira. Em toda organização europeia ou internacional, o domínio de línguas estrangeiras é certamente uma prerrogativa para o trabalho coletivo.[9] A falta de multilinguismo ocasiona lentidões nas trocas entre militantes e devem, por isso, passar por um intérprete. A barreira da língua torna, do mesmo modo, particularmente difícil a criação de vínculos entre militantes de nacionalidades diversas. Privados de interlocução direta, as discussões espontâneas que seriam capazes de criar uma cumplicidade entre eles são raras. Se os ensinamentos recebidos durante a trajetória escolar não permitem à maior parte desses militantes que se socializem no espaço político europeu, isso tampouco é contrabalanceado pelas formações específicas fornecidas pela Confederação Camponesa. Assim, é na prática que seus representantes europeus descobrem o funcionamento da cena política europeia, como igualmente o das suas organizações parceiras no interior da CPE. Essas familiarizações tornam os primeiros anos de representação particularmente complexos, conforme recorda Didier, delegado do conselho executivo da CPE entre 1995 e 2002.

> Aqui também, eu não gostaria de rever a fita do primeiro ano ou dos dois primeiros anos, porque é verdade que os que estavam lá tinham um conhecimento da dimensão europeia e das organizações afiliadas! Falavam pra você da OBFAO, OBKMP, UPS, e toda vez você perguntava "o que *é*, o que é?". Você começava um mandato sem conhecer ninguém! Bom, eu quero dizer que o primeiro ano foi catastrófico, você começa a estar bem no segundo ano e depois tudo bem.[10]

Esse trecho testemunha um processo necessário de aprendizagem desses militantes que, até então, tinham sua ação e sua responsabilidade inscritas no espaço nacional, cujas regras eles incorporam ao longo da trajetória militante. O mandato de representante europeu os confronta com novas organizações sindicais, novos posicionamentos e linhas de oposição que eles aprendem pouco a pouco a conhecer e a identificar. É, então, todo um novo universo de refe-

---

9 As línguas utilizadas no seio da CPE e da CE-VC evoluíram em função das relações de força entre as organizações. Se no início da CPE o alemão e o francês eram privilegiados, agora o inglês e o espanhol são as línguas mais utilizadas no interior da CE-VC.

10 Entrevista feita com Didier, no dia 16 de dezembro de 2008, na sede da Confederação Camponesa, em Bagnolet.

rência que eles integram progressivamente. Contudo, a própria organização da CPE e as concepções do mandato de representante limitam as possibilidades de uma socialização no âmbito europeu. De fato, os militantes da Confederação Camponesa que são membros do conselho executivo da CPE não dedicam parte essencial da sua atividade militante à representação europeia. Continuando com o ofício de agricultores, é difícil para eles se ausentarem por muito tempo de suas plantações. Ademais, os mandatos no interior do conselho executivo são de dois anos, podendo ser renovados duas vezes, o que significa que um(a) representante está no posto durante seis anos no máximo. Esse tempo pode parecer curto para se socializar com as práticas, os conhecimentos e as habilidades específicas do espaço político europeu. Sem se esquecer que esses representantes não conheciam essa instância antes. Essa regra se insere na história das organizações nacionais que, limitando a duração dos mandatos, buscam impedir a profissionalização e a personalização das responsabilidades. No entanto, esse funcionamento pode ser percebido como ineficaz, como evoca Pierre durante uma entrevista:

> Temos uma cultura nas nossas organizações que eu acho muito interessante, que diz que não queremos personalizar as coisas, isso quer dizer que cada um deve substituir cada um. Isso não é verdade. O princípio é bom, mas a eficácia é nula. Eu o vivi às minhas custas. Quando você está na reunião e procura compreender quem está na sala, quem intervém, bom, algumas coisas já aconteceram. Então, como fazer para não cair nas armadilhas dos outros...[11]

Wagner (2005, p. 69) observa, de fato, que "a grande estabilidade dos representantes sindicais europeus é um fator fundamental para a eficácia do trabalho coletivo". O depoimento acima mostra o tempo que é necessário para conhecer as engrenagens do sistema institucional europeu, mas também a diversidade de sindicatos parceiros. Esse tempo é igualmente indispensável para tecer vínculos de confiança entre militantes provenientes de diferentes estruturas. Essas condições de possibilidades organizacionais de um sindicalismo europeu colocam, assim, o problema da aplicabilidade de uma regra editada por um espaço de representação nacional ao espaço europeu. As condições organizacionais ofere-

11 Entrevista feita com Pierre, *op. cit.*

cidas aos dirigentes nacionais não parecem favoráveis a uma familiarização e a uma incorporação das normas e práticas do sistema europeu.

Analisar as estratégias de representação dos interesses: para uma abordagem atenta às lógicas de ação

Vimos que a Confederação Camponesa se mobiliza essencialmente diante dos poderes públicos nacionais para apresentar suas reivindicações sobre a PAC. Para compreender essa realidade é necessário levar em conta não somente os recursos organizacionais e as condições sociais necessárias para uma representação europeia, mas também como os sindicalistas representam seu horizonte de ação. Durante as reformas da PAC em 1992 e 1999, os dirigentes nacionais da Confederação Camponesa não privilegiam os mesmos interlocutores políticos. De fato, enquanto que em 1990-1991 eles procuram intervir principalmente junto às instituições europeias, em 1997-1999 eles estão mais intensamente em contato com o Ministério da Agricultura. Este contraste se explica principalmente pelo entendimento das diferentes relações de força durante esses dois períodos.

No início do ano de 1991, no momento do anúncio público das primeiras proposições de reforma pela Comissão Europeia, a Confederação Camponesa reivindica junto do governo, depois de alguns meses, o estabelecimento de uma nova Lei de orientação agrícola. Louis Mermaz é então ministro da Agricultura no governo de Michel Rocard e depois no de Édith Cresson. De setembro de 1990 a fevereiro de 1991 o sindicato conduz uma campanha de ação para apoiar essa demanda, sem obter, apesar disso, êxito. É então nesse contexto que a Comissão Europeia publica no dia 1° de fevereiro de 1991, um documento de reflexão intitulado "Evolução e futuro da PAC". O balanço das medidas agrícolas anteriores que ela elabora, assim como os objetivos desenhados para a nova política, interessam particularmente à Confederação Camponesa e são invocados pelos militantes para explicar a sua ânsia para contatar os líderes europeus. Apesar da congruência de objetivos atribuídos à nova reforma da PAC com aqueles defendidos pela Confederação Camponesa, seus militantes têm restrições quanto aos instrumentos políticos considerados pela Comissão. De modo que os dirigentes nacionais elaboram contrapropostas relativas aos instrumentos de ação. Em fevereiro do mesmo ano, eles viajam à Bruxelas para um encontro com o diretor do Fundo Europeu de Orientação e Garantia Agrícola (FEOGA), Michel Jacquot, assim como com Jean-Luc Demarty, conselheiro agrícola do presidente da Comissão Europeia, Jacques Delors. Eles reencontram este último em maio. A escolha desses interlocutores pauta-se não somente na função deles no processo de reformas, mas também nas suas posições supostamente compartilhadas com a Confederação Camponesa, conforme destaca Sabine, antiga assalariada encarregada da organização geral, em relação à M. Jacquot.

> Jacquot estava de toda forma em uma posição chave. Ele fazia parte dos altos funcionários que validaram mesmo assim os projetos da Comissão! Nós sabíamos que compartilhávamos algumas análises sobre a questão do tratamento desigual entre as pessoas e o fato de que 20% dos agricultores se beneficiavam de 80% do orçamento europeu por meio do subsídio aos preços, coisas como essa, que ele mesmo falava! Então nós dizíamos que estávamos fazendo uma proposta que permitia... que ele poderia retomar os elementos desta proposta ou a proposta inteira para apresentá-la.[12]

Por outro lado, as trocas com os poderes públicos nacionais são mais tardias e ocorrem após a adoção da reforma pelo Conselho de Ministros, em 21 de maio de 1992. Para os militantes ou os assalariados entrevistados, esta diferença é essencialmente devido ao fato de que eles pensam que seria melhor ser escutados pelos responsáveis europeus. A campanha de ações organizada, alguns meses antes desse comunicado, para reivindicar a implementação de uma nova lei de orientação agrícola na França não recebe nenhuma resposta do ministro da Agricultura, e os militantes da Confederação Camponesa já não pensam que podem influenciar as posições defendidas por este no curso das negociações comuns. Se os poderes públicos europeus lhe parecem bastante favoráveis às suas reivindicações durante a reforma da PAC em 1992, a situação é inversa a partir de 1997.

Em junho de 1997, a realização antecipada das eleições legislativas após a decisão do Presidente da República, Jacques Chirac, de dissolver a Assembléia Nacional, é marcada pela vitória do Partido Socialista, que forma um governo

12 Entrevista feita com Sabine em 4 de julho de 2008, no seu escritório na região parisiense.

denominado "esquerda plural'.[13] Louis Le Pensec é então nomeado ministro da Agricultura no governo Jospin. Ao declarar que quer reconhecer a representatividade da Confederação Camponesa, sua atitude contrasta com a de seus predecessores e anuncia para os responsáveis da Confederação Camponesa um acesso mais fácil aos espaços de decisão. De fato, a chegada desse ministro corresponde à entrada da Confederação Camponesa nas reuniões de diálogo entre os representantes do poder público e os da profissão agrícola sobre as políticas de agricultura.[14] Essa inflexão das práticas ministeriais é sentida como um forte sinal de abertura pelos militantes, que têm a oportunidade de participar do trabalho de elaboração das posições francesas sobre a PAC. As relações estabelecidas com o ministério são então percebidas como uma oportunidade política, na medida em que elas permitem não somente à Confederação Camponesa de participar no processo de diálogo, mas também lhe garantem ser considerada em pé de igualdade com as outras organizações profissionais agrícolas. Em contrapartida, Sabine destaca que nessa mesma época os poderes públicos europeus são vistos como particularmente fechados às posições da Confederação camponesa:

> Nós sabíamos que da parte de Bruxelas não teríamos nada e pensávamos que obteríamos alguma coisa por parte do governo francês. O que não obtivemos. [...]
> Pesquisadora: Por que a senhora pensa que não obteria nada de Bruxelas em 1999-2000?
> Porque sabíamos muito bem que eles estavam dominados. Tínhamos sido vistos por muitas pessoas, hein. Tínhamos encontrado Dirk Ahner,[15] tínhamos encontrado um certo número de pessoas. Víamos muito bem que

13 Designação da aliança entre o Partido Socialista, o Partido Comunista, o Partido da Esquerda Radical, o Movimento dos Cidadãos e os Verdes, que esteve no governo entre 1997 e 2002.

14 Essa posição não ocorreu sem suscitar debates no interior da Confederação Camponesa. Considero aqui a posição majoritária que emerge no comitê nacional, segundo a qual a estrutura nacional deve participar desse processo de consulta, considerado como uma oportunidade para fazer valer as suas orientações sindicais.

15 Na ocasião, diretor da direção "Análise econômica e prospectiva" da Direção Geral da Agricultura.

> eles tinham um discurso que era realmente liberal e que nem valia a pena ir lá! É por isso que não valia a pena ir![16]

Que os atores considerem algumas configurações como propícias à defesa dos seus interesses não quer dizer, no entanto, que eles julguem o avanço de suas reivindicações como uma conquista. De fato, os responsáveis sindicais inscrevem essas oportunidades em uma relação de força mais global entre as diferentes instâncias de decisão. Da mesma forma, a apreensão de uma situação como politicamente oportuna não implica que ela o seja de fato na prática ou que ela conduza *in fine* aos resultados esperados pelo sindicato.

Considerações finais

Concentrando-se nas percepções das oportunidades por parte dos atores, a análise coloca em evidência que se o espaço europeu não é seu alvo prioritário, isso não ocorre por falta de conhecimentos, mas sim por uma avaliação dos equilíbrios políticos. Os discursos apresentados pelos responsáveis europeus são indicadores interpretados pelos atores sindicais como favoráveis ou não às suas orientações. Os representantes da Confederação Camponesa pensam o espaço político nacional como uma oportunidade a partir do momento em que a representatividade de seu sindicato é reconhecida e que eles participam das consultas ministeriais sobre o PAC. Efetivamente, esta configuração torna esse espaço particularmente pertinente e propício como cenário de representação na medida em que a prática institucionalizada do diálogo entre os poderes públicos e os representantes da profissão agrícola tem um papel central no estabelecimento das posições nacionais defendidas em Bruxelas. Assim, essas relações historicamente construídas explicam em parte porque os militantes da Confederação Camponesa orientam essencialmente a sua mobilização sobre o tema da PAC para o Estado.

Diante da liberalização da PAC impulsionada pela Comissão europeia, os sindicatos agrícolas não se mobilizam necessária e diretamente junto às instituições comuns. No caso da França, o Estado aparece como um interlocutor chave para essas organizações que levam suas reivindicações ante os poderes públicos nacionais. Mais ainda, a análise das ações conduzidas pela

16 Entrevista com Sabine, *op. cit.*

Confederação Camponesa revela que a Europa não é considerada como a única fonte de orientações liberais da política agrícola europeia, mas que elas se inscrevem em um contexto econômico internacional que implica tomar como alvo da contestação as organizações internacionais, como a Organização Mundial do Comércio. Esse posicionamento leva o sindicato francês a combinar diferentes níveis de ação e a estabelecer ligações não somente com as agrupações europeias, como também internacionais, tal como a Via Campesina.

Bibliografia

IMIG Doug, TARROW Sidney. (2001), Studying Contention in an Emerging Polity, in IMIG Doug, TARROW Sidney(eds), *Contentious European: Protest and Politics in an Emerging Polity*, Lanham, Rowman & Littlefield, p. 3-26.

WAGNER Anne-Catherine. (2005), *Vers une Europe syndicale. Une enquête sur la Confédération européenne des syndicats*, Editions du Croquant, Bellecombe-en-Bauges.

Parte III
Organizações e mobilizações das classes populares precarizadas

10. Os movimentos dos desempregados e dos sem-teto no Brasil e na França

Elaine Amorim
Nathalia Oliveira

Introdução

As lutas sociais pelo trabalho e moradia são antigas tanto no Brasil quanto na França e, de acordo com o contexto, assumiram diferentes dinâmicas, organizações diversas e formas específicas de mobilização.

Abordaremos aqui a intensificação da organização dos movimentos de desempregados e dos sem-teto. Esses movimentos sociais podem ser entendidos como reação aos impactos das reformas neoliberais realizadas no mercado de trabalho, nos direitos trabalhistas e na política habitacional no Brasil e na França. As suas bases sociais são compostas por frações das classes trabalhadoras cujas condições objetivas de sobrevivência foram atingidas pelo capitalismo neoliberal, nos seus aspectos mais elementares, como no acesso a um emprego e a uma moradia. Trata-se, então, de trabalhadores desempregados e subempregados em trabalhos informais ou precários, que por meio do seu engajamento direcionam para o Estado as suas demandas. Além dessas características comuns, tais movimentos apresentam especificidades nas suas formas de luta e reivindicações, relacionadas com as particularidades das formações sociais nas quais estão inseridos e com o modo pelo qual as políticas neoliberais são implantadas nos dois países.

O objetivo desse capítulo é, desse modo, discutir as formas de luta, reivindicações e a base social dos movimentos de desempregados e sem-teto brasileiros e franceses nos anos 2000. Nossa análise está baseada em duas organizações representativas de cada país: no Brasil, pesquisamos o Movimento dos Trabalhadores

Desempregados (MTD) e o Movimento dos Trabalhadores Sem-Teto (MTST); na França, investigamos o Agir juntos contra o desemprego! (*Agir ensemble contre le chômage!* - AC!) e o Direito à Moradia (*Droit au Logement* - DAL).

Três razões principais justificam nossa escolha por essas organizações. Os quatro movimentos: 1. possuem relevância nas lutas sociais da última década e, em especial, nas lutas setoriais por moradia e trabalho em seus respectivos países; 2. buscam uma atuação no nível territorial nacional, mas isso não significa que tenham uma atuação homogênea em todas as regiões do país; 3. foram forjados ao longo dos anos 1990 e se opõem ao modelo de capitalismo neoliberal, embora esta oposição se concretize de maneiras diversas e em condições distintas.

Este trabalho se fundamenta em pesquisas empíricas realizadas com os movimentos citados em diferentes momentos da última década. Foram utilizadas como fontes principais a bibliografia especializada, os documentos oficiais e entrevistas com lideranças e membros das bases dos referidos movimentos.

Realizar um "olhar cruzado" sobre as lutas por trabalho e moradia em dois países distintos é uma tarefa pertinente para se desvendar as especificidades destas lutas e identificar seus traços comuns. Isso nos permite avançar na reflexão sobre a organização das classes trabalhadoras diante do modelo de capitalismo neoliberal e, em especial, entender o lugar que as lutas de urgência[1] ocupam neste contexto.

O texto está dividido em três partes: na primeira, são discutidos os impactos das reformas neoliberais, aplicadas no Brasil e na França, sobre o desemprego e as políticas de proteção social aos desempregados, bem como sobre as políticas de habitação; na segunda, é realizada a análise propriamente dita sobre os movimentos de desempregados e sem-teto; por último, são apresentadas algumas considerações mais analíticas decorrentes dos olhares cruzados que realizamos diante dos quatro movimentos populares urbanos estudados.

Desemprego, habitação e capitalismo neoliberal no contexto brasileiro e francês

A consolidação do modelo de capitalismo neoliberal impactou o emprego e a questão habitacional francesa e brasileira de modo diferenciado, já que se

1 De acordo com Mouriaux (2002), as lutas de urgência são por condições básicas e urgentes que garantam minimamente a existência física dos trabalhadores.

trata de duas formações sociais com processos de urbanização e configurações do mercado de trabalho específicos, mas também porque a posição diferenciada desses países no centro e na periferia do capitalismo influenciou no modo pelo qual o neoliberalismo se implantou em cada um deles e em como se refletiu nas classes trabalhadoras. No entanto, é possível afirmar que, em ambos os países, as políticas neoliberais contribuíram para intensificar o desemprego e o déficit habitacional. Problemáticas que para serem compreendidas exigem uma breve contextualização.

No Brasil, o mercado de trabalho caracterizou-se historicamente pelo seu caráter pouco regulamentado, pela predominância da informalidade, por uma alta rotatividade e pelo seu baixo grau de proteção social, relacionado tanto ao alcance como ao escopo dos direitos garantidos. Para exemplificar, somente em 1990 implementou-se efetivamente um regime de proteção social aos desempregados, o Programa Seguro-Desemprego, cuja cobertura não se estendia a todos os trabalhadores.[2] Todas essas características que, na prática, facilitavam as demissões e o uso de formas de contratação flexíveis, contribuíram para que na década de 1990 o processo de flexibilização dos direitos trabalhistas ocorresse de modo mais lento em relação às reformas neoliberais realizadas em outras áreas (GALVÃO, 2007; BOITO Jr., 1999).

A despeito da lentidão desse processo, a consolidação do modelo político-econômico neoliberal, durante o governo de Fernando Henrique Cardoso (1995-2002), do Partido da Social Democracia Brasileira (PSDB), desestruturou o mercado de trabalho, provocando o aumento das taxas de desemprego, a expansão de ocupações precárias e o desassalariamento (POCHMANN, 2006).[3] O crescimento do desemprego aberto[4] ganhou uma dimensão sem paralelo com outros períodos históricos (POCHMANN, 2006), passando, segundo dados do

2 Os trabalhadores domésticos, excluídos inicialmente desse programa, passaram a ter direito ao seguro-desemprego apenas em 2001 (CASTIONI, 2008).

3 Nesse período, de cada dez postos de trabalho apenas quatro eram assalariados (POCHMANN, 2006, p.61).

4 De acordo com o Dieese, o desemprego aberto refere-se às pessoas que declararam estar efetivamente à procura de emprego nos últimos 30 dias e não trabalharam durante os 7 dias anteriores ao da pesquisa. Enquanto o desemprego oculto se refere: a) à situação das pessoas que, mesmo estando desempregadas e à procura de emprego, exerceram nos últimos 30 dias trabalhos eventuais e instáveis (desemprego oculto por trabalho precário); b)

Dieese, de 7,2%, em 1990, para 12,96%, em 1999; enquanto o desemprego total alcançou neste último ano 21,35% (SOUZA; FILHO, 2012, p. 290).

Seguindo a orientação neoliberal de redução dos gastos sociais, as políticas habitacionais foram contempladas com um baixo orçamento e mantiveram a tradição excludente e elitista que até então marcava a área da habitação (MARICATO, 1998; FAGNANI, 2006). Desse modo, investiu-se pouco em moradias para as famílias de renda mensal inferior a três salários mínimos e que correspondiam, durante os anos 1990 e até meados dos anos 2000, a cerca de 90% das famílias sem moradia (FUNDAÇAO JOÃO PINHEIRO, 2008). O déficit habitacional brasileiro teve um crescimento de 19,9% entre os anos de 1991 e 2000 (BONDUKI, 2008). Diferentemente da França, no Brasil não existiu efetivamente um Estado de Bem-Estar Social e as políticas habitacionais sempre apresentaram um traço de mercantilização da moradia social e favoreceram a ideologia da casa própria.

A alteração desses indicadores ocorreu a partir de meados dos anos 2000, nos governos de Lula da Silva (2003-2010) e no primeiro mandato de Dilma Rousseff, (2011-2014), ambos do Partido dos Trabalhadores (PT). O crescimento da economia brasileira, a implantação de políticas sociais compensatórias (como o Programa Bolsa Família), de acesso ao crédito e de valorização do salário mínimo produziram efeitos sobre o mercado interno e as classes trabalhadoras.

Essas medidas contribuíram para a queda do desemprego e o aumento do emprego, pois, em 2009, aproximadamente 92% da População Economicamente Ativa (PEA) estava ocupada (92,5 milhões) e 8% desocupada (8,4 milhões) (DIEESE, 2012, p.57); do total de postos de trabalho criados, 94,8% recebiam até 1,5 salário mínimo mensal (POCHMANN, 2012, p.27). Apesar desses avanços relativos, a expansão dos níveis de formalização do emprego, considerada como um diferencial que acompanhou a redução das taxas de desemprego, não foi suficiente para reverter o peso da informalidade no país.

Em relação à questão da habitação, houve uma redução do déficit habitacional total, que passou de 6,102 milhões de unidades em 2007 para 5,792 milhões em 2012 (FUNDAÇÃO JOÃO PINHEIRO, 2014) e a implantação de

e à situação daquelas que se encontravam sem trabalho e desistiram de procurar emprego por desestímulo do mercado de trabalho (desemprego oculto por desalento).

uma "nova" política voltada para as famílias de mais baixa renda, o Programa "Minha Casa, Minha Vida" (PMCMV).

O PMCMV é atualmente a principal política habitacional no nível federal. Ele foi lançado em 2009, durante o segundo Governo Lula, como parte de uma política de combate aos efeitos da crise mundial de 2008 na economia brasileira. O objetivo inicial foi o de construir um milhão de moradias para aumentar o acesso das famílias de baixa renda à casa própria e gerar emprego e renda por meio do aumento do investimento na construção civil.

O Governo Dilma deu continuidade a este programa ao produzir mais dois milhões de moradias e realizou algumas mudanças, focalizando ainda mais estas moradias para as famílias de baixa renda. Esta é uma diferença importante em relação às políticas habitacionais anteriores. É oportuno notar também que o subsídio destinado a tais famílias é elevado, chegando até 96% do valor da unidade habitacional (AMORE, SHIMBO, RUFINO, 2015, p.417).

Se, por um lado, é fato que o PMCMV atendeu uma reivindicação antiga dos movimentos populares urbanos, a saber, a focalização da política habitacional na população mais pobre, por outro lado, muitas críticas são feitas ao Programa, por exemplo, a não realização de uma reforma fundiária que impeça o aumento da especulação; a continuidade da construção das habitações populares em bairros periféricos; o fato de ele buscar atender primeiramente os interesses das empreiteiras e construtoras e não o dos sem-teto dos movimentos sociais, entre outras.

Em relação à França, a adoção das políticas neoliberais, a partir dos anos de 1980, não ocorreu com a mesma rapidez e intensidade como em outros países capitalistas centrais e periféricos. Mas desde essa década houve momentos de maior ou menor seguimento às orientações neoliberais por parte dos governos. Nesse sentido, é interessante destacar que, enquanto no Brasil, em especial no segundo governo Lula, houve um período de moderação do programa neoliberal, na França, durante o mandato do presidente Nicolas Sarkozy (2007-2012), pertencente à *Union pour un Mouvement Populaire* (UMP),[5] ocorreu um processo de aceleração deste programa (BOITO JR.; BOUFARTIGUE, 2011, p. 15-16).

5 Em maio de 2015, a UMP foi dissolvida e sucedida pelo partido *Les républicains*, dirigido por Nicolas Sarkozy.

Ao contrário do Brasil, o mercado de trabalho na França caracteriza-se pelo seu caráter fortemente regulamentado. No período posterior à Segunda Guerra Mundial, além das medidas colocadas em prática para concretizar o princípio de responsabilidade do Estado pelo pleno-emprego, instituído pela Constituição de 1946 (DEMAZIÈRE et al, 2013), regulamentou-se um sistema de proteção social aos desempregados que compreendia instituições responsáveis por recolocá-los no mercado de trabalho e algumas indenizações, como o regime obrigatório de seguro-desemprego (estendido à maioria dos ramos de atividade) e a Prestação de Solidariedade (destinada aos desempregados cujo seguro não alcançasse uma renda satisfatória).

Em oposição à situação de quase pleno emprego vigente por cerca de 30 anos, as taxas de desemprego aumentaram significativamente após a recessão dos anos de 1970 e a aplicação, nas décadas seguintes, de reformas do mercado de trabalho; apesar dos registros de quedas temporárias (como entre 1987-1990, 1998-2001, 2006), as taxas de desemprego oscilaram nos anos de 1990 e 2000 entre 8% e 11% (HUSSON, 2009), atingindo 15% em 2010 (COLLECTIF ACDC, 2011).[6]

Em contrapartida, a partir da década de 1980 e, sobretudo, 1990, as políticas de proteção social aos desempregados passaram por contínuas reformas que atenuaram o seu caráter protetor. Essas reformas impediram o acúmulo de indenizações, enrijeceram os critérios de acesso ao seguro-desemprego, inclusive para as pessoas mais expostas aos riscos do mercado de trabalho e aos empregos precários, e reduziram a duração e o valor do benefício. Os desempregados passaram a ser coagidos a comprovar a busca por emprego e a aceitar as ofertas de trabalho, a fim de que saíssem mais rápido do sistema (DANIEL; TURCHSZIRER, 1998).

À medida que ocorreram tais alterações no seguro-desemprego convencional e na Prestação de Solidariedade, os desempregados impedidos de completar o tempo necessário para obter uma indenização recorreram à Renda Mínima de Inserção (RMI), embora esta fosse estigmatizada por se inserir no âmbito da assistência social. Não por acaso, quando se substituiu a RMI pela RSA (Renda de Solidariedade Ativa), em 2009, passou-se a exigir também dos seus benefici-

6 Os dados mencionados baseiam-se nas estatísticas produzidas pelo Instituto Nacional de Estatística e de Estudos Econômicos (INSEE).

ários a inscrição no serviço público de emprego e buscas efetivas por trabalho (COLLECTIF ACDC, 2012).

A principal política habitacional francesa é a locação social, denominada *Habitation à Loyer Modéré* (HLM), que foi também forjada no contexto do Estado de Bem-Estar Social. Trata-se de uma política de construção de habitações destinadas ao aluguel. Os beneficiários desta política pagam um valor de aluguel abaixo do valor do mercado imobiliário formal.

As reformas neoliberais têm trazido modificações na referida política habitacional francesa, entre elas a privatização do parque de moradias sociais. O governo de Sarkozy, que pretendia "fazer da França um país de proprietários", passou a incentivar a compra de moradia ao invés de investir massivamente na política de aluguel social. No entanto, as famílias mais pobres não possuem condições financeiras para comprar uma casa e seguem com a necessidade de um aluguel subsidiado pelo Estado.

Cerca de 3,5 milhões de pessoas na França estão sem moradia ou vivendo em condições habitacionais muito precárias, sem conforto e em habitações superpopulosas (FONDATION ABBÉ PIERRE, 2014). A crise habitacional se intensificou com: o aumento dos preços dos imóveis e dos aluguéis nos últimos quinze anos (FONDATION ABBÉ PIERRE, 2014); o crescimento das expulsões praticadas em virtude do não pagamento dos aluguéis; e o aumento de quase 50% do contingente de "sem-domicílio" entre os anos de 2001 e 2012 (INSEE, 2014, p. 124). Neste contexto, cresceu a demanda por moradia social que, no entanto, não tem sido atendida.

Desse modo, as características ora esboçadas sobre os casos brasileiro e francês demonstram, por um lado, que a implementação e o desenvolvimento do capitalismo neoliberal não é um processo linear e homogêneo, e pode assumir graus e intensidades diferentes; por outro, tais características repercutiram-se de modo distinto nas reivindicações dos movimentos de desempregados e sem-teto, levando-os a assumir certas particularidades, conforme discutiremos a seguir.

Caracterização dos movimentos de desempregados e sem-teto no Brasil e na França

Os movimentos de desempregados

Movimento dos Trabalhadores Desempregados (MTD)

A formação do MTD deu-se a partir do trabalho de base realizado no final dos anos de 1990, no Rio Grande do Sul, por militantes provenientes de diferentes movimentos e organizações sociais (como o MST, pastorais sociais católicas, sindicatos) nucleados na Consulta Popular e que não eram necessariamente desempregados. A base social do MTD correspondia às frações das classes trabalhadoras mais pauperizadas, desprovidas de emprego e moradia, mas também com trajetórias ocupacionais predominantemente na informalidade.

Esse movimento apresentou originalmente duas reivindicações: as frentes emergenciais de trabalho e os assentamentos "rururbanos". A proposta das frentes emergenciais de trabalho procurava amenizar os efeitos do desemprego e sanar demandas urgentes dos desempregados.[7] Os assentamentos "rururbanos"[8] atendiam três demandas presentes no lema do movimento: "Trabalho, Terra, Teto e Educação". Eles possibilitariam às famílias sem moradia e sem trabalho a conquista de uma casa, a produção de uma agricultura de subsistência e a geração de renda através da realização de atividades agrícolas ou de outro tipo baseadas em um sistema de produção autogestionário. É importante destacar que o MTD negava o emprego assalariado e defendia o trabalho coletivo baseado na autogestão, concebendo o desemprego como um elemento estrutural da sociedade capitalista e o emprego assalariado como uma atividade caracterizada pela exploração e alienação do trabalhador. A negação do emprego não sig-

7 Em 2001 o governo Olívio Dutra (PT) aprovou o Programa Coletivos de Trabalho, conhecido popularmente como Frentes Emergenciais de Trabalho (Lei Estadual nº11.628) que consistia na concessão, durante 6 meses, de um salário mínimo, cesta básica e vale-transporte a desempregados que realizassem serviços de limpeza e manutenção de espaços públicos. Esse programa foi uma das primeiras conquistas do movimento.

8 De acordo com a Lei nº 11.570 (04/01/2001) do estado do Rio Grande do Sul, o assentamento "rururbano" é implantado por meio do sistema de agrovilas "[...] *em áreas de terras cedidas, adquiridas, desapropriadas, incorporadas ou arrecadadas pelo Poder Público, destinadas à exploração sustentável de atividades agrícolas intensivas e de atividades não-agricolas complementares, através do sistema associativo e solidário*".

nificava, contudo, o rechaço a outras formas de trabalho ou mesmo a aceitação da ideia do "fim" do trabalho na contemporaneidade. Almejava-se desenvolver coletivamente com as famílias assentadas atividades agropecuárias e empreendimentos do setor urbano (como metalúrgica, padaria, fábrica de tijolos, etc.) com o objetivo de vender no mercado os produtos elaborados. Para isso, os assentamentos deveriam estar localizados em áreas próximas dos centros urbanos, facilitando, assim, a comercialização dessa produção, mas também o acesso de algum membro da família assentada às ofertas de trabalho existentes nas cidades e que não eram descartadas como uma fonte complementar de renda.

Subjacente a essas concepções e à reivindicação dos assentamentos "rururbanos" encontrava-se, segundo o discurso de algumas lideranças, a defesa de um horizonte político socialista. Entretanto, conforme aparece nos documentos do movimento, o seu projeto político consistia na "construção de um Projeto Popular para o Brasil, a partir dos trabalhadores" (MTE, 2007, p.74), e tinha como objetivos de longo prazo: organizar os desempregados e articulá-los com os trabalhadores do campo e da cidade; melhorar as suas condições de vida; e iniciar a redistribuição das riquezas concentradas no país.

A luta por trabalho, tal como compreendida pelo MTD, representava uma forma de assegurar a continuidade da mobilização da base social, porque não se esgotaria na conquista dos meios de produção devido à necessidade de atualização constante (do processo produtivo, da comercialização, da distribuição), podendo ser estendida para uma luta política geral. Com isso, o movimento combinava questões emergenciais e objetivos mais gerais, reivindicados por meio de formas de ação radicalizadas, como as ocupações de terrenos e, sobretudo, prédios públicos, que corresponderam a sua principal forma de luta por quase toda a década de 2000.

Nesse sentido, o MTD direcionou os seus esforços, ao longo da sua trajetória, para a organização da produção como forma de gerar renda. A partir de meados dos anos 2000 os assentamentos "rururbanos" saíram da pauta da agenda de luta por não possibilitarem a massificação do movimento e no seu lugar privilegiou-se a organização dos núcleos de base (pequenos agrupamentos conformados nos bairros) e Grupos de Produção (empreendimentos autogestionários). A avaliação feita pelo MTD das primeiras experiências com as frentes de trabalho evidenciou, segundo Ferraz (2010), que elas tendiam a submeter os participantes a um trabalho precário, a rebaixar os salários e a substituir a contratação de novos funcionários. Para evitar esses riscos o movimento reivindicou o repasse dos benefícios para Grupos de Produção que ele próprio organizaria (FERRAZ, 2010), no entanto a experiência mostrou a inviabilidade econômica dos mesmos. Por isso, passou-se a defender o desenvolvimento de projetos produtivos por meio do apoio financeiro do poder público,[9] denominados como Pontos Populares de Trabalho (PPT).

A sua base social tornou-se predominantemente feminina à medida que as formas de organização do movimento parecem ter favorecido o engajamento de mulheres que nelas encontraram uma complementação, ainda que reduzida e instável, da sua renda familiar. A amostra dessa base selecionada durante a pesquisa caracterizava-se, em geral, pela presença de mulheres com pouca escolaridade, em torno dos 40 anos de idade ou mais, com uma renda mensal familiar de até 2 salários mínimos[10] e beneficiárias de algum programa social do governo federal.

Embora ao longo de sua trajetória de quase 15 anos, o MTD não tenha conseguido consolidar-se como uma força política nacional, ele se expandiu para 8 estados, assumindo na sua pauta de luta particularidades relacionadas à realidade das diferentes regiões e à origem social dos seus membros. Em alguns lugares a luta por moradia ou a luta pela terra representaram reivindicações mais favoráveis para a organização de desempregados e subempregados, seja por causa da diminuição do desemprego, seja por conta da origem social camponesa dos seus membros. Essas experiências demonstram não só que os desempregados podem se organizar de diferentes maneiras, mas também a imbricação existente entre os problemas do desemprego e do acesso à moradia/terra para os setores populares no país.

A partir de 2012 o movimento iniciou um debate estratégico frente às mudanças na conjuntura econômica e política durante os governos petistas na esfera federal, como a diminuição do desemprego e o crescimento do emprego

9 Esse apoio envolveria a locação de um espaço físico, o empréstimo de maquinários ao movimento e a concessão de um auxílio financeiro aos(às) desempregados(as) engajado(as). A partir desse auxílio, assegurado por um médio prazo, o movimento concebia que os(as) desempregados(as) teriam condições de enfrentar as dificuldades econômicas iniciais relativas à conformação de um empreendimento produtivo.

10 Em 2012, quando se realizou a pesquisa, o valor do salário mínimo era de R$622,00.

via postos de trabalho precários. Resultou desse debate uma nova denominação assumida a partir de 2015: *Movimento das Trabalhadoras e dos Trabalhadores por Direitos* (MEDEIROS, 2015). Com isso, ampliou-se o público alvo da organização e se reorientou a luta para reivindicações não restritas aos desempregados ou trabalhadores informais (como o direito à energia, à educação, à moradia, à saúde, entre outros). Essas redefinições, que modificaram a natureza do movimento, ocorreram curiosamente em um contexto caracterizado, sobretudo a partir de 2015, pelo aumento do desemprego e da informalidade; como elas afetarão o projeto político defendido originalmente e de que modo as diferentes frações das classes trabalhadoras serão organizadas são questões em aberto para futuras reflexões.

Agir Juntos Contra o Desemprego! (Agir Ensemble Contre le Chômage! - AC!)

Agir Juntos Contra o Desemprego! (*Agir ensemble contre le chômage!* – AC!) originou-se, em 1993, a partir da iniciativa de militantes sindicais provenientes do funcionalismo público, críticos ao refluxo político-ideológico do sindicalismo e que defendiam a necessidade de lutas envolvendo diferentes setores sociais em torno de um projeto de crítica radical ao modelo neoliberal (AC!, 1995). Para isso, o desemprego foi considerado o eixo articulador de diversas frações das classes trabalhadoras e a alavanca para a retomada de mobilizações combativas (COHEN, 2008).

AC! propunha no seu projeto original federalizar as lutas de sindicatos e movimentos sociais contra o desemprego e unificar desempregados e assalariados por meio de ações locais e nacionais (AC!, 1993). A sua originalidade, na concepção de Sommier (2003) e Cohen (2003), era justamente a tentativa de agrupar trabalhadores ocupados e desocupados, não se direcionando exclusivamente para estes, nem se constituindo como um sindicato ou como um movimento de desempregados. AC! conformou-se, assim, como uma organização de luta contra o desemprego, baseada nas atividades dos comitês/coletivos locais implantados nas principais cidades da França e coordenados por uma instância nacional localizada em Paris.

O combate ao desemprego ocorreria, segundo a carta de lançamento da organização, por meio da repartição das riquezas e da redução da jornada de trabalho (AC!, 1993). Por isso, em defesa do emprego, reivindicava-se a redução do tempo de trabalho para 35 horas semanais, atendendo especialmente uma demanda dos sindicalistas, já que os desempregados, ausentes na origem do AC!, não participaram dessas formulações. Ao passo em que estes passaram a compor a organização, a exigência de lutas voltadas para demandas imediatas tornaram-se prioritárias para esse grupo e, sobretudo, à medida que houve uma mudança no perfil desses desempregados que compunham a base social. A princípio esta era composta, além dos assalariados sindicalizados provenientes do funcionalismo público, por desempregados com alguma experiência prévia de militância e que contavam com a cobertura do regime do seguro-desemprego (COHEN, 2008), mas, posteriormente, passou a predominar a presença de desempregados sem experiência de militância, beneficiários da Renda Mínima de Inserção[11] originários dos setores populares e em situação de grande precariedade (MATHIEU, 2009).

Para atender as demandas dos desempregados, AC! adotou várias formas de ação: as ocupações de prédios e locais públicos, as "*actions revenu*" que reivindicavam a gratuidade do transporte público ou a requisição de alimentos nos supermercados (MOUCHARD, 2006), como também, inspirando-se no DAL, movimento de moradia francês, as requisições de emprego (COHEN, 2003). Estas ações, realizadas em empresas a fim de lhes exigir novas contratações, eram preparadas durante vários meses em conjunto com sindicalistas que forneciam informações úteis sobre as empresas que seriam tomadas como alvos (como número de empregados, aposentados, postos de trabalho vagos, etc.). Com base nessas informações eram selecionados os currículos dos desempregados a ser entregues durante a manifestação (COHEN, 2003). Porém, enquanto as requisições por moradia organizadas pelo DAL envolviam a ocupação de um imóvel, as requisições por emprego do AC! esbarravam na impossibilidade dos desempregados ocuparem um posto de trabalho no interior da empresa, alvo da ação, e exercerem, assim, uma maior pressão.

O inverno de 1997-1998 representou, em âmbito nacional, o marco das lutas dos desempregados, pela valorização dos direitos conhecidos como "mínimos sociais",[12] e pela extensão da cobertura da RMI. A partir desse período

11 Em 2008 os valores da RMI para pessoas sozinhas e para casais sem filhos correspondiam, respectivamente, a 447,91 e 671,87.

12 Os "mínimos sociais" são alguns benefícios considerados direitos mínimos que o indivíduo deve ter assegurado pelo Estado e concedidos com base nas condições de renda

se reforçaram, no interior dessa organização, as mobilizações em defesa do regime de seguro-desemprego e dos "mínimos sociais", mas principalmente os debates sobre a reivindicação de uma renda.

A proposta da renda ("*revenu garanti*") como uma bandeira de luta foi introduzida pelo CARGO (Coletivo de Agitação Pela Renda Garantida Excelente), um grupo de militantes, atuante no interior do AC!, influenciados pelo anarquismo e pela tradição autônoma. Para esse grupo, se tratava de defender um "salário social" desconectado do exercício de uma atividade assalariada e que respondesse às transformações desencadeadas no padrão produtivo (COHEN, 2008; MATHIEU, 2009).

Em contrapartida, esses posicionamentos chocavam-se com a defesa do emprego feita pelos militantes originários do meio sindical. Os intensos debates internos sobre o que se compreendia como uma renda e sobre a sua preponderância frente à luta pelo emprego, por meio da redução do tempo de trabalho, provocaram uma divisão entre desempregados e sindicalistas, assim como a saída de muitos destes e do grupo CARGO do movimento.

De todo modo, o lema do movimento AC! passaria a ser: "*Um emprego é um direito, uma renda é um dever*". Passou-se a reivindicar a renda como uma obrigatoriedade a ser assegurada às pessoas, independente destas terem ou não um emprego: ao aposentado o direito à aposentadoria, ao assalariado o salário e ao desempregado uma renda garantida individual e mensal, equiparável ao valor do salário mínimo (SMIC). Ao propor esta equivalência, AC! visava tornar o desemprego mais caro, impedir a precarização das condições de vida dos desempregados e colocar o salário no centro do debate, em função das necessidades de sobrevivência dos trabalhadores.

Na década de 2000 comitês locais do AC! enfrentaram um esvaziamento e outras dificuldades relacionadas ao envelhecimento dos seus membros e à incapacidade de atrair os jovens, principais atingidos pelo desemprego e pelos trabalhos precários, para a sua base social. Mas observamos em nossa pesquisa que as dificuldades de mobilização se estendiam também a outras faixas etárias. A capacidade organizativa parecia limitada pela própria forma de aproximação com os desempregados baseada nas *permanences*, que consistiam em plantões

das famílias e em outros critérios específicos, de acordo com as características do benefício requerido.

realizados com a finalidade de assessorá-los e esclarecê-los sobre os seus direitos. A procura pela organização dava-se, então, por parte dos desempregados, que assim procediam quando, em geral, já não tinham mais a quem recorrer e a viam como um órgão prestador de serviços ou a procuravam exclusivamente para resolver um problema individual, sem a perspectiva de uma mobilização coletiva.

Apesar do seu esvaziamento, AC! representa uma referência importante no âmbito dos movimentos de desempregados e precários pelo papel que tem desempenhado na articulação com outras organizações em mobilizações e na realização de fóruns e debates sobre problemas relativos ao desemprego, aos trabalhos precários e aos direitos sociais e trabalhistas.

Portanto, é possível observar que as reivindicações defendidas por AC! e, originalmente, pelo MTD, diferenciam-se. Este, ao negar o emprego assalariado, reivindicou programas sociais que implicavam na contrapartida de trabalho, seja pela realização dos serviços de obras públicas, seja pelo desenvolvimento de projetos autogestionários. Já o movimento AC!, sobretudo nos seus primeiros anos, via na redução do tempo de trabalho o combate ao desemprego e a possibilidade de geração de empregos, mas posteriormente reorientou as suas demandas para a defesa do acesso a uma renda e para a melhoria do regime de indenização do desemprego e dos "mínimos sociais".

Os movimentos dos sem-teto

Movimento dos Trabalhadores Sem-Teto (MTST)

O Movimento dos Trabalhadores Sem-Teto (MTST), assim como o Movimento dos Trabalhadores Desempregados (MTD), emerge de um esforço de organização e ampliação da luta travada pelo Movimento dos Trabalhadores Rurais Sem Terra (MST) (BENOIT, 2002).

O MTST se forjou na cidade de Campinas, no interior do estado de São Paulo, no ano de 1997. Até meados dos anos 2000, concentrou sua atuação na região metropolitana de São Paulo. Depois, foi se consolidando em outras cidades e outros estados do Brasil. Encontra-se hoje, portanto, com uma atuação no nível nacional.

O processo de nacionalização do movimento, assim como a sua capacidade real de mobilização de milhares de famílias de trabalhadores sem-teto (seja nas manifestações de ruas, seja nas ocupações de terrenos) garantiram maior visibilidade da luta por moradia em diferentes regiões do país. Isso, consequentemente, contribui para que o MTST tenha um status de movimento de massa.

O MTST, como o seu nome indica, se apresenta como um movimento de trabalhadores sem-teto, reforçando constantemente esta ideia de que os sem-teto fazem parte das classes trabalhadoras, mesmo que estejam desempregados (como é o caso de grande parte de sua base social). De nossa parte, defendemos a tese de que o movimento é composto socialmente por *famílias de trabalhadores sem-teto* (OLIVEIRA, 2016).

Sua base social está privada de moradia digna e isto se deve ao fato desses sem-teto estarem desempregados, subempregados ou trabalhando por conta própria, com baixa ou nenhuma remuneração, o que lhes impede de pagar o aluguel de uma moradia e alimentar a sua família. Dentre as atividades mais comuns praticadas pelos sem-teto, podemos destacar a de vendedor ambulante, empregada doméstica, diarista, pedreiro, fazedor de "bicos" e outros.

Deve-se entender também que há uma grande participação das mulheres nas bases do movimento. Dentre as diversas razões para tal, podemos destacar a existência de uma divisão sexual do trabalho que ainda destina às mulheres as questões relacionadas à reprodução das famílias e, como a moradia faz parte deste processo, é a mulher quem acaba se dedicando mais à sua luta.

A luta por moradia é, ainda, uma luta familiar, ou seja, nela está toda a família e não apenas o trabalhador ou trabalhadora como acontece na luta sindical. Esta constatação é importante, pois, se de um lado, a presença das famílias interfere na organização e reivindicações do movimento (como por exemplo a necessidade de se lutar por matrículas escolares para as crianças sem-teto já que estas não possuem comprovante de residência e, por isso, possuem dificuldade de se matricularem nas escolas formais); de outro lado, a participação de uma família no movimento pode propiciar mudanças no interior de suas relações familiares (como nas relações de dominação entre um marido e sua esposa) (OLIVEIRA, 2016).

A reivindicação principal e urgente do MTST é uma moradia digna para os sem-teto da sua base. Entretanto, outros direitos sociais (como saúde, educação, transporte coletivo e outros) fazem parte da plataforma reivindicativa do movimento, assim como uma reforma urbana popular. Neste sentido, a luta por moradia é entendida como parte de uma luta maior e, assim, insere-se a concepção de luta de classes.

Partindo dessa compreensão, entendemos, por exemplo, a posição do movimento em relação à política habitacional federal "Minha casa, minha vida", elaborada e aplicada pelos governos petistas. O MTST busca que os sem-teto de sua base sejam atendidos por essa política, mas, ao mesmo tempo, realiza críticas profundas a tal política e luta para que esta beneficie mais a população de mais baixa renda e deixe de atender os interesses das grandes construtoras e do capital imobiliário.

O movimento elege o capitalismo, em especial, o modelo neoliberal de capitalismo que predominou nas últimas décadas no Brasil como inimigo. Em documentos oficiais do movimento e na fala de algumas lideranças, aparece a ideia de que a construção do poder popular é o grande objetivo do movimento.[13] Mas, a nosso ver, esta indicação não nos autoriza afirmar que o movimento luta pela implantação do socialismo no Brasil e tampouco que sua base social compartilha amplamente dessa posição política.

No entanto, é importante destacar que o MTST se diferencia da maior parte dos movimentos dos sem-teto brasileiros ao se apresentar como um movimento de trabalhadores, compreender a luta por moradia enquanto luta de classes e anunciar, mesmo que de maneira um tanto quanto fragmentada, como sendo seu objetivo último a superação do capitalismo.

A escolha do MTST por atuar na periferia das grandes cidades pode ser compreendida como um reflexo desta perspectiva ideológica do movimento.[14] Isto porque, segundo algumas lideranças do MTST, a periferia é hoje um espaço onde predomina organizações e instituições que buscam reproduzir a ordem vigente. Neste sentido, o MTST trava uma disputa de projeto político

13 Para ver um exemplo de documento do MTST que aborda a ideia-objetivo de poder popular, verificar: "Cartilha de princípios", disponível em: http://www.mtst.org/linhas-politicaseorganizativas.pdf. Acessado em setembro de 2016.

14 No Brasil, existem centenas de movimentos dos sem-teto e muitos deles, diferentemente do que acontece com o MTST, se destacam por suas ocupações em imóveis vazios nos centros das grandes cidades, já que são nestes locais onde há maior infraestrutura urbana (como escolas, hospitais, áreas de lazer e outros) e oportunidades de trabalho. Assim, além da reivindicação por moradia, pode-se dizer que os sem-teto lutam pelo direito à cidade e, ainda, pelo direito ao centro da cidade.

com estas instituições e busca organizar as classes trabalhadoras por uma reforma urbana popular que questione a lógica capitalista das cidades.

No caso brasileiro, diferentemente do caso francês, a moradia digna reivindicada pelos sem-teto se trata da aquisição de uma casa própria. O "sonho da casa própria" é muito difundido na cultura brasileira e entre os sem-teto isto não é diferente.

A aquisição da casa própria acaba por fortalecer a lógica da propriedade privada e da própria ideologia capitalista. Isso, evidentemente, é percebido pelos militantes do MTST. No entanto, o movimento tem tido cautela no enfrentamento dessa questão. As lideranças do movimento não se abdicam de debater politicamente esse tema e tampouco deixam de defender ou apresentar as supostas vantagens de uma política de locação social, por exemplo. Mas o movimento leva em conta a demanda de sua base social que tem reivindicado ao longo de todos esses anos uma casa própria. O MTST considera, portanto, essa realidade, pois, caso contrário, não conseguiria mobilizar os sem-teto[15].

Além disso, a conquista da casa própria é a possibilidade de não ser mais reconhecido pela carência ou pela privação da moradia, ou seja, como "sem-teto". Neste sentido, é importante lembrar que, na maioria dos casos, quando os trabalhadores sem-teto conquistam a sua moradia, eles acabam deixando de participar dos movimentos de moradia por não mais se identificarem com a luta. Este é mais um dilema que os movimentos enfrentam constantemente.

As formas de luta utilizadas pelo MTST são diversas, como as manifestações, ocupações, acorrentamentos, greve de fome, bloqueios de rodovias e outras. É importante ainda destacar que há a priorização da ação direta sobre as ações mais institucionalizadas (como por exemplo, a participação em conselhos municipais habitacionais). O movimento realiza ocupações de terrenos vazios para fazer daqueles locais a moradia dos trabalhadores sem-teto, ou seja, para atender, mesmo que de maneira provisória, a reivindicação de urgência dos sem-teto. As ocupações também são formas de pressionar os governos para se resolver o problema habitacional. E, por fim, as ocupações são vistas como

15 Ver a declaração de Guilherme Boulos, coordenador nacional do MTST, no Seminário Internacional Cidades Rebeldes, em 2015. Disponível em: https://www.youtube.com/watch?v=pSLXCSO1XPs. Acessado em agosto de 2016.

um momento privilegiado para a formação política dos sem-teto e construção de uma identidade coletiva.

Nos últimos anos, seja nas jornadas de junho de 2013, nos protestos de 2014 por ocasião da Copa do Mundo que ocorreu no Brasil ou nas manifestações de 2015 e 2016 contra o impeachment da presidente Dilma Rousseff, o MTST esteve muito presente nas mobilizações de rua, marcando sua posição de defesa dos direitos sociais e reivindicando reformas populares. Assim, esta forma de luta – manifestações nas ruas - pode ser destacada também como uma ação importante para o movimento. É neste contexto ainda que o MTST, ao buscar intervir fortemente no processo político do país, conquistou grande visibilidade e se constitui como força política importante.

Direito à Moradia (Droit au Logement - DAL)

Direito à Moradia (Droit au Logement - DAL) é um dos principais movimentos sociais de luta por moradia na França. Este movimento possui um status de federação, ou seja, agrega diversos comitês em diferentes cidades francesas sendo, portanto, um movimento de atuação em nível nacional.

O primeiro comitê DAL a ser organizado, foi o "DAL Paris e arredores", em 1990. E, depois de 1992, foram organizados comitês em outras cidades da França (PÉCHU, 1997). Em janeiro de 1998, cerca de 30 comitês DAL passaram a constituir formalmente o que fora denominado de "Federação DAL".[16]

Em relação aos diversos comitês DAL existentes no território francês é importante que se entenda que eles são muito dinâmicos e que, de acordo com a conjuntura política local e a disponibilidade de militantes, podem estar mais ou menos organizados. De acordo com Havard dit Duclos (2002), os comitês também possuem especificidades que estão relacionadas à situação social e de moradia das diferentes regiões da França.

Assim como afirmamos para o caso do MTST, a base social do DAL é composta por famílias de trabalhadores sem-teto e as mulheres possuem grande participação (OLIVEIRA, 2016). No entanto, é importante notar que estas famílias são majoritariamente imigrantes ou de filhos de imigrantes, principalmente de origem africana (PÉCHU, 2006).

16 Dado disponível em: http://www.droitaulogement.org/association-droit-au-logement. Acessado em setembro de 2016.

A principal reivindicação do DAL é o realojamento das famílias de sem--teto que estão mobilizadas em sua base. Além disso, o movimento luta , em um nível mais geral, pela efetivação do direito à moradia a todos na sociedade francesa.

A obtenção de uma moradia digna pode ser conquistada, de acordo com o DAL, quando há o cumprimento de algumas leis francesas, como a "Lei de Requisição"[17] e a "Lei DALO".[18] Nesse sentido, o DAL luta constantemente pela aplicação efetiva destas leis e por melhorarias na legislação sobre a questão habitacional.

A moradia social reivindicada pelos sem-teto franceses que estão na base do DAL se trata de uma habitação com um aluguel subsidiado, e não a compra de uma casa, no sentido de adquirir uma propriedade privada.

Assim, quando o DAL reivindica moradia para os sem-teto de sua base, ele demanda, na realidade, um imóvel de aluguel social, ou seja, "um imóvel HLM" (*Habitations à Loyer Modéré - HLM)* em que o sem-teto poderá garantir uma moradia digna para sua família, pagando um valor de aluguel que não comprometa a renda familiar.

A explicação para esta diferença no significado da reivindicação dos sem--teto nos dois países em questão está, em grande medida, no fato de que em cada país as políticas habitacionais possuem características muito distintas, conforme tratamos no item I deste artigo.

As formas de ação utilizadas por DAL se aproximam das utilizadas por muitos dos movimentos dos sem-teto no Brasil. Com esta afirmação queremos dizer que os sem-teto, na França e no Brasil, compartilham os seus principais métodos de lutas, tais como as manifestações e atos, acampamentos, ocupações e as ações ditas mais institucionalizadas. No entanto, obviamente, estas ações

17 A Lei de Requisição permite ao Estado requisitar imóveis vazios e desocupados há um determinado tempo para serem transformados em moradia social. O Estado, em troca, paga aos proprietários uma indenização com valores próximos ao dos aluguéis dos "imóveis HLM", ou seja, aos imóveis que fazem parte da política de locação social francesa.

18 A Lei DALO *(Droit Au Logement Opposable)* considera o direito à moradia como fudamental e atribui uma obrigação de resultado por parte do Estado. O direto é dito aqui exequível, pois o cidadão dispõe de vias de recursos para obter a sua aplicação efetiva. Assim, segundo esta lei, o Estado deve garantir moradias ou albergues para as pessoas reconhecidas como prioritárias pela comissão de mediação que trata deste assunto.

apresentam intensidades e características específicas que se devem às diferentes estruturas sociais em que se encontram.

Em relação às ocupações, os militantes do DAL as apresentam como sendo um dos últimos recursos a ser investido na luta por moradia, ou seja, a ocupação seria uma "última" tentativa e só é realizada depois de se ter utilizado outros meios, dentre eles os mais institucionalizados (como por exemplo, o preenchimento do dossiê DALO).

Entendemos que este tipo de argumento busca, na verdade, legitimar a ação direta do DAL. Este movimento nomeia as suas ocupações como Requisição Cidadã (*Réquisition Citoyenne*), fazendo uma clara referência à Lei de Requisição francesa e denunciando a existência de inúmeros imóveis vazios que devem ser requisitados e transformados em moradia social.

DAL não nega que os sem-teto pertençam ao que denomina "classes populares". No entanto, isto não é enfatizado pelo movimento quando este procura construir sua identidade. Assim como não é priorizado, por exemplo, o fato de os sem-teto de DAL serem, em sua maioria, imigrantes. Dessa maneira, DAL não busca evidenciar a sua luta como "luta de trabalhadores" ou "luta de imigrantes". DAL dá ênfase na luta por moradia enquanto um direito e que, portanto, pode ser realizada por todos os cidadãos.

As palavras de ordem: "Um teto é um direito" ("*Un toit c'est um droit*") tende a fortalecer a discussão e a luta por moradia no nível das normas jurídicas – distanciando-se da questão de conflitos de classes. Diante disso, subentende-se que a reivindicação por moradia não é apenas de trabalhadores, mas de todos os cidadãos.

No contexto francês de redução de direitos, a luta pelo direito à moradia do DAL se apresenta como uma luta de resistência ao capitalismo neoliberal. Em alguns documentos oficiais do movimento, aparece a ideia de que muitas das reformas neoliberais agravam a crise de moradia e favorecem o desengajamento financeiro do Estado francês.[19]

Se podemos afirmar que o DAL é um movimento de ideologia antineoliberal, não podemos fazer o mesmo em relação à ideologia anticapitalista. Não

19 Para ver um exemplo de documento de DAL criticando as reformas neoliberais, verificar "Loi Boutin". Disponível em: http://droitaulogement.org/2011/12 /loi-boutin/. Acessado em dezembro de 2014.

parece estar no horizonte do DAL construir uma solidariedade e identidade entre os trabalhadores sem-teto com a intenção de travar uma luta anticapitalista. O movimento possui uma luta precisa pelo direito à moradia e, quando trabalha na formação política dos sem-teto da base, busca formar novos militantes para a questão habitacional.

Neste sentido, a orientação ideológica de DAL parece se distanciar, por exemplo, daquela do Movimento dos Trabalhadores Sem-Teto (MTST) do Brasil, mas, é importante frisar, que tal orientação se aproxima da maioria dos movimentos dos sem-teto brasileiros.

Movimentos de desempregados e sem-teto: do caráter de urgência à luta pelo direito

A discussão realizada nesse capítulo procura demonstrar que a análise dos movimentos de desempregados e sem-teto brasileiros e franceses, especialmente do MTD, AC, MTST e DAL, não pode desconsiderar as particularidades de suas respectivas formações sociais, relacionadas, por exemplo, à configuração do mercado de trabalho, do sistema de proteção social e das políticas habitacionais. Afinal, embora a formação e desenvolvimento dos movimentos aqui tratados tenham ocorrido em um contexto caracterizado pelo capitalismo neoliberal, eles assumiram especificidades que se relacionam com características estruturais dos seus países e com o modo pelo qual as políticas neoliberais incidiram sobre estas e sobre as classes trabalhadoras.

Nesse sentido, a despeito das suas diferenças, as reivindicações dos quatro movimentos decorrem da situação de classe de suas bases sociais que demandam condições objetivas de sobrevivência; ademais, esses movimentos podem assumir ou não um caráter de classe de acordo com as suas orientações política-ideológicas. Em alguns casos, inclusive quando a bandeira de luta é igual, como o acesso à moradia, a reivindicação assume particularidades relacionadas não só àquelas orientações política-ideológicas, mas também às características da sociedade na qual é formulada. Assim, se a demanda pelo aluguel social proposta pelo DAL, amparado na legislação francesa, poderia ser interpretada como uma crítica à ideologia da propriedade privada, o que está colocado para o movimento é a defesa de políticas sociais próprias do Estado de Bem-Estar Social em contraposição ao avanço do neoliberalismo. Por outro lado, a demanda da casa própria, tal como defendida pelo MTST, parece ser a reivindicação mais aglutinadora frente a um Estado que, por quase toda a história do país, teve dificuldades para reconhecer a moradia como um direito social.

Nos movimentos de desempregados essas especificidades também estão presentes, já que a luta contra o desemprego não significa necessariamente luta por emprego. A plataforma reivindicativa pode envolver a defesa do emprego via redução do tempo de trabalho ou, como no caso do MTD, o rechaço ao emprego assalariado e a defesa de formas alternativas de trabalho que busquem não reproduzir as relações de exploração. Ela pode envolver, ainda, a defesa de uma renda que, no caso do movimento AC!, independente das concepções em disputa no seu interior, era concebida como um direito a ser assegurado, sem qualquer contrapartida laboral. Reivindicação que não aparece no MTD, o que pode ser explicado pela ausência de um sólido sistema de proteção social no Brasil.

Outro aspecto importante desses movimentos diz respeito aos seus horizontes políticos. Não estão explícitos no AC! e no DAL a defesa de um projeto político anticapitalista e, menos ainda socialista. Porém isso não retira o caráter fundamental das suas lutas e a radicalidade das suas ações ou mesmo de reivindicações capazes de produzir mudanças sociais significativas para as classes trabalhadoras atingidas pelo desemprego ou pela ausência de moradia.

Do mesmo modo, se é possível dizer que o MTD e o MTST vislumbram uma luta política mais geral voltada para uma transformação social, não é tarefa fácil definir os seus horizontes políticos, pois a defesa de uma luta política anticapitalista e, precisamente, da conformação de uma sociedade socialista, está presente nos discursos de algumas lideranças, mas não é algo necessariamente compartilhado pelas bases sociais.

A análise desses movimentos explicitou um achado relacionado à defesa dos direitos. Em todas as quatro organizações a demanda por direitos sociais e trabalhistas estava colocada, porém de modos distintos. Enquanto havia por parte do DAL e AC! uma defesa pela melhoria, preservação ou mesmo reformulação de (novos) direitos, muitos já assegurados em períodos anteriores, no MTD, com a sua redefinição mais recente, a defesa direcionou-se para direitos que até o momento foram pouco efetivados ou limitados a uma pequena parcela da sociedade brasileira. O MTST, por sua vez, luta pela efetivação do direito à moradia para os trabalhadores de mais baixa renda.

Em linhas gerais, enquanto a luta desses movimentos na França, um país que conheceu um Estado de Bem-Estar social avançado, é pela não retirada de direitos e pela criação de novos, no Brasil, um país dependente e com direitos sociais restritos, a luta é ainda pela criação de direitos ou pela aplicação efetiva daqueles que existem, mas não são assegurados. De todo modo, em ambos os países, essa defesa por parte dos movimentos de desempregados e sem-teto coloca em evidência o avanço do neoliberalismo sobre direitos básicos das classes trabalhadoras, como os serviços sociais, assim como a retirada, deterioração ou diminuição das proteções trabalhistas e sociais. Considerando as características da base social desses movimentos que conta com pouca ou nenhuma proteção por parte do Estado, a luta por tais direitos assume um papel fundamental e, sobretudo, se compreendida como parte de um conflito de classes seja aberto, seja dissimulado.

Cabe enfatizar, ainda, a importância da ação direta, em especial, as ocupações, realizadas por esses movimentos. Essa forma de luta explicita justamente a condição de classe da composição social desses movimentos e a urgência de suas principais reivindicações (trabalho e moradia). Esses movimentos lutam por direitos, mas lutam também por condições mínimas que garantam a existência de sua base. Neste sentido, é interessante notar que as ocupações, elas mesmas, já são uma resposta às reivindicações dos desempregados e dos sem-teto, no sentido de que, mesmo provisoriamente, atendem as suas necessidades mais imediatas. Além disso, as ocupações também são meios eficazes de pressionar o Estado para que as demandas dos movimentos sejam atendidas.

Para finalizar podemos afirmar, com base na análise dos movimentos sociais discutidos, que o capitalismo neoliberal colocou, ao lado do movimento operário e sindical tradicional, agentes políticos populares que adquiriram um papel fundamental nos conflitos sociais das três últimas décadas no Brasil e na França e cuja presença tem de ser considerada pela sociologia.

Bibliografia

AC! Appel d'AC! Agir ensemble contre le chomâge: Mobilization pour "l'Abolition du Chômage". Paris, 1993.

AMORE, C. S.; SHIMBO, L. e RUFINO, M. B. (orgs.). (2015), Minha casa... e a cidade? Avaliação do programa minha casa minha vida em seis estados brasileiros. Rio de Janeiro: Letra Capital.

BENOIT, H. (2002), "O assentamento Anita Garibaldi. Entrevistas com lideranças do MTST" In: Crítica Marxista, nº14. São Paulo: Boitempo Editorial.

BOITO Jr, A. (1999), Política neoliberal e sindicalismo no Brasil. São Paulo: Editora Xamã.

BOITO Jr, A.; BOUFFARTIGUE, P. (coord.). (2011), "Conflitos sociais, trabalho e política. O Brasil e a França na mundialização neoliberal". Projeto de pesquisa apresentado ao Programa Capes-Cofecub. CAPES/DRI/CGCI NO 9/2011. (mimeo).

BONDUKI, N. (2008), "Política habitacional e inclusão social no Brasil: revisão histórica e novas perspectivas no governo Lula". In: Arq.urb – Revista eletrônica de arquitetura e urbanismo. Nº1. Disponible sur: http://www.usjt.br/arq.urb/numero_01/artigo_05_180908.pdf. Consulté en novembre de 2009.

CASTIONI, R. (2008), O sistema de proteção ao trabalho no Brasil. Campinas: Autores Associados.

COHEN, V. (2003), Chômage et mobilisation collective: Processus de formation et tentative d'affirmation d'une force contestaire. Thèse (Doctorat Sociologie). Université de Paris X – Nanterre.

______. (2008), Transformations et devenir des mobilisations collectives de chômeurs. Les Mondes du Travail, França, nº.6, p.91-102.

COLLECTIF ACDC. Informations "Chômages". France, mars 2011.

______. (2012), Chômage et précarité a un niveau record. Note n.10, France, avril.

DANIEL, C.; TUCHSZIRER, C. (1999), L'Etat face aux chômeurs. L'indemnisation du chômage de 1884 à nous jours. Paris: Flammarion.

DEMAZIÈRE, D. et al. (2013), Être chômeur à Paris, São Paulo, Tokyo. Presses de Sciences Po, Paris.

DIEESE. A situação do trabalho no Brasil na primeira década dos anos 2000. DIEESE: São Paulo, 2012.

FERRAZ, D. Desemprego, exército de reserva, mercado formal-informal: rediscutindo categorias. Tese (Doutorado em Administração). Universidade Federal do Rio Grande do Sul, 2010.

FAGNANI, E. Política social no Brasil (1964-2002): entre a cidadania e a caridade. Tese (Doutorado) – Programa de Pós Graduação em Economia, Universidade Estadual de Campinas, Campinas, 2006.

FONDATION ABBÉ PIERRE POUR LE LOGEMENT DES DÉFAVORISÉS. L'état du mal logement en France. 19 rapport annuel. France, 2014. Disponible sur: http://www.fondationabbe-pierre.fr/sites/default/files/content-files/files/rapport_ 2014_sur_letat_du_mallogement_en_france.pdf. Consulté en juin de 2014.

FUNDAÇÃO JOÃO PINHEIRO. (Centro de Estatística e Informação) Déficit habitacional no Brasil 2006 /Ministério das Cidades, Secretaria Nacional de Habitação. Brasília, 2008.

FUNDAÇÃO JOÃO PINHEIRO (Centro de Estatística e Informação). Déficit habitacional no Brasil 2011-2012: resultados preliminares. Belo Horizonte, 2014.

GALVÃO, A. (2007), Neoliberalismo e reforma trabalhista no Brasil. Revan, Rio de Janeiro.

HAVARD dit DUCLOS, B. (2002), Entre philanthropie et syndicalisme. Militants et mal-logés de l'association Droit au logment. Thèse (doctorat). Université de Versailles – Saint-Quentin-en-Yvelines, Versailles.

HUSSON, M. (2009), Soixante ans d'emploi. In: HUSSON, M. La France du Travail. Paris: L'Atelier/IRES. Disponible sur: http://hussonet.free.fr/ouvrages.htm. Consulté en mars de 2010.

INSEE – YAOUANCQ, F.; DUÉE, M. (2014), "Les sans domicile et l'emploi. Des emplois aussi fragiles que leurs conditions de vie". In: INSEE Première. N° 1494. Paris. Disponible sur: http://www.insee.fr /fr/ffc/ipweb/ ip1494/ ip1494.pdf. Consulté en avril de 2014.

MARICATO, E. (1998),"Política Urbana e habitacional no governo FHC". In: Revista Praga, Vol 1, n°6. São Paulo, Vozes.

MATHIEU, L. (2009), Élements pour une analyse des coalitions contestataires. La lutte contre le sida et le mouvement des chômeurs, de "Nous sommes la gauche" à Occupation. Revue Française de Science Politique, vol. 59, n.1.

MEDEIROS, C. "Não há espaços para avanços em direitos sem que se toque nos grandes privilégios". Brasil de Fato, 10/06/2015.

MOUCHARD, D. "Les sans-emploi". In: CRETTIEZ, Xavier et SOMMIER, Isabelle. (2006), La France rebelle. Paris, Michalon.

MOURIAUX, R. (2002), Reanimação das lutas sociais e a esquerda na Europa hoje. Crítica Marxista, n. 14, Campinas.

MTE. Educação e Trabalho. Educação popular e movimentos sociais. Porto Alegre: Camp, 2007.

PÉCHU, C. De la marginalisation par l'habitat à l'illégalisme sectoriel: l'action collective des sans-logis (1986-1995). Paris: CEVIPOF – FNSP, 1997. Disponible sur: http://www.youscribe.com/catalogue/rapports-et-theses/autres/de--la-marginali sation-par-l-habitat-a-l-illegalisme-sectoriel-2369308. Consulté en décembre de 2013.

______. "Les sans-logis". In: CRETTIEZ, Xavier et SOMMIER, Isabelle. (2006), La France rebelle. Paris, Michalon.

POCHMANN, Márcio. Desempregados do Brasil. In: ANTUNES, Ricardo. (2006), Riqueza e Miséria do Trabalho no Brasil. São Paulo: Editora Boitempo.

______. (2012), Nova classe média? O trabalho na base da pirâmide brasileira. São Paulo Editora Boitempo.

OLIVEIRA, N. C. (2010), Os movimentos dos sem-teto da Grande São Paulo (1995-2009). Dissertação (Mestrado) - Programa de Pós Graduação em Ciência Política, Universidade Estadual de Campinas, Campinas.

______. (2016), Os movimentos dos sem-teto no Brasil e na França. Tese (Doutorado) - Programa de Pós Graduação em Ciência Política, Universidade Estadual de Campinas, Campinas.

SOMMIER, I. (2003), Le renouveau des mouvements contestataires: à l'heure de la mondialisation. Paris: Flammarion.

SOUZA, D.; FILHO, C. (2012), O sindicalismo e a luta dos desempregados na década de 2000. In: BOITO JR. A.; GALVÃO, A. Política e classes sociais no Brasil dos anos 2000. São Paulo: Alameda Casa Editorial.

11. Reorganizar a ação sindical do assalariado subalterno: o trabalho militante nas Uniões Locais da CGT[1]

Charles Berthonneau

As Uniões Locais (UL) da CGT [Confederação Geral do Trabalho] são estruturas encarregadas de promover a atividade sindical no nível interprofissional; elas reúnem todos os trabalhadores sindicalizados de uma mesma região, qualquer que seja a empresa ou o setor de atividade. Uma das suas principais funções é acolher os "assalariados isolados" desprovidos de representação sindical na empresa, seja para aconselhá-los em relação a um problema particular que eles encontrem frente ao empregador, seja para ajudá-los a se organizar coletivamente e a formar-se sindicalmente (Piotet, 2009). Esse trabalho é realizado por militantes que disponibilizam algumas horas do seu tempo como delegado sindical, obtidas por meio de um mandato existente na sua empresa, ou por militantes que o realizam no seu tempo livre (alguns são aposentados). Esses militantes são geralmente provenientes de setores onde a organização está melhor implementada: os serviços públicos e as grandes empresas do setor privado ou anteriormente nacionalizadas (EDF [Eletricidade da França], SNCF [Sociedade Nacional dos Caminhos de Ferro], metalurgia, Finanças Públicas, etc.). O tempo e a experiência sindical que eles dispõem são utilizados para atenuar a fragilidade de recursos militantes dos assalariados que vem solicitá-los à UL. Podemos assim qualificá-los como "militantes por consciência" (Siméant, 1998) no sentido de que eles não obtêm nenhum benefício direto da sua atividade.

1 Traduzido por Elaine R. A. Amorim.

As UL constituem a principal interface entre as estruturas de organização sindical e os setores nos quais se acumulam precariedade de emprego, das condições de trabalho e dos direitos sociais (Béroud e Bouffartigue, 2009). Se o sindicalismo aparece "atomizado, pulverizado na empresa quando tem representação em seu interior, isto é, raramente" (Pernot, 2010) esses setores não constituem, apesar disso, totalmente um "deserto sindical", conforme demonstram as pesquisas recentes sobre as mobilizações coletivas em ramos de atividade como a limpeza industrial (Nizzoli, 2015), a assistência à domicílio (Avril, 2009; Béroud, 2013)[2] ou ainda os grandes hipermercados (Benquet, 2011). Com o nosso estudo sobre o "trabalho militante" (Nicourd, 2009) nas UL da CGT, queríamos compreender as formas de inserção das frações precárias das classes populares na ação sindical, assim como os problemas que se colocam para uma organização militante a partir do momento em que ela tenta mobilizar grupos sociais dominados, caracterizados pela fragilidade de recursos (Piven e Cloward, 2105). Essa análise fundamenta-se em um trabalho de observação participante realizado desde 2013 em duas UL diferentes. O material de pesquisa se constitui essencialmente da observação de cenas de trabalho militante (plantões, reuniões de bases sindicais, formações, congressos, assembleias, etc.) e de entrevistas biográficas realizadas com trabalhadores filiados à CGT, que trabalham como operários ou empregados não (ou pouco) qualificados em grandes hipermercados, empresas de prestação de serviços a pessoas e subcontratadas da indústria metalúrgica.

Analisaremos inicialmente uma área de atividade indispensável das UL da CGT: as práticas de "reparação" cujo "desafio é "dar" à pessoa o que ela demanda"(Nicourd, 2009) (informação jurídica, redação de uma carta para o empregador, acompanhar a uma entrevista, dar apoio moral, etc.). Mostraremos que para compreender os modos de inserção no sindicalismo dos trabalhadores da "base da pirâmide social" (Cours-Salies e LeLay, 2006), é necessário não tomá-lo unicamente como um grupo *de protesto*, mas sim como um grupo de *ajuda mútua*. Enfim, procuraremos esclarecer por quais meios as UL tentam incitar esses assalariados a militar em protestos sindicais, analisando como esta

2 N. T.: a assistência a domicílio (l'aide à domicile, no original) refere-se à prestação de serviços de cuidado às pessoas idosas ou com deficiências.

militância é fortemente pressionada pelas lógicas dos contextos de trabalhos precários e autoritários.

Militar em "um mundo vulnerável"[3]

As pesquisas sobre o sindicalismo se interessam antes de tudo pelas práticas que podemos facilmente classificar como "militantes" (greves, assembleias, manifestações, congressos, etc.). Ora, se estamos interessados no cotidiano do trabalho sindical, na sua rotina, constatamos rapidamente que esses momentos constituem somente uma ínfima parte da atividade realizada nas UL. De fato, os militantes ativos estão essencialmente ocupados com as demandas de trabalhadores que os procuram para assegurarem os seus direitos diante do empregador. Se as UL recebem uma gama muito ampla de assalariados – variando entre o quadro[4] submetido a assédio e o operário sem-documento vítima de uma demissão arbitrária –, essa atividade sindical assume uma forma particular a partir do momento em que ela se direciona para os assalariados cuja precariedade os torna vulneráveis, pois estão expostos à arbitrariedade do empregador e desprovidos dos meios para se defender. Sua sindicalização expressa, em primeiro lugar, o reconhecimento de uma ligação de dependência em relação à UL para assegurar os seus direitos e "manter" o trabalho. Aqui a atividade militante consiste menos em organizar a ação coletiva que prover um trabalho de *care* [cuidado] destinado a "reparar", a tomar conta, motivado por uma disposição militante a se preocupar com os problemas dos assalariados (Paperman e Laugier, 2011).

Ajudar a incumbir-se dos documentos para defender seus direitos

O recurso da escrita e o suporte de textos do código do trabalho ou da convenção coletiva são frequentemente indispensáveis para defender os direitos do trabalho; esta exigência supõe necessariamente certas competências jurídicas e "administrativas" que as frações das classes populares mais desprovidas de capital econômico e cultural (Dubois, 2006) estão amplamente privadas. Em contraposição, os militantes que dirigem as UL podem adquirir essas com-

3 Tronto, 2009.

4 N.T.: *cadre* no original. Embora esse termo possa ser traduzido como gestor ou assalariado responsável pela administração em empresas privadas ou no âmbito do Estado, optamos por uma tradução literal por se referir a um conceito corrente em francês.

petências através da sua experiência sindical na empresa. Esse capital militante lhes confere certa facilidade para enfrentar os problemas que os assalariados encontram, mesmo se não estão familiarizados com os setores nos quais trabalham. Para esses assalariados, as UL da CGT são compreendidas como uma "ajuda institucional" (Siblot, 2006, p. 57), à qual se recorre desde o momento em que se acredita ser vítima de práticas arbitrárias, na verdade ilegais, por parte do empregador; trata-se assim de procurar ser acompanhado para verificar se o empregador não cometeu abusos e iniciar os procedimentos com o objetivo de obter uma reparação.

As UL representam, assim, estruturas às quais os assalariados mais precários e menos "competentes" podem *delegar* o tratamento das tarefas técnicas na defesa dos seus direitos. Os trabalhadores são colocados em contato com a UL por meio de um delegado presente na sua empresa (mas que não sabe responder a sua demanda), de um próximo, ou mesmo por outras ajudas institucionais às quais eles são direcionados prioritariamente (plantões jurídicos do município, inspeção do trabalho, escrivão público, etc.). As causas que justificam essa solicitação são muito variadas, mas são sempre motivadas pela sensação de estar sofrendo uma injustiça que requer assessoramento e reparação, seja devido a uma proposta de mudança nos termos do contrato de trabalho, do não pagamento de horas extras, de uma sanção disciplinar, etc.

Os trabalhadores dirigem-se à UL munidos dos documentos necessários – que às vezes lhes foram solicitados previamente (contrato de trabalho, regulamento interno, carta de advertência, etc.) –, e deixam aos cuidados dos militantes a leitura, a compreensão e a conclusão de qual o procedimento a ser tomado. Este pode às vezes ser diretamente atendido pelos militantes da UL, principalmente quando tem um caráter muito técnico, como por exemplo a escrita de cartas dirigidas à direção para contestar sanções disciplinares. Não é raro ver trabalhadores que dominam mal o francês sendo acompanhados por um próximo à UL para que lhes ajudem a explicar a sua situação. Através de suas atividades na UL, os militantes são frequentemente levados a "tratar da papelada" para os trabalhadores que não dominam essa habilidade, o que os tornam vulneráveis frente ao seu empregador. Essa assistência sindical pode até chegar a colocá-los em contato com advogados ou com a inspeção do trabalho, a fim de dar mais peso ao procedimento e pressionar ainda mais o empregador.

Além dessa ajuda dispensada aos assalariados sem responsabilidade sindical, as UL asseguram também o acompanhamento dos eleitos e com mandatos. Embora a sindicalização seja difícil nesses setores profissionais, a organização sindical pode mesmo assim progredir nos estabelecimentos que apresentam os quadros institucionais mais favoráveis (estabelecimentos com mais de 50 assalariados e/ou pertencendo a um grupo empresarial) (Amossé, Bloch-London e Wolff, 2008). As condições de desenvolvimento dessas bases dependem justamente da presença de assalariados que, em razão da sua escolarização escolar, familiar ou profissional, dispõem de algumas competências administrativas (na verdade jurídicas) que lhes permitam tomar o lugar das UL e, assim, conduzir diretamente o trabalho de reparação "no local" (embora seja comum vê-los acompanhar alguns de seus colegas à UL).

No entanto, eles permanecem dependentes da UL no que concerne a gestão da dimensão institucional e técnica da atividade de delegado: enviar por escrito as questões do delegado de pessoal ao diretor antes da reunião, redigir o resumo das discussões para comunicá-las aos assalariados, analisar os dados transmitidos pela direção ao CE [Comitê de Empresa], julgar se as práticas do empregador estão de acordo com a convenção coletiva, gerir negociações, etc. O conjunto dessas atividades tende a marginalizar os delegados das classes populares menos dotados em capital escolar e cultural, porque eles retornam regularmente à UL a fim de pedir conselho; eles podem às vezes recorrer à intervenção direta de um militante da UL na empresa, para assistir a uma reunião de uma instância de representação dos empregados, principalmente quando eles nunca foram expostos a isso.

Ahmed é delegado sindical em uma empresa subcontratada da indústria, onde trabalha como empilhadeirista. Nascido no Marrocos, ele parou os seus estudos muito jovem para trabalhar como operário na indústria. Na entrevista, quando falamos do seu percurso escolar, ele declara: "Eu não tenho estudo, é por isso, a gente consegue ter informações com o sindicato, isso é tudo". Na época em que eu o encontrei, ele freqüentava regularmente a UL porque seu empregador projetava reorganizar a produção com a eliminação de postos de trabalho: "quando você vai lá (à UL), você discute, você aprende". É a UL que lhe redige os panfletos e analisa para ele as informações sobre a atividade da empresa transmitidas pelo CE: "a gente é obrigado a passar para as pessoas que conhecem melhor que nós".

O estudo desse trabalho militante nos mostra bem como o desdobramento das relações de dominação de classe está intimamente ligado ao processo de juridicialização e de formalização das relações profissionais, que tende a privar os subalternos do domínio dos seus meios de defesa. O capital militante que os sindicalistas das UL colocam à disposição é então mobilizado como um meio de remediar esta fragilidade para se defender eficazmente. Esse trabalho de acompanhamento não se reduz a uma expertise técnica, mas assume também a forma de um apoio emocional, especialmente considerando que as relações de dominação nesses setores precarizados são amplamente marcadas pelo autoritarismo das direções ou dos quadros.

Fornecer recursos afetivos para assegurar a permanência no trabalho

Se a sindicalização na CGT supõe encontrar problemas para os quais os militantes devem ser capazes de dar uma resposta (retirar uma sanção disciplinar, garantir férias ou ainda o pagamento das horas trabalhadas, impedir a intimidação praticada pelos quadros, etc.), esses desafios materiais não são dissociáveis da experiência de subordinação no trabalho, o que implica outro tipo de reparação. A arbitrariedade do empregador à qual os trabalhadores são confrontados se confunde, de fato, com o sentimento de serem inferiorizados no trabalho, "tratados como menos que nada" por uma direção que não reconhece aos "frágeis" o "direito de se expressar". Os assalariados que vão às UL se queixam regularmente do diretor ou dos quadros que "falam mal" deles ou ainda que cometem assédio. Em razão da precariedade dos direitos sociais nesses setores, é difícil o uso da palavra e os trabalhadores são geralmente condenados a ter de suportar a injustiça em silêncio.

A ida à UL representa um momento em que se pode justamente contar todos esses problemas. Quando os assalariados se dirigem pessoalmente a um militante da UL para uma ajuda relacionada a um problema preciso, é raro que eles se restrinjam ao único motivo do encontro e a discussão frequentemente extravasa para a atitude da direção, dos quadros e todas as anedotas que atestam a injustiça das relações de trabalho. É também interessante notar que até nas reuniões coletivas das bases sindicais, mesmo quando realizadas pelas UL para decidir "perspectivas de ação", elas são sistematicamente desviadas do seu assunto principal e tratadas como uma oportunidade para narrar os problemas, queixar-se do empregador ou dos quadros. A dinâmica dessas trocas demonstra o quanto os assalariados sofrem relações de dominação violentas e sentem a necessidade de falar, de serem auxiliados para conseguir "manter" o trabalho.

Para responder a essas expectativas, os militantes ativos nas UL devem então ser capazes de oferecer uma escuta atenta e, ao mesmo tempo, manifestar empatia. A forma que esse trabalho assume é moldada por uma socialização política na CGT que os conduz a adotar uma visão "politizada" das relações profissionais, segundo a qual o trabalho (e de modo mais amplo a "sociedade capitalista") é o lugar de uma oposição entre patronato e assalariado. Essa percepção é fortemente impregnada pela herança comunista do movimento operário e sua ideologia da "luta de classes", que singularizam a CGT no cenário sindical francês. Por conseguinte, os problemas que os assalariados encontram são interpretados como confirmações de uma relação de exploração na qual a culpa e a arbitrariedade do empregador não necessitam ser provadas. Os militantes estão, assim, dispostos a indignar-se frente ao que lhes é relatado e a manifestar empatia em relação aos assalariados que encarnam uma causa legítima a ser defendida.

Essa disposição repercute claramente sobre a maneira de assumir o trabalho de reparação; este é motivado por uma ideia pré-concebida a favor do assalariado e contra o seu empregador. Este último é condenado abertamente, o que, implicitamente, dá razão ao trabalhador, o conforta. Essa ligação de conveniência facilita a construção de uma relação protetora na qual os assalariados podem se sentir à vontade para se queixarem dos empregadores. Com respeito aos assalariados, os militantes manifestam, por outro lado, gestos de solicitude ("não se preocupe, você não está sozinho") e procuram constantemente lembrar que estão disponíveis: "não hesite em nos procurar quando tiver problemas como esse".

Esses gestos de atenção dos militantes autorizam os assalariados a solicitá-los regularmente, o que pode às vezes se tornar invasivo. Pode ocorrer que assalariados – frequentemente os mais vulneráveis – lhes telefonem de maneira intempestiva por causa de problemas não relacionados ao trabalho, ou mesmo em dias de descanso. Como os assalariados estão raramente inseridos em coletivos de trabalho autônomos com condições de protegê-los e auxiliá-los a resistir ao empregador, os militantes da UL assumem um papel "à distância", oferecendo sua disponibilidade e atenção. Se esse trabalho de acompanhamento não está em condições de impedir os abusos patronais, ele dá a sensação de que se pode contar com o apoio de militantes vinculados a uma estrutura sindical para fazer valer os seus direitos.

Nesse sentido, a atividade realizada pelas UL constitui um verdadeiro trabalho de *care* que visa a responder às "necessidades" dos assalariados, tornando-os menos vulneráveis. Fazer sindicalismo "na base da pirâmide social" corresponde, assim, a encarregar-se de pessoas em situação de dependência (para defender os seus próprios direitos), a "reparar", quer dizer, a dispor de tempo, disponibilidade, conhecimentos técnicos e atenção. Aqui é bem uma socialização militante própria da CGT que fornece tanto as *competências* como as *disposições* necessárias para o acompanhamento desse trabalho sindical de *care*. Se as mobilizações coletivas permanecem muito escassas, na verdade inexistentes, nos estabelecimentos onde esses assalariados de execução trabalham essa ajuda motiva trocas regulares com as UL. O avanço da organização sindical e da sindicalização alimenta em compensação o boca a boca entre os assalariados, que passam os contatos dos militantes da UL tão logo tenham necessidade de se defender frente ao empregador: "vá à CGT para conhecer os seus direitos, eles estão lá para lhe ajudar."[5]

Esses militantes das UL CGT são assim levados a realizar um trabalho que os distancia da ação coletiva. Esse trabalho não ocorre sem suscitar questionamentos na medida em que ele aproxima os militantes de figuras repelidas que encarnam o "sindicalismo de serviço": de uma parte, a do "especialista", visto como uma pessoa a quem se solicita somente devido a sua expertise jurídica; de outra, a do "assistente social", reconhecido unicamente pelo seu trabalho afetivo de assistência (Béroud, 2009; Chauvin, 2008). O investimento nessas tarefas somente pode suscitar retribuições se articulado com a promoção de práticas de ação coletiva e de protesto.

5 Esses comentários são relatados na entrevista feita com Aminata, 55 anos, auxiliar de enfermaria e delegada dos trabalhadores em um Ehpad [Estabelecimentos de Alojamento para Idosos Dependentes]. Foi com esses termos que seus colegas já sindicalizados lhe aconselharam a ir à UL, quando ela já tinha visitado um escrivão público para contestar uma sanção disciplinar.

Desenvolver o protesto nos contextos de trabalho precários e autoritários

A atividade militante das UL não se reduz a um trabalho de *care*, mas, ao contrário, visa a se constituir como "empreendedora de mobilizações" (*Sim*éant, 1998) nos setores precarizados do mercado de trabalho, nos quais trabalham "populações ditas de frágeis recursos, [para os quais] a participação de numerosos militantes por consciência é a condição sine qua non da passagem à mobilização"(Fillieule, Mathieu e Péchu, 2009, p. 359). De fato, como a ausência de capital militante dos assalariados os torna em grande parte dependente da UL quanto à organização da ação coletiva, é necessário compreender o papel dessa estrutura no desenvolvimento das mobilizações nesses setores profissionais.

Do interior: fazer os assalariados "reagir" em terreno hostil

A fim de promover a ação coletiva e de protesto, toda uma parte do trabalho militante consiste em transmitir categorias politizadas sobre as relações sociais na empresa, que opõe o "nós" dos assalariados ao "eles" do patronato. Essa "atividade de enquadramento" (Contamin, 2010) se efetua de maneira informal, por meio de conselhos dados aos assalariados recebidos na UL, mas também por meio de dispositivos de formação sindical. O objetivo dos estágios de formação é – entre outros – apresentar a CGT aos novos membros (sua história, sua organização, seus posicionamentos, etc.) transmitindo-lhes elementos de compreensão da "sociedade capitalista" e ao mesmo tempo conceitos das ciências econômicas e sociais marxistas. Todas essas trocas contribuem para veicular a ideia de que os problemas encontrados pelos assalariados em seus trabalhos não são a expressão do poder de *um* empregador, mas sim a consequência de uma relação de exploração global. Eles constroem a figura do patrão como inimigo, que só a relação de forças pode fazer ceder. Esse trabalho de politização não suscita nenhum problema real na medida em que essa grade de leitura se ajusta facilmente à experiência dos membros do assalariado de execução, cuja sindicalização foi provocada pelo contato com a arbitrariedade do empregador; ele permite fortalecer o sentimento de injustiça e desconfiança dos trabalhadores em relação aos seus empregadores.

Para alimentar essa lógica de relação de força na empresa, os militantes incentivam os delegados a convencer os assalariados a participarem de uma dinâmica de ação coletiva pela qualidade de seu trabalho de campo (estabelecer intercâmbios com seus colegas para conhecer os problemas deles, aconselhá-los, difundir resumos de reuniões das IRP [Instâncias Representativas de Pessoal], etc.). As recomendações técnicas proporcionadas aos delegados relativas à atividade que eles realizam nas IRP estão constantemente relacionadas ao objetivo central do seu papel: a mobilização dos assalariados. Essa aproximação militante do sindicalismo, por meio da promoção da ação coletiva, não passa necessariamente pela greve, mas supõe de todo modo que os assalariados *explicitem* aos olhos da empresa o seu descontentamento (abaixo-assinado, reunião, paralisação, etc.), a fim de criar uma *relação de força*.

Ora, essas estratégias são amplamente dificultadas pelas políticas patronais de repressão aos protestos. Se, de maneira geral, "os anos 2000 marcam o retorno às formas mais clássicas de gestão da mão de obra – que podem ser denominadas "neotayloristas" – caracterizadas por um tratamento mais brutal e repressivo dos sindicatos" (Penissat, 2013, p. 16), tais políticas afetam prioritariamente a CGT (Breda, 2014) e, particularmente, esses setores nos quais a ação sindical não pode se apoiar na legitimidade garantida por IRP reconhecidas pelo empregador. A repressão assume nesses casos as formas mais violentas, por meio de demissões ou sanções disciplinares aos assalariados mais contestadores.

Um dos primeiros desafios para as UL é proteger e manter na empresa os assalariados que aceitam se tornar delegados nesses "espaços hostis", dando-lhes assistência nos processos jurídicos, se necessário, mas também conselhos para que sua atividade não se depare com represálias por parte do empregador. É essa pressão que leva os militantes a recordar que a posse de um mandato de delegado confere uma proteção legal contra a demissão, a fim de tranqüilizar e convencer os assalariados a se engajar. Se as UL conseguem por meio dessas garantias legais conceder mandatos aos assalariados e, com isso, fazer progredir a organização sindical, elas se confrontam com sérias dificuldades quando se trata de motivar as novas bases. De fato, a configuração das relações sociais nas quais se dá o enfrentamento entre assalariados precários e desprovidos de capital militante contra políticas patronais repressivas torna muito difícil o engajamento e desencoraja as ações de protesto.

As UL são, então, pressionadas a propor um repertório de ação que dê conta desse parâmetro a fim de otimizar a probabilidade de mobilizar os assalariados. Como sublinham Piven e Cloward no seu estudo dos movimentos populares, "se houver uma genialidade da organização, ela reside na capacidade de perceber o que as pessoas são capazes de fazer em determinadas condições, para então ajudá-las" (Piven e Cloward, 2015, p. 35). Trata-se de encontrar os meios para formular um protesto coletivo que possa se contentar com uma participação limitada dos assalariados. É por isso que os conflitos envolvendo paralisações do trabalho são muito raros nesses setores e assumem de preferência formas mais discretas, como o abaixo-assinado (Béroud, Denis, Desage, Giraud e Pélisse, 2008). Mas mesmo esse tipo de ação pode se deparar com cautelas de alguns assalariados que não querem se expor. É o caso principalmente dos Ehpad [Estabelecimentos de Alojamento para Idosos Dependentes], onde os empregados subalternos (essencialmente mulheres das classes populares pouco ou não qualificadas, que trabalham como auxiliar de enfermaria ou auxiliar de serviços), são submetidos a um controle autoritário que recorre frequentemente a sanções disciplinares:

> Um abaixo-assinado mobiliza, eu sempre lhes digo para fazer isso. Não é como um panfleto, mas quando eles assinam, o fato de colocar o seu nome com todas as letras... porque às vezes, você verá nos Ehpad pessoas que dizem que elas assinam o abaixo-assinado, mas escrevem da maneira mais ilegível possível para não serem reconhecidas! Há realmente um medo... Como a última vez em que fizemos circular um abaixo-assinado e os assalariados vieram me ver em seguida: (imitando um ar inquieto) "não o dê a ninguém, heim?" (Céline, militante aposentada, membro do escritório de sua UL).

O trabalho militante de construção da ação coletiva nesses setores precarizados não consiste tanto em convencer os assalariados da injustiça das relações de dominação, mas principalmente de tranquilizá-los para que eles possam manifestar o seu descontentamento, sem temer a direção. O conhecimento que os militantes têm e o recurso aos documentos legais são mobilizados para tranqüilizar os assalariados, comprovando que eles têm o *direito* de se manifestar sem correr o risco de represálias por parte da direção.

Do exterior: mobilizar apoios e forças de substituição

Nessas condições, os escassos conflitos coletivos com paralisação do trabalho têm mais chances de vir à tona somente como reação a práticas excessivamente autoritárias e violentas da direção (demissão de um delegado ou assalariado sem um motivo legítimo, práticas violentas de assédio, etc.) que provoquem a indignação dos assalariados. No que concerne às lutas por salários, o pertencimento a um grupo e a possibilidade de inserir a mobilização em um quadro institucional que dê mais coerência à reivindicação oferece condições mais favoráveis à ocorrência de greves. Como essas mobilizações não podem contar com a única participação dos assalariados em razão da fragilidade dos seus recursos, as UL oferecem recursos no caso de mobilizações longas, que envolvam paralisação do trabalho.

As UL têm, desse modo, um papel decisivo devido à sua capacidade de mobilizar apoios externos que podem até assumir a forma de "forças de substituição", o que permite amenizar a fragilidade do poder de ação dos assalariados. De fato, através das relações que os militantes das UL estabelecem com outras estruturas da CGT (sindicatos de empresas vizinhas, União Departamental, etc.), eles têm condições de solicitar rapidamente a mobilização de militantes originários de empresas onde o sindicato se beneficia de meios mais importantes (serviços públicos, grandes empresas privadas) e que estão mais dispostos a se engajarem em movimentos de solidariedade. A luta contra a repressão anti-sindical constitui principalmente um motivo mobilizador, na medida em que ela suscita facilmente a indignação de militantes externos da CGT e que podem mais facilmente se identificar. Esses militantes externos são mobilizados de maneira pontual durante manifestações de apoio aos assalariados demitidos. Eles permitem assegurar uma presença física diante do estabelecimento que nem sempre os assalariados podem garantir.

Acima de tudo, os militantes externos da CGT proporcionam uma ajuda preciosa quando o conflito se estende ao longo do tempo e necessita de meios e conhecimentos específicos para a organização da ação coletiva. Além do trabalho institucional de negociação para o qual as UL oferecem os seus conhecimentos técnicos, elas se encarregam também da organização logística (impressão de panfleto, organização das refeições para o piquete, etc.) e do apoio financeiro aos grevistas, difundindo comunicados de apoio solidário entre as organizações da CGT. Esse apoio fornece as condições materiais necessárias para a manutenção do conflito. A UL ocupa, com isso, um lugar fundamental nas mobilizações, que permite uma forma de partilha dos meios militantes a favor dos assalariados mais desprovidos nesse campo.

Além desses respaldos propriamente militantes, as UL colocam também à disposição outro tipo de capital social através das relações que elas estabelecem com os meios de comunicação. Os militantes das UL têm nas suas agendas contatos de jornalistas, que trabalham geralmente para os jornais diários locais ou rotulados "à esquerda" que são receptivos a esse tipo de acontecimento. Assim, mesmo em situações nas quais os assalariados estão pouco mobilizados, as UL são capazes, apesar de tudo, de assegurar uma cobertura midiática, utilizada como meio de pressão sobre o empregador. Seu capital militante também serve para oferecer um registro discursivo que visa a legitimar a luta junto à "opinião pública" e que os assalariados têm menos condições para proporcionar. Tomar a palavra diante dos meios de comunicação supõe efetivamente uma capacidade de "generalização", de argumentação, de explicação, a fim de dar conta claramente do objeto e das reivindicações do conflito. Essa restrição produz uma divisão de papeis que se opera conforme as desigualdades de capital militante entre, de um lado, assalariados entrevistados para contar suas experiências, suas percepções, e, de outro, os militantes da UL encarregados dos dados estatísticos sobre a empresa, sobre o estado das negociações com o empregador, etc.

Conclusão

O acesso às Uniões Locais é indispensável para compreender as condições nas quais se dá o encontro entre a CGT e as frações do assalariado menos dispostas a se engajar em ações de protesto devido à precariedade de sua posição. A observação do trabalho militante nos mostra, aliás, que não se pode compreender porque esses assalariados ingressam no sindicalismo se o estudamos unicamente como um grupo de protesto, o que geralmente faz a sociologia da ação coletiva e das relações profissionais. As UL atuam primeiramente como grupos de ajuda mútua que colocam à disposição dos assalariados mais precários meios e recursos para defender os seus direitos do trabalho. É com base nessa relação de dependência que se constrói a adesão desses trabalhadores à CGT e que se torna possível seu engajamento nas práticas de ação coletiva e de protesto. A institucionalização confere à CGT os meios para conduzir esse trabalho de acompanhamento e lhe permite, assim, ser reconhecida pelos grupos sociais dominados que se mantêm distantes de outras organizações militantes, principalmente partidárias.

Entretanto, essas formas de reorganização em direção a "terras virgens" da ação sindical não são capazes de modificar o centro de gravidade da organização, que está voltada essencialmente para os trabalhadores do funcionalismo público ou de grandes empresas privadas. Enquanto as Uniões Locais constituem um lugar decisivo de "acompanhamento" militante para os assalariados que trabalham à margem dos lugares tradicionais de organização sindical, sendo para eles seu principal (único) contato de proximidade, elas representam um ponto frágil da estrutura organizacional da CGT. Os meios que as UL dispõem dependem unicamente da disponibilidade dos militantes de empresas que dedicam a essas estruturas uma parte do seu tempo de representação sindical, ou então que aproveitam o seu tempo livre uma vez aposentados. A atividade das UL é, portanto, dependente da existência, nas suas regiões, de seções sindicais de grandes empresas e que disponham suficientemente de meios sindicais (em termos de horas de representação sindical) para que alguns militantes possam se dedicar à UL. Esse é especialmente o caso da UL que nós visitamos. Mas aquelas que estão organizadas nos "desertos sindicais" não se beneficiam dessa possibilidade. Porque sendo o lugar de trabalho a matriz central do engajamento sindical, os militantes estão bastante ocupados com a atividade realizada na sua empresa e é pouco comum que eles mantenham o seu engajamento uma vez aposentados.

Por consequência, o acompanhamento que as UL podem oferecer sofre de uma grande fragilidade estrutural, o que torna às vezes aleatória, de acordo com a UL, a probabilidade de encontrar militantes disponíveis para acompanhar os assalariados "isolados". Enquanto a reorganização da sindicalização no setor privado constitui uma das reivindicações prioritárias das confederações, a fragilidade da atividade militante "de base" nas UL demonstra as dificuldades que a organização encontra para se conectar melhor com a realidade do trabalhador precarizado, fragmentado e submetido a formas de gestão repressivas que os distanciam consideravelmente do engajamento.

Bibliografia

AMOSSÉ T., C. BLOCH-LONDON, et L. WOLFF, (2008), *Les relations sociales en entreprise. Un portrait à partir des enquêtes "Relations professionnelles et négociations d'entreprise"*, La Découverte, Paris.

AVRIL C. (2009), "Une mobilisation collective dans l'aide à domicile à la lumière des pratiques et des relations de travail", *Politix*, juin, n° 86, vol. 2, p. 97-118.

BENQUET M., (2011), *Les damnées de la caisse: enquête sur une grève dans un hypermarché*, Éditions du Croquant., Paris.

BÉROUD S., "Une campagne de syndicalisation au féminin", *Travail, genre et sociétés*, octobre 2013, n° 30, vol. 2, p. 111128.

BÉROUD S., "L'action syndicale au défi des travailleurs pauvres", *Sociologies pratiques*, septembre 2009, n° 19, vol. 2, p. 3953.

BEROUD S. et P. BOUFFARTIGUE, *Quand le travail se précarise, quelles résistances collectives?*, Paris, La Dispute, 2009.

BÉROUD S., J.-M. DENIS, G. DESAGE, B. GIRAUD, et J. PÉLISSE. (2008), *La lutte continue?: les conflits du travail dans la France contemporaine*, Bellecombe-en-Bauges, Éditions du Croquant.

BREDA T. (2014), "Les délégués syndicaux sont-ils discriminés?", *Revue économique*, vol. 6, nº 65, p. 841880.

CHAUVIN S. (2008), "Le worker center et ses spectres: les conditions d'une mobilisation collective des travailleurs précaires à Chicago", *Sociologies pratiques*, février, n° 15, vol. 2, p. 4154.

CONTAMIN J.-G. (2010), "Cadrages et luttes de sens", *Penser les mouvements sociaux: Conflits sociaux et contestations dans les sociétés contemporaines*, Paris, La Découverte.

COURS-SALIES P. et S. LELAY. (2006), *Le bas de l'échelle: la construction sociale des situations subalternes*, Ramonville Saint-Agne; Obvies - Université Paris 8, [Saint-Denis]: Erès.

DUBOIS V. (2015), *La vie au guichet. Administrer la misère*, Paris, Éditions Point.

FILLIEULE O., L. MATHIEU, et C. PÉCHU. (2009), *Dictionnaire des mouvements sociaux*, Paris, Presses de Sciences Po.

FOX PIVEN F. et R. CLOWARD. (2015), "Les mouvements populaires. Pourquoi ils réussissent, comment ils échouent", *Agone*, nº 56, p. 1364.

NICOURD S. (2009), *Le travail militant*, Rennes, Presses universitaires de Rennes.

NIZZOLI C. (2015), *C'est du propre! Syndicalisme et travailleurs du "bas de l'échelle" (Marseille et Bologne)*, Presses Universitaires de France.

PAPERMAN P. et S. LAUGIER. (2011), *Le souci des autres. Éthique et politique du care*, Paris, EHESS, coll. "Raisons pratiques".

PENISSAT E. (2013), *Réprimer et domestiquer : stratégies patronales*, coll. "Agone", nº 50.

PERNOT J.-M. (2010), *Syndicats: lendemains de crise?*, Paris, Gallimard.

PIOTET F. (2009), *La CGT et la recomposition syndicale*, Paris, Presses universitaires de France.

SIBLOT Y. (2006), *Faire valoir ses droits au quotidien. Les services publics dans les quartiers populaires*, Presses de Sciences Po., Paris.

SIMÉANT J. (1998), *La Cause des sans-papiers*, Presses de Sciences Po., Paris, Presses de Sciences Po.

TRONTO J. (2009), *Un monde vulnérable. Pour une politique du care*, Éditions La découverte., Paris, La Découverte.

12. O "trabalho sujo" do neoliberalismo: práticas sindicais no setor da limpeza na França[1]

Cristina Nizzoli

Introdução

Na conjuntura atual, marcada pela mundialização econômica e pelas políticas neoliberais, é nos setores de produção de serviços de baixo custo, em crescimento constante, que figuras-chave do salariato contemporâneo são encontradas: trabalhadores e trabalhadoras precárias, afetadas por estratégias gerenciais que agem sobre o conjunto das modalidades de redução do custo do trabalho: aumento das cadências, intensificação do trabalho (Cartron et al., 2002), recurso ao trabalho intermitente (Chauvin, 2010; Jounin , 2008) e à terceirização (Tinel et al., 2007).

Qual é o papel desempenhado pelos sindicatos nos serviços de limpeza, um setor emblemático da defasagem existente entre o caráter indispensável dessa atividade e a desvalorização que acomete seus assalariados? Embora seja inegável que a limpeza é de grande valor em nossas sociedades, o trabalho de limpeza – geralmente realizado por mulheres racializadas[2] e por trabalhadores e trabalhadoras imigrantes – é, em contrapartida, depreciado social e economicamente (Benelli, 2011).

---

1 Tradução: Andréia Galvão.

2 N.T. Racisées, no original. A autora recorreu a esse adjetivo para indicar a estigmatização constante sofrida por um indivíduo em virtude de sua aparência física, que remete a um suposto pertencimento racial.

Procurei desvendar algumas das dinâmicas que dizem respeito ao sindicalismo de um mundo do trabalho marcado pela precariedade e invisibilização de seus atores, buscando enfrentar um desafio epistemológico. Com efeito, o fato de considerar o trabalhador exclusivamente do ponto de vista de sua inserção na relação salarial, contribuiu para marginalizar as questões específicas do trabalho das mulheres não racializadas, bem como de homens e mulheres racializado(a)s; uma marginalização que muitas vezes foi apresentada como um "efeito dos tempos", que teve um impacto significativo no (des)conhecimento das questões relativas ao trabalho e à esfera sindical (Dunezat, 2006). Ora, no setor de limpeza, o uso massivo do trabalho em tempo parcial, os constrangimentos devidos à terceirização do setor e o fato de que a figura do homem, branco, francês de nascimento, seja extremamente minoritária são fatores importantes que forçam a inovar a forma de se estudar o sindicalismo.

Assim, inspirada pelo pensamento feminista, optei por analisar a articulação das relações sociais de sexo, raça[3] e classe (Dorlin, 2009). Isso me permitiu mostrar e nomear uma série de fenômenos indispensáveis para a compreensão das práticas sindicais.

Em um primeiro momento, procuro explicar o funcionamento e as características desse setor de atividade, que considero emblemático do sistema neoliberal, para mostrar em seguida a importância de se levar em conta as relações sociais de sexo, raça e classe tanto para a compreensão do mundo profissional da limpeza quanto para a análise das práticas sindicais em seu interior. A última parte é dedicada a uma das práticas sindicais observadas durante minha pesquisa de campo na Bolsa do Trabalho[4] da Confederação Geral do Trabalho (CGT) de Marselha: o acompanhamento individual. Realizado durante os plantões destinados ao atendimento dos trabalhadores do setor, esta é a prática mais desenvolvida pela seção de limpeza da CGT 13.[5]

---

3 Entendo raça como uma categoria socialmente construída, assim como classe e sexo. Assim, esses termos serão sempre utilizados sem aspas.

4 N.T Trata-se de um local que reúne diferentes sindicatos e no qual organizam-se reuniões, realizam-se consultas relativas a direitos e contratos de trabalho, bem como atividades culturais.

5 A CGT é uma central sindical que se estrutura de duas formas: territorial e geográfica ou sobre a base de um mesmo pertencimento profissional (o que leva à constituição de federações profissionais). A Bolsa do Trabalho constitui o espaço histórico de representação

A metodologia da pesquisa – a abordagem etnográfica

Para explicar os mecanismos empregados pelas práticas sindicais no seio da Bolsa de Trabalho, minha presença direta como observadora foi fundamental. O método privilegiado foi a observação direta das práticas sindicais, complementada por cerca de quarenta entrevistas com os assalariados de limpeza e as figuras sindicais mais importantes, e a análise de folhetos e de material sindical. A pesquisa[6] durou dez meses, metade dos quais junto à CGT de Marselha e a outra junto à Confederação Geral do Trabalho Italiana (CGIL) em Bolonha. As relações entre assalariados e sindicalistas foram observadas em três contextos: os plantões para acolher os assalariados, as mobilizações coletivas e as assembleias de trabalhadores.

Esta é a prática do acompanhamento individual que constitui o objeto deste texto. Durante minhas observações, de acordo com as situações e a disponibilidade dos inquiridos, tentei obter mais informações do que aquelas que emergiram diretamente das interações entre sindicalistas e assalariados. Nesse contexto, o fato de pedir esclarecimentos durante o desenvolvimento da interação possibilitou "puxar" questões sobre tópicos que provavelmente não apareceriam de outra forma. Desta maneira, classifiquei as interações de acordo com as características do sexo e a origem dos que interagiam. Foi também recorrendo à história da imigração na cidade de Marselha, cruzada com o pertencimento geracional (os assalariados racializados mais velhos pertencem mais frequentemente à primeira geração de imigrantes), a língua falada, o sotaque e a falta de fluência em francês (o que permite distinguir entre imigrantes

---

dos assalariados a partir de uma base territorial. Minha pesquisa foi realizada na Bolsa de Trabalho em nível departamental [divisão territorial e administrativa que compreende diferentes municípios]. Isto porque, para enfrentar os obstáculos trazidos pela terceirização, os representantes da federação dos agentes de limpeza escolheram realizar os plantões naquele local, de modo a criar uma ligação com os trabalhadores fora do local de trabalho. Não se pode esquecer que, para essa categoria de assalariados, se reunir no local de trabalho pode ser difícil em virtude das pressões do empregador ou simplesmente em virtude da falta de um espaço consagrado a essa atividade no local de trabalho.

6 Ainda que neste artigo eu me limite à análise da parte francesa da pesquisa. Trata-se de uma pesquisa onde a comparação internacional (visando os contextos sociais francês e italiano) foi mobilizada desde a construção do objeto até a fase final da análise e da redação (cf. Nizzoli, 2015).

e filhos de imigrantes), que consegui classificar os assalariados que conheci. No entanto, em determinadas situações não consegui distinguir as primeiras gerações de imigrantes dos filhos dos imigrantes, razão pela qual escolhi falar, de maneira geral, sobre a "origem" dos trabalhadores, o que leva em qualquer caso a situá-los como assalariados racializados dentro da esfera de trabalho e da sociedade em geral.

O setor da limpeza, emblema da época neoliberal

Na França, as primeiras empresas de limpeza eram empresas de manutenção que, gradualmente, estenderam suas atividades para tarefas auxiliares (Denis 2008, Sauviat, 1997). É sobretudo devido à sua dimensão industrial – fala-se então em "limpeza industrial" – que essa ocupação foi caracterizada naquela época. A partir da década de 1970, o processo de mundialização e as políticas neoliberais levaram à mudança gradual dessa atividade do setor industrial para o setor terciário: a tarefa que até então havia sido categorizada como uma tarefa industrial transformou-se em tarefa de serviço.

Este posto de atividade é o que cresceu mais rapidamente entre os demais empregos do setor terciário, tornando-se emblemático de sua expansão (Dirn, 1998). Desde então, a limpeza continuou a ganhar importantes esferas de mercado, notadamente através do fornecimento de atividades de limpeza para empresas ou administrações.

A *externalização do setor*

Um dos efeitos mais importantes da transição da atividade de limpeza do setor industrial para o setor de serviços deve-se a esse processo de externalização: sua inscrição na relação tripartida de terceirização que se desenrola entre o contratante, o prestador de serviços e os trabalhadores deste último. Esses assalariados, que dependem diretamente da empresa de limpeza (empresa prestadora de serviços), trabalham efetivamente em instalações pertencentes à empresa tomadora, que emite as ordens de serviço.

Nesse contexto, quando uma nova empresa de limpeza ganha um contrato para a limpeza dessas instalações, a convenção coletiva do setor garante (em seu artigo 7°) a continuidade do contrato dos assalariados da limpeza. Em outras palavras, eles ficam no mesmo local de trabalho, mas mudam de empregador. Mas uma vez que o contrato esteja concluído, o novo empregador pode decidir transferir um ou mais funcionários para outros locais na medida em que ele se engaja contratualmente com outros contratantes. No entanto, a existência do artigo 7º da convenção coletiva não impede que muitos empregadores aproveitem a mudança de mercado para reduzir o número de trabalhadores ou as horas de trabalho daqueles que permanecem no mesmo local.

Um outro elemento central na compreensão dos fenômenos criados pela terceirização é que a mesma empresa presta serviços para diferentes clientes. Esta configuração leva à fragmentação do coletivo de trabalho, que se encontra espalhado por vários locais, que são muitas vezes de natureza diferente. Estes podem ser lugares públicos ou privados de tamanho muito variável, comportando uma relação mais ou menos direta entre o assalariado e o público que os freqüenta. Por conseguinte, pode acontecer que os trabalhadores de uma mesma empresa nem mesmo se conheçam, desempenhando suas funções em condições muito diferentes, o que contribui para impedir sua socialização profissional.

Assim, à razão econômica, tradicionalmente invocada para explicar o crescimento da terceirização – a possibilidade de reduzir o custo do trabalho quando o mercado o exige – é adicionada a do reforço do controle, resultando na fragmentação do coletivo de trabalho. A terceirização é uma forma de contornar as proteções salariais introduzidas durante a era fordista: se, por um lado, a relação entre terceirização e trabalho interno está na raiz da divisão identificada por Jacques Magaud, que, desde a década de 1970, falou de "verdadeiros e falsos salários " (Magaud, 1974), por outro lado, esse sistema garante o estilhaçamento do coletivo de trabalho, preservando a unidade do capital (Tinel et al., 2007).

Este raciocínio convida a considerar a terceirização como uma escolha estratégica ditada pela lógica neoliberal e não como um dado inevitável. Considerada desse ângulo, ela pode então ser questionada. E isso ainda mais porque o argumento de eficiência implícito em uma tal organização de trabalho é desmentido por casos como os de hotéis "exclusivos". Os hotéis de luxo escolheram não terceirizar a atividade de limpeza e manutenção, o que demonstra que para se assegurar a qualidade do trabalho, a atividade não pode ser externalizada. Em outros termos, a estabilidade dos assalariados garante a qualidade do serviço (Descolonges, 2011).

O tempo parcial imposto

Além dos impactos da terceirização, o recurso massivo ao tempo parcial imposto constitui um outro elemento chave para a compreensão das dinâmicas do setor. Dois terços de assalariados empregados no setor de limpeza na França trabalham em tempo parcial, característica estreitamente associada a sua feminização massiva, três quartos dos quais são mulheres.[7] Instrumento favorável ao patronato, o tempo parcial permite responder prontamente a qualquer variação da demanda do mercado, ao mesmo tempo em que mantém os baixos custos salariais.

Frequentemente apresentada como uma norma de emprego adaptada às mulheres, que lhes permitiria conjugar trabalho doméstico e assalariado, o tempo parcial deve ser questionado sob a perspectiva das condições de emprego e das formas de pobreza que ele gera para as trabalhadoras (Angeloff, 1999). Esta forma de emprego encontra-se, efetivamente, na origem de situações de pobreza importantes, pois ao tempo parcial corresponde um salário parcial. É, portanto, frequente que os assalariados sejam obrigados a acumular vários empregos ou realizar horas extras, as quais podem ser um fator de competição entre trabalhadores.

Além disso, as modalidades de emprego em tempo parcial têm como consequência o estilhaçamento dos horários de trabalho: na maioria dos casos, os trabalhadores são obrigados a trabalhar muito cedo e muito tarde da noite, a fim de não incomodar os empregados do contratante e o público que frequenta o local em que executam sua atividade.

Essa organização do tempo de trabalho é o resultado de um "acordo implícito" entre as empresas clientes e os empregadores do setor de limpeza, visando a reduzir o custo dessa atividade (De Troyer, Lebeer et Martinez, 2013); nesse contexto, a intensificação do ritmo de trabalho resulta da supressão dos tempos mortos e de todas as pausas e interrupções. Quando eles(las) não conseguem acumular empregos diferentes, os assalariados(as) tentam acumular o máximo possível de horas extras. Frequentemente não declaradas (e às vezes até mesmo não pagas), essas horas lhes permitem "se virar" economicamente, ao mesmo tempo em que garantem aos empregadores a flexibilidade desejada

7 Dados de 2010 fornecidos pela Federação Européia da Limpeza Industrial (FENI).

Limpar: o "trabalho sujo" das mulheres racializadas

A partir dos dados do FENI, o setor de serviços de limpeza contava em 2010 na França com 428.208 assalariados, dos quais 75% mulheres e 31% trabalhadores de nacionalidade estrangeira. Todavia, por não levar em consideração os trabalhadores racializados (majoritários em minha pesquisa) e os estrangeiros sem documento, essas estatísticas oficiais não permitem apreender os impactos da racialização das relações sociais sobre a constituição da mão de obra do setor.[8] Ora, trata-se de um fenômeno central para a compreensão das dinâmicas que afetam os assalariados da limpeza, e que deve ser apreendido em ligação com a posição que esses últimos têm no seio das relações sociais de sexo e de classe (Kergoat, 2009).

Essas relações remetem à produção social de diferenças e distinções, bem como a sua incorporação (Dorlin, 2009). Desse modo, as mulheres das classes populares (que são também frequentemente mulheres racializadas e imigrantes) são socialmente consideradas mais aptas a trabalhar como agentes de limpeza, uma ocupação socialmente percebida como continuação do trabalho doméstico na esfera salarial. Além disso, essa mesma ocupação constitui igualmente uma porta de entrada no mercado de trabalho para mulheres imigrantes diplomadas em seu país de origem (oriundas das classes médias) e para os homens racializados (frequentemente imigrantes) cujo suposto pertencimento a uma raça distinta da dominante é o elemento que legitima socialmente sua atividade em um setor muito marcado pela relação constante com a sujeira (Hughes, 1962).

Ademais, trata-se de uma situação em que o tempo parcial e os intervalos horários contribuem para diferenciar a situação de homens e mulheres. Sendo obrigadas a adotar estratégias que lhes permitam conciliar trabalho doméstico e assalariado, as mulheres se encontram mais precarizadas em virtude de uma gestão do tempo que se verifica muito mais complicada e restritiva.

Do ponto de vista da organização do trabalho, numerosos estudos mostram que nesse setor a divisão das tarefas se fundamenta no eixo sexo-raça (Benelli, 2011; Lada, 2010; Scandella, 2009). Segundo Sabah Chaïb, "nenhuma exigência é formulada para o perfil das trabalhadoras designadas para os 'canteiros' de

8 As estatísticas na França não contemplam a variável raça, apenas a nacionalidade. Desse modo, não permitem verificar os efeitos do racismo e da discriminação racial no mercado de trabalho.

limpeza, isto é, a limpeza de locais vazios recém-construídos ou reformados; em contrapartida, para os consultórios de médico, dentista, etc., aparecem critérios de seleção" (Chaïb, 2006, p. 159). A mesma constatação é feita por Philippe Bataille, que observa a que ponto, em locais como hospitais, tende-se a escolher uma mão-de-obra feminina de origem europeia (Bataille, 1997).

O sindicalismo à prova das relações sociais de sexo, raça e classe

Apreender a maneira pela qual as relações sociais contribuem para desenhar o espaço no qual a experiência profissional (e de vida) dos assalariados e sindicalistas toma forma constitui uma etapa fundamental para a compreensão das práticas sindicais. Todavia, a análise da posição que esses atores têm no seio das relações de dominação deve ser acompanhada da consideração de sua experiência da dominação, pois do contrário corre-se o risco de confiná-los num compartimento definido a partir do pertencimento de sexo, de raça e de classe (Skeggs, 2014). Isso levaria a considerar suas práticas como o simples resultado de sua posição no espaço dessas relações sociais.

Tratarei a seguir do funcionamento do acompanhamento individual realizado por ocasião dos atendimentos na seção CGT limpeza estudada. Veremos como a análise das relações que se desenvolvem entre os representantes sindicais e os assalariados que se dirigem a esses plantões ganha quando essas são apreendidas por meio de uma abordagem etnográfica que coloca em evidência as relações sociais de sexo, raça e classe.[9]

9 Cumpre esclarecer que a federação profissional que representa os agentes de limpeza na CGT é oficialmente denominada Portos e Docas. A federação dos doqueiros começou a representar os agentes de limpeza na época em que essa atividade era exercida sobretudo nos portos. A CGT não adaptou sua estrutura depois da externalização massiva dessa atividade. Assim, estamos diante de uma federação baseada em homens brancos de um setor historicamente muito sindicalizado – os doqueiros – que representa também assalariados externalizados que realizam um "trabalho sujo" e que são frequentemente mulheres racializadas.

Os plantões na CGT Limpeza: "uma anarquia (mais ou menos) organizada"[10]

Em um setor onde o "acúmulo de precariedades" se combina com um "acúmulo de entraves à ação coletiva" (Denis, 2009), a prática sindical mais desenvolvida permanece aquela do acompanhamento individual por ocasião dos plantões sindicais. No caso dessa seção sindical, essa atividade se desenvolve no interior da Bolsa do Trabalho: uma vez por semana os assalariados do setor podem se deslocar até lá para se informar e receber conselhos sobre as dificuldades que encontram em sua vida profissional.

Se o acompanhamento individual pode ser considerado como o resultado de uma individualização do conflito salarial, contudo, em um setor como o da limpeza, ele também representa um momento privilegiado do ponto de vista de uma abordagem de sindicalização do setor. Com efeito, é nessa ocasião que os trabalhadores espalhados em diferentes locais de trabalho e invisibilizados em sua atividade produtiva conseguem se encontrar e, frequentemente pela primeira vez, entrar em contato com a esfera sindical.

Na CGT Limpeza 13, um núcleo de delegados anima os plantões que eles asseguram durante suas horas de delegação, enquanto um punhado de outros militantes participa dessa atividade conforme os casos e suas disponibilidades. Nenhum dirigente sindical (liberado a tempo pleno) está presente pois, como o sindicato não investe na sindicalização, nenhum sindicalista é remunerado para exercer essa atividade. Nos casos observados, é pelo intermédio de um conhecido em sua esfera profissional ou em seu bairro de residência que os assalariados tomam conhecimento da existência dos plantões CGT. Esse elemento vem confirmar a ausência de uma verdadeira estratégia sindical visando a sindicalização do setor, na medida em que nenhum dos assalariados se dirigiu à CGT em decorrência de uma campanha de sindicalização explícita.

Em um tal contexto, a relação que se estabelece entre os assalariados – que têm frequentemente muito pouco conhecimento de seus direitos e das funções próprias da organização sindical – e os sindicalistas é estritamente dependente da relação de confiança que esses últimos chegam a estabelecer com os primeiros. Aos olhos dos assalariados(as) mais distantes da esfera sindical,

10 Remeto aqui ao título de Piotet (2009).

os delegados que asseguram os plantões representam o conjunto da CGT. Por esse motivo, as disfunções observadas por ocasião da pesquisa (atrasos na abertura que provocam esperas intermináveis, tratamento diferenciado dos problemas trazidos pelos assalariados(as)) podem impactar negativamente a imagem que os(as) assalariados(as) da limpeza constroem, não apenas do delegado, mas do sindicalismo CGT em geral.

A esse respeito, é preciso destacar que se, de maneira geral, os(as) assalariados(as) encontrados(as) durante os plantões partilham, com os delegados, uma posição similar no que se refere às relações sociais de classe, sexo e raça,[11] é justamente a experiência sindical desses últimos que contribui para diferenciá-los dos mais dominados. Com efeito, seu estatuto de assalariados protegidos (enquanto delegados de pessoal e delegados sindicais), associado ao fato de que eles trabalham em grandes canteiros em que o direito do trabalho é globalmente respeitado, constituem fatores que contribuem para distinguir esse grupo do resto dos assalariados do setor.[12]

Por que os trabalhadores se dirigem aos plantões?

O risco da perda de emprego (demissão por razões econômicas ou disciplinares) constitui um dos motivos mais frequentes. Em seguida, encontram-se problemas ligados à infração e ao não cumprimento do Código do Trabalho por parte do empregador. Trata-se tanto de problemas inerentes à distribuição das horas de trabalho quanto ao aumento da carga e dos ritmos de trabalho.

Os exemplos a seguir de um casal de comorianos assalariados e de um imigrante argelino permitem compreender a variedade de infrações ao Código do Trabalho a que os assalariados mais dominados que atuam no setor são confrontados.

---

11 Mesmo que sobre a questão das relações sociais de raça, como será visto adiante, a situação não seja completamente comparável entre os dois grupos. A título de exemplo, pode-se citar o fato de que, ainda que as comorianas sejam muito presentes entre os assalariados da limpeza, poucas dentre elas integram o grupo de delegados e nenhuma está presente no núcleo de militantes que se ocupa dos plantões.

12 O sindicato tem mais possibilidade de se implantar nos grandes canteiros, onde a concentração de assalariados é mais forte e se observam as mobilizações mais longas. Isso faz com que os delegados provenham predominantemente desses canteiros.

Um casal de comorianos assalariados trabalha na mesma empresa. Há um mês, a mulher foi designada ao posto de seu marido (ao mesmo tempo em que manteve o seu). O acesso ao local de trabalho foi então interditado ao marido, que continua a receber holerites nos quais são contabilizadas as horas de trabalho de sua mulher. Durante a conversa, descobre-se que o empregador não lhe pagou as férias de 2008-2009. Esse assalariado que, em um primeiro momento, não vislumbra retomar seu posto de trabalho, se dirige à CGT para saber se tem direito ao seguro-desemprego (Notas da pesquisa de campo de 20 de janeiro de 2011).

Um imigrante argelino, com cerca de trinta anos, conta-nos que sua superior o obriga a efetuar tarefas suplementares onde não é sua área de atuação e, além disso, fora de seu horário de trabalho. Essas horas extras não são contabilizadas, nem remuneradas. Eles está muito estressado, não tem uma verdadeira pergunta a fazer durante seu atendimento, que se mostra ser acima de tudo um local de apoio psicológico por parte dos outros assalariados e dos delegados presentes. Esses últimos tentam convencê-lo a recusar essa carga de trabalho adicional e não paga (Notas da pesquisa de campo de 10 de fevereiro de 2011).

Um terceiro tipo de problemas resulta da estrutura tripartida do sistema de terceirização. Eles emergem no momento em que uma nova empresa ganha o mercado, e quando esse novo empregador tenta realizar redistribuições do pessoal que contradizem o artigo 7° da convenção coletiva. O empregador pode então decidir mudar os horários dos assalariados ou transferir seus "novos assalariados" para um outro local de trabalho. Às vezes, ele chega até mesmo a impedi-los de ter acesso ao local em que trabalhavam antes.

Um quarto tipo de problema se refere às irregularidades nos holerites. Trata-se de um tipo de problema recorrente para os assalariados do setor, pois frequentemente as horas extras ou o cálculo dos adicionais não são contabilizados nas folhas de pagamento. Ocorre que, ainda que esse problema seja apontado por vários sindicalistas nas discussões que ocorrem no momento dos plantões, essa questão não parece constituir uma razão suficiente para que o trabalhador tome a decisão de se dirigir ao plantão. Devido ao fato de que a maior parte dos assalariados não sabe ler seus holerites, eles não podem constatar, por si sós, a ausência de declaração das horas trabalhadas nesses documentos. Desse modo, uma só pessoa recorreu ao plantão para solicitar a verificação de seus holerites, enquanto outros assalariados, tendo levado seus holerites por outros motivos, descobriram por acaso, discutindo com o delegado, que eles continham irregularidades.

Da mesma forma, enquanto as condições de trabalho e os comportamentos patronais relatados pelos assalariados também podem assumir a forma de assédio moral, apenas um caso foi identificado como tal. Isto é muitas vezes causado pelos vários controles que se desenvolvem a partir da relação de subcontratação, por meio da qual um assalariado é simultaneamente submetido ao controle de seu empregador, da empresa tomadora de serviços e, em muitos casos, ao controle dos empregados da tomadora de serviços. Mas esse problema não se traduz em denúncias. O primeiro motivo reside na própria natureza do assédio moral, que não só é difícil de ser identificado quanto de ser provado pelo empregado que é submetido a ele. Em segundo lugar, pode-se presumir que o assédio é experimentado por uma grande parte desses assalariados como um elemento quase estrutural da experiência profissional, particularmente entre os trabalhadores mais dominados (mulheres, imigrantes e trabalhadores mais velhos). Tudo sugere que ele é tolerado e considerado parte do estatuto do agente de limpeza.

Isso não significa que esses assalariados sejam incapazes de criticar a exploração que sofreram, mas é importante sublinhar em que medida a configuração em que operam é caracterizada por uma série de constrangimentos estruturais devidos à imbricação de vários fatores: frágil implantação sindical, correlação de força favorável aos empregadores e ampla desinformação desses assalariados sobre seus direitos mais básicos.

Além disso, esses trabalhadores são confrontados com um sindicato que não faz dessas questões suas reivindicações centrais. Por esse motivo, se esses assalariados optam por não abordar certas questões no momento do plantão, também é porque este lugar não lhes parece apropriado para isso.

A resposta sindical

Durante o período de pesquisa, o núcleo de militantes que são responsáveis pela gestão dos plantões é constituído essencialmente por quatro delegados: Saïd nasceu em Argel e imigrou para Marselha; Julien, nascido em Marselha, de origem italiana (membro do secretariado); Fátima, nascida em Argel e imigrou para Marselha depois de se casar na Argélia (secretária adjunta); Rachida, nascida em Argel e imigrou para Marselha, onde se juntou a sua mãe e a uma parte de sua família, depois de ter obtido o bacharelado em Argel (tesoureira).

Sem detalhar a forma como cada sindicalista atua no interior da União Departamental,[13] é interessante sublinhar, no contexto deste artigo, que suas atitudes em relação aos assalariados e a maneira como lidam com os problemas variam consideravelmente de acordo com sua experiência de vida, de militância e de trabalho. E esta experiência deve ser compreendida em relação com a posição que eles ocupam nas relações sociais de sexo, raça e classe.

No entanto, existem diferenças entre um delegado e o outro. Assim, Said, que é o líder do sindicato de limpeza 13, é aquele que presta mais atenção aos assalariados mais dominados. Ele nunca deixa de passar muito tempo explicando um trecho da convenção coletiva ou lendo escrupulosamente os holerites. Sua relação com os assalariados, em particular com as mulheres e os imigrantes situados nos níveis inferiores da hierarqauia, baseia-se em uma atitude pedagógica, que também é freqüentemente dirigida aos delegados menos experientes. A disponibilidade para ouvir e explicar são, portanto, fatores centrais de uma prática militante que Saïd realiza a qualquer hora do dia (e muitas vezes da noite!), inclusive por telefone. A atitude em relação ao empregador é pensada de maneira estratégica, tanto com o objetivo de ganhar a confiança dos assalariados quanto de estabelecer um equilíbrio de poder com o empregador. Para ele, a adesão sindical é apenas o primeiro passo de um processo desejável de integração sindical.

De maneira geral, mesmo que haja especificidades em cada um dos casos, as atitudes de outros sindicalistas são muitas vezes caracterizadas pelo fato de fazerem uma seleção dos casos a serem tratados. Assim, não é incomum que Rachida, Julien e Fátima, irritados com certas situações, questionem o discurso dos assalariados mais dominados e deixem de lado ou adiem a resolução de seus problemas. No entanto, seria reducionista atribuir esses comportamentos exclusivamente a atitudes racistas.

13 A União Departamental tem sua sede na Bolsa do Trabalho e representa os trabalhadores de uma base geográfica comum, o departamento.

Sobre a diferente forma de considerar os problemas das mulheres racializadas idosas

No recenseamento dos assalariados que compareceram aos plantões, percebi que alguns deles haviam ido ao sindicato diversas vezes. Esse fenômeno pode ser explicado de duas maneiras. A primeira diz respeito ao fato de que há frequentadores "habituais" que vão à CGT para interagir, discutir, encontrar seus colegas ou camaradas. A segunda, e é essa que nos interessa aqui, diz respeito a todos os trabalhadores cujo problema é tratado de forma incompleta ou simplesmente não é tratado. Nesse caso, quando eles não têm outros recursos para resolver seu problema, esses assalariados são forçados a se dirigir várias vezes à Bolsa do Trabalho.

Mas quem são eles? São "negros" (comorianos), os mais idosos e imigrantes de uma nacionalidade pouco representada no contexto de Marselha. A esta primeira constatação se adiciona uma segunda: esses assalariados enfrentam problemas aos quais é muito difícil, se não impossível, fornecer uma resposta no limite dos plantões.

Além disso, tratam-se principalmente de mulheres. Vivendo muitas vezes sozinhas, essas mulheres-imigrantes-negras são também relativamente velhas e conhecem muito pouco a língua francesa. Designadas às posições situadas nos níveis inferiores do mercado de trabalho e da hierarquia nos canteiros de limpeza, essas mulheres racializadas tornam-se, assim, o alvo preferido dos empregadores que querem reduzir o custo do trabalho.

Como consequência, o resultado da imbricação de gênero e raça no setor produz problemas – oriundos da pressão do empregador – que não podem ser resolvidos pela prática do acompanhamento individual, tal como ele é concebido na CGT em Marselha, onde os meios são insuficientes e onde falta uma reflexão em torno de uma estratégia sindical compartilhada que vise sindicalizar o setor.

Este é, por exemplo, o caso daqueles que o empregador impede de entrar no local de trabalho ou, ainda, daqueles a quem o empregador acusa de negligência no trabalho, sem, no entanto, apresentar provas disso. Ora, os problemas que decorrem dessas discriminações, raramente qualificados como tais (Epiphane, Jonas e Mora, 2011), são dificilmente "comprováveis" por parte dos assalariados envolvidos e difíceis de serem enfrentados com os instrumentos que os sindicalistas têm à sua disposição durante os plantões. Como resultado, são principalmente os delegados menos escolarizados e aqueles que tem uma visão mais restrita da "fronteira da ação sindical" (Nizzoli, 2015) que, se vendo desamparados, colocam de lado esses assalariados e os problemas que eles trazem.

Conclusão

Setor emblemático da atual fase do capitalismo, a limpeza é uma atividade terciária fortemente marcada pela precariedade do emprego e do trabalho e pela invisibilidade que afeta seus assalariados. Num contexto caracterizado por uma forte presença de mulheres racializadas, escolhi estudar práticas sindicais baseadas na análise da articulação das relações sociais de sexo, raça e classe.

Numa situação em que os meios empregados pela ação sindical são frágeis, destaca-se a precariedade que caracteriza a relação estabelecida entre sindicalistas e assalariados. Embora seja um elemento essencial para garantir a continuidade da ação sindical, é difícil para os sindicalistas estabelecer e manter uma relação de confiança com os assalariados.

Além disso, se, à primeira vista, o grupo de representantes e representados parece compartilhar uma mesma posição nas relações sociais de sexo, raça e classe (tratando-se de homens e mulheres racializados, imigrantes e ainda inscritos na esfera do trabalho) a experiência militante e o status de delegado sindical diferenciam os dois grupos. Ademais, a análise fina das interações mostra que a racialização das relações sociais pode ter um conteúdo diferente relacionado à situação específica de cada contexto. No contexto de Marselha, ser considerado "árabe" ou "negro" não tem o mesmo significado, pois enquanto os imigrantes argelinos são majoritários e estão há muito tempo instalados na cidade, os comorianos (os considerados socialmente negros) fazem parte de uma onda migratória mais recente, de modo que os estigmas que pesam sobre os dois grupos não são os mesmos. Este elemento é muito importante e nos adverte sobre o risco de homogeneização a que se pode incorrer quando atribuímos a mesma posição de "racializado" a todos o que não são socialmente considerados "brancos".

Assim, um dos principais resultados da pesquisa é que há uma consideração diferenciada dos assalariados que se dirigem aos plantões. Ainda que em contextos diferentes e com modalidades que variam de um sindicalista e de uma situação para outra, os trabalhadores mais dominados, que ocupam posições de trabalho inferiores, são aqueles mais frequentemente colocados de lado. Esse fenômeno deve ser entendido como inscrito em um contexto atravessado por diferentes dinâmicas. Em primeiro lugar, aquelas relacionadas à relação que esses trabalhadores mantêm com a esfera de trabalho e com os constrangimentos que sofrem em sua experiência profissional. Assim, foi observado que, devido à sua posição nas relações sociais de sexo, raça e classe, os(as) trabalhadores(as) imigrantes, os(as) "negros(as)", os(as) assalariadas mais velhos(as) e com estado de saúde precária são também aqueles(as) que sofrem mais discriminações e pressões patronais.

O pano de fundo é muitas vezes o resultado de uma estratégia patronal omnipresente no setor de limpeza: muitos empregadores perseguem seus assalariados para forçá-los a abandonar seus empregos. Neste contexto, é difícil resolver os problemas relacionados à discriminação através das cláusulas da convenção coletiva ou do Código do Trabalho. O comportamento discriminatório de uma parte dos sindicalistas decorre tanto das representações que eles fazem dos assalariados mais dominados (tidos como pouco dispostos a lutar ou como portadores de uma "cultura" muito diferente) quanto do sentimento de impotência que eles experimentam frente a esses problemas.

O desafio que as organizações sindicais enfrentam é, portanto, o de ser capaz de levar a sério a experiência dos assalariados mais dominados, de modo a introduzir na esfera reivindicativa questões que afetam esses trabalhadores pobres (Béroud, 2009). A este respeito, a pesquisa de campo revelou a pertinência de uma plataforma reivindicativa capaz de abordar conjuntamente os problemas de discriminação, saúde ocupacional e as preocupações próprias de uma força de trabalho feminina, que necessita combinar trabalho doméstico e trabalho assalariado.

Bibliografia

ANGELOFF T., (1999), "Des miettes d'emploi: temps partiel et pauvreté", *Travail, genre et sociétés*, 1, p. 4369.

BATAILLE P., (1997), *Le racisme au travail*, Paris, La Découverte, 266 p.

BENELLI N., (2011), "Divisions sexuelle et raciale du travail dans un sale boulot féminin.L'exemple du nettoyage en Suisse", *Raison présente*, 178, p. 95104.

BÉROUD S., (2009), "L'action syndicale au défi des travailleurs pauvres", *Sociologies pratiques, n° 19*, 2, p. 3953.

CARTRON D., BOISARD P., VALEYRE A., GOLLAC M., (2002), "Temps et travail: l'intensité du travail".

CHAÏB S., (2006), "Femmes immigrées et emploi: le bas de l'échelle pour propriété?", dans *Le bas de l'échelle. La construction sociale des situations subalternes*, p. 146165.

CHAUVIN S., (2010), *Les agences de la précarité: journaliers à Chicago*, Paris, Seuil (Collection Liber), 339 p.

DENIS J.-M., (2008), "Conventions collectives: quelle protection pour les salariés précaires. Le cas de la branche du nettoyage industriel", *Travail et emploi*, 116, p. 4556.

DENIS J.-M., (2009), "Dans le nettoyage, on ne fait pas du syndicalisme comme chez Renault!", *Politix, n°* 85, 1, p. 105126.

DESCOLONGES M., (2011), *Des travailleurs à protéger: l'action collective au sein de la sous-traitance*, Paris, Hermann ADAPT-SNES, 153 p.

DIRN L., (1998), *La société française en tendances, 1975 – 1995. Deux décennies de changement*, presses universitaires de France, Paris.

DORLIN E., (2009), *Sexe, race, classe pour une épistémologie de la domination*, Paris, PUF.

DUNEZAT X., (2006), "Syndicalisme et domination masculine en France: parcours bibliographique féministe", *Recherches féministes, 19*, 1, p. 69.

EPIPHANE D., JONAS I., MORA V., (2011), "Dire ou ne pas dire... les discriminations", *Agora débats/jeunesses*, 57, 1, p. 91106.

HUGHES E.C., (1962), "Good people and dirty work", *Social Problems*, 10, p. 311.

JOUNIN N., (2008), *Chantier interdit au public: enquête parmi les travailleurs du bâtiment*, Paris, La Découverte.

KERGOAT D., (2009), "Dynamique et consubstantialité des rapports sociaux", dans *Sexe, race, classe pour une épistémologie de la domination*, Paris, PUF, p. 111125.

LADA E., (2010), "Divisions du travail et précarisation de la santé dans le secteur hôtelier en France: de l'action des rapports sociaux de sexe et autres rapports de pouvoir", *Travailler, n°* 22, 2, p. 926.

MAGAUD J., (1974), "Vrais et faux salaires", *Sociologie du Travail,* 1, p. 118.

NIZZOLI C., (2015), *C'est du propre! Syndicalisme et travailleurs du "bas de l'échelle" (Marseille et Bologne)*, Paris, PUF (Partage du Savoir).

PIOTET, F. (2009), "La CGT, une anarchie (plus ou moins) organisée ?", Politix, no 85, p. 9-30.

SAUVIAT C., (1997), "Le nettoyage industriel: un marché de services gouverné par la demande. France, Etats-Unis, Suède", *IRES, Document de travail,* 97.01.

SCANDELLA F., (2009), "Travail invisible dans un secteur de relégation: la double condition des nettoyeurs de bureaux", *Les Mondes du Travail,* 7, p. 7586.

SKEGGS B., (2014), *Des femmes respectables: classe et genre en milieu populaire,* traduit par Pouly M.-P., Marseille, Agone.

TINEL B., PERRAUDIN C., THÈVENOT N., VALENTIN J., (2007), "La sous-traitance comme moyen de subordination réelle de la force de travail", *Actuel Marx, n° 41,* 1, p. 153-164.

TROYER M. De, LEBEER G., MARTINEZ E., (2013), "La précarité des ouvrières du nettoyage en Belgique", *Travail, genre et sociétés, n°* 29, 1, p. 87-104.

13. Democracia eleitoral e secessão política das classes populares: o caso dos *Gatekeepers* políticos dos bairros populares de Marselha[1]

Mustapha El Miri

O aumento da abstenção eleitoral, particularmente entre as classes populares, incita a renovar o olhar sobre a relação entre o político e as classes populares e a relação entre as classes populares e os políticos. Ao contrário da visão dominante que trata a questão em termos de uma desmobilização política dessas classes, nós propomos interpretar o que está em jogo nas campanhas eleitorais – estudadas nos bairros populares da região de Marselha – em termos de reconfigurações da relação das classes populares com o político. Observamos particularmente a emergência de novos mediadores entre a população e os candidatos, os guardiões políticos (*gatekeepers*). Oriundos desses bairros, esses guardiões políticos se aproveitam dos contextos eleitorais para mobilizar os habitantes afim de fazer pressão sobre os candidatos que estão mais propensos a responder às demandas concretas nesses momentos do que em tempos ordinários. São esses mecanismos de apropriação das campanhas eleitorais pelas categorias populares que propomos explorar.

O distanciamento política das classes populares e a reconfiguração do político pelas margens

Ainda que a questão da abstenção política das classes populares não seja algo novo (Peneff, 1981; Dogan, Narbonne, 1954), temos assistido seu retorno ao menos nos discursos e nas análises. O crescimento da extrema direita na

1 Tradução de Mateus Moretti.

Europa, o aumento do desemprego, a desaparição do operário assalariado, o enfraquecimento crescente da legitimidade das instituições políticas que colocam no centro do debate a relação do político com as classes populares e das classes populares com os políticos. Reivindicada por todas as forças políticas da direita à esquerda a representação dessas classes,[2] deixada vaga pelo PCF, se transformou em uma questão simbólica. Essas categorias jamais foram tão invocadas, no mesmo momento em que o seu distanciamento dos processos democráticos institucionais, encarnados pelas eleições, não cessa de crescer e isso em todas as democracias ocidentais (Capdevielle, 2005; Rosanvallon, 2006; C Braconnier, 2007).

Os comentadores da vida política fazem desse distanciamento um indicador da crise da democracia representativa e do enfraquecimento das ligações entre "as elites e o povo", entendido aqui como uma inadequação entre a oferta política e a demanda. Segundo esses últimos, duas análises parecem caracterizar esse comportamento: por um lado, o abstencionismo é evocado em termos de rejeição política, de desconfiança, até mesmo de decepção, e, de outro, ele é evocado através da imagem da radicalização, quase sempre exagerada, através do voto de extrema direita que refletiria uma outra forma de rejeição e de sanção aos partidos estabelecidos.

Existe um questionamento frequente sobre a ligação entre as classes populares e sua participação na vida democrática. Essas análises colocam o distanciamento das classes populares do sistema eleitoral como o resultado de uma insuficiência de integração, até mesmo de uma anomia explicada por fatores conjunturais como a crise econômica (D. Guérin, R. Nadeau, 1997) e/ou por fatores estruturais tais como as desigualdades frente ao voto. Assim

2 A noção de classes populares não faz sempre referência às mesmas categorias sociais (S. Béroud, P. Bourffatigue, H. Eckert, D. Merklen, 2016). Essas classes podem ser representadas seja pela figura do assalariado da indústria em luta contra os fechamentos de fábricas, seja pelos desempregados, seja pela figura dos excluídos, seja pelos "bairros" ditos "populares". Se os partidos políticos se referem todos a essa classe popular, as figuras evocadas evoluem de um partido a outro. À direita tem-se a figura do operário que trabalha, constantemente utilizada nos discursos, à esquerda do espectro político, tem-se a figura dos desempregados e dos operários em luta contra os fechamentos das fábricas; quanto ao Front National [Frente Nacional], ele invoca a figura etnicizada do "trabalhador branco" através da noção do trabalhador francês.

a relação das classes populares com a democracia eleitoral é principalmente discutida em termos de mobilização/desmobilização.

Essas visões consagram, de algum modo, uma forma de fim da história para a democracia eleitoral, na medida em que focam apenas na política institucionalizada. A eleição avançou como um fato imutável que deve ser expandido a todas as categorias, e em relação ao qual se faz necessário facilitar o acesso concreto das classes mais distantes desses processos. Contudo, numerosos estudos insistem na reconfiguração das mobilizações e na emergência de novos registros de implicação democrática não institucionalizados (Rosanvallon, 2006) que nuançam as teorias de despolitização no sentido de um desinteresse face ao político.

Assim o que nos interessa são menos as razões – suficientemente explicitadas por numerosos estudos sobre esse tema – dessa não participação das classes populares na democracia representativa, e sim as implicações dessa não participação. Como compreender o desencantamento[3] político das classes populares sem se limitar somente aos instrumentos da democracia representativa? O que nos diz a abstenção eleitoral sobre a reconfiguração da democracia representativa pelas margens? O que é a democracia tal como um sistema de crenças coletivo? Será que a crise dessas instituições não reflete uma forma de secularização das crenças políticas do mesmo modo que aconteceu com o processo de secularização religiosa? A generalização da abstenção não marca o fim da crença em uma promessa de unidade coletiva (Gauchet Marcel, 2002, 2004) carregada pelas democracias representativas? Em suma, o fenômeno de distanciamento das classes populares dos processos institucionais da democracia eleitoral pode ser lido em termos de um fortalecimento do político, como uma reação contra o político enquanto sistema de crenças[4] – o que viria a recusar de uma vez por todas a noção de despolitização?

---

3 Empregamos esse termo na sua definição weberiana e não no seu uso comum, que faz dele um sinônimo de desinteresse. Por esse termo desejamos sublinhar a superação de um sistema pela mudança de uma estrutura de pensamento heterônoma à um pensamento autônomo.

4 Para essa questão nos referimos à ideia de Marcel Gauchet de autoprodução da sociedade à qual aspiram agora, segundo nós, as categorias populares, ao ponto de deslegitimar os processos que as mantém afastadas dessa autoprodução, a saber, os instrumentos da democracia acessíveis somente a certas elites.

Não propomos, neste artigo, responder ao conjunto dessas questões, para isso seria necessário um trabalho extremamente aprofundado e um material mais exaustivo o qual não possuímos neste momento. Por outro lado, nossa abordagem está impregnada por essas interrogações e pela vontade de evitar as armadilhas da normatividade frequentemente impostas pela potência das categorias políticas que tornam difícil toda linha de raciocínio sobre a democracia representativa, tal como aponta Roberto Esposito em sua obra sobre o "impolítico" (R. Esposito, 1988). O estudo da coisa política necessita encontrar os meios de descentralizar o trabalho de campo do objeto de estudo. Nós sabemos que, em muitos dos casos, interrogar os abstencionistas para compreender a relação com o político nos faz coletar as categorias comuns de legitimação da não participação. Os abstencionistas entrevistados sobre esse tema tendem a explica-lo invocando razões "legítimas" para evitar a estigmatização que resulta da moralização da "cidadania eleitoral". Nós encontramos nessas explicações os temas clássicos da desconfiança e da rejeição. Não por essas razões serem falsas ou desinteressantes, mas elas não permitem aprofundar o fenômeno que se alarga entre as classes populares e atinge uma franja das classes médias.

Propomos então descentralizar nosso campo interrogando o distanciamento das classes populares da democracia representativa através de sua participação nas mobilizações eleitorais.[5] Ademais essa participação não significa forçosamente participação no voto como veremos na exposição. Avançamos a ideia de que as reconfigurações da relação das classes populares com o político podem ser observadas através das campanhas eleitorais e das mobilizações que elas convocam. Nos interessaremos pela forma dessas mobilizações e pelos seus principais atores. Uma parte dessas classes populares continua a participar, ao menos oficialmente, do jogo democrático votando e fazendo

5 Nós encontramos o espirito dessa abordagem no estudo do ato religioso. Podemos dizer que a secularização religiosa se observa através do colapso da frequentação da Igreja e da redução da religião na esfera privada ou pessoal. A frequentação das igrejas constituiu um indicador quantitativo da queda na importância da religião enquanto instituição, porém a compreensão da secularização da religião se observa principalmente na sua reapropriação pela comunidade dos crentes, aqueles que continuaram praticando. Seu comportamento demonstra de maneira mais incisiva as reconfigurações do religioso no espaço social. M. Gauchet diz que esses crentes pensam a forma religiosa sem a religião o que indica a transformação da religião em ideologia.

votar, porém sem aderir às formas legítimas e institucionalizadas da política. As campanhas eleitorais provam ser momentos oportunos que abrem, para além dos círculos partidários tradicionais, a participação à coisa política. São também períodos de cristalização dos comportamentos políticos e então de publicização desses últimos.

Neste quadro, a ação dos *gatekeepers*[6] políticos é significativa para o desencantamento políticos das classes populares e das práticas da democracia representativa. Essa hibridização cultural faz desses guardiões as figuras da transição democrática, no sentido de que o seu engajamento se revela mais como uma forma de reapropriação da política através da inversão da relação de forças habituais com as elites do que como uma adesão a antigas crenças políticas, se tornando, assim, uma forma de participação nos processos de autoprodução da sociedade (M. Gauchet, 2004).

Nossa pesquisa irá estudar essas novas figuras políticas das classes populares. Nós apresentaremos nosso trabalho através das seguintes questões: como esses *gatekeepers* se posicionam nas mobilizações políticas dos bairros fortemente marcados pelo abstencionismo? Qual discurso de mobilização eles oferecem aos outros habitantes? Quais relações eles mantêm com os atores políticos? Com os partidos? Como eles se organizam e como eles organizam as mobilizações populares? Quais expectativas eles têm com as eleições? Quais créditos eles acordam à ação política clássica? Quais usos eles fazem dela? Quais julgamentos eles portam sobre os atores políticos, sobre os partidos, sobre os candidatos, sobre seu papel de militantes intermitentes? Como caracterizar suas práticas na perspectiva mais ampla de mudança social das democracias representativas?

6 Empregamos esse termo no sentido que lhe foi dado por W. Foot Whyte em "Street corner society", que designa os "guardiões" dos bairros populares. Ampliamos esse termo aos "guardiões" políticos, indivíduos que exercem o papel de intermediários entre os bairros populares e os eleitos e personalidades políticas.

Metodologia

Foi pelo viés de um estudo etnográfico dirigido nos bairros populares de Marselha e das médias cidades de sua região (os bairros Norte de Marselha [Nord de Marseille]: 7a [7ème], 3a [3ème] e 10a [10ème] circunscrições, assim como nas cidades de Septèmes-les-Vallons, Gardanne e Aix-en-Provence) que nós submetemos à prova nossas interrogações. Nós acompanhamos três campanhas legislativas, três campanhas municipais, duas campanhas cantonais e uma eleição europeia desde 2001.

Nossa pesquisa se baseou em uma observação participante nos bairros durante as mobilizações de diferentes campanhas. Nós acompanhamos os candidatos, as reuniões públicas, os encontros com os habitantes, as equipes de campanha e, também, reuniões e outros encontros entre os gatekeepers desses bairros. Observamos também os centros de votação em diferentes territórios. A escolha desses bairros está ligada à composição sociológica e à importância das categorias que neles residem. Essa escolha foi ditada também pela taxa extremamente fraca de participação nas eleições, que passa raramente de 50% dos inscritos. A cidade de Marselha possui cerca de 850 000 habitantes dos quais 638 000 em idade para votar e somente 484 000 inscritos. A cidade teve 382 000 votantes na última eleição presidencial e 273 778 votantes nas últimas regionais, de dezembro de 2015, apesar da forte mobilização midiática e política. Esses dados demonstram claramente o enraizamento da abstenção cuja taxa pode atingir larga maioria nos bairros mais populares da cidade.

Campanhas eleitorais e mobilizações políticas nos bairros populares

Mobilizar sem criar movimento: uma equação difícil para os candidatos em bairros populares

As campanhas eleitorais nos bairros populares constituem frequentemente um desafio político local e simbólico. Fazer campanha nesses territórios significa normalmente, para os candidatos dos grandes partidos, fazer campanha em um lugar hostil. À taxa de abstenção bastante elevada (no caso de Marselha normalmente quase 50% da população em idade para votar não participa das eleições) soma-se a rejeição, por vezes radical, de todo diálogo com os representantes políticos. Esses bairros são um teste para os candidatos às diferentes eleições de escrutínio majoritário. Os bairros simbolizam, de um lado, o fracasso da democracia representativa tal como crença coletiva e consagram, de outro, a impotência do politico em conseguir modificar as condições de vida das classes populares e mobiliza-las através de um discurso especulatório sobre futuras mudanças. As campanhas nesses territórios demonstram o quão difícil é o diálogo entre os meios populares e seus representantes, raramente provenientes desses bairros.

> Fazer campanha nos bairros populares, é um caso a parte. Você não pode se contentar em fazer promessas de longo prazo ou explicar que isso mudará depois. Se você faz isso, ninguém irá te escutar. As pessoas têm problemas imediatos e a gente não pode falar qualquer coisa para elas, falar sobre a economia mundial, sobre o contexto global... vocês sabem do que estou falando... (Candidato às eleições legislativas de 2007 na 7ª circunscrição).

Por muito tempo apresentados como reservatórios de votos naturais para a esquerda, esses territórios populares são em realidade marcados pela não participação eleitoral e pela indiferença face às propostas de diferentes partidos, na medida em que essas propostas não se inscrevam em uma noção de ação imediata. As eleições são vividas apenas como períodos de promessas que não serão cumpridas e os candidatos são todos considerados como perseguidores antes de toda sua carreira pessoal. "De todo modo a gente não os vê nunca exceto durante as eleições" é uma frase que nós escutamos ao longo de toda nossa pesquisa. A ideia de que os atores políticos "vivem da política mais do que vivem pela política" (Weber, 1959) é fortemente enraizada nos discursos. Os partidos políticos não são apreendidos por essas pessoas como organizações que trabalham para o bem geral. Eles são mais identificados com estruturas profissionais, até mesmo empresas que fabricam carreiras individuais para certas frações das classes médias e das classes superiores. As questões sobre os salários dos candidatos aparecem regularmente nos comentários e nos debates que foram observadas, do mesmo modo que a ideia de que os únicos ganhadores dessas campanhas são os candidatos e seus bolsos. "O que eu ganho, eu mesmo, com esse assunto? Se eu o ajudo a ganhar, ele terá um cargo e eu... de toda forma, eu sei que uma vez que eles ganham não os veremos nunca mais. Depois do blablabla, eles se vão e pronto, a gente conhece. Se ele faz isso é porque ele tem um interesse. Acabou a época na qual as pessoas faziam isso pelas outras e eu não estou certo de que isso tenha verdadeiramente existido, ninguém mais crê nisso... é simples, você já viu algum candidato que ganhou morar no bairro?... Então. Sim, às vezes tem gente que ganha e mora aqui, mas quando eles ganham eles se mudam e eles tem razão... pronto, mas não nos façam crer em coisas que não existem" (Debate entre militantes do PCF e um grupo de jovens no bairro dos cedros [cèdres] em Marselha).

Assim, a dificuldade para os candidatos de diferentes partidos é de mobilizar a população em torno de sua campanha sem criar um movimento muito importante. A questão é conter a mobilização para nelas controlar os temas e os debates. Trata-se, para os candidatos que participaram da gestão local nas majoritárias, assim como para os da oposição, de limitar as constatações sobre os balanços ou de orienta-las. Isso se traduz nos atos de campanha ou nos face-a-face com os habitantes que jamais são diretos. Os candidatos preferem aparecer nas iniciativas publicas cujo objeto não trata diretamente do jogo eleitoral. Os encontros são inexistentes, as reuniões públicas são extremamente limitadas e abordam temas álibis. Assim a presença dos candidatos é principalmente assegurada pela via visual dos panfletos, ela investe uma dimensão virtual. Os poucos face-a-face realmente espontâneos ou inevitáveis que se produzem dão frequentemente lugar a um transbordamento de candidatos. Os debates giram, espontaneamente, em torno das condições reais da vida nesses territórios, do inventário de promessas não cumpridas ou da ausência marcada da intervenção dos poderes públicos. Ademais, mesmo os candidatos – apresentados pelo PCF ou pela extrema esquerda – portadores dessa crítica radical se encontram embebidos nessas discussões. Os discursos de responsabilização, de compaixão, de denúncia não possuem efeitos mobilizadores na medida em que eles se inscrevem na temporalidade política institucional ou no vocabulário ideológico que remete à política enquanto sistema de crenças. Uma parte desses debates descambam, comumente, em agressão verbal e, na maior parte dos casos observados, obrigou os candidatos a encurtar suas visitas espontâneas, ou a limitar os contatos com a população a relações formais. Os candidatos habituados (normalmente eleitos do território) a frequentar os meios populares não realizam nenhum questionamento diretamente aos habitantes e evitam os grupos de jovens e de mulheres, principais portadores de reivindicações (os jovens porque estão frequentemente desempregados, e as mulheres porque estão no primeiro patamar das dificuldades sociais geridas em seus lares), e se dirigem mais facilmente aos grupos de pessoas mais velhas. Eles se contentam em cumprimenta-las, em relembra-las da data da eleição e é sua "guarda pessoal" que realiza o debate quando os candidatos saem de cena. Nesse contexto, o desafio para os candidatos dos principais partidos consiste em fazer campanha sem dar abertura a debates acerca dos descontentamentos latentes das categorias populares. Assim, do ponto de vista dos candidatos, a mobilização eleitoral nos bairros populares consiste em focar e mobilizar apenas uma parte da população. Podemos então aventar a hipótese de que a forte taxa de abstenção eleitoral nesses bairros advém dessa democracia de "fraca intensidade", a qual deve sustentar retoricamente o mínimo de promessas de melhoria nos bairros e às frações populares cuja condição incarna a falta de credibilidade dessas promessas.

Podemos então levantar a hipótese de que a forte taxa de abstenção dos eleitores desses bairros participa da manutenção dessa democracia de "fraca intensidade" mascarando o distanciamento das categorias populares da "democracia de expressão" (Rosanvallon, 2006).

A reapropriação da campanha pelas classes populares

Se a relação das classes populares com o político é marcada pelo desencantamento (M. Dogan, 2005), nós observamos entre elas uma consciência aguda dos desafios que elas representam para os candidatos. Isso é particularmente observado entre os jovens e as mulheres desses territórios. Por mais que essas pessoas não manifestem qualquer esperança em relação à possibilidade de ver seu cotidiano mudar graças à ação política local ou nacional, uma parte entre elas, em período eleitoral, participa e joga o jogo da campanha. Essa fração atuante dirige uma campanha dentro da campanha. Tirando benefício de uma fragilização das posições das elites dirigentes que estão unidas para conservar seus postos ou para conquista-los novamente, essas classes populares atuantes se utilizarão desses períodos nos quais os compromissos se tornam mais abertos. A constatação de que são os candidatos que estão demandando apoio e não o inverso é interiorizada por essa população em campanha: "A gente não pede nada, eles que nos chamam e pedem para que a gente se encontre, se a gente pode recebe-los. Nós estamos de acordo, não há problema. Ao contrário, venham, venham nos ver, mas então é você que está pedindo ajuda e o que você faz em troca? Nós possuímos demandas antigas, nunca conseguimos respostas. Então, se eles querem vir, é preciso também que eles respondam às nossas demandas... é o único momento em que você pode fazer com que essas pessoas aí te ouçam. E aqui a esquerda, extrema esquerda, PC, direita... todos iguais". (Entrevista com um jovem do bairro popular Gavotte Peyret em Sptèmes-les-Vallons).

Assim, as eleições constituem um período privilegiado para fazer valer velhas reivindicações ou reabrir antigos projetos que não foram tratados pelas autoridades locais sobre temas como os equipamentos, as estruturas públicas, os transportes, a limpeza das ruas nos bairros, etc. A mobilização política dessas populações não possui como objetivo participar da construção de projetos para o futuro, mas de produzir de imediato aquilo que não foi obtido anteriormente e aquilo que as pessoas têm certeza de que não será realizado no futuro.

> Faz mais de dois anos que a gente pede pelo conserto da marcenaria e do aquecimento no local. A sociedade HLM nos manda para a Mairie [Prefeitura] e a Mairie nos manda de volta para a sociedade HLM. É a mesma coisa para todo o resto, os dejetos, por exemplo, várias vezes os catadores não passam e no verão isso fede, tem ratos, baratas... aqui também ninguém é capaz de responder e eles te jogam de serviço em serviço. Aqui, com a visita da semana passada, resolvemos, a parte de marcenaria que foi consertada, por exemplo. Não somos idiotas, sabemos que isso vai recomeçar, mas ao menos a gente resolve o máximo de coisas possíveis. Como eles vêm em pessoa (os candidatos), fica difícil, para eles, fingir que isso não existe ou jogar o problema para os outros... (Entrevista com o responsável de um centro social encontrado no bairro dos cedros em Marselha).

A maior parte das turnês dos candidatos apresentados pelos partidos que participam do governo local se transforma em visitas para resolver trabalhos não realizados ou a realizar. Ademais, alguns entre eles antecipam essas dificuldades se fazendo acompanhar por técnicos para que as intervenções demandadas ou aquelas cuja realização está atrasada sejam efetivadas o mais rápido possível. O desafio para os candidatos é de abafar o mais rápido possível os focos de reivindicações e de limitar sua propagação pelos bairros populares afim de não mobilizar a população mais hostil.

Esse tipo de reapropriação da campanha por uma parte das classes populares favorece os candidatos dos partidos que dirigem os governos locais (Conselho Regional [Conseil Régional], Conselho Geral [Conseil Général], e Municipalidade [Municipalité]). Esses últimos são mais solicitados não por seu programa ou pela confiança que a gente lhes acorda, mas porque eles têm uma capacidade de ação imediata sobre os problemas já que gerem as coletividades territoriais. Essas relações particulares entre as classes populares e os candidatos às diferentes eleições são frequentemente lidas em termos de clientelismo, até mesmo populismo. Nossas observações, contudo, nuançam e se distanciam dessas abordagens. Ao curso dessas sequências eleitorais, os eleitos distribuem bens e serviços sem que haja manifestação de favoritismo ou de disposições excepcionais. Trata-se, na maioria dos casos, de demandas antigas que são concluídas – geralmente apenas em partes – durante esses períodos graças aos "golpes de força" desferidos pelas classes populares aos administradores locais. Essa mobilização impõe um princípio de tratamento de urgência, que estremece as temporalidades administrativas e a lentidão dos governos locais no tratamento de certos projetos, esse princípio de urgência é frequentemente reservado às categorias cuja capacidade de *lobbying*, fora dos períodos, eleitorais é importante (atores econômicos, categorias médias, corporações profissionais legítimas) (Mattina, 2016).

Essa mobilização põe em evidência, de um lado, a indiferença consagrada às eleições, julgadas como batalhas de carreiras profissionais e, de outro, a capacidade das classes populares em se reapropriar dos processos da democracia representativa para conquistar certas demandas.

Os candidatos ao sufrágio universal viveram nesses bairros como representantes do poder das administrações distantes da população e não como representantes potenciais do povo. O termo eleito é raramente empregado para lhes qualificar: para a maioria da população trata-se de profissionais políticos. "Ela trabalha na região; ele é do Conselho Geral [Conseil Génerale], "Ela é da Mairie, ele é da "CUM (Comunidade urbana de Marselha) [Communauté urbaine de Marseille]; "Ele quer entrar para a Mairie", "Ela quer ter um posto na região", esses são os únicos qualificativos levantados na designação de diferentes candidatos. Os únicos atores percebidos como legítimos enquanto representantes políticos do bairro são as frações da população que se mobilizam durante as campanhas para "fazer andar os projetos", são os atores associativos cuja legitimidade se apoia sobre um trabalho concreto e cotidiano nos bairros; personalidades qualificadas socialmente pela posição específica que ocupam no território e que encarnam o papel de representantes. Essas figuras políticas sob controle do bairro se opõem às figuras políticas dos candidatos cuja presença é episódica e interessada. Esses atores exercem o papel de tradutores e de "guardiões" entre a democracia representativa e a democracia desencantada das classes populares. Eles se tornam os *Gatekeepers* políticos, que substituem a figura tradicional dos militantes populares. São, assim, a figura da democracia "pós-representativa", uma "democracia de intervenção" (Rosanvallon, 2006) na qual a ação deve preceder o discurso.

Gatekeepers políticos dos bairros populares

A partir das nossas observações, colocamos em evidência a nova estrutura de organização do debate público em período eleitoral nos bairros populares.

O diálogo entre os atores políticos tradicionais e as classes populares é impossível sem intermediários, sem tradutores. O papel desses *gatekeepers* consiste em tornar racional o ritual democrático baseado na eleição. Eles participam na transformação da ideologia em ação, confrontando as expectativas com as estratégias eleitorais dos candidatos. Esses guardiões políticos apoiam sua legitimidade sobre uma dupla cultura: institucional e "de campo". Eles são os desencantados da política, engajados em seu próprio território.

As associações dos bairros populares: atores políticos engajados e desencantados

As associações que, por muito tempo, exerceram o papel de "correia de transmissão" dos partidos foram, pouco a pouco, se habituando ao papel de mediadores políticos, substituindo, assim, os partidos nesse papel. O tecido associativo adquiriu uma certa autonomia em relação aos partidos políticos e aos eleitos e passou a negociar, por consequência, sua participação nas eleições e nas campanhas eleitores em cada escrutínio. É difícil dizer que uma associação ou um centro social é totalmente ligado a um partido. Os candidatos oriundos de partidos cujo discurso é o mais favorável às associações não são forçosamente os mais apoiados. Os atores associativos racionalizaram sua participação nas eleições e negociam o valor que representam em meio ao eleitorado. Nós observamos durante as campanhas a nova ligação que foi estabelecida entre as associações e os candidatos. Esses últimos abordam as associações com suas "carapaças" institucionais (Região, Conselho Geral, Comuna, Intermunicipalidade) [Région, Conseil Général, Commune, Intercommunalité].

O período eleitoral representa uma sequencia de atividades intensas em termos de eventos políticos locais e em demonstração de força (o número de refeições de bairro, de torneios de futebol, de reuniões temáticas com os jovens, com as mulheres, é significativo). Trata-se para os atores associativos de demonstrar sua capacidade de mobilização e os "suportes publicitários" que podem oferecer aos candidatos. Todos os candidatos que nós seguimos contataram as associações para ver em que medida elas poderiam sustentar suas campanhas. Nenhuma associação, mesmo a menor delas, foi esquecida.

Em seu novo papel, as associações não se limitam a ser simples caixas de ressonância dos candidatos, elas fazem valer sua autonomia e negociam sua participação nas campanhas eleitorais. Nós observamos os centros sociais e diversas associações que cobrem o setor dos bairros Norte de Marselha [Nord de Marseille]. A vontade de autonomia dessas estruturas vis-à-vis ao político se expressou na tentativa de fundar um coletivo de associações e de centros sociais cujo objeto era negociar com os candidatos de maneira coletiva para evitar os efeitos de concorrência entre esses atores associativos, o que diminuiria as vantagens que eles poderiam obter quando das campanhas eleitorais.

> O problema é que em cada eleição os candidatos passam de associação em associação e negociam com cada uma delas. Um não se importa com o outro. A gente quis colocar um fim nisso e dizer que quando uma associação que trabalha no bairro está em dificuldade é preciso ajuda-la. Os colegas se encontram sempre sós frente aos candidatos. Além disso, ou você aceita ajuda-los, ou talvez você terá problemas com as subvenções. Em verdade, sem nós, os eleitos não poderiam nem mesmo entrar nesses bairros. A gente faz o trabalho durante o ano inteiro e frequentemente não há nenhum reconhecimento. Outro problema é que todos eles te dizem: sem seu trabalho a situação seria catastrófica e quando você pede um pouco mais de recurso, você não encontra ninguém ou

> então é um capanga que te recebe. De fato, quando você pensa no total das associações e dos centros sociais, você se dá conta de que a gente é uma grande força e que nunca nos utilizamos disso. Ninguém entre nós consegue chegar a ser *cadre* B, somos todos mantidos no papel de facilitadores. Então dissemos a nós mesmos que era preciso mandar os jovens a todos os partidos exceto o *front* e ainda... não tem nada a ver com escrúpulos, se a esquerda não quer nos escutar, então é necessário ir falar com a direita. A gente vai jogar com a concorrência. Somente assim para eles compreenderem. Depois, nas urnas, a gente vota em quem quer. Eu sou de esquerda, mas se eu digo isso a esquerda vai crer que não existe esforço a ser feito, 'estão conosco não precisamos ir vê-los'. Da última vez o candidato P. nas legislativas foi eleito graças a isso, a gente teve 15 000 euros sem se aborrecer preenchendo formulários, marcando reuniões que você não consegue obter. Com isso nós compramos um equipamento de vídeo, uma televisão, material para o centro. Entre amigos nós estamos de acordo, acabou a época que era suficiente assoviar para encontrar coladores de cartazes. No bairro há pessoas que possuem necessidades: como eles respondem a isso? Nós também queremos candidatos oriundos de nossos bairros e não somente no esporte e na solidariedade... (Coco: responsável de um centro social e responsável do coletivo de associações dos bairros Nord [Norte]).

As estruturas associativas que nós observamos só entraram em campanha depois de ter negociado com os diferentes candidatos. Elas passaram, durante o período de campanha, de cortesãs a cortejadas. Assim, desde o primeiro mês de lançamento da campanha das eleições legislativas estudadas, os candidatos, através de seus colaboradores à Region, à Comuna ou ao Conselho Geral, ligaram para os centros sociais para lhes pedir apoio. Esses telefonemas se iniciavam frequentemente pela frase: "do que o Senhor precisa? ". Esses contatos telefônicos se concluíam, na maior parte dos casos, na organização de uma visita da parte dos candidatos. O desafio dessas visitas para as associações era de demonstrar que possuíam uma capacidade real de mobilizar os habitantes e, assim, sua ajuda era incontornável. As visitas davam lugar a negociações entre os responsáveis associativos e os colaboradores dos candidatos quando não eram realizadas com os candidatos diretamente.

Da legitimidade associativa à legitimidade política

O desafio das associações é de utilizar as campanhas eleitorais para assegurar o reforço de sua ancoragem institucional e territorial. Trata-se de trazer o apoio a um candidato sem aparecer de forma muito clara dentro de um campo. Pelas afiliações partidárias dos candidatos apoiados pelas associações, poderíamos ser conduzidos a pensar que essas estruturas se situam majoritariamente à esquerda. Contudo a escolha dos candidatos a apoiar leva em consideração a relação de dependência financeira que liga a estrutura associativa à instituição representada pelo candidato, sabendo que seus primeiros financiadores são o Conselho Geral e o Conselho Regional. A estratégia consiste, assim, em sustentar um candidato sem suscitar a hostilidade do candidato do campo adverso. A observação das formas concretas de apoio postas em prática pelas associações revelou três tipos de eventos utilizados de maneira estratégica:

- eventos festivos como as refeições de bairro ou os torneios esportivos;
- eventos culturais comunitários;
- reuniões-debate com a população;

Esses diferentes tipos de eventos são utilizados pelas associações como um meio de legitimação e de pressão sobre os candidatos apoiados, que são, na maior parte dos casos, os eleitos, sejam os em vias de renovar seus mandatos, ou sejam os detentores de um outro mandato.

A organização dos eventos festivos à ocasião das eleições constitui-se frequentemente em um meio de oferecer um suporte publicitário aos candidatos em uma atmosfera favorável. Assim o candidato apoiado, que representa frequentemente a instituição cujos financiamentos são os mais importantes, é chamado a entregar os troféus ou a fazer um discurso, ao passo que os outros candidatos, que também foram convidados de maneira oficial ou por outros meios, permanecem em meio ao público. Nós observamos que esse tipo de evento, que constitui um investimento de "baixo custo", era frequente (um por semana) e que cada candidato incentivava os centros sociais a organizar tais iniciativas.

Os eventos comunitários se constituem, para a fração dos candidatos que possuem acesso a eles, nos eventos mais engajados; ser convidado a uma refeição comunitária enquanto convidado de honra é uma forma de apoio explicita, já que o estilo das discussões nesses eventos assume a forma de um *meeting*.

Os participantes convidados são selecionados e normalmente são pessoas ligadas aos candidatos convidados. Nós observamos esses tipos de evento com os Comorianos, com os Armênios e os "Magrebinos" (normalmente com uma composição majoritária "Cabilas", "Argelianos", Tunisianos").

As reuniões-debate são utilizadas como um meio de pressão sobre os eleitos que são apoiados para lhes relembrar um certo número de compromissos. Essas reuniões são frequentemente preparadas pelos atores associativos cujo objetivo é organizar os encontros entre os candidatos e a população mais insatisfeita com suas ações. Normalmente, são os jovens que preenchem os auditórios de reunião e cujas principais insatisfações revelam o abandono do bairro, a falta de empenho ou de consideração. Essas reuniões se desenrolam frequentemente sob um clima tenso, os candidatos em posição de acusados e devendo justificar sua ação, ou sua falta de ação.

As reuniões são minuciosamente preparadas pelas associações, um verdadeiro espetáculo é elaborado antes da vinda dos candidatos. Nós observamos o mesmo tipo de desenrolar para as reuniões-debate nos diferentes bairros e durante diversas eleições. A composição do auditório é cuidadosamente organizada, os jovens e as mulheres do bairro são convidados em número e uma repartição das tarefas é prevista anteriormente. Os jovens assumem frequentemente o papel de interpelar os candidatos sobre as questões de emprego, de moradia, de higiene, de transporte ou mesmo de escolaridade. Somente alguns jovens e algumas mulheres se preparam para as intervenções e têm o papel de lançar as "hostilidades", o auditório se encontra frequentemente imerso nas críticas emitidas ou até nos momentos de exacerbação. Essas reuniões se desenrolam, em sua maioria, sob um clima tensionado, onde os candidatos são acusados e devem justificar sua ação e sobretudo sua "inação" enquanto eleitos em posto.

Os atores associativos cedem a fala aos jovens ou às mães e intervêm, frequentemente, ao final para moderar e retirar os candidatos do embaraço, obtendo, de passagem, certos compromissos.

> Não se inquiete, nós também aprendemos. A gente sabe fazer, eles vêm frequentemente (os candidatos) com a ideia de que está tudo certo, de que eles estão em casa. O objetivo é apimentar as coisas no começo, deixar as pessoas falarem o que sentem no coração. Não se trata de fingir que tudo está maravilhoso. Esses bairros são a merda e é preciso que eles (os candi-

> datos) compreendam isso. Então a gente deixa rolar e depois a gente intervém. A gente tira eles da merda porque eles são incapazes de encontrar as palavras que precisam. Eles tentam convencer as pessoas de que eles fizeram as coisas, são um pouco loucos às vezes... eles são desconectados. Tudo vai mal e eles tentam mesmo assim mostrar o lado positivo. A gente regula, eles veem que sem nós eles não poderiam falar com as pessoas. Eles veem que o nosso papel não é somente trazer os jovens à Barben (zoológico). A gente exerce o verdadeiro papel de representantes do bairro mesmo que eles nos mantenham afastados. Eles não se enganam mais, agora quando querem vir eles ligam para nós... (Entrevista com um responsável de centro social em Marselha).

Essas reuniões reforçam constantemente a legitimidade das associações junto aos candidatos. Elas aparecem como pacificadoras do clima social. Esses três tipos de eventos são utilizados, portanto, para reforçar a ancoragem institucional e territorial das associações e dos centros sociais. A organização do face-à-face entre a população e os candidatos reforça o papel de mídia das "asso".[7] Elas se tornam incontornáveis para os candidatos porque constituem uma porta de entrada aos bairros e aos os habitantes, nesse sentido elas são o canal de intermediação de suas preocupações junto aos governantes locais.

Os dirigentes ou anfitriões dessas estruturas se encontram investidos de um papel social e político. Sua presença nas campanhas eleitorais é incontornável para que os candidatos possam estabelecer um diálogo com as populações dos bairros populares. Essa participação ativa junto aos candidatos de diversas afiliações políticas tem como objetivo manter uma pressão, uma forma de controle afim de orientar a ação dos candidatos na direção dos problemas locais e de suas resoluções. Longe de serem simples intermediários do poder, as associações adquiriram uma certa autonomia, apesar de sua dependência financeira em relação ao político.

Assim, esses *gatekeepers* são as novas figuras políticas dos bairros populares. Eles representam uma nova forma de engajamento político, desencantado. Desenvolvem uma maneira de fazer política sem crença política. São, assim, os portadores de uma forma de "secularização da política", já que eles privilegiam

7 [N. T.] Abreviação de associação.

uma "democracia de intervenção" em detrimento de uma "democracia de expressão" (Rosanvallon, 2006).

Conclusão

Apesar do distanciamento cada vez mais pronunciado da democracia representativa, as classes populares não são despolitizadas. (S. Béroud, P. Bouffartigue, H Eckert, D. Merklen, 2016). Sua participação nas eleições demonstra a nova relação dessas categorias com o político marcada pelo fim da crença nos discursos "ideológicos" (Perrineau P., 2002; Arnaud L. Et Guionnet C., 2005). Através da figura dos *gatekeepers* nosso estudo coloca em evidência a emergência de novas figuras militantes dessas classes populares, que exercem um papel de facilitadores. Os novos atores tiram sua legitimidade de sua imersão no mundo popular e, também, de uma certa forma de controle que o mundo popular exerce sobre eles. Essas novas figuras políticas só possuem credito se eles permitirem a população de intervir da forma mais ampla possível. Assim a figura do representante delegado é substituída pela figura de um representante atuante, não delegado.

O desencantamento é um indicador de democratização da coisa política, no sentido de que a compreensão dos desafios das campanhas eleitorais para as classes populares não necessita mais de tradutor ideológico (papel exercido pelo Partido Comunista até os anos 1980). A abstenção das classes populares é caracterizada por uma reconfiguração da relação com o político que acorda o primado mais às capacidades de ação do que às capacidades de enunciação, o que é diferente de um simples distanciamento do jogo democrático. As classes populares são portadoras desses processos de secularização política que reforça a ideia de autoprodução da sociedade por todos seus membros e de deslegitimação do papel das elites. Esses processos de democratização, que se desenrolam desde o século XIX, encontram seu prolongamento, de agora em diante, nessas categorias situadas, a priori, nos que estão mais às margens da participação na produção da sociedade. A abstenção eleitoral, nessa perspectiva, é, antes de tudo, um indicador das tensões que atravessam as democracias representativas, ela traduz a rejeição da "democracia de expressão" em benefício de uma "democracia de participação" (Rosanvallon, 2006). Sua promessa de unidade coletiva está em tensão com o colapso social e com a incapacidade de suas instituições em se abrir para todas as categorias populares. O distanciamento das classes populares do jogo eleitoral não é, portanto, o resultado de uma rejeição clássica da política, mas traduz, acima de tudo, uma reivindicação a participar dela efetivamente e a se beneficiar da redistribuição de bens que essa democracia supostamente organizaria (moradia, emprego, lazer, prestígio social, equipamentos públicos, etc.). Essa secessão política das classes populares é mascarada pela onipresença do discurso moralista do voto (a ideologia do voto como um dever), ou da marginalização eleitoral. Nós podemos avançar a hipótese de que essas abordagens visam o descredito das classes populares.

Bibliografia

ARNAUD L. GUIONNET C. (eds), (2005), *Les Frontières du politique. Enquête sur les processus de politisation et de dépolitisation*, Rennes, Presses universitaires de Rennes.

BÉROUD S., BOUFFARTIGUE P., ECKERT H., MERKLEN D. (eds), (2016), *En quête des classes populaires. Un essai politique*, Paris, La Dispute.

BRACONNIER C. et DORMAGEN J-Y., (2007), *La démocratie de l'abstention*, Gallimard.

CAPDEVIELLE, (2005), *Démocratie: la panne*, Paris, Textuel.

DOGAN M. (ed), (2005), *Political Mistrust and the Discrediting of Politicians*, Leyde et Boston, Brill.

DOGAN M., NARBONNE J., (1954), "L'abstentionnisme électoral en France", revue Française de science politique, Volume 4, N°1, p.5-26.

ESPOSITO R., (2005), *Catégories de l'impolitique*, Paris, Seuil.

GUÉRIN, D. NADEAU, R., (1995), "*Conjoncture économique et comportement électoral au Québec.*" *Recherches sociographiques*, 361 , pp. 65–76.

GAUCHET, Marcel, (2002), *La démocratie contre elle-même*, Gallimard, 385 p.

GAUCHET, Marcel, (2004), *Un monde désenchanté?* Paris, Les Éditions de l'Atelier/Éditions Ouvrières, 253 p.

MARK N. FRANKLIN (ed), (2004), *Voter Turnout and the dynamics of electoral Competition in Established Democraticies since 1945*, Cambridge, Cambridge University Press.

MATTINA C., (2016), *Clientélismes urbains. Gouvernement et hégémonie politique à Marseille*, Paris, Les Presses de Sciences Po, coll. "Gouvernances", 424p.

WEBER, Max, (1959), *Le savant et le politique*, trad. par J. Freund, Paris, Plon.

PENEFF J., (1981), "Abstention ouvrière et participation bourgeoise aux élections de Nantes en 1977 *et 1978*", in *Le Mouvement social*, n° 115, avril-juin, p 3-25.

PASCAL, Perrineau (ed), (1994), *L'engagement en politique. Déclin ou mutation ?* Paris, Presses de la FNSP.

ROSANVALLON, P., (2006), *La contre-démocratie. La politique à l'âge de la défiance*, Paris, Editions du Seuil.

WHYTE W.F., (1995), *Street Corner Society. La structure sociale d'un quartier italo-américain*, Paris, La Découverte.

Sobre os autores

Andréia Galvão é professora de Ciência Política da Unicamp e editora da revista *Crítica Marxista*. Pesquisa relações de trabalho, sindicalismo e movimentos sociais no Brasil. É autora de *Neoliberalismo e reforma trabalhista no Brasil* (Revan-Fapesp, 2007), co-autora de *Política e classes sociais no Brasil dos anos 2000* (Alameda, 2012) e de *As bases sociais das novas centrais sindicais brasileiras* (Appris, 2015).

Armando Boito Jr. é professor titular de Ciência Política da Unicamp e editor da revista *Crítica Marxista*. Pesquisou o movimento sindical e pesquisa política brasileira. Publicou os seguintes livros, todos eles disponíveis nos sites Academia.edu e Researchgate: *O golpe de 1954*: a burguesia contra o populismo (Brasiliense, 1982); *O sindicalismo de Estado no Brasil*: uma análise crítica da estrutura sindical (Hucitec e Unicamp, 1991); *Política neoliberal e sindicalismo no Brasil* (Xamã, 1999); *O sindicalismo na política Brasileira* (IFCH-Unicamp, 2005); *Estado, política e classes sociais* - ensaios teóricos e históricos (Unesp, 2007) e *Reforma e crise política no Brasil - conflitos de classe nos governos do PT* (Unicamp e Unesp, 2018).

Baptiste Giraud é professor de Ciência Política na Universidade Aix-Marseille, onde pesquisa mobilizações coletivas e sindicalismo. É co-autor de *La lutte continue ? Les conflits du travail dans la France contemporaine* (Editions du Croquant, 2008) e autor de diversos artigos sobre greves, democracia participativa e gestão patronal dos conflitos do trabalho.

Charles Berthonneau é doutor em Sociologia pelo Laboratório de Economia e Sociologia do Trabalho (LEST) da Universidade Aix-Marseille, onde defendeu recentemente sua tese intitulada "Les Unions Locales de la CGT à l'épreuve du salariat précaire: adhésion, engagement, politisation", sob a orientação de Paul Bouffartigue. Publicou "Des jeunes de cité à la CGT?", em um livro organizado por S.Beaud e G. Mauger (*Une génération sacrifiée?*, Presses de l'École Normale Supérieure, Paris, 2017) bem como um artigo na revista Savoir/Agir em 2015, "Tuer la contestation dans l'œuf : histoire d'une implantation syndicale avortée dans la restauration rapide".

Elaine R. A. Amorim é doutora em Sociologia pela UNICAMP e autora do livro *No Limite da Precarização? Terceirização e trabalho feminino na indústria de confecção* (Annablume/FAPESP, 2011). Seus estudos têm se concentrado nas seguintes temáticas: neoliberalismo, movimentos sociais urbanos (movimentos de desempregados) e classes sociais. Sua tese de doutorado intitulada *Neoliberalismo e Reconfiguração das Lutas Sociais: a emergência dos movimentos de desempregados na Argentina* está disponível no site: http://repositorio.unicamp.br/jspui/bitstream/REPOSIP/280887/1/Amorim_ElaineReginaAguiar_D.pdf

Élise Roullaud é cientista política, pós-doutoranda na Universidade de Nantes e trabalha atualmente sobre a sócio-história do espaço Schengen. Suas pesquisas tratam da construção do espaço político europeu, bem como do efeito da integração europeia sobre as práticas de representação de interesses. Sua tese de doutorado foi publicada sob o título: *Contester l'Europe agricole. La Confédération paysanne à l'épreuve de la PAC* (PUL, 2017).

Ludmila Costhek Abílio é mestre em sociologia (USP) e doutora em ciências sociais (UNICAMP). Fez pesquisa de pós doutorado (FEA-USP) sobre mobilidade social e relações de trabalho no Brasil nos anos 2000. Atualmente faz pós doutorado no Centro de Estudos Sindicais e de Economia do Trabalho (CESIT), pesquisando a uberização do trabalho no Brasil contemporâneo. Publicou o livro *Sem maquiagem: o trabalho de um milhão de revendedoras de cosméticos*, pela editora Boitempo.

Nathalia Oliveira é doutora em ciência política pela Unicamp. Suas pesquisas têm como temáticas principais os movimentos sociais urbanos (movimentos dos sem-teto), as políticas habitacionais, as classes sociais e o capitalismo neoliberal. Sua tese de doutorado, "*Os movimentos dos sem-teto no Brasil e na França*", está disponível no seguinte endereço: http://repositorio.unicamp.br/bitstream/REPOSIP/305715/1/Oliveira_NathaliaCristina_D.pdf

Paul Bouffartigue é sociólogo do CNRS e integrante do Laboratório de Economia e Sociologia do Trabalho (LEST, CNRS e Universidade Aix-Marseille). Sua pesquisa aborda os seguintes temas: o trabalho dos engenheiros, as transformações no tempo de trabalho, a saúde no trabalho, a dinâmica das classes sociais e as formas de resistências às desestabilizações do assalariamento. É autor de *Les cadres. Fin d'une figure sociale* (La Dispute, 2001); *Le retour des classes sociales* (La Dispute, 2005); co-autor de *Quand le travail se précarise, quelles résistances collectives ?* (La Dispute, 2009) e *En quête des classes populaires. Un essai politique* (La Dispute, 2016).

Paula Marcelino é professora do Departamento de Sociologia da Universidade de São Paulo (USP) e editora da revista *Crítica Marxista*. É autora dos livros: *A logística da Precarização. Terceirização do trabalho na Honda do Brasil*, Expressão Popular, 2004 (1ª reimpressão em 2009) e *Trabalhadores terceirizados e luta sindical*, Appris, 2013; co -autora de *As bases sociais das novas centrais sindicais brasileiras* (Appris, 2015).

Santiane Arias é professora Adjunta de Ciência Política do Instituto de Ciências Sociais Aplicadas da UNIFAL. Seus estudos têm destacado a relação entre movimentos sociais, neoliberalismo e classes médias. Doutora em Ciência Política pela UNICAMP, sua tese de doutorado "O perfil de classe média do movimento altermundialista: o caso da ATTAC" está disponível no seguinte endereço: http://repositorio.unicamp.br/bitstream/REPOSIP/280197/1/Ribeiro_SantianeArias_D.pdf

Sávio Cavalcante é professor de Sociologia da Unicamp e editor da revista *Crítica Marxista*. Pesquisa relações de trabalho e a classe média no Brasil. É autor do livro *Sindicalismo e privatização das telecomunicações no*

Brasil (Expressão Popular, 2009). Artigos sobre classes sociais, marxismo e trabalho estão acessíveis em https://unicamp.academia.edu/SavioCavalcante.

Sophie Béroud é cientista política, professora da Universidade Lumière Lyon 2 e pesquisadora do Laboratório Triangle. Pesquisa sindicalismo, com destaque para as seguintes questões: organização e mobilização dos trabalhadores precários, greves e conflitos do trabalho, reforma da representatividade sindical. É co-autora de *Quand le travail se précarise, quelles résistances collectives ?* (La Dispute, 2009), *La lutte continue? Les conflits du travail dans la France contemporaine* (Le Croquant, 2008), *Le Mouvement social en France, Essai de sociologie politique* (La Dispute, 1998).

Thibaut Rioufreyt é pós-doutorando em Ciência Política na Universidade Católica de Louvain. Suas pesquisas tratam da sócio-história do Partido Socicalista e da história social das ideias políticas. Publicou notadamente "Les passeurs de la "troisième voie". Intermédiaires et médiateurs dans la circulation transnationale des idées", *Critique internationale*, n° 59, 2013, pp. 33-46. Sua tese, sobre a recepção do neotrabalhismo britânico pelos socialistas franceses, foi publicada em 2016 pela Presses Universitaires de Grenoble.

Alameda nas redes sociais:
Site: www.alamedaeditorial.com.br
Facebook.com/alamedaeditorial/
Twitter.com/editoraalameda
Instagram.com/editora_alameda/

Esta obra foi impressa em São Paulo no outono de 2019. No texto foi utilizada a fonte Minion Pro em corpo 10,5 e entrelinha de 15,5 pontos.